江村经济

江村经济

（修订本）

费孝通 著

世纪出版集团　上海人民出版社

费孝通（1910—2005）

费孝通的母亲杨纫兰（1880—1927）在吴江县同里住宅门前与长子费振东、女儿费达生、次子费青、三子费霍合影（1911）。母亲怀中所抱的是8个月的费孝通。

青年时代的费孝通（1924）

畢業證書

學生費孝通係江蘇省吳江縣人現年二十三歲在本校文學院社會學系修業期滿成績及格准予畢業得稱文學士此證

北平私立燕京大學 校長 陸志韋
校務長 司徒雷登
院長 周學章
學系主任 許仕廉

中華民國二十二年六月二十日

费孝通的燕京大学毕业证书

费孝通与王同惠结婚照

费孝通、夫人孟吟和女儿费宗惠

费孝通在实地调查中

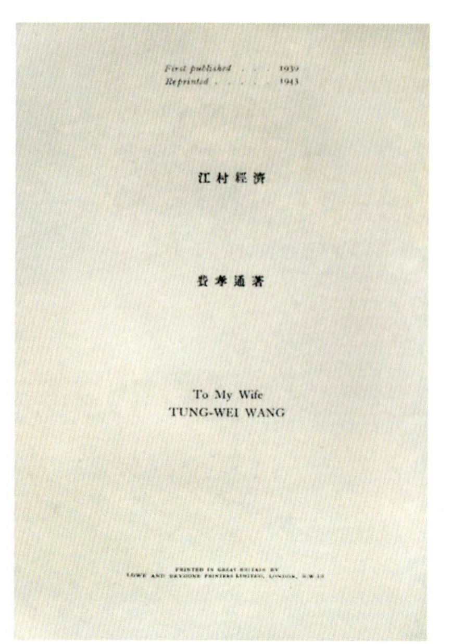

First published . . . 1939
Reprinted 1943

江村經濟

費孝通著

To My Wife
TUNG-WEI WANG

PRINTED IN GREAT BRITAIN BY
LOWE AND BRYDONE PRINTERS LIMITED, LONDON, N.W.10

PEASANT LIFE IN CHINA

A Field Study of Country Life in the Yangtze Valley

By

HSIAO-TUNG FEI

B.A. (Yenching), M.A. (Tsing Hua), Ph.D. (London)

With a Preface by

PROFESSOR BRONISLAW MALINOWSKI

KEGAN PAUL, TRENCH, TRUBNER & CO., LTD.
BROADWAY HOUSE, 68-74 CARTER LANE,
LONDON, E.C.

《江村经济》英文版书影

《江村经济》中文版首版书影

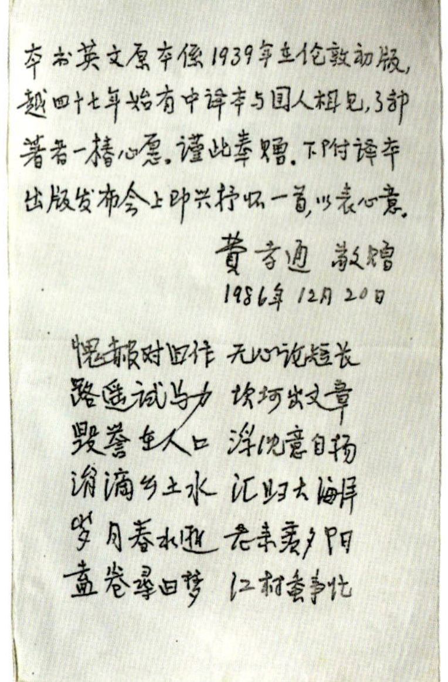

本书英文原本系1939年在伦敦初版，
越四十七年始有中译本与国人相见，了却
著者一桩心愿。谨此奉赠。下附译本
出版发布会上即兴打油一首，以表心意。

费孝通 敬赠
1986年12月20日

愧赧对旧作 无心论短长
路遥试马力 坎坷出文章
毁誉在人口 浮沉意自扬
涓滴乡土水 汇归大海洋
岁月春水逝 老来羡夕阳
盍卷寻旧梦 江村蚕事忙

费孝通为《江村经济》中文版出版赋诗

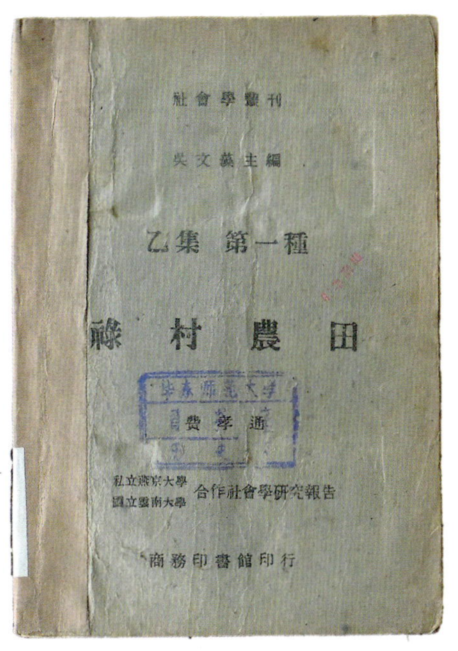

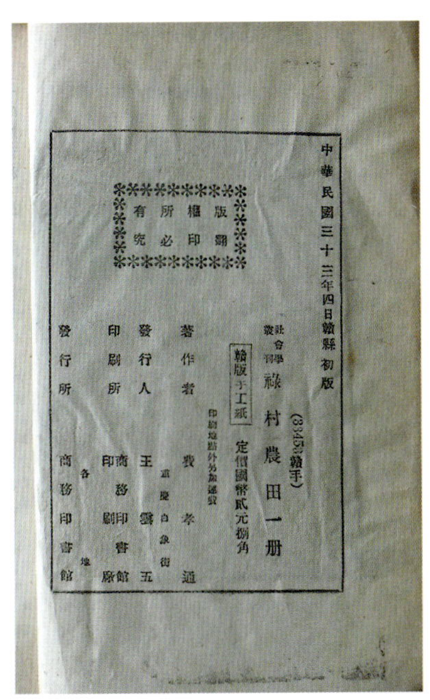

中華民國三十三年四日贛縣初版

（33453贛手）

社會學叢刊 祿村農田一冊

贛版手工紙

定價國幣貳元捌角

印刷地點外另加運費

版權所有 翻印必究

著作者 費孝通

發行人 王雲五 重慶白象街

印刷所 商務印書館印刷廠

發行所 商務印書館 各地

《禄村农田》初版书影

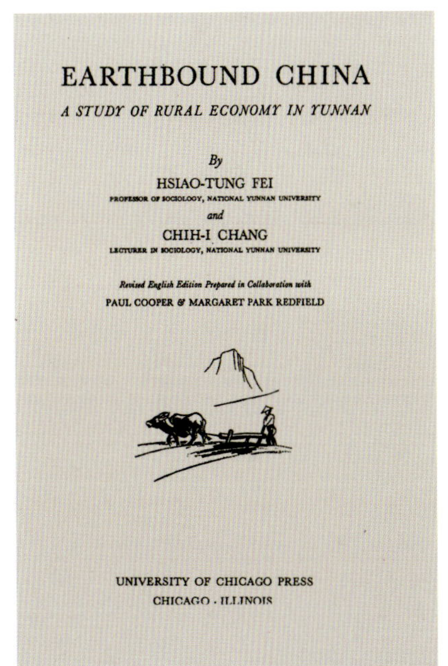

EARTHBOUND CHINA

A STUDY OF RURAL ECONOMY IN YUNNAN

By

HSIAO-TUNG FEI

PROFESSOR OF SOCIOLOGY, NATIONAL YUNNAN UNIVERSITY

and

CHIH-I CHANG

LECTURER IN SOCIOLOGY, NATIONAL YUNNAN UNIVERSITY

Revised English Edition Prepared in Collaboration with

PAUL COOPER & MARGARET PARK REDFIELD

UNIVERSITY OF CHICAGO PRESS

CHICAGO · ILLINOIS

《云南三村》英文版、中文版书影

开弦弓村生丝精制运销合作社培训职员

社员交付鲜茧实况

烘茧职员

生产车间缫丝实况

生产车间复摇实况

引擎间内景

《江村经济》使开弦弓村成为世界认识中国农村的一个窗口，引起众多国家社会科学工作者的关注。图为费孝通正在向日本东京大学中根千枝教授介绍开弦弓村农家情况。

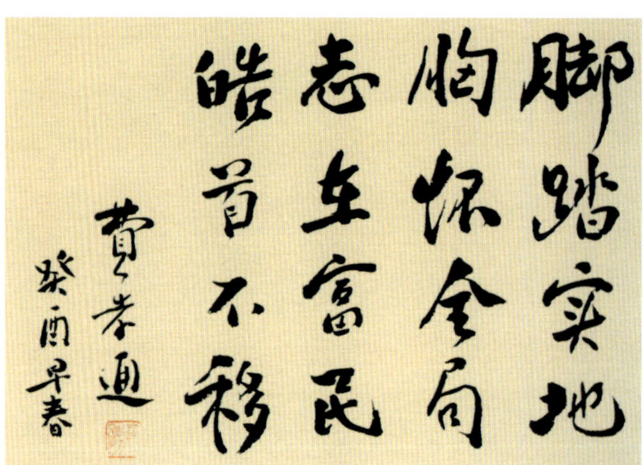

费孝通一生探索中国农民的富裕之路。晚年的他一如既往，初衷不改，为此写下座右铭："脚踏实地，胸怀全局。志在富民，皓首不移。"

1990年，费孝通重访"云南三村"（禄村、易村、玉村）的禄村时，与当地老乡攀谈。

出版说明

自中西文明发生碰撞以来，百余年的中国现代文化建设即无可避免地担负起双重使命。梳理和探究西方文明的根源及脉络，已成为我们理解并提升自身要义的借镜，整理和传承中国文明的传统，更是我们实现并弘扬自身价值的根本。此二者的交汇，乃是塑造现代中国之精神品格的必由进路。世纪出版集团倾力编辑世纪人文系列丛书之宗旨亦在于此。

世纪人文系列丛书包涵“世纪文库”、“世纪前沿”、“袖珍经典”、“大学经典”及“开放人文”五个界面，各成系列，相得益彰。

“厘清西方思想脉络，更新中国学术传统”，为“世纪文库”之编辑指针。文库分为中西两大书系。中学书系由清末民初开始，全面整理中国近现代以来的学术著作，以期为今人反思现代中国的社会和精神处境铺建思考的进阶；西学书系旨在从西方文明的整体进程出发，系统译介自古希腊罗马以降的经典文献，借此展现西方思想传统的生发流变过程，从而为我们返回现代中国之核心问题奠定坚实的文本基础。与之呼应，“世纪前沿”着重关注二战以来全球范围内学术思想的重要论题与最新进展，展示各学科领域的新近成果和当代文化思潮演化的各种向度。“袖珍经典”则以相对简约的形式，收录名家大师们在体裁和风格上独具特色的经典作品，阐幽发微，意趣兼得。

遵循现代人文教育和公民教育的理念，秉承“通达民情，化育人心”的中国传统教育精神，“大学经典”依据中西文明传统的知识谱系及其价值内涵，将人类历史上具有人文内涵的经典作品编辑成为大学教育的基础读本，应时代所需，顺时势所趋，为塑造现代中国人的人文素养、公民意识和国家精神倾力尽心。“开放人文”旨在提供全景式的人文阅读平台，从文学、历史、艺术、科学等多个面向调动读者的阅读愉悦，寓学于乐，寓乐于心，为广大读者陶冶心性，培植情操。

“大学之道，在明明德，在新民，在止于至善”（《大学》）。温古知今，止于至善，是人类得以理解生命价值的人文情怀，亦是文明得以传承和发展的精神契机。欲实现中华民族的伟大复兴，必先培育中华民族的文化精神；由此，我们深知现代中国出版人的职责所在，以我之不懈努力，做一代又一代中国人的文化脊梁。

上海世纪出版集团
世纪人文系列丛书编辑委员会
2005年1月

江 村 经 济

本书同时选纳：

《禄村农田》

目录

江村经济

禄村农田

江村经济*

（中国农民的生活）

——长江流域农村生活的实地调查

费孝通　著

戴可景　译

---

* 本文是作者根据在家乡江苏省吴江县庙港乡开弦弓村1936年的调查材料用英文写成的博士论文。1939年由英国伦敦Routledge书局出版，书名*Peasant Life in China*，中文名《江村经济》。中国社会学恢复重建后，作者委托戴可景翻译成中文，1986年由江苏人民出版社出版。书后附录了作者《重访江村》和《三访江村》两文，以及澳大利亚人类学家W.葛迪斯1956年访问江村的研究成果《中国共产党领导下的中国农民生活》。作者在《江村经济》出版座谈会上献诗一首，诗曰："愧赧对旧作，无心论短长。路遥试马力，坎坷出文章。毁誉在人口，浮沉意自扬。涓滴乡土水，汇归大海洋。岁月春水逝，老来羡夕阳。合卷寻旧梦，江村蚕事忙。"——编者

献给我的妻子王同惠

著者前言

本书是1939年英国Routledge书局出版我所写Peasant Life in China一书的中译本，原书扉页有《江村经济》中文书名，今译本即沿用此名。这书的翻译工作原应由我自己动笔，但在该书有条件翻译时，我一直忙于其它事务，无暇及此。今由戴可景同志译出，无任感激。应译者要求，我在书前说一说这书写作和翻译的经过。

这本书的写成可说是并非出于著者有意栽培的结果，而是由于一连串的客观的偶然因素促成的。话要从1935年我从清华大学研究院毕业时说起。我毕业后由该校社会学及人类学系推荐，取得该校公费留学资格。按惯例应于该年暑假出国，但出于指导我研究工作的导师史禄国教授的主张，在出国前应到少数民族地区实地调查一年，因偕前妻王同惠赴广西大瑶山。该年冬，在瑶山里迷路失事，妻亡我伤。经医治后，我于翌年暑期返乡休息，准备出国。在此期间，我接受家姊费达生的建议，去吴江县庙港乡开弦弓村参观访问，她在该村帮助农民建立了生丝精制运销合作社。我被这个合作社所吸引，在该村进行了一个多月的调查。在出国前夕才离开该村。这次调查并不是有计划的，是出于受到了当时社会新事物的启迪而产生的自发行动。

我去英国，乘坐一艘意大利的邮轮“白公爵”，从上海到威尼斯航程要两个多星期。我在船上无事，趁我记忆犹新，把开弦弓调查的资料整理成篇，并为该村提了个学名叫“江村”。到了英国，进入伦敦经济学院人类学系。最初见到该系Reader, Raymond Firth博士，他负责指导我选择论文题目。我原来打算以“花篮瑶社会组织”作底子编写论文。随后我谈到曾在江村进行过调查，他看了我已经整理出来的材料，主张编写“江村经济”这篇论文。不久该系教授B.Malinowski从美国讲学返英，我向他汇报了江村调查经过和内容，他决定直接指导我编写这篇论文的工作。该论文中主要的几章都在他主持的有名的“今天的人类学”讨论班上宣读、讨论、修改、重写过的。1938 年春季，我申请论文答辩，通过后，由伦敦大学授予我博士学位。博士证明书上所标明的论文题目是：“开弦弓，一个中国农村的经济生活”。

论文通过的那天晚上，由导师 Malinowski 把这篇论文介绍给 Routledge 书局出版。书局编辑阅后建议书名改为《中国农民的生活》。我看过该书清样后，离英返国，已是 1938 年的初秋。我记得，由于在轮船上得到广州沦陷的信息，所以临时决定在西贡登陆，直奔云南、昆明。到了云南，不久就开始我的内地农村调查。

该书是 1939 年出版的，其时欧洲已发生战事。全球战乱连年，我已把这书置之脑后。我仿佛记得直到战后我回到清华园，才接到书店寄给我的这本书。当时届解放前夕，时局紧张，我哪里有闲情来想到翻译此书。解放后，我参加民族调查工作，此书的译事提不到日程上来。1956 年英伦老同学 W.R.Geddes 博士，澳大利亚悉尼大学教授，参加该国文化代表团访华，得到周恩来总理的同意，访问了江村。他引起了我重访江村的兴趣。翌年成行，在调查工作进行过程中，有事返京，适逢反右斗争。在《新观察》发表的《重访江村》连载报告尚未结束，我已遭殃及，被错划右派。在被批判中，即使这本书并未译成中文发行，它还是作为一项“流毒深远”的“罪证”。

“文革”后期，我国对外开放，不断有西方学者来华访问，从他们的口上，我才知道，该书已重印了三次。在许多大学的人类学课程中把它列为必读参考书。还有不少现已成名的人类学者告诉我，这本书启发了他们研究人类学和研究中国社会的兴趣。我当时不免担心，深恐其“流毒”太广，增加我的“罪行”。这种历史条件排除了翻译该书的可能性。

这一页历史终于翻过去了。1981 年我得到老师 Raymond Firth 的来信，他告诉我：英国皇家人类学会将在 1981 年授我赫胥黎奖章。这是这门学科中最高的荣誉。他并说《中国农民的生活》又重印发行，建议我在接受奖章时要宣读的论文，最好是叙述江村在四十多年中的变化。我因此又到江村进行了短期的访问，写了《三访江村》这篇文章。

从伦敦回国，我又回江村继续我的农村调查。1982年就从江村作为起点“更上一层楼”开始研究作为农村政治、经济、文化中心的小城镇。从吴江县各镇入手，逐步扩大研究范围，包括苏州、无锡、常州、南通四个市。1984年又扩大到苏北及南京、镇江两市。小城镇的研究，从我个人来说是江村研究的继续。在这段工作中，我已感到有需要把《江村经济》翻译出来给一起调查的同仁们作参考之用，而且江苏人民出版社已约定出版这个译本。但是我自己这几年恢复了学术活动，任务较重，实在抽不出时间和精力来做这项翻译工作。所以只能委托戴可景同志代劳。她在1984年就已经完成译稿，又请潘乃穆同志校阅过一遍。她把译稿交给了我，搁在我书架上，一搁几乎有一年。我应该对译者表示歉意。

屈指一算，离我最初在江村调查时，明年是整整半个世纪了。我自幸在今生能看到这项偶然形成的研究成果取得了国际上的承认，又在国内恢复了名誉。另一方面，经过这将近五十年的阅历，自己对这本早年的著作，总觉得有许多不能惬意之处。作为我个人在人生道路上的一个脚印，自当珍惜；作为国家社会历史的一些历史记录，固然也有它存在的价值；但是我既然还活着，而且尚能工作，自觉有责任再把江村在这半个世纪里的变化写下来，作这本书的续编，并当尽力把这段时期自身的长进来补足早年的不足。因而，我决定和上海大学社会学系合作进行为期两年的江村再调查，编写一本《江村五十年》。在准备这项研究计划时，我才挤出时间，把译稿重读了一遍，做了些必要的修正后，交付出版。至于它的续编在两年之后是否能出世，目前还是难于预知之事，但是我自己是有决心去完成这个自己给自己规定的任务。

以上是本书中译本诞生的经过，就以此作为前言，写在译本的前面。

费孝通

1985年4月15日

致　谢

我由衷地感谢所有鼓励我并帮助我进行实地调查和撰写此书的人。首先，我必须对以下的老师和朋友表示谢意：

吴文藻教授和史禄国教授是我早年攻读社会学和人类学的老师，他们鼓励我用深入实地调查的方法来研究中国文化。我的姐姐把我介绍给这个村庄并资助我工作；她那为改善农民生计的热忱，确实激励了我从事这项调查研究工作。后来，清华大学授予我一笔奖学金，使我有可能到英国去求学，也就是说，进入了布·马林诺斯基教授的“门下”。过去两年来，他对我知识上的启示和亲长般的情谊使我感到对他一生具有承上启下的责任——以我所理解的说，我必须在建立一门研究人的科学以及在使一切文明之间真正合作上分担他那沉重的负担。

我一定要感谢G.F.A.温特先生，雷蒙德·弗思博士和夫人；感谢M.H.里德博士，C.朗先生和M.朗小姐，感谢他们阅读了我的手稿并润色了我的英文。伦敦经济学院讨论班成员，特别是P.N.哈克塞先生和许烺光先生也为我提供了各方面的帮助。

最后，请允许我以此书来纪念我的妻子。1935年，我们考察瑶山时，她为人类学献出了生命。她的庄严牺牲使我别无选择地永远跟随着她。谨以此书献给我的妻子。

序

布·马林诺斯基

我敢于预言费孝通博士的《中国农民的生活》(又名《江村经济》——译注)一书将被认为是人类学实地调查和理论工作发展中的一个里程碑。此书有一些杰出的优点，每一点都标志着一个新的发展。本书让我们注意的并不是一个小小的微不足道的部落，而是世界上一个最伟大的国家。作者并不是一个外来人，在异国的土地上猎奇而写作的；本书的内容包含着一个公民对自己的人民进行观察的结果。这是一个土生土长的人在本乡人民中间进行工作的成果。如果说人贵有自知之明的话，那么，一个民族研究自己民族的人类学当然是最艰巨的，同样，这也是一个实地调查工作者的最珍贵的成就。

此外，此书虽以中国人传统的生活为背景，然而它并不满足于复述静止的过去。它有意识地紧紧抓住现代生活最难以理解的一面，即传统文化在西方影响下的变迁。作者在科学研究中勇于抛弃一切学院式的装腔作势。他充分认识到，要正确地解决实际困难，知识是必不可少的。费博士看到了科学的价值在于真正为人类服务。对此，科学确实经受着严峻的考验。真理能够解决问题，因为真理不是别的而是人对真正事实和力量的实事求是。当学者被迫以事实和信念去迎合一个权威的教义需要时，科学便被出卖了。在欧洲某些国家里就有这种情况。

费博士是中国的一个年轻爱国者，他不仅充分感觉到中国目前的悲剧，而且还注意到更大的问题：他的伟大祖国，进退维谷，是西方化还是灭亡？既然是一个人类学者，他毕竟懂得，再适应的过程是何等的困难。他懂得这一过程必须逐步地、缓慢地、机智地建立在旧的基础之上。他深切地关注到，这一切改变应是有计划的，而计划又须是以坚实的事实和知识为基础的。

此书的某些段落确实可以被看做是应用社会学和人类学的宪章。“中国越来越迫切地需要这种知识，因为这个国家再也承担不起因失误而损耗任何财富和能量。”费博士清晰地看到，纵然有最好的意图和理想的目的，如果一开始对变化的环境有错误的理解和看法，那么，计划也必定是错误的。“对形势或情况的不准确的阐述或分析，不论是由于故意的过错或出于无知，对这个群体都是有害的”，因为这会造成这样的错误：预先假设了不存在的力量或是忽视了前进道路上的障碍。

我感到，还必须引述前言中的一段话，“如果要组织有效果的行动并达到预期的目的，必须对社会制度的功能进行细致的分析，而且要同它们意欲满足的需要结合起来分析，也要同它们的运转所依赖的其他制度联系起来分析，以达到对情况的适当的阐述。这就是社会科学者的工作。所以社会科学者应该在指导文化变迁中起重要的作用。”这充分表达了中国文化和我们自己的文化的最大需要，也就是说，我们必须认识到，即使在机械工程中，只有傻子或疯子才会不顾科学的物理和数学而作出规划、设计或计算，故在政治行动中同样需要充分发挥理智和经验的作用。

我们的现代文明，目前可能正面临着最终的毁灭。我们只注意在机械工程中使用最合格的专家。但在政治、社会和道德力量控制方面，我们欧洲人越来越依从于疯子、狂人和歹徒。在界线的一边正越来越多地责备着那种个人随心所欲，毫无责任感或毫无恪守信义的道德义务的倾向，而在另一边我们尽管仍然可以在财富、权力和实力上具有压倒的优势，近数年来却始终不断地暴露出软弱、涣散以及对荣誉对所负的神圣义务的忽视。

我怀着十分钦佩的心情阅读了费博士那明确的令人信服的论点和生动翔实的描写，时感令人嫉妒。他书中所表露的很多箴言和原则，也是我过去在相当一段时间里所主张和宣扬的，但可惜我自己却没有机会去实践它。我们中间绝大多数向前看的人类学者，对我们自己的工作感到不耐烦，我们厌烦它的好古、猎奇和不切实际，虽然这也许是表面上的，实际并不如此。但我的自白无疑是真实的，我说过“人类学，至少对我来说是对我们过分标准化的文化的一种罗曼蒂克式的逃避。”

然而补救办法近在咫尺，如果允许我再引述我的一些其他看法的话，我认为“那面向人类社会、人类行为和人类本性的真正有效的科学分析的人类学，它的进程是不可阻挡的”。为达到这一目的，研究人的科学必须首先离开对所谓未开化状态的研究，而应该进入对世界上为数众多的、在经济和政治上占重要地位的民族的较先进文化的研究。本书以及在中国和其他地方开展的广泛的工作，证实了我的预言：“未来的人类学不仅对塔斯马尼亚人、澳洲土著居民、美拉尼西亚的特罗布里恩德群岛人和霹雳的俾格米人有兴趣，而且对印度人、中国农民、西印度群岛黑人、脱离部落的哈勒姆非洲人同样关注。”这一段引语中还包含着对现代实地调查和理论工作提出了重要的基本要求：研究文化变迁、文化接触的现象、现代文化的传播。

因此，约两年前，当我接待了燕京大学杰出的中国社会学家吴文藻教授来访，感到极大的欣慰，从他那里得知，中国社会学界已独立自发地组织起一场对文化变迁和应用人类学的真正问题进行学术上的攻关。这一学术进攻表达了我梦寐以求的愿望。

吴教授和他所培育的年轻学者首先认识到，为了解他们的伟大祖国的文明并使其他的人理解它，他们需要去阅读中国人生活这本公开的书本，并理解中国人在现实中怎样思考的。正因为那个国家有着最悠久的没有断过的传统，要理解中国历史还必须从认识中国的今天开始。这种人类学的研究方法对于现代中国学者和欧洲的一些汉学家所进行的以文字记载为依据的重要历史工作，是一种不可缺少的补充。研究历史可以把遥远过去的考古遗迹和最早的记载作为起点，推向后世；同样，亦可把现状作为活的历史，来追溯过去。两种方法互为补充，且须同时使用。

费博士著作中的原理和内容，向我们揭示了现代中国社会学派的方法论基础是多么结实可靠。本来的主要题材是对湖泽地带的平原乡村生活的一次实地考察。那水道纵横的平原是数千年来在物质上和精神上抚育中国人民的地方。不言而喻，在乡村生活、农村经济、农业人口的利益和需要中找到的主要是农业文化基础。通过熟悉一个小村落的生活，我们如在显微镜下看到了整个中国的缩影。

贯穿此书的两个主题是：土地的利用和农户家庭中再生产的过程。在本书中，费博士集中力量描述中国农民生活的基本方面。我知道，他打算在以后的研究中说明关于崇祀祖先的详细情况以及在村庄和城镇中广为流传的关于信仰和知识等更复杂的体系。他还希望终有一日将自己的和同行的著作综合起来，为我们展示一幅描绘中国文化、宗教和政治体系的丰富多彩的画面。对这样一部综合性著作，像本书这样的专著当是第一步。费博士的书和他同行的贡献，将成为我们可能完成的精雕细琢的镶嵌品中的一件件珍品。[1]

序言作者的任务并不是再来复述一番本书已经动人地描述过的内容。随着本书的描述，读者本身将自然地被带入故事发生的地点：那可爱的河流，纵横的开弦弓村。他将看到村庄的河流、桥梁、庙宇、稻田和桑树的分布图，此外，清晰的照片更有助于了解这个村庄。他将欣赏到具体资料、数据和明晰地描述三者之间很协调的关系。对农村生活、农民生活资料、村民的典型职业的描述以及完美的节气农历和土地占有的准确定义等都为读者提供了一种深入的确实的资料，这在任何有关的中国文献中都是十分罕见的。

我已得到允许，引述E.丹尼森·罗斯爵士在读了该书手稿以后的一段话，他阐明了该书在科学文献中的地位：“我认为这篇论文是相当特殊的。据我所知，没有其他作品能够如此深入地理解并以第一手材料

[1] 已经完成的作品，大多用中文写成，有下列诸题：《山东邹平的贸易系统》，杨庆堃著；《河北农村社区的诉讼》，徐雍舜著；《河北农民的风俗》，黄石著；《福州的族村》，林耀华著；《动变中的中国农村教育》，廖泰初著；《花篮瑶社会组织》，费博士及夫人著。正在进行研究的有李有义的《山西的土地制度》，及郑安仑的《福建和海外地区移民的关系问题》。

描述了中国乡村社区的全部生活。我们曾经有过统计报告、经济研究和地方色彩浓厚的小说——但我未曾发现有一本书能够回答好奇的陌生人可能提出的各种问题。”这里所说的“好奇的陌生人”就是丹尼森·罗斯爵士，他恰是一个科学家、历史学家和世界知名的东方学专家。

我个人认为或许有关蚕丝业的这一章是本书最成功的一章。它向我们介绍了家庭企业如何有计划地变革成为合作工厂，以适应现代形势的需要。它证明，社会学需要研究社会工程的有关实际问题。它提出了一些附带的问题，我想这些问题将成为中国和其他地方的另一些研究的起点。

作者和农村孩子

在这一章和其他很多章节的论据中，我们能够发现著者的道德品质，请允许我强调提出这一点，虽然这本书是一个中国人写给西方读者看的，文字中没有特殊的辩护或自宥的流露。相反倒是一种批评和自我批评。在“中国的土地问题”这一章中我们可以读到“国民党政府在纸上写下种种诺言和政策。但事实上，它把绝大部分收入都耗费于反共运动，所以它不可能采取任何实际行动和措施来进行改革，而共产党运动的实质，正如我所指出的，是由于农民对土地制度不满而引起的一种反抗。尽管各方提出各种理由，但有一件事是清楚的，农民的境况是越来越糟糕了。自从政府重占红色区域以来到目前为止，中国没有任何一个地区完成了永久性的土地改革。”这样一种公开批评政府不当行为的社会学工作，现在仍然进行着，想必得到政府的鼓励，这一方面证明了中国青年社会学家的正直和团结，另一方面也说明了官方的明智。

作者的一切观察所具有的特征是，态度尊严、超脱、没有偏见。当今一个中国人对西方文明和西方国家的政治有反感，这是可以理解的。但本书中未发现这种迹象。事实上，通过我个人同费博士和他的同事的交往，我不得不羡慕他们不持民族偏见和民族仇恨——我们欧洲人能够从这样一种道德态度上学到大量的东西。看来中国人是能够区别民族和政治制度的。日本作为一个民族来说，他们对它甚至不怀仇恨。在本书第一页上，作者提到这个侵略国，冷静地评价它的作用在于迫使中国建立起一条统一战线并调整它的某些基本的经济和社会问题，从而巩固了中国。我们所了解、评价，甚至逐渐依恋的那个村庄，现在可能已被破坏。我们只得响应作者预言式的愿望：在这个村庄和其他许多村庄的废墟中，“内部冲突和耗费巨大的斗争最后必将终止”，“一个崭新的中国将出现在这个废墟之上”。

1938 年 10 月 15 日于伦敦大学人类学系

第一章

前　言

这是一本描述中国农民的消费、生产、分配和交易等体系的书，是根据对中国东部，太湖东南岸开弦弓村的实地考察写成的。它旨在说明这一经济体系与特定地理环境的关系，以及与这个社区的社会结构的关系。同大多数中国农村一样，这个村庄正经历着一个巨大的变迁过程。因此，本书将说明这个正在变化着的乡村经济的动力和问题。

这种小范围的深入实地的调查，对当前中国经济问题宏观的研究是一种必要的补充。在分析这些问题时，它将说明地区因素的重要性并提供实事的例子。

这种研究也将促使我们进一步了解传统经济背景的重要性及新的动力对人民日常生活的作用。

强调传统力量与新的动力具有同等重要性是必要的，因为中国经济生活变迁的真正过程，既不是从西方社会制度直接转渡的过程，也不仅是传统的平衡受到了干扰而已。目前形势中所发生的问题是这两种力量相互作用的结果。例如对我们观察的这个村庄的经济问题，只有在考虑到两方面的情况时才能有所理解，一方面是由于世界工业的发展，生丝价格下跌，另一方面是以传统土地占有制为基础的家庭副业在家庭经济预算中的重要性。对任何一方面的低估都将曲解真实的情况。此外，正如我们将在以后的描述中所看到的，这两种力量相互作用的产物不会是西方世界的复制品或者传统的复旧，其结果如何，将取决于人民如何去解决他们自己的问题。正确地了解当前存在的以实事为依据的情况，将有助于引导这种变迁趋向于我们所期望的结果。社会科学的功能就在于此。

文化是物质设备和各种知识的结合体。人使用设备和知识以便生存。为了一定的目的人要改变文化。一个人如果扔掉某一件工具，又去获取一件新的，他这样做，是因为他相信新的工具对他更加适用。所以，任何变迁过程必定是一种综合体，那就是：他过去的经验、他对目前形势的了解以及他对未来结果的期望。过去的经验并不总是过去实事的真实写照，因为过去的实事，经过记忆的选择已经起了变化。目前的形势也并不总是能得到准确的理解，因为它吸引注意力的程度常受到利害关系的影响。未来的结果不会总是像人们所期望的那样，因为它是希望和努力以外的其他许多力量的产物。所以，新工具最后也可能被证明是不适合于人们的目的。

对社会制度要完成一个成功的变革是更加困难了。当一种制度不能满足人民的需要时，甚至可能还没有替代它的其他制度，困难在于社会制度是由人际关系构成的，只有通过一致行动才能改变它，而一致行动不是一下子就组织得起来的。另外，社会情况通常是复杂的，参与改革的一个个人，他们的期望也可以各不相同。所以在社会变革的过程中，为组织集体行动，对社会情况需要有一个多少为大家所接受的分析和定义以及一个系统的计划。这种准备活动一般都需要一种语言形式。最简单的形式如一个船长在指挥一条船航行时，对他的船员们发出命令。又如在议会或国会里进行一场有准备的辩论。对形势或情况的不同解释和关于结果的各种期望形成辩论的中心。无论如何，这样的准备活动总是会在有组织的革新活动中出现的。

对形势或情况的不准确的阐述或分析，不论是由于故意的过错或出于无知，对这个群体都是有害的，它可能导致令人失望的后果。本书有许多例子说明了对情况或形势的实事求是的阐述或分析的重要性。下面我想先提几个例子：在亲属组织中，目前法律对财产继承问题的规定似已成为两性不平等的实例。一旦男女平等的思想被接受，这样的规定将产生一种修改单方亲属原则的行动。正如我要说明的，财产的继承是两代人之间相互关系的一部分。在社会中，供养老人的义务，落在子女身上。目前父居家庭的婚姻制度下，女儿和儿子不能分担同等的义务。因此，双系继承与单方立嗣相结合将形成两性的不平等。从这一点来看，立法的后果显然与期望是背道而驰的(四章六节)。

有时，对情况或形势的阐明或分析可能是正确的，但不完整。例如，在缫丝工业中，改革者主要从技术方面来分析情况，忽略了在丝价下降中国际贸易的因素，这就导致多年来，对村民许下的从工业中增加收入的诺言，未能实现(十一章八节)。

如果要组织有效果的行动并达到预期的目的，必须对社会制度的功能进行细致的分析，而且要同它们意欲满足的需要结合起来分析，也要同它们的运转所依赖的其他制度联系起来分析，以达到对情况的适当的阐述。这就是社会科学者的工作。所以社会科学应该在指导文化变迁中起重要的作用。

中国越来越迫切地需要这种知识，因为这个国家再也承担不起因失误而损耗任何财富和能量。我们的根本目的是明确的，这就是满足每个中国人共同的基本需要。大家都应该承认这一点。一个站在饥饿边缘上的村庄对谁都没有好处。从这个意义上说，对这些基本措施，在中国人中间应该没有政治上的分歧。分歧之处是由于对事实的误述或歪曲。对人民实际情况的系统反映将有助于使这个国家相信，为了恢复广大群众的正常生活，现在迫切地需要一些政策。这不是一个哲学思考的问题，更不应该是各学派思想争论的问题。真正需要的是一种以可靠的情况为依据的常识性的判断。

目前的研究，仅仅是一群懂得了这一任务的重要性的中国青年学生们的初步尝试。在福建、山东、山西、河北和广西都开展了同样的研究。将来还会有更广泛的、组织得更好的力量，继续进行研究。我不太愿意把这本不成熟的书拿出来，它之所以不成熟，是因为日本人占领并破坏了我所描述的村庄，我被剥夺了在近期做进一步的实地调查的机会。但我还是要把本书贡献出来，希望它能为西方读者提供一幅现实的画面，这就是：我的人民肩负重任，正在为当前的斗争付出沉痛的代价。我并不悲观，但肯定地说这是一场长期而严重的斗争。我们已做了最坏的准备，准备承受比日本的炸弹和毒气还会更坏的情况。然而我确信，不管过去的错误和当前的不幸，人民通过坚持不懈的努力，中国将再一次以一个伟大的国家屹立在世界上。本书并不是一本消逝了的历史的记录，而是将以百万人民的鲜血写成的世界历史新篇章的序言。

第二章

调 查 区 域

一、调查区域的界定

为了对人们的生活进行深入细致的研究，研究人员有必要把自己的调查限定在一个小的社会单位内来进行。这是出于实际的考虑。调查者必须容易接近被调查者以便能够亲自进行密切的观察。另一方面，被研究的社会单位也不宜太小，它应能提供人们社会生活的较完整的切片。

A.拉德克利夫-布朗教授、吴文藻博士和雷蒙德·弗思博士[1]曾经讨论过这个基本问题。他们一致认为，在这种研究的最初阶段，把一个村子作为单位最为合适。弗思博士说，应当"以一个村作研究中心来考察这村居民相互间的关系，如亲属的词汇、权力的分配、经济的组织、宗教的皈依以及其他种种社会联系，并进而观察这种种社会关系如何相互影响，如何综合以决定这社区的合作生活。从这研究中心循着

[1] A.拉德克利夫-布朗(A.Radcliffe-Brown)教授于1935年在北平燕京大学就深入研究中国农村的问题作了讲演；接着，吴文藻博士在天津《益世报》的《社会研究》周刊上就这个问题发表了一系列文章。近来，雷蒙德·弗思(Raymond Firth)博士在《中国农村社会团结性的研究》一文中讨论了这个问题。此文刊登在《社会学界》第10卷中。

亲属系统、经济往来、社会合作等路线，推广我们的研究范围到邻近村落以及市镇。”

村庄是一个社区，其特征是，农户聚集在一个紧凑的居住区内，与其他相似的单位隔开相当一段距离(在中国有些地区，农户散居，情况并非如此)，它是一个由各种形式的社会活动组成的群体，具有其特定的名称，而且是一个为人们所公认的事实上的社会单位。

这样一个村庄并没有正式进入保甲制。保甲制是中国的一种新的行政体制，是为了某种特殊目的而人为地设置的(六章五节)。开弦弓村在 1935 年才有这种制度。因此很难说得清，这种法律上的保甲单位，究竟到什么时候才能以其不断增长的行政职能取代现存的事实上的群体。但目前，在实施过程中，保甲制仍然大多流于形式。因此，我们所研究的单位必须是实际存在的职能单位——村庄。我们研究的目的在于了解人民的生活。

在目前阶段的调查中，把村庄作为一个研究单位，这并不是说村庄就是一个自给自足的单位。在中国，地方群体之间的相互依存，是非常密切的，在经济生活中尤为如此。甚至可以说，在上半个世纪中，中国人民已经进入了世界的共同体中。西方的货物和思想已经到达了非常边远的村庄。西方列强的政治、经济压力是目前中国文化变迁的重要因素。在这一点上有人可能会问，既然如此，那么在这样一个小的地区，在一个村庄里搞实地调查，对于这种外来力量及其所引起的变迁会取得什么进一步的了解呢?

显然，身处村庄的调查者不可能用宏观的眼光来观察和分析外来势力的各种影响。例如，由于世界经济萧条及丝绸工业中广泛的技术改革引起了国际市场上土产生丝价格的下跌，进而引起农村家庭收入不足、口粮短缺、婚期推迟以及家庭工业的部分破产。在这种情况下，实地调查者必须尽可能全面地记录外来势力对村庄生活的影响，但他当然应该把对这些势力本身的进一步分析留给其他学科去完成。调查者应承认这些事实，并且尽力约束自己去跟踪那些可以从村庄生活中直接观察到的影响。

对这样一个小的社会单位进行深入研究而得出的结论并不一定适用于其他单位。但是，这样的结论却可以用作假设，也可以作为在其他地方进行调查时的比较材料。这就是获得真正科学结论的最好方法。

二、地理状况

我所选择的调查地点叫开弦弓村，坐落在太湖东南岸，位于长江下游，在上海以西约80英里的地方，其地理区域属于长江三角洲。G.B.克雷西曾经这样描述该区域的地理概况："在长江平原的土地上，布满了河流与运河。世界上大概再也没有其他地区会有那么多可通航的水路。长江、淮河及其支流形成了一条贯穿这个区域的通道，颇为壮观。不但河流多，而且还有许多大小湖泊，其中主要有洞庭湖、鄱阳湖、太湖、洪泽湖。然而赋予这个地貌以最显著的特征的是人工河渠。这些河渠正是生活的命脉。在长江三角洲地区，河渠形成了错综复杂的网络，起着人工水系的作用，取代了河流。据F.H.金的估计，仅三角洲南部的河渠长度就有2.5万英里左右。"

"这个地区是复合冲积平原，由长期以来河流带来的泥沙淤积而成，只有少数孤立的山丘，大部地区是平川。乡下土地平坦，但是无数的坟墩和村子周围的树林遮住了视线。这里，无论是乡村或城市的居住区都比北方地区人口密集。但由于气候、地理位置等因素的共同作用，使得这里成为中国最繁荣的地方。"[1]

"长江平原……显然受夏季季节风的影响……也经受大陆性旋风的巨大威力。"

---

[1] 《中国的地理概况》(China's Geographical Foundation)，1934年，第283页。

“由于纬度偏南，夏季呈亚热带气候，气温经常升至 38 摄氏度……整个地区平均降雨量约为 1 200 毫米(45 吋)……春、夏季多雨，6 月份的雨量很多。自 10 月至来年 2 月，气候较为干燥，天空晴朗，气温宜人，这时候，是一年中最爽快的季节。”

“冬天的气温，难得一连数日都在零下，在较冷的夜间才结薄冰，很少下雪……在上海，夏季平均最高气温 37 摄氏度，冬季平均最低气温为零下 7 摄氏度。”

“长江平原一年四季，大部分时间的气候条件都有利于农业，生长季节约持续 300 天。”[1]

这个地区之所以在中国经济上取得主导地位，一方面是由于其优越的自然环境，另一方面是由于它在交通上的有利位置。该地区位于长江和大运河这两条水路干线的交叉点上。这两条水路把这个地区与中国西部和北部的广大疆土联结起来。作为沿海地区，自从通过远洋运输发展国际贸易以来，它的重要性与日俱增。该地区的港口上海，现已发展成为远东的最大城市。这里的铁路系统也很发达，已经修建了两条重要线路，一条从上海经苏州至南京；另一条由上海经嘉兴至杭州。最近，也就是在 1936 年，苏州与嘉兴之间又增加了一条新线路，与上述两条干线形成环行铁路。为了便利地区内的交通，还修建了汽车路；除此之外，还广泛利用了运河及改成运河的河道进行交通运输。

该地区人口密集，大多数人口居住在农村。如从空中俯视，可以看见到处是一簇簇的村庄。每个村子仅与邻村平均相隔 20 分钟路的距离。开弦弓只不过是群集在这块土地上成千上万个村庄之一。

在数十个村庄的中心地带就有一个市镇。市镇是收集周围村子土产品的中心，又是分配外地城市工业品下乡的中心。开弦弓所依傍的

---

[1] 《中国的地理概况》(China's Geographical Foundation)，1934 年，第 295 页。

市镇叫震泽，在开弦弓以南约 4 英里，坐手摇船单程约需两个半小时。震泽地处太湖东南约 6 英里，大运河及苏嘉线以西约 8 英里。目前，可乘轮船或公共汽车到达苏嘉线的平望站。通过现有的铁路线，可在 8 小时以内从震泽到达上海。开弦弓的地理位置及其与上述各城市及集镇间的关系，详见所附图 1、2。

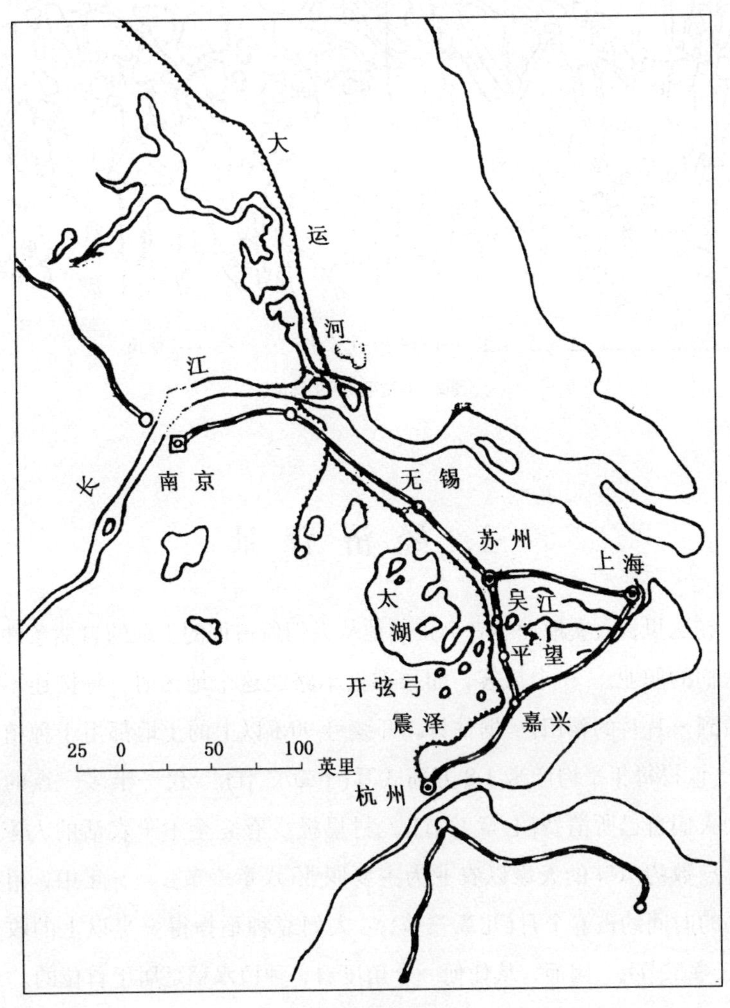

图 1　长江下游流域

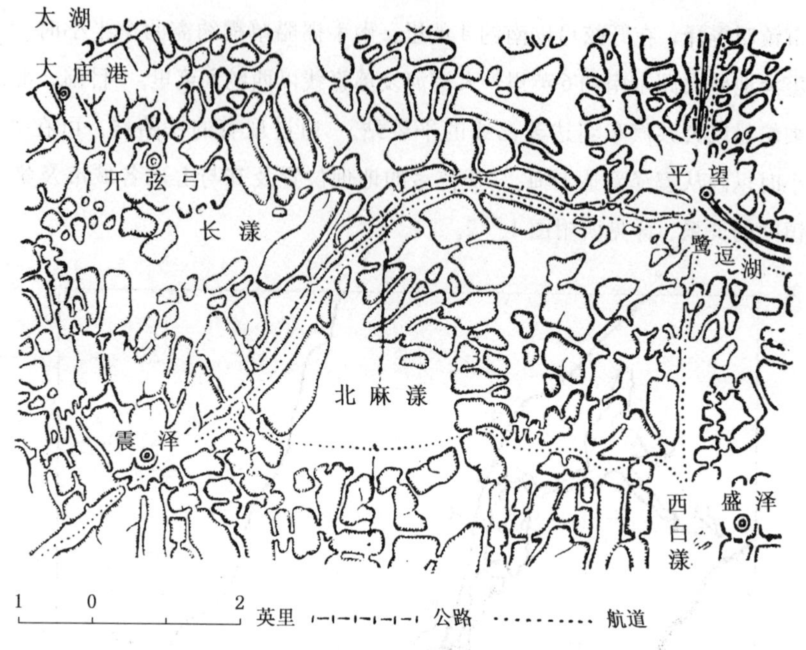

图2 开弦弓周围的环境

三、经济背景

在这里，人文地理学者会正确地从人们所占据的土地的自然条件推论人们的职业。一个旅客，如果乘火车路经这个地区时，将接连不断地看到一片片的稻田。据估计，开弦弓 90% 以上的土地都用于种植水稻。该村每年平均产米 1.8 万蒲式耳(十章二节)。仅一半多一点的粮食为人们自己所消费(七章五节)。村里极少有完全不干农活的人家。占总户数约 76% 的人家以农业为主要职业(八章一节)。一年中，用于种稻的时间约占 6 个月(九章三节)。人们靠种稻挣得一半以上的收入(十二章二节)。因而，从任何一个角度看，种植水稻是居于首位的。

此地不仅产米，人们还种麦子、油菜籽及各种蔬菜，尽管它们与主要作物相比是无足轻重的。此外，江河里尚有鱼、虾、蟹及各种水生植物等，这些都是当地的食物。

桑树在农民的经济生活中起着重要的作用。人们靠它发展蚕丝业。赖特早在1908年写道："白色生丝，即欧洲市场中的'辑里丝'，是中国养蚕农家用手抽制的……最佳生丝产自上海附近地区，该地区出口的丝占出口额的绝大部分。"[1]

蚕丝业在整个地区非常普遍，在太湖周围的村庄里尤为发达。据当地人说，它之所以成为该地特产是由于水质好。据说，所谓的"辑里丝"仅产于开弦弓周围方圆4英里的地带。这一说法的真实性暂且不论，但这个村庄在当地乡村工业中的重要地位确是毫无疑问的。在繁荣时期，这个地带的丝不仅在中国蚕丝出口额中占主要比重，而且还为邻近的盛泽镇(见图2)丝织工业的需要提供原料。在丝织业衰退之前，盛泽的丝织业号称"日出万匹"。

现代制丝业的先进生产技术引进日本、中国之后，乡村丝业开始衰退。这一工业革命改变了国内乡村手工业的命运。

"1909年以前……中国蚕丝出口量比日本大。例如1907年，两国出口量几乎相同。但到1909年，日本蚕丝出口便超过了中国，而且从此以后，日本一直保持优势。事实上近年来，日本的出口量几近中国的三倍。从我国外贸角度来看，自从1909年以来，蚕丝逐年减产。以前，蚕丝通常占我国出口总额的20%～30%，而从1909年至1916年的平均数下降至17%。"[2]

尽管如此，一直到1923年，蚕丝的产量虽不规则，但一直是在增加的。由于蚕丝价格下跌，出口量的增长并不一定意味着收入的增加。从1923年以后，出口量便就此一蹶不振。1928年至1930年间，出口量下降率约为20%。[3]1930年至1934年间，下降得更为迅速。"1934年

---

[1] 阿诺德·赖特编：《香港、上海及中国其他通商口岸二十世纪印象记》(Arnold Wright, ed. Twentieth Century Impression of HongKong, Shanghai and Treaty Ports of China)，第291页。

[2][3] 刘大钧：《上海缫丝工业》(The Silk Reeling Industry in Shanghai), 1933年，第9页。

下半年，由于日本向美国市场倾销蚕丝，中国蚕丝出口量随之降到最低水平。出口蚕丝量共计仅为1930年的1/5。这一事实，说明了中国蚕丝贸易的不景气。”

“1934年生丝价格跌到前所未有的更低的水平……同样质量的丝，1934年的价格水平仅为1930年的1/3。”[1]

工业革命影响丝织业的力量同样使国内蚕丝市场随之缩小。市场缩小的结果带来了农村地区传统家庭蚕丝手工业的破产。蚕丝业的传统特点及其近年来的衰落就形成了我们目前所分析的开弦弓村的经济生活背景。

四、村　庄

现在让我们来观察一下村庄本身。村里的人占有土地共11圩。圩是土地单位，当地人称一块环绕着水的土地单位为“圩”。每个圩有一个名字。圩的大小取决于水流的分布，因此各不相等。该村土地的总面积为3 065亩，或460余英亩。据1932年官方勘测，各圩的名称及面积如下表所示，其中有两圩部分属于其他村子，由于无明显的界限，我只能粗略地估计属于开弦弓那部分土地的面积：

西长圩	986.402亩
城角西多圩	546.141亩
龟字圩	458.010亩
城角圩	275.110亩
凉角圩	261.320亩
西多圩	174.146亩

[1] 《1935年～1936年中国年鉴·对外贸易》，第1094页。

（续表）

潘乡背	173.263 亩
多字圩	70.540 亩
吴字圩	56.469 亩
北城角	55.858 亩
新添圩	8.545 亩
总　计	3 065.804 亩

土地可略分为两部分：庄稼用地及居住用地。住宅区仅占相当小的部分，就在三条小河的汇集处，房屋分散在四个圩的边缘。这四个圩的名称及每个圩边的房屋数目如下：

1. 城角圩	133
2. 凉角圩	95
3. 西长圩	75
4. 谈家墩(吴字圩)	57
总　计	360

研究住宅区的规划必须同村子的交通系统联系起来。在这个地区，人们广泛使用船只载运货物进行长途运输。连接不同村庄和城镇的陆路，主要是在逆流、逆风时拉纤用的，即所谓塘岸。除了一些担挑的小商人之外，人们通常乘船来往。几乎家家户户都至少有一条船。由于船只在交通运输上的重要位置，为便利起见，房屋必须建筑在河道附近，这就决定了村子的规划。河道沿岸，大小村庄应运而生；大一些的村子都建在几条河的岔口。正如我们可以从附图上看到，开弦弓的“脊梁骨”系由三条河组成，暂且定名为A、B和C。河A是主流，像一张弓一样流过村子，开弦弓便由此而得名。字面上的意思就是：“拉开弦的弓。”

在住宅区内，用船装载轻微的东西，或作短距离运输，不甚方便。因此在住房之间修起了道路以利往来。在这种情况下，河流就成了交通的障碍。各圩被河流所分割，必须用桥来连接。

这个村的陆路系统不能形成完全的环行路。在圩Ⅲ的北部，大部分土地用来耕种，田间仅有小路，不便于行走，雨天尤其如此，因此，河A西端的桥便成了交通中心。小店铺大多集中在各桥附近。特别是集中在村子西边的桥旁(十四章八节)。

虽然如此，村庄的规划中却没有一个人们集中起来进行公共活动的专用场所。自从一年一度的唱戏停止演出后，除了夏天夜晚人们随意地聚集在桥边乘凉以外，10多年来，从未有过组织起来的公众集会。

村长的总部设在村子东端合作丝厂里面。厂址的选择是出于技术上的原因。河A的水自西向东流。由于河A供给沿岸居民的日常用水，所以把厂子建在下游，以免污染河水。

在住宅区外围有两座庙，一个在村西，一个在村北。这并不意味着人们的宗教活动都集中在村外边进行。实际上，他们的宗教活动多数都在自己家里开展。比较确切地说，庙是和尚及菩萨的住所。和尚、菩萨不仅同普通的人隔开一段距离，而且也与社区的日常生活隔开，但进行特殊仪式时除外。

公办小学在村的南端。校舍原先用作蚕丝改进社的办公室。合作丝厂建立以后便把房子给了学校。

住宅区周围都是农田，由于灌溉系统的缘故，农田地势较低(十章一节)。适宜于建筑的地区都已盖满了房屋，而且长期没有扩大。

新的公共机构，例如学校和合作丝厂，只有在老的住宅区外围找到地盘。它们的位置说明了社区生活的变化过程。

五、村里的人

1935年该村的人口有过一次普查。因为出生、死亡情况一直没有连续的登记，所以我只能把这次普查结果作为分析的基础。在人口普查中，对村里的所有居民，包括暂时不在村里的人口，都做了记录。统计数字见下表：

年 龄	男	女	总 计
71+	4	15	19
66～70	10	19	29
61～65	14	32	46
56～60	30	39	69
51～55	40	38	78
46～50	26	29	55
41～45	45	38	83
36～40	69	55	124
31～35	64	45	109
26～30	75	61	136
21～25	63	52	115
16～20	68	54	122
11～15	72	61	133
6～10	73	59	132
5以下～5	118	87	205
?	—	—	3
总 计	771	684	1 458

对那些暂时寄居在村里农户家里的人口，普查记录专设了一栏。这些人口未包括在上表中。这一栏的总人数为25人。

人口密度(计算时不包括水面面积)约为每平方英里1 980人。这个数字不能与本省的平均人口密度相比，因为省人口密度是根据全省总面积(包括水面及未耕地)来计算的，那是一个总密度。我的数字代表着人和被使用的土地之间的比率。托尼教授所引述的江苏省的人口总密度是每平方英里896人。[1]

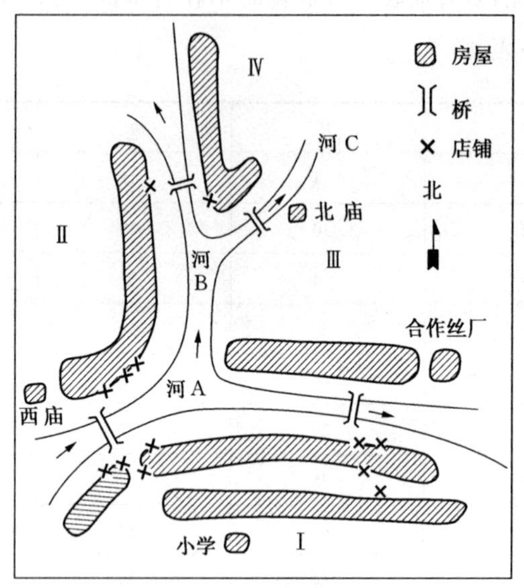

图3 村庄详图

人们并不认为所有住在村里的人一律都是本村人。如果问本村居民，哪些人是本村的，我们就会发现当地对于本村人和外来人有着明显的区别。但这种区别并不是法律上的；从法律观点看，一个人只要在某地居住三年以上，他就成为当地社区的一名成员。[2]可是在人们的眼里，这样的人并不是真正的本村人。

为说明这种区别，不妨举一些具体的例子：那些被当作外来户的村里人。这样的外来户共有10家，其职业和本籍分述如下：

理发匠	2 镇江(江苏)
磨工兼鞋匠	1 丹阳(江苏)
杂货商	1 横扇(同区一村庄)

[1] 《中国的土地和劳动》(Land and Labour in China)，第24页。
[2] 《人口登记法》，1931年12月12日。

(续表)

纺织工	1吴家村(同区一村庄)
和　尚	1震泽
水泵操作者	1宁波(浙江)
银　匠	1绍兴(浙江)
篾　匠	1金华(浙江)
药　商	1邬镇(浙江)

他们的共同特点是(1)都是移民，(2)从事某种特殊职业。我未听说一个外来人究竟需要在本村住多久才能算作本村人，但是我却听说过：外来人的孩子，虽生于本村，仍像其父母一样，被视作外来人。由此看来，并非完全根据居住期的长短来确定这种区别的。

另一方面，值得研究的是这样一个事实：凡是外来户都不是农民。虽然并非所有特殊的职业都是外来人干的，但他们仍构成了这类人的1/3(八章二节)，从事特殊职业使他们不会很快被同化。

作为一个群体，本村人具有一定的文化特色。一个提供资料的本地人向我提到过三个显著特点：(1)本村人说话时，吐字趋于腭音化，例如“讲”、“究”等等。(2)妇女不下田干活。(3)妇女总是穿裙子，甚至在炎热的夏天也穿着。在这几方面，本村人甚至与最近的震泽镇人都不相同。

那些被视为外来户的人，在生活上一直未被同化。我注意到他们的非本地口音及非本地穿着方式，例如，药店里的妇女不穿裙子。

只要外来户保留着他们自己的语言和文化差别，而且本村人注意到这些差别，那么，在这个社区内，外来户总是过着多少有所见外的生活。对本村人及外来户作出区别是颇有意义的，因为这种区别已经具有广泛的社会意义。外来户全部从事特殊职业，没有土地，仅这一事实就足以说明，区别是有其深远的经济后果的。

六、 选择这个调查区域的理由

这个村庄有下列值得注意和研究之处：

一、开弦弓是中国国内蚕丝业的重要中心之一。因此，可以把这个村子作为在中国工业变迁过程中有代表性的例子；主要变化是工厂代替了家庭手工业系统，并从而产生的社会问题。工业化是一个普遍过程，目前仍在我国进行着，世界各地也有这样的变迁。在中国，工业的发展问题更有其实际意义，但至今没有任何人在全面了解农村社会组织的同时，对这个问题进行过深入的研究。此外，在过去10年中，开弦弓村曾经进行过蚕丝业改革的实验。社会改革活动对于中国的社会变迁是息息相关的；应该以客观的态度仔细分析各种社会变迁。通过这样的分析，有可能揭示或发现某些重要的但迄今未被注意到的问题。

二、开弦弓一带，由于自然资源极佳，农业发展到很高水平。有关土地占有制度在这里也有特殊的细节。开弦弓将为研究中国土地问题提供一个很好的实地调查的场地。

三、这个地区广泛使用水上交通，有着网状分布的水路，因而城乡之间有着特殊的关系，这与华北的情况截然不同。这样我们就能够通过典型来研究依靠水上运输的集镇系统。

除去这些考虑之外，我调查开弦弓村还具备特殊便利的条件。由于时间有限，我的调查必须在两个月之内完成。如果我在一个全然不熟悉的地方工作，要在这样短的时间内进行任何细致的研究是不可能的。开弦弓村属于吴江县，而我就是吴江人，我首先在语言上就有一定的有利条件。中国各地方言的差别是进行实地调查的实际困难之一。村里的人们除自己的方言外，一般不懂得任何其他方言。作为一个本地人，就不必再花费时间去学习当地方言。而且同乡的感情使我能够进一步深入到人们的生活中去，不致引起怀疑。

木　桥

尤其是在这个村里，我可以充分利用我姐姐个人的联系。我姐姐负责蚕丝业的改革，村里的人确实都很信任她。我能够毫无困难地得到全村居民的通力合作，特别是村长们的帮助。他们理解我的意图，不仅尽一切可能提供材料，而且还提出一些可行的办法和有价值的建议，这使我的调查得以顺利进行。此外，我以前曾多次访问过该村，姐姐也继续不断地向我提供该村的情况。因此，我一开始就能直接进入调查本身，无须浪费时间去做那些初步的准备工作。

我的调查历时两个月，是在1936年的7～8月进行的。在这有限的时间内，我自然不能对完整的一年为周期的社会活动进行调查。然而，这两个月在他们的经济生活中是有重要意义的，包括了一年中蚕丝业的最后阶段及农活的最初阶段。以我过去的经历及人们口头提供的资料作为补充，到目前为止，我所收集到的关于他们的经济生活及有关社会制度的材料，足以进行初步的分析。

第三章

家

农村中的基本社会群体就是家，一个扩大的家庭。这个群体的成员占有共同的财产，有共同的收支预算，他们通过劳动的分工过着共同的生活。儿童们也是在这个群体中出生、养育并继承了财物、知识及社会地位。

村中更大的社会群体是由若干家根据多种不同目的和亲属、地域等关系组成的。由个人成员组成的社团很少而且占次要地位。以下四章将提供该村的社会背景以便我们研究其经济生活。

一、家，扩大的家庭

家庭这个名词，人类学家普遍使用时，是指一个包括父母及未成年子女的生育单位。中国人所说的家，基本上也是一个家庭，但它包括的子女有时甚至是成年或已婚的子女。有时，它还包括一些远房的父系亲属。之所以称它是一个扩大了的家庭，是因为儿子在结婚之后并不和他们的父母分居，因而把家庭扩大了。

家，强调了父母和子女之间的相互依存。它给那些丧失劳动能力的老年人以生活的保障。它也有利于保证社会的延续和家庭成员之间的合作。

在一定的经济条件下，这个群体本身无限的扩展很可能是不利的。在扩展进程中，其成员之间的摩擦增加了。我们即将看到，家是会分的，即所谓“分家”。而且，分只要较为可取，它就分。因此，家的规模大小是由两股对立的力量的平衡而取决的，一股要结合在一起的力量，另一股要分散的力量。在下面几节里，我将分析这两股力量。

关于这村里家的规模，有一些定量的数据可以帮助我们进一步开展讨论。尽管大部分对中国的研究强调中国大家庭制度的重要性，但非常奇怪，在这个村里，大家庭很少。在家的总数中，我们发现有一对以上已婚夫妇的家不到总数的1／10。

最常见的类型是，以一对已婚配偶为核心，再包括几个依赖于此家的父系亲属。事实上，超过一半的家，准确地说，占总数58%的家都属于此类。但并不是每一个家都有一对已婚配偶。有时候，在一个妇女丧夫之后，她就和她的子女在一起生活，而不去加入另一个单位。也有这样的情况，一个父亲和他儿子居住在一起，家中没有女人。这些都是社会解组的结果，主要是由于这个群体中从事劳动的成员死亡所致，因而它们是不稳定的。鳏夫会再结婚，孩子也会在不久的将来，一有可能就结婚。任何一种情况都能使一个不正常的家庭得到恢复。这一类不稳定的家占总数的27%。[1]

---

[1] 下表列出了各类不同的家的数字

1. 不包括一对已婚夫妇	99
(a) 没有远亲	62
(b) 有远亲	37
2. 包括一对已婚夫妇	223
(a) 完全与家庭一致	85
(b) 有远亲	138
3. 有一对以上的已婚夫妇	37
(a) 父母和一个已婚儿子及其妻子	25
(b) 父母之一，和两个已婚儿子及其妻子	9
(c) 父母及两个已婚儿子及其妻子	3
总计(不包括和尚)	359

村中，一个家的成员平均为四人。这说明这种群体是很小的，而且这绝不是一种例外的情况，从中国其他农村地区的材料也可以得出同样的结论。中国农村家庭，平均的人数大约是在4～6人之间。[1]所谓大家庭，看来主要存在于城镇之中，很明显，它们具有不同的经济基础。就现有材料看，可以说，这个村里的家是一个小的亲属群体，以一个家庭为核心，并包含有几个依靠他们的亲属。

二、“香火”绵续

父母与子女，夫与妻这两种关系是家庭组织的基本轴心。但在中国所谓的家，前者的关系似乎更为重要。家的基本特征是已婚的儿子中往往有一个不离开他们的父母，父母之中如有一人亡故，更是如此。此外，为儿子找一个媳妇，被视为父母的责任。配偶由父母选就，婚礼由父母安排。另一方面，婚姻的法定行为尽管先于生孩子，但结婚总是为了有后代。生孩子的期望先于婚姻。在农村中，结成婚姻的主要目的，是为了保证传宗接代。选聘媳妇的主要目的是为了延续后代，保证生育男儿是向算命先生明白提出的要求。如果当媳妇的没有能力来完成她的职责，夫家就有很充足的理由将她遗弃而无需任何赔偿。妇女在生育了孩子之后，她的社会地位才得到完全的确认。同样，姻亲关系只有在她生育孩子以后才开始有效。因此，先从父母与孩子的关系着手来描述研究家的组织是有根据的。

传宗接代的重要性往往用宗教和伦理的词汇表达出来。传宗接代，用当地的话说就是“香火”绵续，意思是，不断有人继续祀奉祖先。关于活着的子孙和他们祖先鬼魂之间联系的信仰，在人们中间是

[1] R.H.托尼(R.H.Tawney)：《中国的土地和劳动》(Land and Labour in China)，第43页，注1。

不太明确和没有系统的说法的。 大致的观点是，这些祖宗的鬼魂生活在一个和我们非常相像的社会中，但在经济方面他们部分地依靠子孙所作的奉献，这就是定时地烧纸钱、纸衣服和其他纸扎的模拟品。 因此，看来死者在阴间的福利还是要有活人来照管的。

有人用纯伦理的观点来解释生育子女的重要性。 他们认为这是一种做人的责任，因为只有通过他们的子女才能向自己的父母偿还他们对自己的抚育之恩。 因此，要有子女的愿望是出于双重的动机：首先是传宗接代；第二是向祖宗表示孝敬。

这些信仰，无疑地和宗教及伦理观念联系在一起，同时也有实际的价值。 在以后的章节里我将说明子女如何有助于建立夫妇间亲密的关系，因为丈夫和妻子在结婚前是互不相识的。 子女还起着稳定家庭群体里各方关系的作用。 子女的经济价值也是很重要的。 孩子很早就开始给家庭福利做出贡献，常常在 10 岁之前，就打草喂羊。 女孩在日常家务劳动及缫丝工业方面是非常有用的。 再者，孩子长大结婚后，年轻的夫妇代替父母担负起在田地上及家庭中的重担。 当父母年老而不能劳动时，他们就由儿子们来赡养。 这些可以由以下的事实来说明：这个村子中有 145 名寡妇，她们不能靠自己的经济来源维持生活，但这并没有形成一个严重的社会问题，因为她们之中的绝大多数都由成年子女赡养。 从这个意义上来说，孩子是老年的保障，即所谓“养儿防老”。

亲属关系的社会延续问题，由于强调单系的亲属关系而变得复杂起来。 一个人的身份和财产并不是平等地传递给子女的。 总是把重点放在男性这一边。 在幼年时期，男孩和女孩都由父母抚养。 他们都用父亲的姓氏。 但当他们长大成亲后，儿子在分家前还继续住在父母的房屋里，而女儿则离开父母去和自己的丈夫住在一起。 她在自己的姓名前要加上丈夫的姓氏。 她除了能得到自己的一份嫁妆外，对自己父母的财产不能提出什么要求。 出嫁的女儿，除了定时给父母送礼品及有时给父母一些经济帮助外，她也没有赡养自己父母的责任(十五章二节)。 财产由儿子继承，他的责任是赡养其父母(四章三节)。 在第三代，只有儿子的儿子接续他的家系。女儿的孩子则被视为亲戚关系，他们使用自己父亲的姓氏。因此，在村子中，传代的原则是父系的。

然而，这个原则有时也可以根据需要加以修改。经过协议，女儿的丈夫也可以在自己的姓名前面加上他妻子的姓，他们的孩子则接续母亲的家系。也有时夫妇双方各自接续双方的家系。总之，这些是总的原则在特定条件下的次要变动(四章四节)。由于男女平等的新概念，现行的法律制度企图改变这种传统的偏重单系的亲属制度(四章六节)。关于这些变化，留到以后再加以讨论。

三、人口控制

尽管村中的人认识到后代的重要性，但现实中还存在着必须限制人口的因素。儿童的劳动能对家庭经济做出贡献，这是事实，但必须要有足够的劳动对象来利用这些劳动力，由于拥有土地的面积有限，能养多少蚕也有限度，家中多余的成员，成了沉重的负担，有鉴于此，让我们先来观察一下这个村平均的土地拥有量情况。

该村的总面积为 3 065 亩，农地占 90%，如果将 2 758.5 亩农田平均分配给 274 家农户，则意味着每户只能有一块约 10.06 亩大的土地。正常年景，每亩地能生产 6 蒲式耳稻米。一男、一女和一个儿童一年需消费 33 蒲式耳稻米(七章五节)。换句话说，为了得到足够的食物，每个家庭约需有 5.5 亩地。目前，即使全部土地都用于粮食生产，一家也只有大约 60 蒲式耳的稻米。每户以四口人计算，拥有土地的面积在满足一般家庭所需的粮食之后仅能勉强支付大约相当于粮食所值价的其他生活必需品的供应。因此，我们可以看到，这个每家平均有四口人的村子，现有的土地已受到相当重的人口压力。这是限制儿童数量的强烈因素。

按照当地的习惯，孩子长大后就要分家产。有限的土地如果一分为二，就意味着两个儿子都要贫困。通常的办法是溺婴或流产。人们并不为这种行为辩护，他们承认这是不好的，但是有什么别的办法以免贫穷呢？从这个村子中儿童的总数可以看到这个结果：16岁以下儿童，总共只有47名，平均每家1.3个。

杀害女婴就更为经常。父系传代及从父居婚姻影响了妇女的社会地位。在父母亲的眼中，女孩的价值是较低的，因为她不能承继“香火”，同时，她一旦长成，就要离开父母。结果0～5年龄组的性比例是：100个女孩比135个男孩(二章五节)。只在131家中，即占总数37%的家中，有16岁以下的女孩(不包括“小媳妇”)，只在14家中，有一个以上的女孩。

正因为人口控制是为了预防贫穷，一些有着较大产业的家庭就不受限制地有更多的子女。他们对自己有为数众多的子女感到自豪，而在人们的眼中，又视之为富裕的象征。有后嗣的愿望，厌恶杀婴、流产及经济上的压力等等，这些因素同时发生作用使土地的拥有量趋向平均化(十一章六节)。

四、父母和子女

孩子出生之前，当母亲的已经有了明确的责任。在妊娠期间，当母亲的要避免感情冲动，避免观看令人憎恶的事物，禁忌吃某些食物等。这种看法叫胎教。期望母亲的良好行为会影响到孩子将来的性格。对父亲则无特殊的要求，只是认为他应避免和妻子同房，因为这被认为对孩子的生理发育不利，甚至可能导致夭亡。

对生育的期待与恐惧，使家庭充满了紧张的气氛。怀孕的妇女被认为处于特殊地位并免除了她各项家务劳动。这是因为人们对性有一种不洁净的意识。她自己的父母也分担了这种紧张。小孩快出生之前，娘家的父母给她喝药汤。母亲要在女儿房里陪住几天，以便照顾她。她的母亲也有责任去洗涤污脏的衣服，并在产后，守在她身边。

孩子出生后，按习惯当母亲的不长期休息。她在一个星期之内便恢复家务劳动。当地向我提供情况的人认为，这种做法是造成妇女产后高死亡率的原因。真实的死亡率还不得而知，但在人口统计中，26～30及41～45两年龄组妇女人数的明显下降(二章五节)说明了这个问题。

婴儿的死亡率也是高的。如果把年龄组0～5与6～10相比较，会发现人数有很大的下降。两组数字相差为73人，占这个组总数的33%。这种现象也反映在当地人迷信“鬼怪恶煞”。孩子“满月”时要剃头，并由孩子的舅父起一个小名。这通常是一个带贬义的名字，如阿狗、阿猫、和尚等等。人们迷信孩子的生命会被鬼怪追索，受父母宠爱的孩子尤其如此。保护孩子的一种办法，就是向鬼怪表示，没有人对这孩子感到兴趣；其理由是鬼怪性喜作恶，看父母溺爱孩子，就要进行打击；孩子既然受到冷淡，鬼怪就不再继续插手了。甚至有时采取这样一些方法，名义上把孩子送给那些被认为大有影响、甚至在神道面前也是很有影响的人物，以求得保护。这种假的领养孩子的办法以后还会讲到(五章三节)。因此，父母原来在表面上表露出来的对儿子的珍爱，被小心地掩藏起来了。

穿夏装的农村妇女

关于父母以及长亲对孩子的态度问题，必须联系下述各种因素来加以理解。这些因素是：由于经济压力需要控制人口；儿童为数很少；婴儿死亡率高；迷信鬼怪恶煞；要子嗣的愿望及有关的宗教伦理观念。从这众多因素的结合中可以看到，活下来的孩子便受到高度的珍爱，虽然从表面上看，对待孩子的态度是淡漠的。

村里的孩子整天依恋着他们的母亲。只要有可能，孩子总是被抱在手里，很少用摇篮。孩子吃奶要吃到三岁或更长的时间。喂奶无定时。每当孩子哭闹，母亲立刻就把奶头塞到孩子的嘴里，使他安静下来。村里的妇女不到田里劳动，整天在家中忙碌。因此在平常的环境里，母子的接触几乎是不间断的。

孩子与父亲的关系稍有不同。在妻子怀孕和生孩子时，丈夫并没有什么特殊的责任。在一年之中，男人有半年以上的时间在户外劳动。他们早出晚归，夫妻之间、父子之间的接触相对地比较少。在孩子的幼年，就孩子来说，父亲只是母亲的一个助手，偶然还是他的玩伴。在妻子养育孩子时，丈夫会接过她的一部分工作，甚至是厨房里的工作。我曾经看到，一些年轻的丈夫，经过一天忙碌的劳动，在傍晚余暇的时候，笨拙地把孩子抱在手里。

孩子大一些以后，父亲对孩子的影响就增加了。对男孩来说，父亲或为执行家法的主要人物，对女孩子，则管得较少些。母亲对孩子总有点溺爱。当孩子淘气时，母亲往往不惩罚他而只吓唬说要告诉他的父亲。而父亲经常用敲打的办法来惩罚他。傍晚时分，常常听到一所房子里突然爆发一阵风暴，原来是一个坏脾气的父亲在打孩子。通常这阵风波往往由母亲调解而告平息。有时，也在夫妻之间引起一场争辩。

孩子过了 6 岁就参加打草、喂羊的劳动。孩子们对这种劳动很感兴趣，因为可以和同伴们在田野里随便奔跑而不受大人的任何干涉。女孩子过了 12 岁，一般都待在家中，和母亲共同操持家务和缫丝，不再和孩子们在一起了。

只有通过这样一个过程，一个依赖别人的孩子才逐渐成为社区的一个正式成员，同样，通过这种逐渐的变化，老年人退到了一个需要依靠别人的地位。这两个过程是总的过程的两个方面，这就是社会职能逐代的继替。虽然在生物学上一代代的个体是要死亡的，但社会的连续性却由此得到了保证。 由于社区的物质条件有限，老的不代谢，新生力量的社会功能就得不到发挥。 农村中物质基础的扩大极为缓慢，情况尤为如此。 例如，在生产技术不改变的情况下，土地所需要的劳力总量一般来说是不变的。 一个年轻人的加入便意味着生产队伍里要淘汰一个老人。

虽然这个过程是缓慢的，但老的一代逐步隐退。 在这一过程中知识和物质的东西从老的一代传递给青年一代，同时，后者便逐步承担起对社区和老一代的义务。 因此，也就产生了教育、继承和子女义务等问题。

五、教　　育

孩子们从自己的家庭中受到教育。 男孩大约从 14 岁开始，由父亲实际指导，学习农业技术，并参加农业劳动。 到 20 岁时，他成为全劳力。 女孩子从母亲处学习蚕丝技术、缝纫及家务劳动。

另外还要讲几句村里的学校教育。 公立学校根据教育部的教学大纲进行教学。 学生就学的时间为 6 年，是单纯的文化教育。 如果孩子在 6 岁开始上学，在 12 岁以后还有足够的时间来学习他的主要职业技能，蚕丝业或农业劳动。 但在最近的 10 年里，养羊开始成为一种重要的家庭副业。 以后我们还要讲到这个问题。 羊是饲养在羊圈里的，因此要为羊打饲草(八章)。 打草就成了孩子们的工作。 因此，村子里的经济活动与学校的课程发生了矛盾。

再说，文化训练并不能显示对社区生活有所帮助。 家长是文盲，不认真看待学校教育；而没有家长的帮助，小学校的教育是不易成功的。 学校里注册的学生有 100 多人，但有些学生告诉我，实际上听课的人数很少，除了督学前来视察的时间外，平时上学的人很少超过 20 人。 学校的假期很长。 我这次在村中停留的时间比学校正式的放假时间长，但我仍没有机会看到村中的学校上课。学生的文化知识，就作文的测验看，是惊人的低下。

姓陈的村长，他曾经当过村中的小学校长，向我诉说，认为这种新的学校制度在村中不能起作用。很值得把他的理由引用在下面：第一，学期没有按照村中农事活动的日历加以调整(九章三节)。村中上学的学生大多数是 12 岁的孩子，他们已到了需要开始实践教育的年龄。在农事活动的日历中有两段空闲的时间，即从 1 月到 4 月及 7 月到 9 月。但在这段时间里，学校却停学放假。到了人们忙于蚕丝业或从事农作的时候，学校却开学上课了。第二，学校的教育方式是“集体”授课，即一课接着一课讲授，很少考虑个人缺席的情况。由于经常有人缺席，那些缺课的孩子再回来上课时，就跟不上班。结果是，学生对学习不感兴趣，并造成了进一步的缺课。第三，现在的女教员在村中没有威信。

在这里，我不能就此问题更深入一步进行讨论，但明显的是，村中现有的教育制度与总的社会情况不相适应。廖泰初先生在山东地区对教育制度进行了实地调查。从他的材料中可以看到，不适应的情况不限于这个村子，而是中国农村中的普遍现象。[1]应当进一步进行系统的调查以便提出更为实际的建议。

六、婚　　姻

关于继承问题和子女的义务问题，在通常情况下并不会提出来，要到孩子长大成人并且要结婚的时候才会提出来。因此，我们首先要提到婚姻问题。

在这个村子里，儿女的婚姻大事完全由父母安排并且服从父母的安

[1] 《动变中的中国农村教育》，燕京大学，1936 年。

排。谈论自己的婚姻，被认为是不适当的和羞耻的。因此，这里不存在求婚这个说法。婚配的双方互不相识；在订婚后，还要互相避免见面。

婚姻大事，在孩子的幼年，经常在6～7岁时就已安排了。如果要在较大的范围内进行选择，这是必要的，因为好人家的孩子往往很早就订了婚。村中向我提供情况的人曾多次说到，如果女孩订婚过晚，她就不能找到好的婚配对象。但由女孩的母亲来提亲也是不合适的。而且前面讲过，母亲和女儿之间的关系是极为紧密的。结婚意味着女儿和她父母的分离，因而当母亲的总是很勉强地来办这件事。女儿留在父母的家中时间过长也是不可能的。在父系社会里，女人没有权利继承她父母的财产。她的前途，即使是一个安定的生活，也只有通过她的婚姻才能得到。因此，需要有第三者来为双方的婚姻作出安排。村里的人说做媒是一件好差使，因为媒人从中说合可以得到很好的报酬。

媒人的第一件事是弄清楚女方的生日。就是在红帖上写明女孩的八字，即诞生的年、月、日及时辰。当父母的对媒人送去红帖子的那一家男方从来不表示反对，至少是假装不反对。媒人把红帖送到有合适男童的家庭时，把红帖供在灶神前面，然后媒人说明来意。一个普通家庭的男孩，同时会收到几张帖子，因而他的父母可以进行选择。

下一个步骤是男孩的母亲拿着红帖去找算命先生。他将根据生辰八字的一种特殊推算办法，来回答一些问题，即这个女孩的命与男孩家里人是否和谐。他要对每个女孩命中的优点加以介绍，并圆滑地让他的顾客来表示她的真实态度，并依此作出决定。即使算命先生的判断和顾客的意愿不一致，顾客的愿望通常是犹豫不定的，她不一定要把算命先生的话当作最后决定。她可以找这位算命先生再商量，或者另找一位算命先生。

用理智选择儿媳妇是一件很难的事情。没有一个女孩子是完美无缺的，但每户人家都想找到最好的。因此很容易出错。如果找不到其他出错的原因，那就要归罪于挑选的人了。因此，算命先生不仅是充作作出决定的一种工具，同时，也被用作把错误的责任推卸给上天意志的一个办法。如果婚姻不美满，那是命运。这个态度实际上有助于维持夫妻关系。但必须明白，真正起作用的挑选因素，首先是男孩父母的个人喜好，在表亲婚配时尤其如此(三章八节)，但这都被假装说成为天意的决定。

挑选时主要考虑到两点：一是身体健康，能生育后代；二是养蚕缫丝的技术。这表明了对一个儿媳妇所要求的两个主要职能，即是，能绵续家世及对家中的经济有所贡献。

当一个对象被选中之后，媒人就去说服女方的父母接受订婚。按照风俗习惯，女方应当首先拒绝提亲。但只要不出现其他竞争者，一个会办事的媒人，不难使对方答应。为了作好以后的婚事安排，要进行长时间的协商，双方的协议要经过第三者，即媒人来达成。村里的人说，在协商的阶段双方家长相持如同对手一般。女孩的父母提出极高的聘礼要求，男孩的父母表示要求过高，难于接受，媒人则在中间说合。聘礼包括钱、衣服、首饰等，聘礼分三次送去。聘礼所花的钱，总数约在 200 元至 400 元之间。[1]

如果把双方的争议看成一件经济交易是完全不正确的。财礼并不是给女孩父母的补偿。所有的聘礼，除了送给女方亲属的一部分外，这些聘礼都将作为女儿嫁妆送还给男家，而其中还由女方父母增添了一份相当于聘礼的财物。究竟女方的父母增添多少嫁妆，是较难估计的，但按照一般能接受的规则来说，增添的财物如果抵不上聘礼，那就是丢脸的事，女儿在新的家中的地位也将是尴尬的。

尖锐而热烈的协商本身具有双重的意义。它是母爱与父系继嗣这两者之间斗争的心理反映。就像人们所说的，“我们可不能随随便便地把女孩子给人家。”从社会学方面看，它的重要性在于，这些聘礼与嫁妆事实上都是双方父母提供新家庭的物质基础，同时也是为每一家物

[1] 按正常兑换率，中国币制 1 元等于英国货币约 1 先令至 1 先令 3 便士。

质基础定期的更新。

应当明确，从经济观点来看，女儿的婚姻对女方父母是不利的。女孩一旦长成，能分担一部分劳动之后，却又被人从她的父母手中夺走，而父母为了把她抚育成人，是花了不少钱的，所收下的聘礼并不属于父母，这些聘礼要作为嫁妆陪嫁；此外，还要加上一份至少和聘礼相等的嫁妆在内。新娘婚后将要在她丈夫家里生活和劳动，这对她父母来说，是一种损失。再说女儿结婚后，她的父母和兄弟又对这门亲戚承担了一系列新的义务，特别是对女儿生的孩子将承担更多的义务。在现实生活中，不论父方还是母方的亲戚，都对孩子感到兴趣，但由于是单系继嗣，因而孩子对他母亲方面的亲戚承担的义务较小(四章五节及五章二节)。在女方父母方面，对女儿出嫁受到的损失所做出的反应，首先表现在整个安排过程及举行婚礼方面；同时，也表现为大量溺死女婴，从而造成人口的男女性别比例失调的现象。

婚礼照例有如下的一些程式。由新郎去迎亲，乘坐一条特备的“接亲船”。他要做到很谦逊而不惹事，他要面对的是新娘家的一群亲戚，他们对他的态度通常都是装得不友好的。他的一举一动必须严格按照习惯行事，一些专门管礼仪的人在旁进行指导。发生的任何一个错误都会使整个进程停下来。有时，这种仪式要延续整整一夜。最后结束的场面是新娘做出表示拒绝的最后努力。她在离开她父母的房子之前痛哭流涕，于是由她父亲进行“抛新娘”的仪式，把新娘送进轿子。如果她没有父亲，则由父方的最近男亲来代替。一旦新娘上了船，男方的迎亲队伍马上安静地离去，乐队默默无声，直到离开村庄。女方亲属的这种象征性的对抗，往往会引起男家亲戚们不愉快的感觉，如果他们缺乏幽默感的话。

下一步的程序是用“接亲船”接新娘、两人拜堂、新娘向丈夫的亲戚见礼，以及向男方的祖先祭拜等等。这些，我在这里就不详加描写了。新郎的父母为亲友准备了盛宴，这是亲属会集的一个场合，他们之间的联系因而也得到了加强。每门亲朋都要以现钱作贺礼，至于送多少钱，由他们之间的关系亲疏而定。举行婚礼的开支，在200元至400元之间。

七、家中的儿媳妇

女孩子终于到了她丈夫的家中。她发现自己处在陌生人的中间，但这些人又属于和她有着最亲密的关系的人。她的地位是由习俗来支配的。夜间，她和丈夫睡在一起，她必须对丈夫十分恭顺。她只能和丈夫发生两性关系。白天，她在婆婆的监督下从事家务劳动，受她婆婆的管教。她必须对她的公公很尊敬但又不能亲近。她必须灵活机敏的处理她和小姑子、小叔子的关系，否则他们将同她捣乱。她要负责烧饭，而在吃饭的时候，她只能坐在饭桌的最低下的位置，甚至不上桌吃饭。

必须记住，她在娘家的时候，生活是相当自由的，因此，可以想像她进入了一个什么样的新环境。这是她要严守规矩的时候了。她偶然也被允许回娘家去看望她的母亲，并向她的母亲哭诉一番以解心头之闷，差不多所有的新娘都是这样做的。但正如俗话所说“泼水难收”，没有人再能帮助她。她只能接受她的地位和处境。宗教信仰在此也起着促进的作用。人们相信，人间的姻缘是由月下老人用肉眼看不见的红线绿线牵在一起的。在结婚仪式上也象征性地用红绿绸带来表示这种结合。每一个结婚典礼中都可看到刻印在纸上的“月老”神像。人类本身无能为力的感觉，引起了这种宗教信仰，并借此减轻现实的压力。至少在这种情况下，可以缓和新娘的反抗倾向。

一般来说，新娘适应她夫家的状况并不需要很长的时间。她在家中，特别对从事蚕丝生产是很有用的。后面还要讲到，蚕丝业在家庭经济中占有很重要的地位(七章二节)。在结婚之后的第一个春天，新的儿媳妇必须经过这样的一种考试。新娘的母亲送给她一张特殊挑选出来的好蚕种。她完全靠自己的能力来养这批蚕。如果她养得好，显示了她的技能，就能赢得她婆婆的好感。这被认为是女孩子一生中的重要时刻，据此可以确定她在丈夫家中的地位。

同样，她如果能生一个孩子，特别是一个男孩，她的地位也可以得到提高。在生孩子之前，丈夫对她的态度是冷淡的，至少在公开场合是如此。在讲话的时候，丈夫都不会提到她。甚至在家中，只要有别人在场，她的丈夫如果表示出对她有一些亲密的感情都会被认为是不妥当的，结果会成为人们背后议论的一个话题。在这种情况下，夫妻之间坐也不挨得很近，而且彼此极少交谈。他们宁愿通过第三者来交谈，而且彼此还没有一个专门名词来称呼对方。但一旦生了孩子，当丈夫的就能称他的妻子为孩子的妈。从此之后，他们能比较自由地交谈，彼此之间也能较自然地相处。对于其他亲属来说，情况也是相同的。真正使丈夫的家接受一个妇女的，是那个孩子。对孩子的关怀是家中的一种结合力量。

然而，新娘和她的新的亲属之间的关系，要调整得好，总是有困难的。她对自己的丈夫，由于过去并不熟悉，也许不会很快就喜欢他。人们对一个妇女与婚姻之外的任一个男性比较亲密的关系都存在着偏见。为了防止这种可能性，社会上绝不允许成年的女孩和男孩有亲密的关系，以严格保持女孩婚前的贞洁。女方的任何失检将导致原定婚约无效，并亦为其他的婚事安排带来困难。对已婚妇女的通奸，看得更为严重。从理论上说，当丈夫的可以杀死奸夫而不受惩罚，然而在实际上很少这样做。由于结婚花费很贵，甚至防止人们遗弃有不轨行为的儿媳。晚上人们聚拢在一起时，也会很随便地谈到私通的事。我的情况提供者告诉我，有那么一个例子，有一个丈夫因经济上的原因纵容妻子另有一个男人。但毫无疑问的是，妻子的不忠实始终是家庭中发生争吵的一个因素。

但家庭纠纷更经常地发生在媳妇和婆婆之间。人们理所当然地认为婆婆是媳妇的潜在对手。她们之间发生磨擦是司空见惯的，因而关系和睦就会得到特殊的赞扬。有人如果听到老年妇女的私下议论，就会证实我的说法。那些老年的妇女总是喋喋不休地咒骂她们的儿媳。如果考虑到日常的家庭生活，婆媳之间存在的潜在冲突是可想而知的了。丈夫和公公白天不在家中，终日外出劳动，但婆婆总是在家。儿媳对婆婆本来毫无感情基础，来到这个家之后，感到自己被婆婆看管着，且经常受到批评和责骂。但她必须服从婆婆，否则，丈夫会替婆婆来打她。婆婆就代表着权力。

老年妇女都有类似的观点，认为儿媳妇总是不合意。我在前面已经指出过，父母和孩子之间的联系是紧密的。夫妻之间的关系，在一定的意义上说，是父母与儿女关系中的干扰因素。如果婆媳之间发生纠纷，当丈夫的不能完全置身事外。如果他站在母亲一边，这往往是结婚后不久发生的情况，夫妻之间将发生争吵。如果他站在妻子一边，就成为母子纠纷。我曾亲眼看到过这样一个例子，由于婆媳之间的纠纷，儿子对母亲大发雷霆以致打了母亲，受到社会的谴责。家庭中的这种三角关系使家庭很难保持和睦相处。

如果纠纷闹得忍无可忍，儿媳妇就可能被休弃。休妻通常是由婆婆提出，甚至违背自己儿子的意愿。如果婆婆能为采取这种行动找到一些站得住脚的理由，如儿媳通奸、不育等，则儿媳不能要求赔偿，否则必须给离弃的女方 60 至 70 元。当儿媳的没有权利来改变这种行动，但她可能说服她的丈夫坚定地站在她一边。如果发生后一种情况，就要闹分家。

媳妇无权提出离婚。她惟一可以采取的有效行动是放弃家庭。她可以逃奔到城里去，在那里找些事干来维持生活，直到有可能和家庭慢慢达成和解。如果她丈夫坚决地支持他的母亲，以致夫妻和好无望时，她可能采取更加绝望的行动，即自杀。人们普遍都迷信她将变成鬼为自己报仇。此外，她自己的父母、兄弟将要求赔偿，有时甚至把丈夫的房子部分拆毁。因此，仅仅是自杀的威胁，实际上已足以使人们重新言归于好。另一方面，当婆婆的由于害怕面临这种可能性，因而她通常还不敢把媳妇逼到这种地步，以免激起她自己都十分害怕的后果。

家中的不和睦也不应当加以夸张。在这群体中，基本的情况是合作的。当婆婆的有特权，这是事实，只要她得到她的丈夫和儿子的支持，但也应当考虑到她维护家规所具有的教育作用。男孩从父亲那里受到的管教，媳妇从婆婆处得到。而且正像人们所说的那样，日久天长总有公道。因为当这个女孩自己有了一个儿子并娶了妻，她自己也能享受当婆婆的特权。一个媳妇的经济价值和对小孩的共同兴趣，使家庭中得失相抵，大致上得到了和谐。

八、表亲婚姻与“小媳妇”

我已扼要地叙述了父母与子女的关系及夫妻关系，并提出了这样的事实，在男方和女方亲家之间，很明显地缺少经济的互惠关系。而且婚姻的安排很少考虑到丈夫和妻子的爱好，因而存在着家庭不和睦的可能性，它会导致家的不稳定。从长远看来，经济互惠还是存在的，它是亲属制度的基本稳定力量；但在短时期内，媳妇的处境不利于这个群体的和睦相处。因此，表亲联姻成了一种解决问题的办法。

在村中可以看到有两种不同的“表亲”婚姻。一个女孩子嫁给她父亲的姊妹的儿子，叫做“上山丫头”，“上山”意味着家庭的兴旺。一个女孩子嫁给她母亲的兄弟的儿子，叫做“回乡丫头”，就是一个女孩又回到她的本地。这被认为对这家不利的。可以从这字面上表达的意思，看到人们都喜欢“上山”的一类，而不喜欢“回乡”的一类。

让我们来看看这两种类型之间有哪些真正的不同。如甲家庭在第一代将一个女孩给乙家庭，成为乙家的儿媳妇；到了第二代，又重复了这个过程，这种婚姻就叫做“上山”型。如果这个过程在第二代向相反方向发展，这女孩子的婚姻就成了“回乡”型。在第一种情况下，这女孩子成为她父亲的姊妹的儿媳，她的婆婆是从她的父亲的家中来的，和儿媳的父亲还有着亲密的关系；而在第二种情况下，一个女孩成为她母亲的兄弟的妻子的儿媳。兄弟的妻子曾在婆婆手里受过苦的。兄弟的妻子的婆婆正是女孩的母亲的母亲。当母亲的总和她出嫁的女儿之间存在着一种亲密的关系，而这种亲密的关系往往被她的儿媳所嫉恨。当这个女孩子落到了她母亲的兄弟的妻子手上当儿媳，而她的婆婆正是她母亲的母亲的儿媳，她正好成了她婆婆报复的对象。

在这种家庭情况下，可以看到心理上的因素往往超过了经济上的因素。因为从经济观点来看，第二种情况更利于两家在承担义务问题上取得平衡。

我不能证实每类表亲婚姻的准确数字。但向我提供情况的人认为，如果有合适的上山型婚配机会，往往就办成了。在邻村，只有一对“回乡”型的婚姻，恰好成为被引用来作为结局不愉快的最新证据。此外，从中国南部得到的对比材料也证明了这里所提出的结论。在那里，一样的父系家庭制度以及婆媳之间潜在的冲突，同样，也存在着偏爱上山型表亲婚姻中的情况。[1]

女孩带来的经济负担导致了大量的溺女婴，这在前面的章节里已有所述。现在的两性比例的情况，使一些贫穷的男孩子难以找到对象。如果以16岁为结婚的最低年龄，我们发现有128个婚龄男子，占总数的25%，仍是单身汉。另一方面，超过16岁的妇女只有29名，占总数的8%，没有结婚。25岁以上的妇女没有一个是未婚的，但村里却有43个25岁以上的男单身汉。

两性比例的不平衡也影响到夫妻之间的年龄差别。在294例中，夫妻之间的平均年龄差别为4.9岁，其中，丈夫比妻子平均大3.65岁。应当知道，在农村里娶年龄太小的妻子并没有什么好处。因为她们还

[1] 林耀华：《福州的族村》，未出版的专著，燕京大学(汉文)，见库尔普(Kulp)：《中国南方的农村生活》(Country Life in South China)，第167～168页。

不能分担家务劳动。有许多例妻子的年龄大于丈夫，事实上，有一对夫妻，女的比男的大 11 岁。

我必须进一步说明，这些数字仅限于这个村子，而大部分婚姻是本村与外村之间的。因此，我假定别的村子中也存在着相同的情况。这种假设是由以下的事实来证明的，即进行婚配的地区与从事某种家庭工业的地区是相同的，而这地区的蚕丝业对女孩子的需求也是相同的。在城市中，情况可以不同，城市中的两性比例尚不清楚。但农村中的人，常把女孩送到城里去给大家庭做养女，或把她们送到慈善机构里去，以代替溺婴。此外，我发现在城中较少溺婴。因此，可以预期在城市中女性的比例比农村中为高。由于农村和城市中两性比例的不同，导致了从城市中把妇女送到农村的现象。例如，在城里的年轻女佣，到了结婚的年龄，她的主人就为她安排一门农村的亲事。在这个村子中，我知道有 11 对(占已婚妇的 2.5%)就属于这种情况。

晚婚也是由于婚事费用过高而造成的。虽然我还没有找到这种开支的一个肯定的数字，粗略地估计，大约需 500 元(七章七节)。这个数字相当于一个家庭一年的开支。由于近几年来经济萧条，村里几乎中止办婚事。农村工业的不景气从根本上向现存的婚姻程序进行了挑战。但由于成婚是不可能无限期推迟的，所以出现了另一种结婚的方式，这就是所谓有“小媳妇”制度，“小媳妇”的意思是年幼的儿媳妇，即别地方所说的“童养媳”。

在女孩很小的时候，男孩的父母领养了她。她未来的婆婆甚至还要给她喂奶，并一直要抚养她到结婚。如果这女孩是在她丈夫家中养大的，那么婚姻的一切复杂程序如做媒、行聘、接亲船、轿子等等都不再需要了。有些“小媳妇”甚至不知道她自己的父母。而那些与自己父母还保持联系的女孩，由于早期即与父母分离，父母对她们也就没有特别的兴趣。婚事的费用，可以缩减到少于 100 元。

由于这种新的制度，家中的成员之关系和姻亲之间的关系起了很大的变化。我曾观察到，有许多从幼年起就被未来的婆婆带领大的女孩子，十分依附于她的婆婆，就像一个女儿对母亲一样。特别是，如果这家真的没有女儿，情况就更是如此。甚至那些受到未来的婆婆虐待者，逐渐习惯于自己的地位，在婚后也不至于经受不起。故婆媳之间的纠纷，即使不能完全避免却常常不是那么尖锐。姻亲关系是松散的，在许多情况下它已经消失了。

在最近的10年里，“小媳妇”的数字增加了。在已婚的439名妇女中，有74人，即17%，在婚前是“小媳妇”。但在未婚的妇女中，“小媳妇”有95人，而非小媳妇有149人，“小媳妇”占39%。平均起来，每2.7户人家就有一个“小媳妇”。这个数字是非常有意义的。但现在就来预测这种制度进一步发展的情况，为时尚早。从成婚率和人们关心的程度来看，传统的婚姻仍然是主要的制度。“小媳妇”制度是受到轻视的，因为它是在经济萧条的时候产生的，而且通常是贫困的人家才这么做。此外，它使姻亲联系松散，影响亲属结构的正常功能。它对妇女的地位，甚至对年轻夫妇建立一个独立的家庭都有不利的影响，因为他们缺少双方的父母供给的聘礼和嫁妆。有意思的是，据提供情况者说，此类型的婚姻，在太平天国运动(1848～1865年)之后，曾在很相似的情况下流行过。太平天国运动以后接着是普遍的经济萧条。但一旦情况恢复正常，传统婚姻就取代了这种类型的婚姻。

第四章

财 产 与 继 承

一、所 有 权

在开始讨论财产和继承问题以前，有必要在本章加述一节所有权的问题。关于土地所有权问题，我将在以后章节中论述。

所有权是一物与个人或一组人之间的一定关系。所有者根据惯例和法律规定，可以使用、享有和处理某物。关于这一问题有下列三方面需要研究：所有者、物、所有者与物之间的关系。我们从村里的人了解到他们对财产的一种分类办法。他们是根据所有者的性质来分类的。

一、“无专属的财产”。每个人，可以无例外地自由享用此类财产——如空气、道路、航道等。但自由享用必须是在不侵犯别人享用的条件下进行。以航道或水路为例：每个人均能享用村里的河流，但不允许其在使用时做出对当地居民有害的事。夜间停止使用河流，除得到守夜人许可外，任何人不得通过。又如，即使在白天，船只不得堵塞航道，船只停留时，必须靠岸以使他人通过。

二、村产。凡该村居民，均有同等权利享用此类财产，如：周围湖泊河流的水产品、公共道路和“坟地”上的草。但在某些情况下，此类财产的处理权在村长手中。将在土地占有这一章(十一章一节)中作更详细的描述。

属于其他地域群体的物很少，也许我们可以提到刘皇的偶像，它属于“段”这个群体所有(六章三节)。

三、扩大的亲属群体的财产。村里的氏族没有任何共同的财产。但兄弟之间分家后，仍然可共用一间堂屋(七章二节)。祖坟不列入真正的财产，因为它对子孙后代没有任何用处，相反，后代有修缮祖坟的义务。同一祖宗的各家均有这种义务。

四、家产。此类财产是下一节要讨论的主要题目。

村里的人告诉你的都可包括在这四类财产之中。村里全部东西也可依据这四类来分类。可能有人会惊奇地注意到，没有列出个人的所有权。实际上，个人所有权总是包括在家的所有权名义之下。譬如，你问一个人，他的烟斗是属于他的还是属于他家的，他会回答是属于这两者的。说烟斗是他家的，意思是别家的人不能用这烟斗。说烟斗是他个人的东西，指的是，他家里的其他成员不用这烟斗。这两种所有形式对他来说似乎并不互相排斥。个人拥有的任何东西都被承认是他家的财产的一部分。家的成员对属于这个群体内任何一个成员的任何东西都有保护的义务。但这并不意味着这个群体中的不同成员对一件物的权利没有差别。家产的所有权，实际表示的是这个群体以各种不同等级共有的财产和每个成员个人所有的财产。

物还可以按其不同的用途来分类。

一、用作生产资料的物，如土地、养蚕缫丝用的房屋、羊栏、农具、厨房等。

二、消费品。

a) 用后未破坏或消耗尽的，如房间、衣服、家具、装饰物等。

b) 用后被破坏或消耗的，如食物等。

沿河的房屋

三、非物质的东西，如购买力(以钱币形式出现)、信贷、服务，以及相反方面的，如债务。

二、家　　产

拥有财产的群体中，家是一个基本群体。它是生产和消费的基本社会单位，因此它便成为群体所有权的基础。但如前所述，家的集体所有权的部分，对这个群体的各个成员并不完全保持同等权利，所以必须分析不同种类的物，如何为不同的成员所拥有。同时也需要分析不同类型的所有权是如何在各成员之间分配的。

土地是由农户全体成年男子或一些成年男子耕种的。男孩有时帮助耕种，女人只帮着灌溉。产品部分被贮存起来供一家人消费之用，部分出售，以纳税、交租和支付工资，并买回其他消费物品。土地使用权和产品享用权有时通过契约扩大到雇工。收税和收租人的权利只限于从土地取得的利益的范围。在村里，除了例外，耕种者一般保留使用和处理土地的权利。如果他不付给任何人地租而向政府纳税，他可被认为是一个完全的所有者。如果他失去了法定的土地所有权，他必须对持所有权者交地租，持所有权者用所收地租的一部分向政府纳税，在任何情况下，耕种者受法律和惯例的保护，使其不离开土地，不受持所有权者的干扰。换句话说，耕种者拥有土地但有一个附带的条件，即与持所有权者分享部分产品(十一章四节)。

处理土地的权利掌握在家长手中。但在日常管理中，例如决定播种的作物、播种日期等，家长，特别若是女人的话，不行使权利，而把决定留给一个技术熟练的人来作。但出售或出租土地的事，除家长外，没有别人能作决定。实际上他的行动可能受其他成员所驱使或者是根据其他成员的建议来作出决定，但责任由他自己来负。在土地所有权这一问题上，我们可以看到，土地的使用权、处理权和利益的享用权是如何在这一群体的各个成员中分布的。

房屋用于蚕丝工业、打谷、烹饪及其他生产性工作。房屋也用作庇护、睡觉和休息的场所。这些不同的功能来自相当不同类型的所有权。养蚕时期，特别是最后两周需要很大的地方。在这一时期，除去厨房外，所有房间都可能用来养蚕。全家人都挤在一间卧室里。个人就暂时没有各自的房间。打谷时，中间的房屋公用，有时还需与新分家的兄弟合用。厨房主要是妇女用的场所，但做得的食品全体成员共同享用，偶尔有为特殊成员供食的情况。

个人所有权，意即某些人专用某些物的权利，绝大多数是消费物品。虽然，那些用后耗尽的物品必须归个人所有。但那些能够重复使用的物件，可由几个人连续共用。兄弟之间和姊妹之间，双亲和孩子之间在不同时期可共用衣物，但在一定时期内，或多或少是一个人专用的。贵重的首饰等归个别成员所有，多半属于妇女，而且是嫁妆的一部分。嫁妆被认为是妇女的“私房”，但可与丈夫和儿女共享。它也是这个家的家产，遇到必要时，可以抵押出去来接济家的困难。但在这种情况下，必须征得妇女本人的同意。未经妻子同意便出售她的首饰往往引起家庭纠纷。

分给个人住的房间，或多或少是小家庭专用的。部分家具系由妻子的父母提供。媳妇外出可以把房门锁上，虽然，一般认为这样做对婆婆是不很礼貌的。房内箱子和抽屉的钥匙由媳妇保管，这是家中的成员专有权的象征。

小家庭私用的卧室并不损害家长对房屋的最终处理权。幼辈成员不能出售或与任何人交换住房和土地的情况一样，家长对不动产的处理有最后决定权。对土地和副业的产品也是如此。妇女可以出售生丝，如果她不是家长，她必须把钱交给家长。在这个意义上，家长对财产具有较大的权利，超过这个群体中的任何一员。对非物质的物品的权利，包括作为购买力的钱，更为复杂。种稻、养蚕、养羊的主要收入来源由家长控制。钱主要在他手中。只有家长才能决定购买农具、肥料、添置新的土地或房屋。从理论上说，这个制度的理想做法是：每当其他成员从其他来源得到收入时，必须把钱交给家长，他们需要什么时，要求家长去买。这是一种非常集权的经济。但实际上，挣钱的人通常保留他或她的全部或部分收入。例如在工厂做工的女孩通常不把她的工资交给父亲而是交给她母亲保存，以备她将来之用。儿媳妇认为工资是她自己的钱。如果一个媳妇不直接挣钱，她向家长要的钱往往超过实际的开支，把多余的节省下来。这样，她自己有少量储蓄，称为“私房”，她“私人的钱包”。这是媳妇秘密保存的，但总是受到婆婆严密的监视，最终往往成为冲突的缘由。

家庭的日常费用由公共财源开支。但每个人每月有一些零用钱可以自由处理。主要的项目如税金、工资、食物、衣服和其他开销由家长控制。个人在办理这类事务之前应先得到家长允许。除家长外，个人不准借贷。如果一个儿子秘密欠了某人的债，在邻居们看来就是个坏人，他父亲只要活着就可以拒付这笔债款，儿子只有在得到一份遗产后才能还债。因此，这样的贷款利息通常是很高的。

从经济地位来说，家长在这个群体中确实是有权威的。不是家长的人，对物的享有权既有限也不完整。

三、财产的传递

广义地说，继承是根据亲属关系传递财产的整个过程。但它在法律上的用法限于指取得对已故祖先的财产的权利。[1]在人类学中，通常是指一个已故者的财产处理问题。[2]

但如果把研究限制在这样一个范围内，势必把其他各种事实遗漏，例如父母活着时的财产传递，后代接受已故祖先的经济义务等。所有权是对物的各种权利的一个混合概念。传递的过程通常是一点一点进行的，甚至在祖先死后，还未必完成。惧怕惹恼祖先鬼魂的心理，或是子孙孝顺的伦理思想，都表明了死者对继承人自由处理遗产的缠绵不息的影响。因此为分析当前的问题，我将从广义方面来使用“继承”这个术语。

一个婴儿，一无所有，赤身裸体地来到这个世界。由于他的身体还不具备获得物体的能力，因此他全靠他人的供养。家庭的作用就是把一个没有独立生活能力的婴儿抚养成为社会中的一名完全的成员。父母对孩子的义务是根据亲属关系确定财产传递的一般原则的基础。

孩子通过父母同各种东西发生接触，从而满足其需要。最初时，未征得父母的同意，他不能使用任何东西。例如，对基本的营养需要依靠母亲的供应。当然，这种供应在一定程度上是受到人类感情和社会规则的保证的，但即使这一点也不一定总有保障。假如这孩子不受

[1] 《民法》第1147条。《民法》译本(C.L.夏等，凯林及沃尔什有限公司，1930年)用 Succession to Property 这一术语。我沿用 W.H.R.里弗斯的定义，用 inheritance 一词表述财产的继承，用 succession 一词来表述职位的继承(《社会组织》第87页)。

[2] R.H.洛伊：《初民社会》，第243～255页。

家庭的欢迎，他可能因为不喂奶而饿死。他长大后，归他用的东西增加了。但他不能自由取用那些东西。他的衣服，穿上或脱掉都需随他母亲的意愿。放在他面前的食品，必须经他母亲许可才能吃。亲戚送给他的礼物，由母亲保管。成人控制孩子同物之间的关系，主要是为了孩子的福利或为了防止孩子由于技术不熟练而用坏物品。所以当孩子懂得照顾自己并学会正确使用物品时，这种控制便减少了。孩子的技术知识增长并参加了生产劳动，就逐步获得了那些属于家的物品的使用权。但真正专门归他用的或可由他自由使用的物品极少。他所消费的物品类型和数量也总是在他长辈的监视之下。

财产传递过程中的一个重要步骤发生在结婚的时候。男女双方的父母都要以聘礼和嫁妆的名义供给新婚夫妇一套属于个人的礼物，作为家庭财产的核心。新婚夫妇现在有了一间多少是他们自己的房间。但从新娘的角度来看，她同时失去了使用自己娘家财物的一定权利。她出嫁后回娘家，便成了客人；如果父母去世，更是如此。家屋已归她兄弟所有。她住在丈夫的家中但却不能像在自己娘家那样自由自在。实际上，她对物的使用权非常有限。除去她丈夫的东西外，家中其他成员个人的东西，她无权共有。家的集体经济的分解倾向，往往是从她开始的。

上述集权的家庭经济体系削弱了年轻夫妇的独立性。在孩子的成长过程中，父母的控制是必要的，但婚后继续进行这种控制，就是另一回事了。社会的一个完全的成员，需要一定数量属于他自己支配的财物，同时一个家庭的正常功能需要较丰富的物质基础。但这些均受到家的集权经济体系的阻碍。年轻一代对经济独立的要求便成为家这一群体的瓦解力量，最终导致分家。

分家的过程也就是父母将财产传递给下一代的最重要的步骤之一。通过这一过程，年轻一代获得了对原属其父亲的部分财产的法定权利，对这部分财产开始享有了专有权。

父母和已婚儿子分家，通常是在某一次家庭摩擦之后发生的。那时，舅父便出来当调解人，并代表年轻一代提出分家的建议。他将同老一代协商决定分给儿子的那份财产。父母去世后，已婚的兄弟之间则自动分家。

让我们以有一父、一母、两个儿子、一个女儿的一个五口之“家”为例。长子成婚后，如果要求分家，便将土地分成不一定等量的三份。第一份留给父母。第二份是额外给长子的，剩下的一份由两个儿子平分。

父母的一份将足以供给他俩日常生活及女儿出嫁、小儿子成婚所需的费用。这一份土地的大小根据两老的生活费用及未婚子女的多少而定。

长子接受两份，额外归他的那份一般比较小，其大小将根据他对这个集体单位的经济贡献而定。长子年纪大些，肯定较其弟多做些贡献。从村里邻人的眼光看来，长子对已故双亲也具有较大的礼仪上的义务。

未婚儿子的那一份是名义上的。他与父母一起生活，没有独立地位。但成婚后，他可以要求分得这一份。如父母之一在他成婚前去世，就不再分家。尚未与父母分家的儿子供养在世的父亲或母亲。父亲或母亲甚至不通过分家的方式就将大部分经济权交给已婚的儿子。当父母都死去时，由于小儿子曾供养他们，留给父母的那份土地便留给小儿子。这样，最终他也继承两份土地。但如长子也赡养父母，他亦可对留给父母的那份土地提出要求。长子和幼子最后分得的土地数不一定相等。

房屋有几种分法。父母在世时，长子住在外面其他房屋里。例如，该村副村长周某，他是幼子，同父母一起住在老房屋内。其兄在分家后搬到离老房屋不远的新屋内。如父亲去世后才分家，长子便占住老房子，幼子同母亲一起迁往新居。由于修建或租用新房屋有困难，因此，多数情况下将老房屋分成两部分。长子住用东屋，幼子住西屋(房屋的方向总是朝南)，堂屋为公用。

如仅有一子，只有在发生严重冲突的情况下他才会要求和父母分家。在此种情况下，分家仅意味着是一种经济独立的要求。儿子分得多少，无关重要，因为这只是一种暂时的分配。最终全部财产仍将传交给儿子。父母年老不能工作时，他们又将再合并到儿子的家中去。这种再合并的过程不损害儿子已获得的权利，反而是将其余的财产权传给儿子。

沿河的房屋和桥

不论是土地或房屋均为单系继承。女儿无继承权。女儿出嫁时，父母给她一份嫁妆，包括家具、首饰、衣服，有时有一笔现钱；但从不分土地或房屋，甚至最穷的父母也得为女儿备一份被褥。

分家以后，儿子获得单独的住房或分得一部分老房屋，其中单有一间厨房，其妻便在这厨房内为这个家煮饭。他有单独另一块土地，所得产品归他个人支配。但实际上，他对这些分配所得的权利仍是不完全的，只要他父亲在世，便可以对他使用土地和房屋施加影响。儿子不得违背父亲的意愿去出售土地。父母需要食物时，他必须送往。父母双方年老或有一方在世时，他必须负责赡养。所以分家并非就此完全结束了父母与子女之间的经济关系。

此时所分的仅限于生产用的和一部分消费用的财产。属于父母个人的财产仍然被保留着。儿子通常分得一笔钱以开始经营他那新的经济单位。至于债务，除去儿子私下欠的债以外，仍将留到父亲去世时才解决。

父母年老，丧失劳动能力时，保留的不动产部分将传给儿子。最后的传递在父母去世时进行，特别是在父亲去世时。部分个人用品将与死者一起埋葬，另一部分火化，被认为是给死者的灵魂使用的。其余部分，不仅为儿子而且将为服侍过死者的其他亲戚所分用。女儿可分得相当一部分母亲的遗物，包括衣物和首饰。在某种程度上，这意味着母系继承，但由于儿媳也往往分得一份，这个惯例便不是绝对的了。对此类财产的分配或多或少是按照死者或其丈夫(或妻子)的意愿，他们有权决定对遗物的处理。

四、继承对婚姻和继嗣的影响

就土地和房屋而言，继承是按继嗣系统进行的。但如果一个人没有儿子，财产传给谁呢？这个问题有两种情况：一个人可能没有孩子或有女儿而没有儿子。让我们先研究一下第一种情况。

因生理原因而无子女的情况极少。如果一个妇女不能生育，就会受到遗弃，丈夫将重新结婚。多数是因为孩子死亡而无子女的。一个男人上了年纪而没有活着的孩子时，可以领养一个男孩。他可以自由选择一个养子。在领养时，他必须邀请他同族的人，在他们面前，与孩子的父母或孩子的其他负责人签订契约。契约分两个部分：一方面，养父正式允诺，保证养子具有正式的地位，特别是继承权。另一方面孩子的父母或负责人保证断绝他与孩子之间的关系，同时以孩子的名义担保在养父或养母年老时赡养他们。

同族人在契约上签字甚为重要，因为这一行动是违背他们的利益的。如果一个人死后无子女，他的近亲层中最近的亲属便自然地成了他的嗣子，并根据惯例，继承他的财产。但在此种情况下，继承人不会同他自己的父母断绝社会关系。他将与自己的父母同住，不替被继承人做事。事实上，这种继承人主要只是承担礼仪上的义务。

从经济观点考虑，人们认为领养一个能为养父母干活的孩子，在他们生前侍候他们，比在亲属中指定一个继承人好得多。但领养一个外人意味着在最近的亲属方面失去了对财产的潜在的继承权。因此潜在的继承人的父母往往想尽一切办法来制止这一行动。通常的结果是妥协。或者最近的亲属答应赡养领养父母，或者年老的父母领养一个外人，但是允诺把一份财产传给潜在的继承人。这份财产并非土地或房屋，而是一笔金钱。

假如儿子成婚后死去，未留下孩子，其父母将为死去的儿子找一个替代人作为儿媳妇的后夫。此替代人被称为“黄泥膀”。[1]他将改姓其妻子前夫的姓并住在前夫的房屋内。他的孩子将被视作死者的嗣子。这个替代人的社会地位很低，富裕的人是不会接受这种位置的。村里有两个“黄泥膀”。

假如死者有一个未订婚的弟弟，叔嫂婚也就在同样的情况下产生。村里有两起这样的婚姻。当“小媳妇”的未婚夫在结婚前去世，在这种情况下，叔嫂婚比较普遍。

现在，我们必须转入第二种情况：即一个男人仅有女无子。如果女儿在弟弟死前出嫁，她对她父系的继嗣不能做出任何贡献。但如果

[1] 村里的人解释方言“黄泥膀”这个词的意思为黄泥腿。但他们并不知道为什么要这样称呼他。后来我发现中国北方方言也有同样的叫法，“泥腿光棍”，例如在古典小说《红楼梦》第45回中，指那些无业单身汉。但城镇里识字的人告诉我这个词的另一种文言的解释是“防儿荒”。“防”，当地人念 ban，在此词中变音为 Wan。“儿”，当地方言念作 ni。“荒”，读作 Whan，在这里变成 Pon。语音变化如 b 变成 w，wh 变成 p，在其他例子中也常见。识字人的解释，说出了替代人的功能，而当地人的解释说明了替代人的性质。两种解释对了解这种习俗都有用处。

她尚未出嫁，父母也明白不可能再有儿子，他们便可要求女儿的未婚夫的父母允许他们的女儿为他们传嗣。换句话说，他们有权利将其女儿的一个男孩子作为他们自己的孙子。这类婚姻称作“两头挂花幡”，意思是在两个家的祖宗牌位上插两面花旗。在结婚仪式上，花幡是传嗣的象征。这个村子有一起这样的婚姻。

假如女儿尚未订婚，他的父母可以领养一个女婿。女孩的父母向男孩的父母送一份结婚礼物。婚礼在女孩家中举行，丈夫将住在妻子家里与岳父母一起生活。除举行婚礼外，女孩的父母还将与男孩的父母签订一项契约，与领养一个儿子的契约类似，并有同族人连署。其女儿的孩子姓他们的姓，为他们继嗣。这类婚姻本村有12起。如果我们考虑到无子的父母相对来说比较少，且一般订婚比较早，12起的数目是相当可观的了。在父母还有希望获得亲生儿子时，他们是不会安排此类婚姻的。但如女儿成婚后，父母又得一子，已办成的事仍然有效。我们见到一例。这是普遍都接受的制度，而且在《民法》中已有法定条文。[1]

在上述情况中，父系继嗣的原则已作修改，婚姻制度有所改变。这说明，继承和继嗣的问题应被视为两代人之间相互关系的一部分，一方面是财产的传递，另一方面是赡养老人的义务。年轻一代供养老人的义务不仅靠法律的力量来维持，而且是靠人的感情来保持的。由于感情上的联系及老人经济保证的缘故，他们宁愿从外面领养一个儿子，而不愿在亲属中指定一个继承人。他们领养女婿，改变了父系原则。老人去世后，下一代的义务并未结束。照看坟墓、祭祀祖宗便是这相互关系的一部分。此外，对继承下来的财产的自由处理权又受到崇敬祖先的宗教和伦理信念的约束。因此，我们研究年轻人赡养父母的义务必须联系继承问题。

---

[1]《民法》第1000，1002，1059及1060条。

五、赡养的义务

一开始，家庭里尚未添丁时，成人自己割羊草。家里有了孩子并能工作时，成人才摆脱了这项工作。在种稻这项工作中，男孩最初可帮着插秧，进行灌溉。男孩长大后便与父亲并肩劳动，终于，甚至在成婚前已比他父亲担任更多的工作。女孩帮助母亲料理日常家务及养蚕缫丝。当他们对家庭的贡献超出他们自己的消费时，便已开始赡养父母。虽则由于经济收入归家庭的缘故，他们供给家庭的份额并不明显。

在父母和孩子之间并不计较经济贡献上的平等问题，但在兄弟之间确有这个问题。我知道这样一个事例，有一个人根本不在地里劳动而靠他弟弟过活。为继续他的寄生生活，他甚至阻碍弟弟结婚。他受到了社会舆论的严厉批评。公众舆论迫使他为弟弟安排了婚事，并准备婚后接着分家，但在我离开村子以前，分家尚未举行。普遍接受的观念是，既然一个人在童年时代受了父母的抚育，又接受了父母的财产，为父母劳动就是他的责任，但为兄弟劳动却不是义务。

然而，父母和子女之间平等的意识并非完全被排除了。年轻夫妇如果挑起了家中的大部分劳动重担，而由于经济权力集中在老一代手里，青年仍然没有独立的地位时，他们也会产生不满。这将最终迫使父母在逐渐退出劳动过程中，同时放弃他们的权力。

儿子有了独立地位时，赡养父母的义务就明显了。假如父母年老时，仍然掌握一份土地，但已无力耕种，儿子将代他们耕种。这意味着实际上儿子必须为父母出一份劳力。另一个普遍的形式是，当父母一方去世时，活着的一方将与儿子的家进行合并，并一起居住。供养的金额并不固定。如果有两个儿子，他们可以轮流赡养。总之，随着父母年老依赖程度的增加，他们的权威便按比例地缩小。从各类型所有权的角度看，父母退却的一般规律是从使用产品的权利退到处理产品的权利，最后到处理用具和生活享受的权利。从各类物体的角度看，从生产资料退却到消费物品，最后到非物质的权利和债务。这些退却的步骤与下一代义务的增加是相互关联的。下一代从完全依赖于父母到担当合作的角色，最后到挑起赡养父母的全部责任。正如前面已经提到的，甚至到父母死亡，尚未完全解除下一代对上一代的义务。对遗体的处理、服丧和定期祭祀，都是子女义务的延续。由于受赡养和祭祀的一方对这些义务不能施加直接的影响和控制，宗教信仰和公众舆论便成了强烈的约束力。

当一个人垂死的时候，家的成员都要聚集在身旁，小辈们跪在床前。当儿子的位置最接近死者。女儿不一定在此之列，但一旦父母死亡，出嫁了的女儿便得迅速赶到。在死者大门前燃烧起一包衣服和一张纸钱。邻居们纷纷到来，协助料理丧事，因为家的成员此刻都服重孝，无心办事。儿子、儿媳和女儿都身穿麻布孝服，头缠白色长带，一直拖到地面。孙儿辈则穿白衣，头系短带。

到第二天或第三天便是遗体入殓。长子捧头，幼子扶足。再下一天，盖棺，把棺材运到坟地。村里同城镇的做法不同，棺材不埋在地下，而是放在地上桑树丛中，用砖和瓦片盖起一个遮蔽棺材的小坟屋。如果这家买不起砖和瓦，则用稻草搭成坟棚。这样，并不因为埋葬而荒废土地。[1]

后代有责任修缮祖先的坟屋，一直继续负责到五代。那些腐烂的棺材没有人再管时，有专门的慈善机关将它们运走，埋葬在别处。

人们相信死者的灵魂离开尸体，进入阴间。死后第17或18天灵魂将回到家里。那天，家中应准备就绪，迎接死者的灵魂到来。女婿将奉献木龛一个，内立有死者名字的牌位，安放在堂屋里，举哀49天。每餐都准备好食品供在灵位前，并且有一妇女在旁边哀嚎恸哭，如诵悼歌。这是一个妻子对丈夫的义务，也是儿媳对公婆的义务。男人从不

[1] 在华东中部，农村坟地的平均百分比为2.6%(巴克：《中国农村经济》Buck, Chinese Farm Economy，第33页)。除城镇里的富人把死者埋葬在农村以外，没有其他专门的坟地，这说明了人口极其众多，土地稀缺。

参与这种恸哭。

举行丧礼期间，邀请保管家谱的和尚在死者面前念佛经。人们相信诵经对阴间有财富的价值。从此，死者的名字便由和尚记载在家谱中，列入祭祀的名册。

49天后，每天的祭祀告终。两年零两个月后烧掉牌位龛，居丧便告结束。死者的牌位便放入祖祠内。

在平时，每一个祖宗的生日和终日都要祭供。对所有直系祖先，每年要集体祭祀5次，其时间见九章三节社会活动时间表所列。祭祀的方式是为祖先的鬼魂准备一次宴席。席后，焚烧一些锡箔做的纸钱。这直接说明了下代对上代的经济义务，甚至延长到老人去世以后。后裔遵奉这些义务，在某种意义上表明了传嗣的合法权利，以及对继承权的要求。例如，遗体被放进棺材时，捧头的行动被认为是长子继承父母那份额外的土地的合法证明，也是在亲属中指定一名继承人的决定性依据。事实上，不会有两个人与死者的亲属关系是处在完全同等的位置，但如果最近的亲属未能履行这个行动，第二个人便接过这一角色，最近的亲属便丧失了继承权。奉行这个义务的，就是合法继承人，他将继承死者的遗产。

此外，如果死者是一个既未结婚也没有财产的人，就不发生继承的问题，因此不指定继承人。

但是，服丧的义务不是单系的，参加服丧的成员如下表所列。

与死者的关系	时　间	服丧情况
妻　子	无一定限期，直到儿子结婚	粗麻裙和鞋，开始头扎白带，然后改穿白裙和鞋；不穿丝绸
丈　夫 女　婿	无一定限期，数个月	帽子上带蓝顶子
儿　子	两年零60天	粗麻布鞋，然后改穿白鞋，如果父母一方未去世，又改穿蓝鞋；白顶子，一年不穿丝绸

(续表)

与死者的关系	时　间	服丧情况
女儿(已婚或未婚)	两年零60天	穿粗麻裙49天；白鞋，后改穿蓝鞋；黄头带
儿媳妇	两年零60天	穿粗麻裙35天，其余如女儿
孙子 侄子 外甥 外孙	一年	男用蓝顶子 女用蓝头带
死者的长辈无服丧的义务		

从表中，我们可以看出，服丧的时间及戴孝的轻重并不与传嗣相关。而在某种程度上与实际的社会关系及他们与死者之间的标准化的感情关系相关。人们并不认为戴孝会增加鬼魂的福利，而认为是对死者的感情上的表露。这同祭祀祖宗不同，人们认为祭祀是对鬼魂福利有一定的贡献，是对阴间祖先的赡养。

人断气时，对物和对人的直接控制便停止。但人们相信鬼魂的存在，这便延长了死者对财产的影响。家中的不幸、病痛，有时被解释为是祖宗的鬼魂对他们所不同意的某些行动的警告，例如，不遵奉定期祭祀、遮蔽棺材的小坟屋坏了、有人出售家中的土地或房屋等。从纯粹的伦理观念出发，已足以阻止一个人随意出售他所得的遗产。继续保持土地拥有是子女孝心的表现。相反的行动就会遭到社区舆论的批评，认为是不道德的。这对土地占有问题至关重要。

六、新的继承法

在描述了村中财产的实际传递过程之后，现在我们可以看一看法律条款。在制定1929年生效的新《民法》的时候，立法者是按照中国国民党的基本政策给男女以同等的继承权，以便促进男女平等的。这与旧《民法》和以上描述的传统做法有重要的区别。

在继承问题上，新旧《民法》的原则可以归纳如下：

> 过去，根据中国法律，一个女人，除去个别例外，是没有继承权的。例如，假定一个中国人在15年以前去世，留下一个寡妇、一个儿子和一个女儿，根据法律，全部遗产只能由儿子继承，寡妇和女儿一概没有权利继承。如果死者没有子嗣，只有一个女儿，而他兄弟有一个儿子，在这种情况下，女儿和寡妇仍然没有任何继承权，死者兄弟的儿子是法定继承人，一切财产均归于他。再如，即便死者没有兄弟或他的兄弟没有儿子，但只要死者有一个男性亲属活着，他是与死者同一个男性祖先的后裔，而且是属于小辈，这个男性亲属便有继承死者全部财产的法定继承权。所以，女儿只有在她的先父去世时既没有儿子、侄子也没有活着的男性亲属的情况下，才有继承权。寡妇在任何情况下不得继承。
>
> 但是现在，法律有了很大的改变。在《民法》中明确地承认女子的继承权。[1]假定上述男人现在死去，而不是15年以前死去，他的财产便可平均分配给寡妇、儿子和女儿。如果他没有儿子只有女儿，母女可以共同继承遗产。父系侄子和其他男性亲属一概无权继承。[2]

旧的立法原则规定严格沿着父系传嗣单系继承。只要一个人自己有一个儿子，就沿着这种惯例进行。他的女儿，出嫁后与丈夫住在一起并参加后者的经济单位。她没有赡养娘家父母的义务。在人们的思想里，女人没有继承娘家父母财产的权利是公平的。但在一个人没有

[1] 《民法》第1138条："遗产继承人，除配偶外，依下列顺序定之。1.直系血亲卑亲属。2.父母。3.兄弟姊妹。4.祖父母。"直系亲属在第967条中的定义为，"称直系血亲者，谓己身所从出，或从己身所出之血亲"。他们包括儿子、女儿以及他们的直系后裔。

[2] 这一条综述系由上海高等法院律师H.P.李先生提供的。

儿子的情况下，根据旧法律，他只能把财产留给他最近的亲属，别无其他选择。他可以领养一个儿子或一个女婿，但后者没有法定的继承权。在这种情况下，习惯提供了折衷的办法。在人们的眼里，剥夺一直赡养父母的人的继承权是不合理的。但正如以上所述，他们既然也承认最近亲属的潜在继承权，因此允许提出补偿的要求。

新《民法》改变了单系继承的原则，因为这被认为是违反男女平等原则的。但对传嗣原则，究竟做了多少改变，不很清楚。它承认女儿甚至出嫁后，仍像她兄弟一样是她父母的后嗣(第 967 条)。但必须是“妻以其本姓冠以夫姓”(第 1000 条)。“妻以夫之住所为住所”(第 1002 条)。除非她父母为她招赘。她的子女将“从父姓”(第 1059 条)，除另有安排协议外，未成年之子女以其父之住所为住所(第 1060 条)。作为后嗣，她有义务供养娘家的父母(第 1115 条)。因此，每个家庭，夫妻必须住在一起，他们也同时有供养双方亲属的义务。

这些法律条款付诸实际社会实施时，将形成以双系亲属关系原则为基础的组织。布 · 马林诺斯基教授曾经指出，“单系继嗣是与亲子关系的性质密切联系在一起的，就是与地位、权力、官职和财产从一代传给另一代有密切的关系。亲嗣规则中的单系秩序，对社会结合来说是最重要的。”[1]

所以研究这个法律制度的社会效果是有意义的。它为人类学家研究从单系亲属关系变为双系亲属关系的过程提供了一个实验的机会。但就这个村子而论，虽然新法律已颁布 7 年，我尚未发现有向这一方向发生任何实际变化的迹象。

[1] 《不列颠百科全书》，第 14 版(“Kinship”， Encyclopaedia Britannica, 14th# ed.)。

第五章

亲属关系的扩展

使得家的各个成员联系起来的基本纽带便是亲属关系。 但家并不把它自己只限制在这个群体之内。 它扩展到一个较广的范围，并使亲属关系形成较大社会群体的联系原则。

一、 父系亲属关系的扩展

家是一个未分家的，扩大的父系亲属群体，它不包括母亲方面的亲戚和已出嫁的女儿。 父系方面的较大的亲属群体是这样一个群体：即其成员在分家后，仍然在一定程度上，保持着家的原来的社会关系。 我们已看到，家中的家庭核心增大时，这个群体就变得不稳定起来。 这就导致分家。 但已经分开的单位，相互间又不完全分离。 经济上，他们变成独立了，这就是说他们各有一份财产，各有一个炉灶。 但各种社会义务仍然把他们联系在一起。 开始时，他们通常住在邻近的房屋里，有时共用一间大的堂屋。 他们互相帮助，在日常生活中关系比较密切。 在第二代，由于他们双方父母之间的关系密切，儿辈之间也亲密相处。他们之间互相帮助和日常交往的密切程度，视亲属关系的远近和居住地区的远近而异。分家后弟兄们如果住得较远，互相帮助的机会就减少，下一代的兄弟姐妹更是如此。

根据已接受的原则，五代以内同一祖宗的所有父系后代及其妻，属于一个亲属关系集团称为“族”，互相间称“祖宗门中”，意思是“我同族门中的人”。但实际上，这个谱系的严格计算并不重要。第一，没有文字记载的家谱，对家系的记忆并不准确。和尚记家谱是为了记得需要定期祭祀的直系祖先，而不是为了承认活着的亲戚。兄弟并不被列入祖先鬼魂的名单。五代以前的祖先不再列入祭祀的名单。第二，如果严格遵照这一原则，从理论上说，在每一代，族都要淘汰一些远亲，但实际上族很少这样做的。

实际情况是这样的：长期以来村的人口一直是变动不大。如族的成员人数不增加，就不分族。如果人数增加，对土地压力增加，就必定移民到其他地方去。人离开了，就不再积极参与这个亲属群体。一代或几代以后亲属联系就停止发生作用。这就是为什么我尚未发现任何族有成员永久居住在其他村里。

下面是一个村里人告诉我的一段话：“一个族的大小，平均约有8家。因为，我儿结婚的时候，全族都要围着一张桌子团坐(每张桌子有8个座位，一个座位坐一个家的代表，女人和男人在不同时候分别集会)。桌子座位不够时，我们就不请远亲来参加庆祝。”当然，这段说明，并不就是实际的规则，但它表明，一个单位在承认其成员的资格时允许有区别对待。在礼节性聚会时，可以排除那些远的亲戚，他们也不会坚持要求受邀请。一个富裕的家能请两桌或更多桌的族人，他们乐于这样做，也往往受到赞扬。在这个意义上说，族也可以说是一个礼仪的群体，有婚丧大事时，聚集在一起，宴会或祭祀共同的祖先，同时也送少量礼金勉强够食物的开支。互相帮助的真正的社会义务则在更小的群体内进行。例如刚分家的兄弟。此时，人们不用“祖宗门中”这个俗语，他们用“兄弟”或用兄弟辈这样的字眼来描写他们之间的关系。

族这个单位的另一个特征是，它的成员资格是家。因此，从它的个人成员来说，族并不是单系的亲属关系。一个已婚妇女，到了丈夫的家，便自动成了丈夫的族的一员。她姓丈夫的姓，把她父亲的姓放在第二位。她丈夫的亲戚遇有重大礼节性场合时，她跪在丈夫旁边，共同拜祭祖先。她死后将与丈夫一起接受祭祀。

妇女出嫁后不再是她父亲那个族的成员，她不再参加对父亲一方祖先的祭祀，死后也不受父方下辈的祭祀。

族的最重要的功能在于控制婚姻规则。族是外婚制单位，叔嫂婚例外。同姓，非同族的人可以结婚。古时候的规定及旧的法律规定，禁止同姓的人结婚，但这个村并非如此，至少在向我提供情况的人所能记忆的时期内，这个村子从未这样实行过。族缺少明确的界线，这一点并不妨碍外婚制的功能，因为大多数婚姻都在各村之间进行，而族的组织很少超越村的范围。

二、母系亲属关系的扩展

从上面几节，我们已看到孩子与母亲方面的亲戚保持密切的联系。母亲生孩子时，他的外婆来帮助料理。孩子一年要看望母方亲戚数次。舅舅对孩子有特殊的义务。他是孩子满月时的贵客。给孩子取名字的是他，陪伴孩子第一次上学校去见老师的也是他。外甥结婚时，舅舅要送贵重礼物如首饰或现金。对孩子来说，父亲若对孩子管得太严厉，舅舅是孩子的保护人。需要时，孩子也可以跑到舅舅那里去。父子有矛盾时，舅舅就出来做调解人。父子之间或兄弟之间分财产时，舅舅是正式的裁判。舅舅去世时，外甥须为他服丧。

母亲的姊妹，特别是那些嫁给父亲的同村人的，由于住得较近，关系也很亲密。但母亲亲戚关系不超过舅家和姨家的群体范围。舅姨家的亲属是不属于这个功能群体之内的。

妻方的亲属，在妻子生孩子之前，并没有密切的联系。他们不参加女儿的婚礼，要到婚礼后的一个月才去探望她。婚后第三天，新郎和新娘要到岳父母家去“回门”。礼节性拜访结束后，彼此不再探望，只是妻子本人偶尔回娘家探视。生孩子时，妻子的母亲便来女儿处陪伴数夜。从这时候起，妻方的亲属便成为孩子的母系亲戚。

三、名义上的收养

名义上的收养就是一个人不通过生育和婚姻，部分地被接受到另一个亲属关系群体中去的制度，当地称之为“过房”，意思是“过寄到另一家去”，过寄意思是依附。据说这来源于人们相信恶毒的鬼魂对父母娇养的孩子往往要找一些麻烦(三章四节)。按同样的推理，多子女的人对鬼魂的抵抗能力较强。因此，把孩子“过寄”这样一个强有力的人，孩子可以得到保护。另一方面，孩子虽然是名义上过寄别人，但也足以向鬼魂表示父母对孩子的淡漠。

这种信仰与婴儿的高死亡率有关，但这种名义上收养的制度不仅仅意味着对孩子的一种精神上的保护，这也为孩子提供了一种较新的社会联系。在前面已谈到过，那些多子女的父母，无论他们是否真正具有精神上的强大力量，他们比较富裕，社会影响大，这是肯定的(三章三节)。通过名义上的收养与他们建立关系，孩子将在这个社区内获得较好的经济和社会地位。另一方面，名义上收养孩子的人也感到高兴，因为他相信，这表示他的声誉和未来的兴旺。

这种收养关系将通过一次仪式来建立，那就是向一个被称为“新官马”(意思不明)的神进行祭祀。被收养的孩子向过寄的父母赠送针、桃、酒等象征长寿的礼物。收养孩子的过寄父母要给孩子办筵席，并给孩子取一个新名字，姓他过寄父的姓(实际上从不用此姓)，送他一些饰物和现金。

从此，孩子便有了新的责任和权利。他须按照亲属关系来称呼他的寄父母。新年的时候，他必须向寄父母拜年，送礼物。有婚丧大事时他必须参加，为他们戴孝，他不应与他们的子女结婚。寄父母则须请寄养儿子吃年夜饭，供给他三年鞋、帽和长袍(象征孩子已被接纳到寄父母的家中来)以及定期送礼物和给予其他关怀。

这种“收养”是象征性的；孩子并不离开生父、生母。他不要继承权也没有赡养寄父母的义务。他名义上改了姓，但正像乡亲们说的，这是骗那些鬼魂的。所以真正的意义在于通过象征性的亲属关系称谓和礼仪形式来建立一种新的与亲属关系相似的社会关系。

社会关系的扩展促使社会活动增加，但也会增加开支。在经济萧条时期，甚至真正的亲属关系也成为一种负担，那时，亲属关系的组织明显缩小。名义收养也不流行了。向我提供情况的人告诉我说，为了免于受鬼魂的侵害，他们把孩子“寄”给神或“寄”给父亲的姊妹的丈夫。这样并没有建立新的关系。由于女孩很少被“寄养”，特别喜欢让父亲的姊妹的丈夫来担当这个角色很可能与不吉利的“回乡”型婚姻观念有联系(三章八节)。当父亲的姊妹的女儿被包括进外婚制单位中时，并没有使婚姻的选择面变窄。

四、村庄的亲属关系基础

在名义收养制度中，人们象征性地使用亲属关系的称谓来建立新的社会关系，这种关系来源于亲属关系并与亲属关系相类似。亲属关系的这种扩大方式在这个村里很普遍，它既与生育无关，也不与婚姻相联系。

除了父亲、母亲、祖父、祖母的称呼外，人们根据不同的性别、年龄、血统关系和姻亲关系，用父方的所有亲属称谓来称呼同村人并用母方所有的亲戚称谓，除外祖父、外祖母以外，来称呼外祖父母村子里的人们。亲属称谓的这种延伸的用法，起到了区分不同的地方和年龄组的作用，并可由现在的亲属关系派生的这种关系来说明不同类型的社会关系。

亲属称谓的延伸使用是有一定目的的。每一个称谓，当它最初被用来称呼时就包含了与亲密的亲属相应的某种心理态度。由于称谓的延伸使用，这种感情上的态度也逐渐被用来对待实际上并不处于这样一种亲属关系的人。譬如，一个人称呼他村里的年长的人时，用父亲兄弟的称谓，这就是说，他将像对待他伯伯或叔叔那样来服从或尊敬他们。与母亲的兄弟的称谓相联系的态度，与伯伯或叔叔的称谓相关的态度不同。外甥把舅舅与友好和宠爱的观念相联系。用舅舅这个称谓来称呼他母亲村里的人便意味着，他可以在这些人之中自由自在的行动，并乐于被他们待为上客。

应当注意的是延伸地用这种感情态度来对待实际上并不是属于这种亲属地位的人，并不意味着他们之间就延伸特定的权利和义务。用这种称呼，并不等于他们之间真的建立了这样的亲属关系，但这种称呼有助于说明这个社区内不同的人的地位。在这个社区内，老年人受到尊敬，而且通常是具有威信的。

近来，按年龄组分配权力的原则有所变化。村里的老年人，不能适应迅速改变着的形势的需要，因而不能胜任这个社区的领导人的角色。现任村长周某，属于村里第二个年龄组。他用个人名字来称呼在他下面工作或在社区内不太有影响的老年人。过去只有年长者能用姓名称呼年轻的人。另一方面，现在已引进一个新的名称“先生”(在城镇普遍用作教师的头衔或仅如英文中的 Mister 这个普通头衔)，比周年长的人也这样称呼他。这一例子很清楚地说明了感情与称谓的关系。当情况有了变化，年纪大的人变成在他下面的人，原先的尊敬的感情与整个环境不甚相符。因此，变化了的社会环境便引起心理上的别扭，最后引起语言的改口。

必须指出的是亲属称谓的延伸使用不应被当作过去或现在在中国这部分地区有“族村”存在的证据。对这个村子的姓的分布的调查可以说明，虽然亲属关系群体倾向于集中在某地区，但家族关系并没有形成地方群体的基础。

在父系社会中，姓是由父亲传给儿子的。 但这并不是说，同姓的人都可溯源到同一个祖宗。 例如，周某告诉我，该村姓周的人属于两个完全不同的血统。 此外，有同一个祖宗的那些人，社会上不一定承认他们是宗族关系。 但有一件事是明确的，不同姓的人，不可能属于同一父系的亲属群体。 所以可以认为，一个村子里的居民有许多不同的姓，说明了这个村里有许多不同的父系亲属群体。

这个村共有 29 个姓[1]，下表说明了在每个圩里(二章三节)每一姓的家数。

姓	圩 1	圩 2	圩 3	圩 4	总计
周· · ·	49	23	24	2	98
谈· · ·	7	4	17	28	56
姚· · ·	30	4	10	—	44
徐· · ·	13	4	9	4	30
沈· · ·	2	4	13	7	26
王· · ·	1	6	—	8	15
吕· · ·	—	14	—	—	14
邱· · ·	—	10	—	—	10
赵· · ·	7	—	—	—	7
倪· · ·	4	3	—	—	7
饶· · ·	—	7	—	—	7
吴· · ·	—	4	2	—	6
蒋· · ·	4	—	—	1	5
陆· · ·	—	—	—	5	5
陈· · ·	4	—	—	—	4
方· · ·	4	—	—	—	4
金· · ·	—	1	3	—	4

[1] 原开弦弓村有 20 个姓：“吕吴谷陆钱，倪徐姚杨沈，蒋方谈周陈，王赵饶邱金”。 其余 9 个姓均为外来人。 表中郭，应为谷，翻译有误。 ——编者注

(续表)

姓	圩1	圩2	圩3	圩4	总计
钱···	—	—	—	4	4
杨···	3	—	—	—	3
秦···	1	—	—	—	1
贾···	1	—	—	—	1
刘···	1	—	—	—	1
冯···	1	—	—	—	1
凌···	1	—	—	—	1
黄···	—	1	—	—	1
于···	—	—	1	—	1
李···	—	—	1	—	1
殷···	—	—	1	—	1
郭···	—	—	—	1	1
总　计	133	85	81	60	359[1]

从此表可以看出同姓的家的分布情况。亲属群体有集中的倾向。例如周姓和姚姓集中在圩1；吕姓在圩2；谈姓在圩3和4；某些姓，如吕和邱，只分布在一个圩里。这些事实表明，居住地亲属关系之间的密切联系，换句话说，有这样一种趋势，同姓的家，可能因亲属关系联系在一起并住在一个邻近的居住地区。但这个村子里的姓很多而且同姓住得也分散，这个事实也清楚地说明，村里有许多亲属群体而亲族联系和地方联系的相互关系不大。

姻亲关系的情况也相同。严格地说，这个村既不是外婚制也不是内婚制的单位。但正如已经提到过的，不同村的人互相通婚更为经常。虽然并没有明确提出，但是有地方性外婚的趋向。各村之间，在婚姻关系上并没有特殊的偏向，因而，姻亲关系并没有在同村人之中或在各个村庄之间保持密切的纽带关系。

[1] 不包括和尚。

第六章

户　与　村

除了亲属关系的联结，另外一个基本的社会纽带就是地域性的纽带。居住在邻近的人们感到他们有共同利益并需要协同行动，因而组成各种地域性的群体。在这一章里，将加以分析。

一、户

家是由亲属纽带结合在一起的，在经济生活中，它并不必定是一个有效的劳动单位。家中的成员有时会暂时离去，有时死亡。在家中要吸收新的劳动成员，通过亲属关系，如生养、结婚、收养等办法，有时不易做到，有时则因涉及继承等问题而不宜进行。在另一方面，有些人的家破裂了，可能希望暂时参加另一劳动单位，但并不希望承认新的亲属关系。因此，那些住在一起，参加部分共同经济生活的人，不一定被看做是家的成员。[1]我们在这里采用了"户"这个名词，来指这种

[1] 从法律观点来看，一个人虽然无亲属关系，但永久地住在此群体内者，亦应视为"家"的一员(《民法》第1122～1123条)。但此规定并未被村民所接受。甚至那些在"家"中居住了很长时间的人还是被认为与"家"的成员有区别的。

基本的地域性群体。

在这个村子里，我找到有 28 人被分别吸收到这种经济单位中。作为户的一员，一起居住、吃饭和劳动，但他们和家的成员有着明显的区别。他们和这家人并不存在一定的亲属纽带关系，并不把自己的财产永久地投入这一家中。通常情况是，他们在一定条件下参加这个单位。这种成员和这家的关系大有差别，有些是长期的客人，有些是除了没有财产的法定权利外，其他都和家里人是一样的。

非家成员进入一户，通常采取三种办法。其一，这个成员可能是这家庭的客人，他在一个较长时期内住在这里每月付一笔钱。例如，有一个医生在村中开业，他就在药店老板的家中住了多年。他单独有一间房，并和他的房东共同生活。另一例是一个小孩，他自己的家住在另一个村子里，但他是这个村的一家人抚养大的。这个孩子的父母每个月付给抚养孩子的家庭一笔钱。还有 5 例，他们都和房东有姻亲关系。他们自己的家破裂之后，跟随着母方的亲戚。虽然他们实际上和家的成员一样地生活在一起，但他们不能加入这个家，而保留着他们的客人身分。

学徒制度也是一种从外面吸收工作成员的办法。这种情况有 4 例。师傅为学徒提供食宿，免收学费；而学徒则必须为他的师傅做一定年限的工，没有工资，只是在最后一年，可以要少量的“鞋袜钱”。

最普遍采用的办法是雇佣。一个人可按一定契约做一名佣工进入一户，他为那家种田或养蚕缫丝，佣工在雇主的家中得到住宿。他参加该户的劳动，有权使用所有的用具，并由该户供给食宿。他每年可得到一笔事先议定的工资。

以上是村中不属于家的成员而进入户的全部情况。

家中的成员也可能不住在家里而在远处工作。他们暂时不在家，并不影响他们的亲属关系。但他们不在的时候，他们不能算作户的成员，虽然他们和这一户有着明确的经济关系。

在这个村子里，那些不住在自己家里的人，总共有 54 人，其中女

32 人，男 18 人。除了其中 4 个男孩作为学徒住在本村的师傅家里外，其他人都在城里工作，这个数字表明了人口流入城市的强烈倾向，其中尤以女性人口更为突出。

二、邻　　里

若干“家”联合在一起形成了较大的地域群体。大群体的形成取决于居住在一个较广区域里的人的共同利益。比如，水、旱等自然灾害以及异国人侵略的威胁，不是影响单个的人而是影响住在这个地方的所有的人。他们必须采取协同行动来保护自己——如筑堤、救济措施、巫术及宗教等活动。此外，个人要很好地利用他的土地，需要别人的合作；同样，运送产品、进行贸易、工业生产都需要合作。休息和娱乐的需要又是一个因素，把个人集聚在各种形式的游戏和群体娱乐活动中。因此，人们住在一起，或相互为邻这个事实，产生了对政治、经济、宗教及娱乐等各种组织的需要。下面几节将对这个村子的各种地域性群体作概括的描述，但有关经济活动的各种群体，将在以后几章里详细讨论。

邻里，就是一组户的联合，他们日常有着很亲密的接触并且互相帮助。这个村里习惯上把他们住宅两边各五户作为邻居。对此，他们有一个特别的名词，叫做“乡邻”。他们互相承担着特别的社会义务。

当新生的孩子满月以后，他的母亲就带他去拜访四邻。他们受到殷勤的接待，用茶点款待。离开的时候，还送点心给孩子。这是孩子第一次到别人家中去，那时他甚至尚未到过外公家。

办婚事前，新郎的家庭要分送喜糕到各家去，作为婚事的通告和参加婚礼的邀请。邻居都包括在邀请的名单里。各家在举行婚礼那天送现金作为回礼，并参加婚宴。在丧葬时，每家邻居都派一人去帮忙，不取报酬。

在日常生活中，当某人家有搬运笨重东西等类似的家务劳动，需要额外的劳力时，邻居们齐来帮忙。如果经济拮据，也可向邻居借到小额贷款，不需利息。此种互相帮助的关系，并不严格地限制在10户人家之中，它更多地取决于个人之间的密切关系，而不是按照正式规定。

三、宗教和娱乐团体

在村里，除了祭祀祖先外，最经常得到祭祀的是灶王爷，有时也包括灶王奶奶。灶神是上天在这户人家的监察者，是由玉皇大帝派来的。他的职责是视察这一家人的日常生活并在每年年底向上天作出报告。神像是刻印在纸上的，由城里店铺中买来，供在灶头上面小神龛中。灶神每月受两次供奉，通常是在初一和十五。也在其他时候受到供奉，具体时间可见社会活动的日期表(九章三节)。各式刚上市的时鲜食品，第一盘要供奉灶神。供奉是把一盘盘菜肴供在灶神座前，并点上一对蜡烛，一束香以示祀奉。

到了年底，农历十二月二十四祭送灶神上天。这次供奉的东西特别丰富，而且在堂屋中举行。这次供奉之后，纸的神像和松枝、纸椅一起焚化。灶王爷就由火焰的指引回到了天堂。他通过每年一次向玉帝的拜奏，对他所负责的这一家人的行为作出报告。这一户下一年的命运就根据他的报告被作出了决定。

使神道高兴或是不去触怒神道的愿望是一种对人们日常行为很重要的控制。标准就看是遵奉还是违犯传统的禁忌。我还不能列出一张表格来说明各种禁忌，但在日常生活中，却肯定地存在着一种模糊的恐惧，人们怕做出了使神道不悦的行为，而引起上天的干预。就我所知，这些禁忌可分为三类：第一类是以敬谷为基础的，有如不能踩踏或糟蹋稻米，甚至馊饭也不得随意抛弃。最规矩的方式，就是把每一粒米饭都吃下去。如果实在做不到，就把这些米饭抛到河塘中去喂鱼。

第二类禁忌是和有关性的事物都是脏污的意识联系在一起的。所有与性有关的行为和东西，都必须从厨房中清除出去。妇女在月经期间，不准接触灶王爷神龛前的任何东西。第三类禁忌和尊敬知识相联系。任何字纸，甚至是新闻报纸，都应仔细地收集起来；废纸应加以焚化，但绝不在厨房里烧毁，而应送到庙宇中专门用来焚化纸帛的炉子中去加以焚化；或在露天烧掉。

有一个组织完善的天庭的观念，使得人类的行动与上天的干预这两者之间的关系复杂化了。任何违犯禁忌的行为，并不因触怒上苍而直接受到惩罚。这件事情要由天庭的管理机构来处理。因此，如果能防止上天派来的监察者——灶神看到或向上天报告人们的行为，则犯了禁忌也不会受罚。人们并不认为上天的使者是无所不在和无所不能的。他们实际上只是一些肉眼所看不到的人，有着和普通人差不多的感情和愿望。既然他们和人们相像，他们也具有人们同样的弱点和愚蠢。因此，凡是人们所能使用来对付人间警察的各种方法，诸如欺骗、谎言、贿赂，甚至人身威胁等等对付天庭派下来的监察使者也都能用上。

在送灶王爷上天之前的最后一次的祭灶之时，人们准备了糯米做的团子。这是灶神非常喜欢吃的点心。大家都相信，灶王爷吃了糯米团之后，他的嘴就粘在一起了。当玉皇大帝要他做年度报告时，这是口头的报告，他只能点头而说不出话来，因此，他要说坏话也不可能了。但这也不能认为是犯了禁忌之后的一个万无一失的补救办法。

灶王爷所具有的警察职能，传说中有过清楚的阐述。有一段时间，外国人统治了中国，每家中国人都被迫供养一个外国兵。每个兵监管每一家人。老百姓受不了这样的管制，终于商定了一个计谋，各家都在同一个时间把这些士兵杀掉。于是就准备了这种糯米团给士兵们吃，他们的嘴都粘到了一起。因此在他们被杀时不能发出任何声音。这个计谋在十二月二十四执行成功。但这些老百姓又立刻想起这些外国兵的鬼魂会向他们报复。于是作了这样的一种妥协，从那时起，把这些外国兵的鬼魂当作家里的神道，在厨房里受到祭拜，并继续行使监察者的职责。

这个传说只有少数人向我讲过。大部分人并不知道这个神道原来的根底，也不怎么关心这件事。但这个神话实际上揭示了老百姓对上天派来监管者的态度。这表明他们很不愿意把自己的行动自由驯服于社会性的限制，这种限制是社会强加于他们的。这与对祖先的祭拜是稍有不同的。祭拜祖先，反映了对已故祖先的依恋的感情。

另外有一个崇奉神道"刘皇"的较大的地域性群体，由大约 30 家住户组成。这个地域性的群体有一个专门的名称："段"，地域组织的单位。在这个村中，共有 11 段。

一、城角圩(有 4 段)

二、凉角圩(有 3 段)

三、西长圩(有 2 段)

四、谈家墩(有 2 段)

每个段都有自己的刘皇偶像，同段的每一户每年要出一名男的或女的代表，在正月和八月里各聚会一次。聚会时，把神道请到其中的一户人家，这家的主人则准备好盛宴供奉。

"刘皇"——"刘"是神道个人的姓，而"皇"则是大神的意思。这个神道在这个地区很流行。在我幼年的时候，经常听到这个精心编制的神话。但村里经常向我提供情况的人对此却一无所知。他们坦白地告诉我，虽然他们祀奉刘皇已经多少代了，但他们却不知道刘皇是谁。每年两次聚会的目的据说与收成有关。但这种联系在人们的思想上是很模糊的。有的人承认，他们的真正兴趣是在聚会时的那顿盛餐。我在后面还要讲到，这个村庄不是一个自给自足的宗教活动单位。但凡遇到干旱、蝗灾或水灾，所有宗教和巫术的活动都在该区的镇内举行。镇不仅是经济中心，也是宗教中心。刘皇是上苍派来保护免遭蝗灾的神道。以后要讲到有关他的神话(十章三节)。在这里指出这点也许是有意思的，在遇到农业危机的时候，村里缺少独立的宗教活动，这是与人们对有关这神道的神话模糊不清或无知有联系的。

10年以前，这里每年有一次集会，它既是宗教活动，也是当地人的娱乐消遣。一般在秋后举行，一方面对专司收获的神道感恩，同时又是祈求来年的丰收。管这地方的神像被请来入座，还有一个乐队在一个专搭的戏台上演奏。全村分成5组，叫“台基”，即戏台的基础。每个组轮流负责这种集会的管理和开支。

随着村庄经济萧条的加深，这些集会已暂时停止；现在也很难说在经济不景气过去之后，这种集会是否还会恢复。有趣的是人们并没有认为由于暂停了集会而造成了经济萧条；相反地，却认为是经济萧条造成了每年集会的中止。这表明聚会的真正意义是娱乐多于宗教或迷信。经济萧条惟一的真正原因是稻米和蚕丝价格的下降，人们能够正确地理解，因而最合理的解决办法就是引进新的工业和现代技术。

过去常被请来看戏的地方神道，现在村中的两个小庙里。一座庙在村北，另一座在村西(二章四节)。每家每月派代表到庙里去单独供奉祭拜两次。这不是强制性的，而且经常被人忽视。但那些继续供奉的人，经常只去其中的一个庙。去哪个庙，要由住家的位置决定。住在第一圩、第三圩及第二圩北边的人家，常去村北的庙；其余人家则去村西的庙。但同一地区的个人，在承担一定的责任和义务时并不互相联合起来，如祭拜刘皇时那样做，他们只通过庙宇而有所联系。因此，应该说这里并没有宗教团体而只有宗教区域的存在。

这两个庙分别为不同的和尚所有。村北的庙里住着庙主。村西的庙主则不住在内，庙内的日常工作由一位非宗教代理人代管，人们叫他“香火”。和尚信佛教，靠庙的收入为生，远离俗务。然而在社区里他有着一定的职能。他负责招待到庙里去的人，并参加村中的丧事。为人举办丧事他可以得到一笔现金或是相当数量的香，香可以留下来以后再出售。但这两个庙并不垄断村中人的所有宗教活动。到了重要时节，如为新近亡故的亲属“烧香”，因病人康复而向菩萨还愿等，人们往往改去城中的大庙宇，或到太湖边去拜佛，因为那里的神道有更大的法力。

和尚还有一种重要的职能，他们把村民祖先的记载保存在手中。这使他们所干的事超出了村中小庙的范围。各家的家谱是由外边的不同庙宇保存的。由于家谱记载了家庭祖先的姓名，这些记录的持有者，得到这些家庭的酬报，所以这种记录簿在某种程度上成为和尚的个人财产。这种记录簿可以购买或出售，就像其他私人财产一样。因而，僧侣之间这种财产的流动，使得村民对哪个庙宇更为忠诚这样一个问题，变得较为复杂了。

村民们的这种忠诚，与他们的信仰或教派全无关系。僧侣们从来不向百姓宣讲教义，除非是为死亡者念经，甚至那些僧侣用外地口音念经。但当地普遍认为，口音越陌生，念的经就越灵。

四、村　政　府

为了履行多种社会职能，各户聚合在一起形成较大的地域群体。这些群体并不构成等级从属的系列，而是互相重叠的。由于村庄是各户密集在一起的聚居区，村和村之间都间隔着相当的距离，这就使它在直接扩大地域联系以实现多种功能方面，受到了限制。村庄为邻近地域的群体之间标出一条共同边界。村庄综合各种社会职能，有时承担一些小的单位不能胜任的特殊职能。这一切都由村长通过村政府来执行。

一般说来，村长易于接近，村中所有人都认识他；外来的生人，总能很快地得到村长的接待。来访者会对他的繁重的工作感到惊讶。他帮村里的居民写信、念信，以及代办其他文书，按照当地借贷规则算账，办婚礼，仲裁社会争议，照看公共财产。他们并有责任组织自卫，管理公款，并且要传达、执行上级政府下达的行政命令。他们还积极地采取各种有利于本村的措施，村中的蚕丝改革，就是一例。

目前在这个村子里有两位村长。下述的记录可以给人们一个概貌：

陈先生是位老年人，近60岁。他在前清的科举制度下，曾考上了秀才。这种制度在清末已废止了。由于他在科举考试中未能进一步考中，所以被人请到城里去当家庭教师。到民国初年，他回村办私塾，自此时起10年多，他是村中惟一的教书先生。此后，他在村中担任领导工作，根据不断改变的行政系统的任命，他得到了各种正式的头衔。1926年，在省蚕桑学校的支持下，他开始实行蚕丝改良计划，在村中开办了蚕丝改进社。1932年，他正式负责合作丝厂的建厂工作。他放弃了教书的职务，担任丝厂厂长。当新的行政体制保甲推行时，他感到政府工作不合他的口味，于是退休了。然而他还是事实上的村长，并仍旧负责社区的事务。

另一位领导人是周先生。他较年轻，约40岁，他从家庭教师受业，但已不及参加科举考试。由于不再想做学问，他和他的兄弟在一起务农。他为人诚实，又有文化，被蚕丝改进社选用为助手。从这时起，他得到了改良工作者及当地人民两方面的信任，并逐渐地分担了村中公务的领导工作。当推行保甲制时，他经由陈先生推荐，正式当选并被任命为乡长，包括本村的领导。

村长的职务不是世袭的。周的父亲是瓦商，他的哥哥仍在种田；他的儿子住在城里，将来不大可能接替他的工作。陈与周之间，并无亲戚关系。

陈和周生活较富裕，但他们两人并不是村中最富有的人。最富的人姓王，他生活得默默无闻，在村中没有突出的威望。当一个领导人并没有直接的经济报酬，而且为达到此地位，需要经过相当长时间准备费钱的过程，才能使自己达到一定的文化水平。一个穷人家的孩子要得到这种职位的机会是比较少的。但单靠财富本身也不能给人带来权力和威信。

甚至法定地位对于当村长的人来说，也不是必不可少的。陈先生现在仍然是村中有资望的领导人，但他在正式行政系统中并不担任职务。年长的人都倾向于不和上级政府打交道，以避免麻烦。当村领导人的基础在于，不论他们代表社区面向外界时，或是他们在领导社区的事务中，都能得到公众的承认和支持。陈原职教师，而周是以蚕丝厂的助理开始他的事业的。他们为公众服务的精神和能力，使他们得到了权力和威望。村中有文化的人很少，愿意在没有经济报酬的情况下承担起责任的人更少。有抱负的年轻人对这种职位并不感到满意，我在村里遇见过两位中学毕业生，他们认为这种工作枯燥无味，而且缺乏前途。因此，选择村长的范围并不很宽。

虽然他们得不到直接的经济报酬，但由于为村里人办了事，他们也乐于享有声誉，接受一些礼物。比如，他们受人尊敬，可以对长辈(除了近亲)直呼其名而不用加上辈分的尊称。普通人是不允许这样做的。他们在村里所处的领导地位也有助于他们保持有特权的工作，如当教师，当丝厂的厂长等。

当领导人并不与享有特权的“阶级”有关。从周的情况可看出，年长也不是必要的条件。但性别上的排斥却未能克服，妇女是不许参加公众事务的。只是在最近，妇女才在蚕丝合作社中获得了和男人相同的职位；在学校中也任命了一位女教员，但这位妇女，除了在男女学童中之外，在当地社区中的影响很小。

五、保甲——强加的行政体制

前面已经讲到，这样的村子，是没有法定地位的。因为与这种功能性的地域性群体并行存在的有一个行政体制，它是强加于村的组织之上的。我把这两种体制分别称之为事实上的体制和法定的体制。它们两者之间不相符合。在本节我将描述这个法定的体制，并把与事实上的体制相比较，以观察它们的差异。

新的行政体制叫做“保甲”。保甲是个旧词。政府最近有意要恢复一种古老的行政体制。这种体制是宋朝(公元 960～1279 年)的行政改革者建议的。这个古老的体制究竟实行到什么程度是另一个问题。但对这个村子来说，它完全是新的。村长解释说，新体制的实施准备，最近方告完成。它从来没有在人们的记忆中存在过。他说，镇长把村民都传唤去，告诉他们要按照县政府的规定来安排他们各户在行政组织中的地位，这件事已经完成了。为了要研究保甲制，必须从法令全书中找出它的意图，以及政府在保甲组织中所遵循的原则。

1929 年 6 月 5 日，根据孙中山先生地方自治的原则，南京的国民政府颁布了一个《县组织法》，按此法律每个县必须分为几个区，每区又分为 20 至 50 个乡(农村地区)或镇(城市地区)。农村地区，凡有 100 户以上的村子，划为一个乡；不到 100 户的村子，则和其他村子联合成为一个乡。城市地区，凡有 100 户以上的，可划为镇；如不足此数，则与附近村子合并建乡。乡则进一步分为闾(25 户)及邻(5 户)。这些单位都通过选出的领导人及地方自治会来实行自治。这些地方政府的职能在法律中已有规定，计有：人口普查及人口登记、土地调查、公益工作、教育、自卫、体育训练、公共卫生、水利灌溉、森林培植及保护、工商改良及保护、粮食储备及调节、垦牧渔猎保护及取缔、合作社组织、改革习俗、公众信仰、公共企业及财政控制等等。

这些职能对地方社区来说不完全是新的。其中许多项早已由传统的、事实上的群体所实施。为了促进自治政府的行政职能，法律创造了新的地域性的群体。但实际上，它妨碍了事实上的群体的正常职能。因此，在 1931 年举行的第二次全国行政会议上，对各种单位的大小所作的刻板规定，受到了严厉的批评。结果是由立法院提出了修正案。

当此修正案尚在讨论阶段，另外一个影响到地方政府的体制却实施了。1932 年 8 月，在华中的剿共司令部，发布了一个法令，规定在军事行动区(湖北、湖南及安徽)的人民要在保甲制之下，组织起统一的自卫单位。按此制度，每 10 户为一甲，每 10 甲为一保。成立此组织的意图，在法令中有所说明，即："在遭到破坏的地区有效地组织民众，取得精确的人口统计以便增强地方自卫反共的力量，并使军队能更有效地履行其职能。"此制度主要是为军事目的而实行的。除非人口登记做得十分精确，否则，在动荡的地区，很难防止共产党人和非共产党人混合在一起。为了反对共产党活跃的宣传活动，军队还实施了在同一个保甲之内，人与人互相担保的制度，使人们可以互相检查。

1933 年，共产党影响扩展，福建成为军事地区。福建省政府已开始根据 1929 年的《县组织法》组建地方自治体系。司令部命令省政府停止地方自治体系而代之以保甲制。在《法》与法令的冲突中，省政府服从中央政府，中央政治会议决定把保甲制纳入自治体系中。1929 年的《法》被 1935 年的一系列法律所代替。这两种体系在以下六点中得到了妥协：(1)由统一的保甲单位代替老单位闾和邻，并使区、乡、镇等单位保持同等的级别。换句话说，原来处于县和乡、镇之间的单位——区取消了；(2)在结束训政时期前，按照保甲制度，以间接选举代替直接选举；(3)在按保甲制编户的过程中，进行人口普查；(4)把保甲制的军训扩大为普遍的民众训练；(5)只在紧急情况下，才实行互相担保的制度；(6)保甲制担负自治的职能，但允许进行地方性的修改以适应具体情况。

很明显，妥协并没有解决根本问题。这就是这些特别的、有统一规模的自卫单位，在多大程度上能承担 1929 年的《法》所规定的一般的行政职能。真正的问题并不在于这个法律与那个法令之间的法律性斗争，而在于事实上的地域群体早已行使的传统的职能，能否被这种专横地创造出来的保甲所接替。老的邻、闾单位，并不那么严格，但已被事实证明是行不通的；那么这种更为严格的保甲制度，似乎更不大可能行得通。若发生紧急情况，保甲制的自卫效能也并不能保证它是适合于行政自治的一种制度。的确可以争辩说，在中国政治结合的过程中，用一个合理的和统一的结构来代替参差不齐的传统结构，看起来比较理想。但应当考虑到，这种替代是否必需，以及需要花多大的代价去实施它。由于我访问这个村子时，这个新制度实行了还不到一年，因此，下结论还为时过早。但以传统的结构为背景，对照这个制度的实施状况进行一些分析，显然有助于了解问题的全貌，至少会有助于在将来的行政政策中强调这个问题的重要性。

这个村所实施的并允许进行一些地方性修改的保甲制，并不严格符合法律规定的数字。村中360户按地理位置被分编为4个保。从前面所示的本村详图中可看出，村中的房屋沿小河的两旁建造，并分为4个圩。在同一个圩里的户被合成一个保。按照它们所处的位置，从东往西，或由南往北数，大约每10户构成一个甲。这4个保和邻村的7个保合成一个乡，这个乡按本村名而被称为“开弦弓乡”。保和甲则分别冠以数字。村中的4个保是第八保至第十一保。另一个在法律与实践之间不相符合的事，是保持了旧法律中的区，它是县和乡之间的一个中间单位，它大致上和镇的腹地相当(十四章八节)。按照这个行政体制，这个村可称为：

江苏(省)

吴江(县)

震泽(区)

开弦弓(乡)

第八至十一(保)

要剖析乡的本质，必须深入了解村与村之间的关系问题。在同一个乡的村子之间，是否有特殊的联系？与这个行政单位相当的职能群体是什么？我将在后面讲到(十四章八节)，这个地区中的村子，在经济方面是相互独立的。每个村子都有自己的航船，充当村民到镇的市场上出售或购买的代理人。一个村子，不论它有多大，都不成为它邻村间的一个低级销售中心。换句话说，由于水运方便，并有了航船制度，因此作为销售区域中心的镇，完全有能力向所属的村庄进行商品的集散，在商品流通过程中不需任何中间的停留。在这个地区内，有数十个村庄依赖这个镇，但它们彼此之间都是独立的。这些村子，做的是相同的工作，生产同样的产品，互相之间很少需要进行贸易往来。因此，乡作为销售区域与村庄之间的一个层次，是没有经济基础的。从亲属关系的观点看，情况也完全一样。虽然村与村之间的婚姻是很时行的，但并没有迹象说明，在同一个乡内的村庄，宁愿到乡外的村庄去找婚配对象的。

从语言的角度看，人们日常叫的“开弦弓”这个名字，在当地群众用语中是指这一个村庄而言。把邻村都说成是开弦弓的一部分，当地人听来可笑。他们的这种执拗并不是不合理的。这个称呼的改变对当地人来说含义很多。有人跟我说：“如果邻近村庄都算开弦弓的一部分，那末，原来属于开弦弓村人的湖泊，也要被邻近村庄的人分去了。当然，这是不能允许的。”

目前，由于这个村庄的名声日增，蚕丝改良运动的经济功能及乡长的行政地位等因素，把开弦弓村周围的村子都吸引了过去。蚕丝改良运动和乡的首脑机关都在这个村里。我看到，不仅本乡的各村，而且外乡的人，也比过去更经常地来到这个村庄。他们前来订购蚕种，供给丝厂蚕茧，并解决村与村之间的争端。在前面的分析中所提到的姓周的乡长，并不是利用他的法定地位办事，而主要还是通过他个人的影响，即以蚕丝厂助理厂长的身分去办事的。同时，他也从不采取任何重要行动，除非他事先与各有关村庄的事实上的领导有过接触。

当然，如果给以时间，并取得新的行政职能的内容，没有理由说新的行政单位永远是停留在纸面上的一纸空文。

至于保这个单位，那就不同了。把村庄按小河为界而隔开的做法，不大可能成功。在此情况下，把小河假设为社会活动的一条分界线。但这种假设是不对的。正如已经说明的，船可以在水面上自由划动，造桥是为了把分割的土地联结起来。这些都是交通的工具而不是交通的障碍。

最后，我还要谈一谈甲。在职能性的群体中，我们已知有一种群体叫“乡邻”。它包括10户。但它不与甲相符。甲是一个固定的地段，而乡邻是一串相互交搭、重叠的单位。在乡邻这个结构中，每户都是以自己为中心，把左右5家组合起来。甲是一种非常人为的分段，它是同人们实际的概念相矛盾的。

然而，在将来再次调查时，来研究此问题是很有趣的，看一看有计划的社会变迁，从社会结构，包括群体形式、正式的行为准则、正统的思想体系等等开始，能进行到什么程度。在要求全国具有一致性的愿望之下，这种尝试显然会越来越普遍的。

第七章

生　活

对村子的地理情况和社会背景进行了综合调查之后，现在我们可以开始研究人们的经济生活了。我想先描述消费体系并且试行估计这村居民的一般生活水平。分析这一生活水平，我们可以了解普通生活的必要条件。满足生活的这些必要条件是激励人们进行生产和工业改革的根本动力。

从消费的角度看，村里的居民之间没有根本性的差别，但从生产上看，职业分化是存在的。目前的研究主要限于构成居民大多数的农民。他们从事耕种及养蚕。这是他们收入的两个主要来源。饲羊、定期出去做些贩运是次要的收入来源。在叙述这些活动之前，我将通过农历来表明这些活动是怎样按时序安排的。

有关农业法律方面的问题将在土地占有这一章中讨论。在此只略提一下，传统力量在这项制度中起着强大的作用，足以抗拒任何重大的变化发生。甚至在技术上，现在尚未成功地引进什么新方法和新工具。但在蚕丝业中，情况有所不同。

从村民的观点来看，最迫切的经济问题就是蚕丝改革。丝价下跌是使农民无力偿还债务的直接原因。在过去10年中，努力进行一系列改革的结果使蚕丝业的技术以及社会组织都发生了根本性的变化。因此，我们才能够对这个村子的变化过程，作为乡村经济中工业化的一个实例来分析研究。

我们将从消费系统与生产系统的分析引导到流通系统。通过市场销售，村民用他们自己的产品来换取他们自己不生产的消费品。在市场销售中我们可以看到村子自给自足的程度，以及村子对外界的依赖程度。

有了这些经济活动的概况，我们现在就可以观察一下村里的财务状况。国内工业的衰落，高额地租的负担使村民面临着空前的经济不景气。村民难以取得贷款，或成为高利贷者的牺牲品，他们的处境是进退维谷。我对这个村子在日本侵华战争爆发前不久的经济状况的描述将到此为止。

一、文化对于消费的控制

为满足人们的需要，文化提供了各种手段来获得消费物资，但同时也规定并限制了人们的要求。它承认在一定范围内的要求是适当和必要的，超出这个范围的要求是浪费和奢侈。因此便建立起一个标准，对消费的数量和类型进行控制。人们用这个标准来衡量自己的物质是充足还是欠缺。按照这个标准，人们可以把多余的节约起来。有欠缺时，人们会感到不满。

安于简朴的生活是人们早年教育的一部分。浪费要用惩罚来防止。孩子们饮食穿衣挑肥拣瘦就会挨骂或挨打。在饭桌上孩子不应拒绝长辈夹到他碗里的食物。母亲如果允许孩子任意挑食，人们就会批评她溺爱孩子。即使是富裕的家长也不让孩子穿着好的、价格昂贵的衣服，因为这样做会使孩子娇生惯养，造成麻烦。

节俭是受到鼓励的。人们认为随意扔掉未用尽的任何东西会触犯天老爷，他的代表是灶神。例如，不许浪费米粒。甚至米饭已变质发酸时，全家人还要尽量把饭吃完。衣物可由数代人穿用，直到穿坏为止。穿坏的衣服不扔掉，用来做鞋底、换糖果或陶瓷器皿(十四章七节)。

在农村社区中，由于生产可能受到自然灾害的威胁，因此，知足和节俭具有实际价值。一个把收入全部用完毫无积蓄的人，如果遇到歉收年成就不得不去借债从而可能使他失去对自己土地的部分权利(十五章三节)。一个人失去祖传的财产是违背孝道的，他将受到责备。此外，村里也没有什么东西引诱人们去挥霍浪费。在日常生活中炫耀富有并不会给人带来好的名声，相反却可能招致歹徒的绑架，几年前发生王某案件便是一个例子。

但在婚丧礼仪的场合，节俭思想就烟消云散了。人们认为婚丧礼仪中的开支并不是个人的消费，而是履行社会义务。孝子必须为父母提供最好的棺材和坟墓。如前面已经提到，父母应尽力为儿女的婚礼准备最好的彩礼与嫁妆，在可能的条件下，摆设最丰盛的宴席。

节俭仅仅为不同的生活标准提出了一个上限，当一个人未能达到公认的正常生活标准时，这个上限也就失去了意义。人们凭藉慷慨相助和尽亲属义务的思想(十五章二节)去帮助生活困难的人，使他们的生活标准不至于同公认的标准相差太远。因此，村里财产分布的不均匀，并没有在日常生活水平方面表现出明显的不同。少数人有特殊的值钱的衣服，但住房和食物上并无根本的差别。

二、住　　房

一所房屋，一般有三间房间。堂屋最大，用来做劳作的场所，例如养蚕、缫丝、打谷等等。天冷或下雨时，人们在这里休息、吃饭，也在这里接待客人或存放农具和农产品。它还是供置祖先牌位的地方。

堂屋后面是厨房，大小仅为堂屋的1/4。灶头和烟囱占厨房面积的1/3。紧靠烟囱有供灶王爷的神龛和小平台。

再往后是卧室，家中如有两个家庭单位时，就把卧室用木板隔成两间。每间房屋里放一两张床。已婚夫妇和七八岁以下的孩子合睡一张床。孩子长大以后，他或她先在父母屋里单独睡一张床，再大一些的未婚男孩就搬到堂屋里睡，像那些雇工一样。女孩出嫁前一直睡在父母屋里，也可以搬到祖母屋里去，但决不睡在堂屋里，因为妇女是不允许睡在供祖先牌位的房屋里的。

典型的房屋正面图

广义地说，一所房屋包括房前或房后的一块空地。这块空地既作为大家走路的通道，也用作一家人干活、堆放稻草或其他东西的地方。在这块地里种上葫芦或黄瓜就是小菜园，房屋附近还有养羊或堆放东西的小屋。

人的粪尿是农家最重要的肥料，在房后有些存放粪尿的陶缸，半埋在土地里面。沿着A河南岸，路边有一排粪缸，由于有碍卫生，政府命令村民搬走，但没有实行。

房屋是由城镇里的专门工匠来修建的。养蚕期间，停止房屋施工，否则当地人相信全村的蚕丝业会毁掉。他们认为破土是一种危险的行为，会招致上天的干预。于是就要请道士来做法事。修建一所普通的房屋，总开支至少500元。房屋的使用寿命根据修缮情况而异，难以作出肯定的估计。每隔两三年必须把房屋的木结构部分重新油漆一遍，部分瓦片要重新铺盖，诸如此类的修缮费用每年平均为10元。

河

路

堂屋

厨房 庭院

卧室 卧室

后门

后院

粪缸

羊圈

三、运输

人们广泛使用木船进行长途和载重运输，但村庄自己并不造船而是从外面购买。每条船平均价格约80至100元。除那些不从事农业、渔业劳动的人家以外，几乎每户都有一条或几条船。男人、妇女都会划船。人们在小时候就学会了划船。只要一学会这门技术，一个人就可以不停地划几个小时。划船所耗的力量并不与船的载重量成正比，而是与水流、风向等情况密切有关。所以，载重增加时，此类运输的费用就降低。如果船夫能够利用风向，距离只是一个时间问题，而不是花力气的问题，这样，费用就可进一步减少。这是水运的一个重要特点。这就有可能使一个地区的住房集中在靠河边的位置。它也使分散的农田占有制成为可能。此外，水运在市场贸易中的作用也影响了流通系统。所有这些有关的方面将适当结合其他有关内容进一步论述。

驶往城镇的航船

畜力不用于运输。在陆地上，人不得不靠自己的力量来搬运货物。

四、衣　着

村里的家庭纺织业实际上已经破产。我在村里的时候，虽然几乎每一家都有一台木制纺织机，但仍在运转的只有两台。因此，衣料大部分来自外面，主要是亚麻布和棉布。村里的缫丝工业主要为商品出口，并非为本村的消费。只有少数人在正式场合穿着丝绸衣服。

由于一年四季气候变化很大，村民至少有夏季、春秋和冬季穿用的三类衣服。夏天，男人只穿一条短裤，会客或进城时便穿上一条“作裙”。村长要离开村子外出时，即使是炎日当头，至少手臂上要搭上一件绸子长袍。妇女穿不带袖的上衣和长裙。这里的妇女不下农田干活，穿裙子是这个地区妇女的特点。天气较冷时，有身分的男子，不干活时就穿长袍。普通人只穿短上衣。

衣服并不仅仅为了保护身体，同时也为了便于进行社会区别。性的区别是明显的。还表现出年龄的区别，譬如，未成年的女孩不穿裙子，社会地位直接在服装的款式上表现出来，例如，长袍是有身分的人不可缺少的衣服。两个中学生，上学以后服装式样有了变化，他们穿西式长裤和衬衫，但不穿外衣。

除裁缝以外，缝纫是妇女的工作。多数妇女的手艺足以为她们的丈夫和孩子做普通衣服，因为这是做新娘必备的资格。新娘结婚满一个月以后会送给她丈夫的每一位近亲一件她自己缝制的东西，亲属的称赞是她的荣誉，同时也是对她在这新社会群体中的地位的一种支持。但是在置办嫁妆、彩礼或缝制正式场合穿的高质量服装时，照例是要请专门的裁缝来做的。

一个普通的家，每年买衣料的费用估计为 30 元，礼服在外。

五、营　　养

食品是家庭开支的一个主要项目，占每年货币支出总额的 40%。而且它与上述几项支出不同。住房费用无需每天支付，衣服也不像饭食那样迫切。为了维持正常生活所必需的一定数量的食物，或多或少是恒定的，因此它在家庭生活中成为一个相对恒定的项目。

主食是稻米，为我提供情况的人估计，不同年龄或性别的人每年消费所需稻米数量如下：

50岁以上的老年男子	9蒲式耳
40岁以上的老年妇女	7.5蒲式耳
成年男子	12蒲式耳
成年妇女	9蒲式耳
10岁以上的儿童	4.5蒲式耳

对一个有一名老年妇女、两个成人和一个儿童的普通家庭而言，所需米的总量为33蒲式耳。这一估计是相当准确的，因为农民在储存稻米以前必须知道他们自己的需要量。稻米是农民自己生产的，剩余的米拿到市场上去出售，换得钱来用于其他开支。上面的估计是人们认为必须贮存的数量。

蔬菜方面有各种青菜、水果、蘑菇、干果、薯类以及萝卜等，这个村子只能部分自给。人们只能在房前屋后的小菜园里或桑树下有限的土地上种菜。农民主要依靠太湖沿岸一带的村庄供给蔬菜。种菜已经成为这一带的专业，他们的产品已是这一地区人们蔬菜供应的重要来源之一。

食油是村民自己用油菜籽榨的，春天种稻之前种油菜。但这个地区农田水平面较低，油菜收成有限，产量仅够家用。鱼类由本村的渔业户供给。人们吃的肉类仅有猪肉，由村里卖肉的人从镇里贩来零售。食糖、盐和其他烹调必需品主要通过航船每天上镇购买(十四章五节)。

一天三餐：早饭、午饭、晚饭，分别准备。但农忙期间，早上就把午饭和早饭一起煮好。妇女第一个起床，先清除炉灰、烧水，然后煮饭。早饭是米粥和腌菜，粥系用干米饭锅巴放在水中煮开而成。午饭是一天之中主要的一餐。但农忙季节，男人们把午饭带往农田，直到傍晚收工以后才回家。留在家中的妇女和儿童也吃早上煮好的饭，但吃得较少。

晚上男人们回家以后，全家在堂屋里一起吃晚饭。但天气热的时候，就把桌子搬出来摆在房屋前面场地上；夏天傍晚，到街上走一走，印象非常深刻。沿街摆着一排桌子，邻居们各自在桌边吃饭，边吃边谈。全家人都围着桌子坐着，只有主妇在厨房里忙着给大家端饭。

家中每一个人在桌旁都有一定的位置。按家庭的亲缘顺序，家长面南，坐在“上首”，第二位面向西，在家长的左侧，第三位在右侧。主妇，特别是媳妇，坐在下首，或者不上桌，在厨房里吃饭。

同进晚餐，在家庭生活中是很重要的，父亲和孩子这时有机会互相见面。父亲整天外出，孩子直到晚饭时才能见到他。他们一起在桌旁吃饭。父亲常利用这机会对孩子进行管教。吃饭要讲吃饭的规矩。孩子不准抱怨食物不可口，也不准挑食。他如这样做，就立刻会受到父亲的责备，有时还要挨打。通常在吃饭时孩子都默不作声顺从长辈的意见。

在农忙期间，饭食较为丰富。他们吃鱼、吃肉。但平时不经常吃肉食。除去几个寡妇以外，很少有素食主义者。普通妇女每月素斋两次，初一和十五各一次，这是由于宗教告诫人们，天上的神仙不愿意伤害生灵。吃素被视为有利于人死后升天过好日子。

在厨房里做的东西不应该留藏给家里个别人独自吃。但是偶尔，小家庭可以自己花钱买些特别的菜在自己房间里吃。这种做法被认为是不好的，会惹得家里其他成员生气。一个人用自己的零花钱去买点心、糖果吃是私事，不一定告诉别人。

六、娱　　乐

辛勤劳动之后，放松肌肉和神经的紧张是一种生理需要。娱乐需要集体活动，于是社会制度发展了这种功能。娱乐中的集体活动加强了参加者之间的社会纽带，因此它的作用超出了单纯的生理休息。在家中全家团聚的时间是在晚上，全天劳动完毕以后。大家聚集起来，家庭间的联系得到了加强，感情也更加融洽。

农业劳动和蚕丝业劳动有周期性的间歇，人们连续忙了一个星期或10天之后，可以停下来稍事休息。娱乐时间就插入工作时间表中。在间歇的时候，大家煮丰盛的饭菜，还要走亲访友。

男人们利用这段时间在茶馆里消遣。茶馆在镇里。它聚集了从各村来的人。在茶馆里谈生意，商议婚姻大事，调解纠纷等等。但茶馆基本上是男人的俱乐部。偶尔有少数妇女和她们的男人一起在茶馆露面。妇女们在休息时期一般是走亲戚，特别是要回娘家看望自己的父母和兄弟。孩子们大多数是要跟随母亲一起去的。

家人在晚间的聚会，朋友们在茶馆相会，以及农闲时看望亲戚，都是非正式的，不是必须履行的。从这一点来讲，这些活动与节日期间的聚会以及正式的社区聚会有所不同。第九章所列的社会活动时间表总结了一年中的所有节日，与其他活动一起按年月顺序排列。

很明显，各个节日总是出现在生产活动间歇之际。阳历2月份，农闲时节，庆祝“新年”15天，人们欢欢喜喜地过年，并尽亲戚之谊，前去拜年。婚礼也往往在这时候举行，人们认为这是结婚的好时光。在蚕丝业繁忙阶段之前不久的是清明，进行祭祖和扫墓。蚕第三次蜕皮时，就到了立夏，有一次欢庆的盛宴。在缫丝工作之后，插秧之前，有端阳节。阴历八月满月的日子是中秋。此时正值稻子孕穗，也是在农活第一次较长间歇期的中间。在此间歇的末尾是重阳节。农活完毕之后就是冬至了。每逢这些节日都要有一定的庆祝活动，通常是同祭祖和祭灶联系在一起。庆祝这样一些节日只限于在家人和近亲中进行。

较大的地方群体的定期集会有每年一次的“段”的“刘皇会”(六章三节)，和每10年一次在太湖边举行的村际的庆祝游行“双阳会”，俗称“出会”，它们也与宗教思想有关。10多年来，除“刘皇会”以外，所有这些集会都已停止。停止的直接原因就是政府不赞同。政府认为，这些活动是迷信而且奢侈。地方行政官的职责之一就是禁止这些集会。[1]但是更实际的根本的原因是乡村地区的经济萧条。当食品、衣服之类的必需品都成为人们的负担时，他们就不会有多余的钱去进行不太急迫的社会活动。

根据我目前的材料，难以确定社区停止聚会在多大程度上削弱了当地人民之间的联系。但当我坐在人们中间，听着他们叙述村际“出会”那些令人兴奋的往事时，我明白地觉察到他们对于目前处境的沮丧和失望心情。我并不想再恢复那些盛大的场面，并对其社会价值进行估价，然而对往事的回忆是形成人们目前对现状的态度的一个重要因素。在人们心目中，停止这些庆祝活动，直接说明了社会生活的下降。由于他们盼望着过去的欢乐日子复而再来，所以他们不会拒绝任何可能采取的确信会改善社会生活的措施。对社会变革不会发生强大的阻力，上述这种心理至关重要，我以后还要说明(十二章二节)。

七、礼仪开支

礼仪开支与一生中的重大事件：出生、结婚、死亡，有着密切联系。从经济观点来看，这种开支是一家不可缺少的负担。彩礼和嫁妆是新家庭必要的准备。丧葬安排是处理死者所必需的措施。个人生活及其相关的社会群体所发生的这些红白大事里产生出来的感情，使得这些礼仪得到更加精心的安排而且花费相当的钱财。当一种礼仪程序被普遍接受之后，人们就不得不付出这笔开销，否则他就不能通过这些人生的关口。

然而，经济萧条使礼仪受到了影响。例如采取了“小媳妇”的制

[1] 《区自治施行法》，第七条，1928年6月。

度来改变昂贵的婚礼(三章八节)。它是由于经济便利才被采用的，但对亲属组织却发生了深远的后果。姻亲关系的完全或部分退化已使妇女和儿童的社会地位受到影响。彩礼和嫁妆的取消延长了青年在经济上依赖父母的时间。所有这些说明了这样一个事实，礼仪开支不全然是浪费和奢侈的。这些开支在社会生活中起着重要的作用。

再者，结婚时的宴会为亲戚们提供了一个相聚的机会，对新建立的亲属纽带予以承认，对旧有的关系加以巩固。亲属纽带不仅仅是感情上的关系，它还调节各种类型的社会关系。从经济观点来看，它规定了参加互助会的相互义务(十五章二节)，以及定期互赠礼物。在已经改变了的婚姻礼仪中，所请客人的名单通常已经缩减。这使原来较广的亲属纽带变得松散。从长远看，就可能封闭了一些经济援助的渠道，这种结果可能不会很快或明显地表现出来，但最终会感觉到的。这就是人们拒绝“小媳妇”制度的原因。一俟经济条件许可，就要恢复正常的程序。为了维持传统的礼仪，甚至有许多人宁可推迟婚期或借钱也要把婚礼办得像个样子。

从礼仪事务在人们生活中的重要性来看，就不难理解礼仪开支在家庭预算中占有很高的百分比。在一个普通的四口之家，假设平均寿命为 50 岁，那么每隔五年将有一次礼仪事务。对于礼仪事务的最低开支估计如下：出生 30 元，结婚 500 元，丧葬 250 元，平均每年开支 50 元，这个数字为每年全部开支的 1/7。

亲戚家有这些婚丧娶嫁等大事时，他们还须送礼，所以我们也必须把这笔开支计入总和。根据亲友关系亲疏的不同，礼品的价值从 0.2 元至 5 元不等。每家每年的平均数量至少约为 10 元。

同中国的其他乡村相比，这些估值似乎相当高。根据巴克的研究，在华东每家用于一次结婚的平均费用为 114.83 元，丧葬费平均为 62.07元。[1]差别可能由于地方的特点不同，或者由于列入礼仪开支的项

[1] 巴克：《中国农村经济》(G.L.Buck, Chinese Farm Economy)，第 416～417 页。

数不同。在开弦弓，结婚当天的开销在100至250元之间。为我提供资料的人引述一个众所周知的例外情况：一家仅花了不到100元办了一次婚礼。此处所作对婚礼开支的估计还包括了结婚礼物的费用，所以总数理应高一些。

丧葬开支，根据死者社会地位的高低而大不相同。如在北平所观察到的，孩子的“丧葬费用比家庭每月收入的1/8略多一点。年长者的丧葬费自然要贵一些。小孩和成人加在一起总数为每月收入的1.25至1.3倍不等。但这些数字都不包括丧宴费用。有关丈夫、妻子、哥哥、母亲的丧葬，其费用为月收入的2.5、3.5、5.5倍。”[1]巴克的平均数是从有丧事的人家的2.8%中推算出来的。该数字可能略低于本地人提供给我的有关该村一个成年人死后所需的适当的丧葬费用。

地上葬

这些定期的开销需要在平时积蓄起来。积蓄可能采取贷款的形式，但通常采取向互助会交纳储金的形式。互助会是本地的一种储蓄制度(十五章二节)。这样，我们可以把估计的礼仪开支费用同每家每年

[1] 甘布尔：《北平的中国家庭是怎样生活的》，(S.D.Gamble, How Chinese Families Live in Peiping)，1933年，第200页。

交纳储金的平均数作一比较。我发现，一般每家同时加入两个互助会，每年总共交纳储金 40 元。这一数字有助于证实以上估计的可靠性。

八、正常生活的最低开支

前几节中所作的全部定量估计仅仅代表村里公认的正常生活的最低需要。为了取得这些估计，我曾请教了不少知情人。个人估计之间的差别非常小，这说明了这样的估计具有较高的一致性。我们所考虑的普通的家是由四个人组成：一位老年妇女、一位成年男子、一位成年妇女和一个小孩。这四个人是 9 亩土地的完全所有者。

这些估计之所以有用有以下几条理由：(1)单独的实地调查者几乎不可能采用簿记研究法，特别是在村里，人们没有记账的习惯，除非调查者把他的全部时间用于研究记账问题。(2)这些估计可以使人们对本村人的生活得到一个一般的概念，它代表正常生活的最低需要，与实际平均数不会相差太远。(3)村里的生活标准没有显著的差别，因而可以使用这种简便的方法。(4)如上所述，这些估计在人们心目中形成了一个度量社区中物质福利充足的标准，其结果是产生了一种控制消费的实际社会力量。

此外，在研究乡村社区生活水准问题方面，簿记研究法有一定的局限性。乡村社区是部分自给经济，生活各项费用并不完全包括在日常账目之中，因为账目通常限于记录货币交易。账簿只能说明村民依赖外界商品供应的程度。而这种依赖程度并不一定能够表明生活水准。例如，在正常情况下，村民不会去买米，因为他们自己有储备。只有在家庭经济困难，储存的大米已被卖光时，村民才去买米来吃。在这种情况下，现金交易量的增加与生活下降有关而不是与生活改善有关。只有这种情况才会在账目中有所反映。

很明显，在研究乡村社区生活水准时，简单地以货币的收支来总计家庭预算，是不足以说明问题的。调查者必须从两方面入手来对消费品进行估价：一方面是那些从市场买来的消费品；另一方面是消费者自己生产的物品。前者应以货币值来表示，其总和代表着人们生活所需的货币量。这个数额确定了人们为得到此数额的货币而售的产品量。消费者自产自用的物品不进入市场。这些物品的货币值无人知晓。因为如果它们进入了市场，价格就会受到影响。如以市场价格表示这些物品，从理论上讲是不正确的。的确，若不把它们折合为货币价值，就不可能得出人们生活水准的总指数。但是，这样的一个总指数是不真实的。把这类物品分开研究，有助于我们调查其间的关系，而这种关系在农业经济研究中是非常重要的。例如，目前中国农业经济中最重要的问题之一是农产品的价格下跌。为了满足必需的生活条件，村民被迫向市场多出售他们的产品。这样就降低了村民的自给程度。另一方面，农村地区的辅助工业的萧条，减少了农产品的品种和数量，增加了对货币的需要，以购买所需的工业品。为了探讨这些问题，分析这两类消费品之间的关系是很重要的。

这种“从两方面入手的方法”需要实地调查者付出更多的劳动。收集统计资料可能是不实际的。所以，我建议采用咨询估算的方法。如果可能的话，再用抽样观察来补充。选定几个有代表性的实例，在一个时期中，系统地记录消费项目和数量。但本文尚不能提供这一类的数据。下表仅仅列出了村民必须到市场上购买的物品之货币价值，以及强制支付的租金和税款。该表可以用来估计村民生活所需的最低货币量。消费者自己生产的物品包括食物，例如米、油、麦子、蔬菜，及部分衣料。自给经济最重要的部分是劳动和服务。如上所述，只有少数农户雇工种田。关于这方面的分析，将进一步结合生产过程来进行。

1. 从市场购买的物品：	203
食品	47
蔬菜和杂项	30
糖	5
盐	12
衣料	30
礼品	10
燃料、灯火等	36
房屋及船上用油	20
农具及肥料	10
蚕丝业开销	50
2. 土地税	10
3. 定期用费(以积蓄的形式表示)	50
总　计	263 元

第八章

职 业 分 化

一、 农业——基本职业

在消费过程中，没有必要把该村的居民进行分类，但在生产过程中，则有职业的区别。 根据人口普查，有四种职业：(1)农业，(2)专门职业，(3)渔业，(4)无业。

这些职业类别并不是互相排斥的。 没有被划入农业的人也可能参与部分的农业活动。 除去无地的外来人以外，对几乎所有居民来说，农业是共同的基本职业。 区别仅仅在于侧重面不同而已。 被划归农业的人并不是只依赖于土地，他们还从事养蚕、养羊和经商。 第四类人包含这样一些农户：成年男子业已死亡，寡妇和儿童靠出租的土地生活，而不是靠他们自己的生产劳动过日子。

在人口普查记录里，家的职业是根据一家之长的职业而定的。 家的成员可以从事不同的职业，例如，店主的孩子可能从事农业，农民的女儿可以到城里的工厂工作。 这些情况都没有表示出来。 该村各类职业的家数如下：

1. 农业	274
2. 专门职业	59
3. 渔业	14
4. 无业	13
总数	360

上表清楚地说明占人口总数 2/3 以上或 76%的人，主要从事农业。由于实地调查的时间有限，我的调查工作主要是有关这个职业组的。下章再详细分析这个职业组的生产活动。其他职业组，我只能简单地描述一下。

二、专门职业

第二类的进一步分析，见下表：

1. 在城镇从事专门职业的	14
2. 纺丝工人	6
3. 零售商	10
4. 航船	4
5. 手工业与服务行业	25
木匠	4
裁缝	3
合作丝厂职工	3
篾匠	2
理发匠	2
磨工	2
抽水机操作者	2

(续表)

泥水匠	1
接生婆	1
和尚、庙宇看守人	2
鞋匠	1
银匠	1
织工	1
总　　计	59

表中第一项，只包含那些家长在城里经商的家或家长从事其他职业，住在城里。不包括那些在村外丝厂工作的女工。

纺丝工人，代表一种专门职业。为镇上的丝行工作，丝行从村民手里搜集土法缫制的生丝，质量不整齐，在出口或卖给丝织厂以前，必须通过反摇整理。这种整理工作由村民来做。丝行把原料分配给纺丝人，然后再收集起照工作量给予工资。

零售商人和航船，在讨论贸易的一章中另作描述(十四章四至六节)。

整个手工业和服务行业人员占这个村庄总户数的7%。这样低的百分比是惊人的。首先，这是由于这些行业还不完全是专业化的。缝纫、做鞋、碾磨等工作，是各户自己劳动的普通工作。比较粗糙的木工、竹工和泥水匠的工作不需非常专门的知识和技巧，所用工具在大多数住家中都自备。现代抽水机尚未被广泛使用，主要在紧急时用。生孩子也不一定需要专家的帮助。在上表中，除了现代抽水机操作者外，也许只有理发匠、和尚、庙宇看守人和合作丝厂的职工的工作比较专业化，农民自己不能兼任。

此外，人们不一定都要村里供应他们所需的物品或依赖这个村里的人来解决他们生活服务的问题。质量较好的木器、竹器或铁器可以在城镇里买到。甚至于有一次理发匠对我抱怨说，村民逐渐倾向于到镇里去剃头了。有丧事时，人们往往到远处庙宇去请和尚。妇女难产时不能信托村里的接生婆来接生。

木匠的房屋

所有住在村里的外来人都是商人和手艺人，他们实际上占这个群体(二章五节)总人数的 1/3。关于商业和手艺是否原来就是从外面传来的一种新的职业，我手头没有资料可以说明这一点，但我们有理由猜想一些新的手工艺往往是通过某些渠道从外边引进的。由于技术知识通常是通过亲属关系传授，本地人不易很快地吸收这种知识。即使师傅可以公开传授手艺，但那些有条件让孩子们种地的父母仍愿意让他们种地。村子里的土地不足以提供额外人口谋生，因此，外来人很难获得土地，而且土地也很少在市场出售。所以，正如上面已提到的，目前，所有外来人都没有地，其谋生的惟一手段是从事某种新手艺或经商。

三、渔　　业

有两类渔业户，他们的捕鱼方法不同，居住地区也不同。第一类渔户，住在村的西头，圩 1、圩 2，仅以捕鱼为副业。 他们的捕鱼方法是用网和鱼钩。 冬季工作较忙。 那时，农活告一段落，他们便开始进行大规模的“围鱼”作业。 几只船合作组成捕鱼队，在又粗又长的绳子上密挂小鱼钩，然后再加上一些重量，捕鱼队队员围成一个圈，把鱼钩沉入湖底。 寒冷天气，特别是下雪以后，湖面不结冰，但鱼都在泥里冬眠，鱼钩在泥里拉过，很容易把鱼钩住。 这样的“围鱼”作业有时持续数周，收获量颇大。 平时，渔民撒大网捕鱼，一日数次。 这种捕鱼方式只有那些住在湖边的居民才能采用。 这也就是这群渔户局限在村西地区的原因。

虾是用一种竹编的捕虾篓从湖里捕捉。 捕虾也是住在湖边的渔户的普遍职业。 根据 1935 年夏我所收集的情况，共有 43 条船从事这项工作。 捕虾篓用一条长长的绳索连结起来，放入水中。 每四小时清一次篓子，因为时间过久，虾在篓中死去，死虾在市场上的价格低于活虾。两个渔民一条船，平均收入每天 1 元。

鱼　鹰

捕　虾　篓

另一种渔户在B河中游沿岸圩2居住。这种渔民喂养会潜入水中捕鱼的鱼鹰。喂养和训练此种鸟需要专门知识，是由家庭传授的，因此是一种世袭的职业。这些家庭形成一个特殊群体甚至与其他村里的同行渔民合作。由于他们需要到离本村较远的地方去，夜间鱼鹰需要细心保护，因此，这些渔民在共同的专业利益基础上形成了一个超村庄的群体。从事同一专业的渔民，对他们的同行都有友善招待的义务。

第九章

劳 作 日 程

一、计 时 系 统

为研究一个社区的生产体系必须要调查他们的各种活动在时间上是如何安排的。在分析农村经济时更需如此，因为庄稼通常直接依赖于气候条件。

有机世界的季节循环的知识，对人民有重要的现实意义。农民的生产活动不是个人自发的活动。他们需要集体的配合和准备。他们必须知道种子何时发芽以便确定播种日期，必须知道秧苗需要多长时间才能长成以便把土地准备好进行移植。如果没有农时的计算，就不能保证在正确的时间里采取某种行动。

辨认时间不是出于哲学考虑或对天文学好奇的结果。正如布·马林诺斯基教授已明确指出的，“计时法不论如何简单，它是每一种文化的实际的需要，也是感情上的需要。人类每一群体的成员都需要对各种活动进行协调，例如为未来的活动选定日期，对过去的事进行追忆，对过去和未来时期的长短进行测量”。[1]

---

[1] 《特罗布里恩德群岛的阴历和季节历》(Lunar and Seasonal Calendar in the Trobriands)，《皇家人类学会杂志》(Journal of the Royal Anthropological Institute)，第 57 卷，第 203～215 页。

从功能上来研究计时问题，我们就必须仔细地观察一下历法，以便了解计时系统如何安排社会活动，这一系统又是如何由社会活动来表示的。

中国农村中使用的传统历法是以纪月系统为基础的阴历。它的原理如下：望日被视作一个月的第15天的夜晚。因此，每一个月的天数是29或30天(实际上一个月历时为29.53天)。12个月为一年，共有354.36天，其总数与纪日系统的阳历365.14天为一年的数字不合。每隔二或三年有一个闰月以补足每年缺少的天数。但是有机世界的季节循环更多地是遵循地球和太阳之间的关系，与地球和月亮之间的关系较少。虽然两种系统最后有闰月来调整，但这两种系统的日期永远不能有规律地一致起来。

阴历的日期不能始终如一地说明地球对太阳的相对位置，因而也不能表明季节性气候的变化。譬如说，假定今年人们抓住了正确的播种时间，四月十七日，但由于闰月的关系，他们明年如果在同一天播种，就为时太晚了。阴历和季节循环两者之间的不一致性，使得阴历在农事活动中不能作为一种有效的推算农作物生长期的指南。这种理论上的考虑必然引导人们进一步来考察传统的历法。

实际上，在传统历法中，有一种潜在的纪日系统。它表明各个时期地球在其太阳轨道中的确切位置。这一系统中的单位是“节”，意思是“段”或“接头”。整个太阳历年分成24个节。1936年24个节的总天数为364.75天。这说明实际上1个年度的时间仍有微弱的0.39天之差。我不知道定节气的原理，但在旧历本中可以找到每个节气开始的准确时间，它是用时辰(两小时)、刻(1/4小时)和分(分钟)为单位来表示的。在不同年份里不同节气的长短上，闰期的变化微小，因此不需要特殊的说明。下表为1936年，每个节气开始的时间和节气的名称。

既然西方的阳历是法定通行的，自然也传入乡村，它又与传统的纪日系统的节气有区别，因有它以一个整天作为单位，所以有一个规则的闰日方法。这两种历法不同年份相应的日期不同。

节气名称	传统历及时间	西历及时间
立春	正月十三日 辰初 2 刻	2 月 5 日晨 7 点 30 分
雨水	正月二十八日 寅初 2 刻 4 分	2 月 20 日晨 3 点 34 分
惊蛰	二月十三日 丑初 3 刻 5 分	3 月 6 日晨 1 点 50 分
春分	二月二十八日 丑正 3 刻 13 分	3 月 21 日晨 2 点 58 分
清明	三月十四日 辰初 1 刻 2 分	4 月 5 日晨 7 点 17 分
谷雨	三月二十九日 未正 2 刻 1 分	4 月 20 日下午 2 点 31 分
立夏	三月 (闰月) 十六日 子正 3 刻 12 分	5 月 6 日晨 0 点 57 分
小满	四月初一日 未正 8 分	5 月 21 日下午 2 点 8 分
芒种	四月十七日 卯初 2 刻 1 分	6 月 6 日晨 5 点 31 分
夏至	五月初三日 亥正 1 刻 7 分	6 月 21 日晚 10 点 22 分
小暑	五月十九日 申初 3 刻 14 分	7 月 7 日下午 3 点 59 分
大暑	六月初六日 巳初 1 刻 3 分	7 月 23 日上午 9 点 18 分
立秋	六月二十二日 丑初 2 刻 13 分	8 月 8 日晨 1 点 43 分
处暑	七月初七日 申正 11 分	8 月 23 日下午 4 时 11 分
白露	七月二十三日 寅正 1 刻 6 分	9 月 8 日晨 4 点 21 分

(续表)

节气名称	传统历及时间	西历及时间
秋分	八月初八日 未初1刻11分	9月23日下午1点26分
寒露	八月二十三日 戌初2刻3分	10月8日下午7点33分
霜降	九月初九日 亥正1刻4分	10月23日晚10点19分
立冬	九月二十四日 亥正1刻	11月7日晚10点15分
小雪	十月初九日 戌初2刻	11月22日晚7点30分
大雪	十月二十四日 未正2刻13分	12月7日下午2点43分
冬至	十一月初九日 辰正1刻12分	12月22日上午8时27分
小寒	十一月二十四日 丑初2刻14分	1月6日晨1点44分
大寒	十二月初八日 戌初1分	1月20日下午7点1分
立春	十二月二十三日 未初1刻11分	2月4日下午1点26分

二、三种历法

这三种历法均被村里的人们采用。但各有各的作用，西历通常在新建的机构如学校、合作工厂和行政办公室里使用。这些机构必须与使用西历的外界协调工作。

传统的阴历最广泛使用在记忆动感情的事件以及接洽实际事务等场

炉灶和灶王爷的神龛

合。它被用作传统社会活动日的一套名称。在宗教活动上，人们也广泛使用阴历。每月初一及十五要定期祭祀灶神。人们还在这两个日子里去庙宇拜佛或吃素斋。在祖先的生日、忌日和固定的节日要祭祖，但有些节日是根据传统的节气来安排的。

传统的节气并不是用作记日子的，而是用来记气候变化的。有了这一总的体系，每个地方可根据当地情况来安排农活日程。

这个系统主要用于生产劳动。除日常谈话外，下列歌谣说明了它的作用：

白露白迷迷(指稻花开)　　　　秋分稻秀齐

霜降剪早稻　　　　立冬一齐倒

向我提供情况的人曾来一信，也可引述其中一段：

村里的人，每年有两个清闲的时期，第一个阶段是在秋天，从处暑到寒露，为时约两个月……第二阶段是在冬天，从大雪到年底，也是两个月，在这农闲季节，我们出去经商。

新近过世的祖宗牌位神龛

农民用传统的节气来记忆、预计和安排他们的农活。但节气不能单独使用，因为没有推算日期的办法，在使用上有困难。农村用阴历来算日子。人们必须学习每年各个节气的相应日期。例如上表所示，第一个立春是在正月十三，而第二个立春则在十二月二十三。因此，也可以这样说，阴历通过节气系统来安排人们的工作顺序。

历本并非村民自己编排，他们只是从城镇买来一红色小册子，根据出版的历本来进行活动。他们也不懂其历法的原理，他们甚至不知道历本是哪里发行或经谁批准的。因政府禁止传统历，出版这些小册子是非法的。我未能找到谁是负责的出版者。

然而政府的行动在任何意义上来说，并未影响小册子的普及和声誉。在任何一家人的房屋中都可以找到这本册子，而且在绝大多数情况下，这往往是家中惟一的一本书。人们通常将它放在灶神爷前面，被当作一种护身符。不仅在安排工作时，而且在进行各种社会活动和私人事务的时候，农民都要查询这本历书。在历本中，每一天，有一栏，专门说明哪些事在这一天做吉利，哪些事不吉利。我列举数栏说明如下：

3月 1日(1936年)，星期日；阴历二月初八

张大帝(洪水之神)生日。

宜祭祀，祈福求嗣，还愿，会亲友，经商，上官赴任，结婚姻，行聘，嫁娶，迁入新宅，移徙，裁衣，修造，竖柱上梁，修店铺，开市，立券，开仓库，栽种，破土，安葬。

不宜用茅草铺盖房顶，灌田，行猎。

3月 2日，星期一；阴历二月初九

宜会亲友，捕捉畋猎。

不宜诉讼，求医疗病(植物发芽)。

3月 16日，星期一；阴历二月二十三

诸事不宜。

3月 27日，星期五；阴历三月初五

宜沐浴，畋猎取鱼，扫舍宇，不宜安床，买地纳财(始雷鸣)。

农民并非完全按照栏内所列的忠告行事。 但盖房、安排婚事、开始长途旅行等事，他们确实要查询此种历本。 他们根据栏内所列吉利的事情多少，笼统地区别“宜”或“不宜”的日子。 他们避免在“不宜”的日子，特别是那些表明“诸事不宜”的日子，进行重要的冒风险的活动。 每隔数天，在这一栏的末尾有一项括号内的说明，如“植物发芽”和“开始雷鸣”等。 这是用周期性的自然现象来推算时间的一种附加系统。

三、经济活动和其他社会活动时间表

有了以下的这些计时系统，我们便能列出村庄各种经济和社会活动的时间表。 它可供进一步分析作参考。 对某些具体项目，将在其他恰当的有关之处再作一些解释。

按节气进行的其他社会活动与宗教活动	农　业	丝　业	节气	气候（上海）温度（华氏）	气候（上海）雨量（毫米）	西方的阳历	阴历月份	按阴历进行的其他社会活动和宗教活动
	麦{油菜籽}		立春	39°	57	2月	一	
			雨水					初一：新年，祭菩萨，迎灶神上庙拜佛 初五：祭财神 初一至初八：男人探亲戚 初八至十五：女人探亲戚 初十至三十：吉利的结婚日 在闰月为老人准备葬礼
祭灶神		主要的一批{孵化蚕种 第三次蚕蜕 蚕茧}	惊蛰	46°	70	3月	二	
祭灶神			春分					
禁止造房屋{祭祖宗和蚕神、扫墓 祭灶神 欢宴探亲戚的蚕}	第一个农忙时节{播种 育秧苗 主要农田准备 插秧 除草和灌溉}		清明	56°	90	4月	三	
		家庭抽丝	谷雨					
		第二批	立夏	65°	90	5月	三（闰）	
			小满					
			芒种	73°	166	6月	四	初五：端阳，欢宴，祭灶神
			夏至					
			小暑	80°	127	7月	五	

(续表)

按节气进行的其他社会活动与宗教活动	农业	丝业	节气	气候(上海)		西方的阳历	阴历月份	按阴历进行的其他社会活动和宗教活动
				温度(华氏)	雨量(毫米)			
			大暑	80°	127	7月	五	初三、十五及二十三:祭灶神
第一次外出经商	农闲{稻开花 稻秀穗		立秋	80°	148	8月	六	初三:灶神爷生日,祭祀
			处暑				七	
	第二个农忙时节{收割 碾米 储藏 出售		白露	73°	118	9月	八	十五:中秋,满月,欢宴
			秋分					二十四:灶神娘生日,祭祀
			寒露	63°	73	10月	九	初九:重阳,欢宴,祭灶神
第二次外出经商{祭祀祖宗			霜降				十	初一:新稻登场,先祭祖宗
	麦		立冬	52°	46	11月	十一	二十四:送灶神爷
			小雪					
			大雪	42°	29	12月	十二	三十:祭祖宗
			冬至					
			小寒	28°	54	1月		
			大寒					

第十章

农　　业

农业在这个村子经济中的重要性，已经在以上章节中显示出来。这村有 2/3 以上的农户主要从事农业。一年中有 8 个月用来种地。农民的食物完全依赖自己田地的产品。因此，要研究生产问题，首先必须研究农业问题。

本章所使用的农业一词，只是从它的狭义说的，指的是使用土地来种植人们想要种的作物。要研究如何使用土地，必须先分析土地本身。土壤的化学成分、地形和气候都是影响农业的条件。我们也需要了解谷物的生物性质。这些分析尽管比较重要，所需要的专门知识却往往是人类学者所不具备的。然而，农业占用的土地不只是自然实体。文化把土地变成了农田。此外，在农业中，直接指导人类劳动的是人们自身掌握的关于土地和谷物的知识，通过技术和信仰表现出来。

从分析物质基础开始，我们首先来描述一下这个村子的农田。根据技术需要出发的农田安排，对劳力组织、土地所有权和亲属组织都有深远的影响。研究这个问题对进一步研究人与土地关系问题的各个复杂的方面将是最好的开始。

一、农田安排

农田的安排取决于农民选择种植哪一种作物。这个村农业的主要作物是水稻、油菜籽和小麦。水稻的种植期从6月开始，12月初结束，这是主要农作物。收稻以后，部分高地可用来种小麦和油菜籽。但后两种仅是补充性的农作物，其产量仅供家庭食用。

村里90%以上的土地种植上述这些农作物。沿着每一圩的边缘，留有10至30米的土地种桑树，有三个圩再留一块大一些的空地盖房屋。在边缘的土地较高，也用作农用的堤堰。

种庄稼的土地被分成若干农田。由于种水稻需要定期供水，因此农田安排还取决于水利管理措施。

向我提供情况的人说："水是农田中最重要的东西。如果土壤干裂，稻就会枯死，如果水太多，淹过稻'眼'时，稻又会淹死。"稻"眼"即上方叶和茎的接节点，当地人认为，这部分被淹了，六七天之内，稻就枯萎。把稻的这一部位说得如此脆弱，未必那么真实。但稻"眼"确实被用作标志稻田中水多水少的一个基准。必须按照稻的长势调节水面，水位太低时进行灌溉，太高时则及时排水。水的管理是农业中的一件主要任务，它支配农田的地形。

土地被河流分割成小块，称作"圩"。每一圩周围是水。每一块农田得水机会的多少视这块农田在圩中的位置而异。圩正中间的一块田离河最远，被灌溉的机会也最少。为使中间的农田得到足够的水，人们必须把圩的土地平整得犹如一个碟子。但碟状土地表面又为储水带来困难。水总是趋向水平面，因此农田不能得到水的平均分配，反而中间形成水塘，边缘土地干旱。所以必须筑起与土地边缘平行的田埂。另一个困难是必须从较低的河流上选择一个地点，安装好水车，同时还要挖一道水渠以便将水引到里面的稻田。靠这一车水点供水的每一大片田地，还要有与边缘相垂直的田埂。两种田埂相互交叉，把农田分成小块，称作小块田或“爿”。

每小块田的高低必须相同，以便能得到平均的灌溉。小块田的所有权如果不属同一个家，那么耕种者之间常常因灌水发生争执。每一片田地有一条共同的水渠通过，在每片田地的小块田间有一个通水口。农民引水进田时，先从边缘的小块田开始。在一小块田的进水口处下面把水渠堵住，这样水便流入这小块田地。水灌足后便堵住这一进水口，打开水渠再灌溉下一块田地。这样继续下去直到最后一块田浇灌完毕。一片田地为一个灌溉单位(见图 4)。

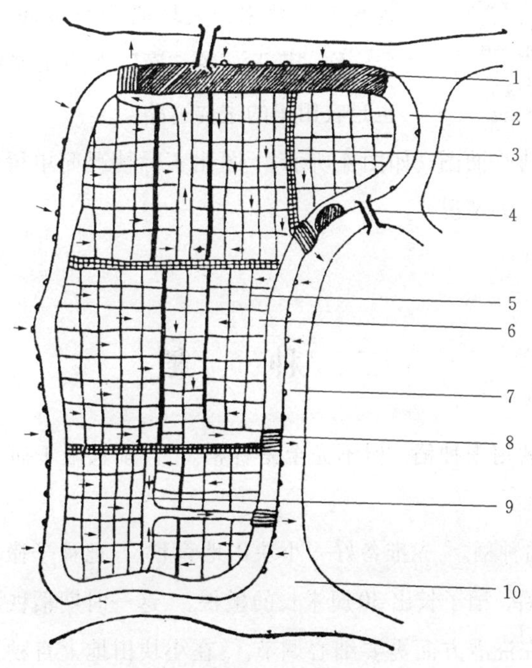

图 4　西长圩农田的安排

1. 房屋　2. 种桑树的边缘地　3. 两壋田中间的埂　4. 桥
5. 两小块田之间的埂　6. 一小块田　7. 车水灌溉点
8. 集体排水点　9. 公用排水渠　10. 河

雨水多的时候，这一灌溉系统不能把田里多余的水排出，因为水不能从较低的田中央往较高的田边缘流出，所以必须在整个碟形圩地的最

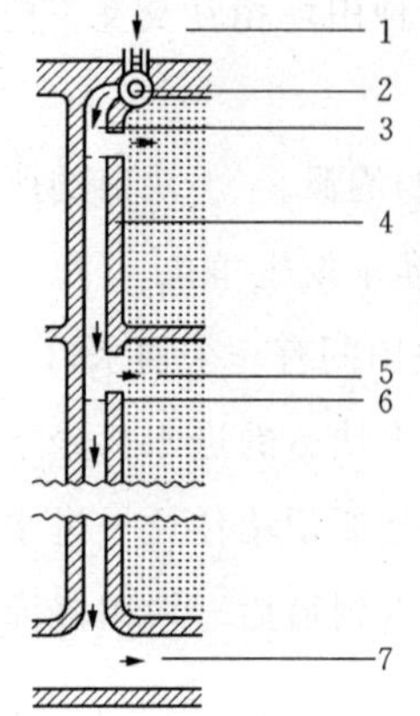

图5　田埂和水渠系统
1. 河　2. 车水灌溉点
3. 经过大片田地的水渠
4. 小块田周围的埂
5. 一小块田的临时进水口
6. 暂时封闭水渠
7. 公用排水沟

低部分挖一水沟。它汇集了各大片田里多余的水，水沟终端装部水车把水排出。接着，我们将看到灌溉和排水需要不同的社会组织工作。

单纯从技术观点来看，排水问题的困难主要是各圩面积大小不等的问题。圩的大小取决于河流天然分布的情况，大小相差极大。例如，这个村里有11个圩，大小从8亩至900余亩不等(二章二节)。圩的面积越大，将它纳入集体排水系统的困难越多。为适应紧急需要并提高工作效率，大圩必须分成较小的排水单位，称“墐”，各“墐”之间筑了较大的埂。也是农田里的主要道路。

农田安排平面图，如图4所示。图比实际情况简单得多，但足以说明刚才描述的情况。

二、种　　稻

田地主要用来种稻，但不完全是种稻。目前只限于研究种稻这一方面。

6月开始种稻。先准备好一小块田地育秧。把种子撒在秧田里。约一个月以后，稻子长出30厘米长的嫩秧。这一时期稻秧不需要大的间隔，只是在浇灌方面需要细心调节。在小块田地上育秧，同时在大块田地上做准备工作，这样比较方便、经济。

移秧之前必须做好以下准备：翻地、耙地、平地，然后是灌溉。一切工作都是人力做的。这个地区农业劳动的一个特点就是不用畜力。下面我们将看到，农田较小，每户的土地又是如此分散，以致不能使用畜力。农民只用一种叫做“铁锴”的工具，它的木把有一人

茂盛的稻田

高，铁耙上有四个齿，形成一个小锐角。农民手握木把的一端，把耙举过头先往后，再往前甩，铁齿由于甩劲插入泥土，呈一锐角，然后向后拉耙，把土翻松。这个村子不用犁。

翻地以后，土块粗，地面不平。第二步就是耙细和平地，使用同一工具。一个人翻耙平整 1 亩地需要四天。

这一阶段要引水灌溉，必要时需检修田埂和水渠。用水车从河流车水。水车有一个长方盒形的、三面用木板做成的管道，木管内有一系列用小木片做成的阀，由活动的链条连在一起形成一个环。小阀接触三面木头的管道便在管内形成一系列方形空间，链条通过枢轴与一个轮子相连。农民踏动轮旁的踏脚板时阀链便按圆环形转动。木管的下部置入水中，上部打开，对着一个通向水渠的小水塘。由阀和木管三面形成的小方空间在下端充满了水，阀链转动时便将水带上来，流入水塘。水并非通过空气压力的差别带入塘内，而是由于阀的转动把水带到水塘。

用这种工具把水车至高处，效率不很高。由木阀形成的方形空间结构不严密，阻力较大。为 1 亩地车水高出地面 10 余厘米约需用一天的时间。灌溉上的低效率使每一大片田地中相连的小块田地产生了不同的价值。我在前面已经提到，水从边缘的田地依次流到中间，中间的田地必须等边缘的田地灌溉结束后，才能得到它所需要的水。雨水太多时，中间的田地又必须等待边缘的田地排完水后，多余的水才能排除。而等待排灌时间的长短则有赖于水车效率的高低。排水系统的不能令人满意的效率，当然是产量降低的一个因素。因此也就产生了土地价值的差别。边缘田地与中间田地价值的差别有时可达 10 元或相当于土地平均价值的五分之一。

前两年，村里有了两台动力抽水泵。一台为私人所有，另一台为合作工厂所有。承包全年的灌溉，按每亩收费。这使整个灌溉过程逐步转入集体化和专业化。然而，这种机器尚未被普遍采用，主要是因为使用机械而节约下来的劳力尚未找到生产性的出路。从村民的观点来看，他们宁愿使用旧水车，不愿缴纳动力泵费用而自己闲搁数月。有些人告诉我，那些依赖动力泵灌溉的人，自己没有事，便到城镇的赌场去赌博，害了自己。现在尚未看到节约劳力的机器和水利集体化过程对社会组织和农田安排的影响。

引水到田以后，每亩田还需要用一天的时间加以平整。现在就可以估计在准备土地过程中总共需要多少时间。一个劳力如果种 7 亩地，大约需要 35 天，相当于稻秧在秧田里生长所需的时间。

农活开始的时候没有什么仪式，每个农户自己掌握农活开始的时间，时间先后的差别约为两个星期。

把稻秧从育秧田里移植到大田里，是种稻的重要部分。人们把这段时间描述为“农忙”时节。农民一早出发到秧田去，秧田有时离稻田很远。农民必须用船来往运送秧苗，孩子们那时也被动员起来帮助工作，但不用妇女。插秧时六七棵秧为一撮插在一起，孩子们的工作是把秧递给插秧人，一个人不旁移脚步，在他所能达到的范围内，一行可插六七撮，这一行插完后，向后移动一步，开始插另一行。插完一片地以后，再从头开始插另一片。在同一块田地，如果同时有几个人工作，他们便站成一排同时向后移动。插秧人那有节奏的动作给人留下深刻的印象。对这种单调枯燥的工作加点节奏是有益的，为保持这种节奏，农民常常唱着有节奏的歌曲。随之发展而成专门的秧歌。但这一地区的女子不参加插秧，秧歌流传不如邻区广泛。

每人一天大约可插半亩，插 7 亩约共需两周。

7 月已经是夏天了，在华氏 80 度的气温下，稻的长势很快。这时期雨水很多(5 吋)，老天帮忙，为幼秧提供水源。但自然界不总是那么可靠的。如果二三天没有雨，秧就需要车水灌溉，这就需要人力。如果连续下三四天雨，人们又要忙着车出多余的水。

和稻混杂在一起的野草有时长得更快。插秧工作刚刚结束一个星期，农民便需忙于除草。专用于除草的工具是一片装在竹竿柄上的木板，上面有很多钉子，农民手握耙柄，把钉耙向后拉过泥土，便把野草拔除。

除草后，下一件工作便是给土地施肥。肥料有人粪肥，畜粪肥和豆饼。黄豆榨油以后剩下的渣，压成豆饼。豆饼被碾成碎片，均匀地撒在田地里。

人粪肥保存在房屋后面的专用的粪坑里。羊粪从羊栏里收集，曝露、晾晒，并与草混合以后，撒在田里。不用新鲜粪肥。

当稻长到相当高度，开花以前，还需彻底除一遍草。这时便只能用手来拔草，因钉耙容易伤害作物的根部。为避免伤害稻，农民在大腿部系一马鞍形竹筐，他们在泥里行走时，它可先把稻撇开。

从7月到9月农民几乎都在除草和灌溉，中间有数次短的间歇。工作量的大小依据雨量的多少。9月上旬，稻子开花，月底结谷。这一时期没有特殊的工作可做，是最长的农闲时节。到10月下旬，某些早稻可以收割。长长的弯形镰刀便是收割的工具。割稻时把稻秆近根部割断，扎成一捆捆运到屋前空地上。打谷在露天空地或堂屋中进行，把谷穗打击着一个大打谷桶的一边，谷子便从秆上落下，留在桶底，然后收集起来。打过的稻秆便堆放在路边。

稻谷被放在一个木制磨里去壳，碾磨转动，壳便与米分开。粗磨的米可以出售，再经过一次精磨，才能食用。最后一次碾磨过程完全用现代机器进行。旧式工具杵臼已不再使用。

三、科学与巫术

在上述农田安排、灌溉与排水、翻土与平地、插秧与除草等农活中所用的知识，是通过农民的实践经验长期积累一代一代传授下来的。这是一种经验性的知识，使人们能控制自然力量，以达到人们的目的。详细的调查研究会表明这个地区的农业科学发展到如何高的程度。上述情况已经说明，人们懂得稻的生长过程中的普通生物原理，不同时期所需的水量，植物生理中叶子和根部的作用以及有关水的运动、水平面等的物理常识。

通过他们采用新技术和工具的方式，也可以看到他们对所经营的事业采取了一种经验式的方法。对工具的选择完全是从经济和效率原则出发的。例如，需要紧急排灌时就用水泵，但作为平时灌溉，花费太大时就不用它。

然而到目前为止，科学只能通过人力的有效控制来支配自然因素。自然界中尚有不能控制的因素。譬如对水的基本需要只能通过排水、灌溉、筑堤、挖沟等人为的手段进行部分的控制。大部分还是要靠雨水。如果雨水太多或太少时，不管人们如何努力使用水泵，稻还会枯死或淹死。蝗虫可能出乎意外地突然到来。在这种性命攸关的领域，也仅仅在这一范围内，我们发现人们有非科学的信仰和行动。

这并非意味着人们把雨和蝗虫当作是超自然的表现。他们有气象知识。“天气太热时，湖水蒸发太多，气温一有改变，就会下雨”。但这些自然现象，人不能控制。它们对实际生活可能是巨大的威胁，可能顿时把一切努力化为乌有。在这个关键时刻，人们说“我们靠天吃饭”。承认人的力量有限，转而产生了种种巫术，但巫术并不代替科学。它只是用来对付自然灾害的一种手段。它不排除其他手段。科学和巫术同时被用来达到一个现实的目的。[1]

巫术不是一个自发的个人的行动，而是一种有组织的制度。有一个固定的人，他拥有魔力并负责施展巫术。其次，有一套传统的礼仪来唤起超自然的干预。最后还有一些神话来维护这种礼仪和巫术师的能力。

当遭到水灾、旱灾和蝗灾的威胁时，巫术师便要施行巫术。过去每逢这种时机出现，人们纷纷到县政府去要求巫术的帮助。按照古老

[1] 巫术与科学的理论，见布·马林诺斯基教授的“文化”条，《社会科学百科全书》(“Culture”， Encyclopaedia of Social Science)。

的传统，县行政官就是百姓的巫术师。有水灾时，他就到河边或湖边把供物扔进水里，祈求洪水退去。干旱时，他就发布命令禁止宰猪，并组织游行，游行者带着一切象征雨的用具如伞、长统靴等。有蝗灾时，他就带着刘皇的偶像游行。

以下神话解释了地方行政官担任巫术师的义务以及他担任这一角色的效果。在县政府所在地，吴江城北门大约一里开外的地方，有一个拜祭张大帝的庙宇，他的生日是阴历二月初八日(九章二节)。按照人们的信仰，他是很久以前，历史上的一个县行政官。在他任职期间，有一次大雨连绵不断，湖水泛滥，造成了水灾的威胁。他便到湖边下令退水，把他的鞋、衣服和标志官衔的玉带，一件件扔进水里。但是水仍然上涨。雨继续不停地下着。最后，他自己纵身投入水中。水灾被征服了。直到现在，据说每当县里发生水灾时，张大帝偶像的长袍总是非常潮湿，因为他仍旧在暗暗地履行他的职责。

就我所知，村里不知道有关刘皇和他的灭蝗的神话。但在吴江附近的城镇里，刘皇是人人皆知的。刘皇是一个历史人物。他一生受后母的虐待。小时候是一个淘气的男孩，还能施展巫术，一夜，他邀请了所有的朋友来赴宴，把他家中的牛全部杀死。清早，他把牛的头和尾巴安放得犹如把牛半埋在地下一般。但天快破晓，他尚未安放完毕。他命令太阳慢些升起，太阳便又落到地平线下。据说，甚至到如今，早上太阳还推迟片刻升起。当他后母发现牛被半埋在地下时，由于刘皇的巫术，牛都哞哞地向主人呼叫，摇着尾巴。后母十分恼怒，后来便更加残暴地虐待刘皇，直至他死去。他死后，人们仍然相信他的阴魂有能力赶走蝗虫。这一神话证明了这个淘气男孩的魔力，也是目前人们信仰和施行驱蝗巫术的依据。

地方行政官的这种巫术师的职能是与现代行政公务的概念相违背的。而且，现在的政府认为人民中间的迷信是社会进步的障碍。因此政府发布了各种命令禁止任何巫术。所以现今的地方行政官不仅拒绝履行人民的巫术师的传统职能，而且还应该执行反对巫术的法律，但水灾、旱灾、蝗虫的自然威胁仍然危害着人民。他们的科学知识和装备仍然不足以控制许多自然灾害，对巫术的需要依然保留不变。

一个前地方行政官告诉我这个问题是如何得到解决的。“在人们普遍要求有所举动对付旱灾的压力下，我不得不发出命令禁止宰猪。我认为这是很有用的，因为流行病往往与旱灾俱来，素食能防止传染病流行。这是这种信仰的真正的作用。在我缺席的情况下组织了游行。强迫人们不抵御旱灾是不利的”。

只要巫术对人们的生活起着一些有用的作用，尽管政府发出多少命令和阐述很多理由，它仍然会存在的。在理论上，从把巫术当作一种假科学，并认为它对科学发展是一种障碍，转变到承认它的实际作用，对于处理这个问题采取实际态度方面，能给以一些启示。这种事情不是命令所能禁止的，只有提供更有效的人为控制自然的办法才能消灭巫术。既然目前不可能有完全的科学控制办法，那么在人类文化中也难以完全消除巫术。

四、劳动组织

谁在田里劳动？在什么情况下农民需要合作？谁和谁合作？形成了何种组织？让我们仍然从技术的角度来考察这些问题。把法律上的问题留到下一章去探讨。

我已经讲过，户是基本经济单位。但一户中并不是全体成员都参加农业劳动；孩子只是有时候到田地里去，女人完全不参加农业劳动。农业主要是男人的职业。男人和女人的这种劳动分工是产丝地区的一个特点。它说明了蚕丝工业的发展是产生这种特点的主要因素。在家庭缫丝业兴旺时期，女人忙于缫丝时，男人正忙着准备稻田。另一方面，从丝业得到的收入可与农业收入比拟。这也使人们有可能靠小块农地生活下去。因此农田的大小一直保持在有限的范围内，农业所需

集体排水

的劳动量也相应地有所限制。

为说明村里的劳力和土地是如何恰当安排的，可引用几个统计数字。成年男子，实际的或潜在的农业劳动者，年龄在15至55岁之间的其总数共450人。如果将2 758.5亩耕地平均分配给劳动者，每人将得6.1亩。上文我已经说明了工作速度，稻的生长所需时间，以及得出一个人可耕种约6亩地的结论。从技术上来说，我已经表明了使用铁耙耕作使得大部分劳动成为非常个体性的。集体工作不比个体劳动增加多少收成。效率也不会提高很多。目前的技术已决定了这样大小的一片土地需要多少劳动量。因此，我们也有了每个农业劳动者能种多少亩地的近似数字。这一事实对土地占有、对农田分散的制度、对分家的频率，以及对小型的户都有深远的影响。

目前，丝业的衰落打乱了传统协调的经济活动。缫丝工业被现代工厂接收后，农田的大小仍然同过去一样。由工业变化而剩余的妇女劳动力不能为这种小块农田所吸收。这种失调的情况可以从妇女在村里闲暇时间较多这一情形中观察到，也可以见之于妇女人口从农村到城镇的高度流动性。在邻近的村庄里农田较大，在适应工业变化的新情况过程中，妇女劳力被农业所吸收。这说明传统的劳动分工是出于实践的安排，而不是由于非经验的原因。它是经济调节的一个部分。在男子只靠自己劳动，而农田不能再扩大的情况下，农业是不需要女劳力的。惟一需要女劳力的场合是紧急灌溉或排水的时期。控制水有时候需要立即行动，女人便毫不犹豫地去车水。

一户里的男子在同一农田里工作。他们之间没有特殊的分工。每个人做同样的工作，除在插秧时，孩子不插秧而是给成人递秧苗。所以大部分劳动是个体性的。

水的调节是需要合作进行的。在灌溉过程中户的成员，包括女人和孩子都在同一水车上劳动。在排水时必须把一墐地里的水从公共水沟里排出去。在同一墐地里劳动的人是共命运的。因此便出现了一个很好地组织起来的集体排水系统。为描述这种系统，我试举两长圩北塆为具体例子，加以说明。

这一塆地有 336 亩地。 在北面边缘有一条通向河 A 的共同的水沟。 在出口处有 15 个车水点。 这就是说，可以有 15 架水车同时工作。 每一水车需要 3 名劳动者。 塆的每个成员所提供的劳动量，以户为单位，是同他所有的土地大小成比例的。 派工是以劳动单位来计算的。 一个单位是在 4 天内总劳动量的 1／336。 15 架水车，每车分 22.4 单位。 每个人工作 4 天算作 6 个单位，提供水车的人和小队管理人算作4.4单位。 这种计算方法叫做“6 亩算起”。 这就是说这塆地里每 6 亩地的土地所有者应每天派一个人参加劳动，3 亩地的拥有者每隔一天派一个人参加工作等等。 每塆田，由于大小不同，各有其计算方法。

塆的成员按照 15 架水车组织成 15 个小队。 每年由队里一个人负责提供水车并管理队的工作。 这一职务由队里的成员轮流担任。 15 个队，有一个总管理人。 这个职务也是轮流担任的。 年初，总管理人召集其他 14 个管理人开会，准备筵席，作为正式开始的仪式。 总管理人有权决定何时开始或停止排水。

每逢需要排水时，总管理人向其他管理人发布命令。 清晨，这些管理人敲着铜锣通知值班人员。 半小时以后，如果任一值班人员没有到水车前来，在同一水车前工作的另两个人就停止工作，拿着水车的枢轴到最近的杂货铺去并带回 40 斤酒和一些水果、点心等，这些东西的费用作为对缺席者的罚款。 但如果是管理人没有通知那个缺席者，管理人自己必须承担责任。

排水的集体负责制使得引进现代水泵发生了困难，因为用新式水泵需要获得全塆的一致赞同。 这种组织将如何适应技术改革的需要，还有待于进一步的观察。

第十一章

土地的占有

土地的占有通常被看做习惯上和法律上承认的土地所有权。马林诺斯基教授指出："但是，这种体系产生于土壤的用途，产生于与其关联的经济价值。因此，土地的占有不仅是一种法律体系，也是一个经济事实。"

"我们能够立刻提出这样一条原则，任何仅从法律的观点来研究土地占有的企图，必然导致不能令人满意的结果。如果对于当地人的经济生活不具有完备的知识，就不能对土地的占有进行定义和描述。"[1]

"'对游戏本身一无所知，就不能理解游戏的规则。'这句格言说明了这种方法的本质。你必须首先知道人类怎样使用他的土地；怎样使得民间传说、信仰和神秘的价值围绕着土地问题起伏变化；怎样为土地而斗争，并保卫它；懂得了这一切之后，你才能领悟那规定人与土地关系的法律权利和习惯权利体系。"[2]

在前一章中，我们已经研究过村民是如何利用土地和水的。现在我们准备讨论土地占有问题。

---

[1][2] 《珊瑚园和它们的巫术》(Coral Gardens and Their Magic)，第318、320页。

一、湖泊、河流及道路

就水的用于交通来说，它并不为任何人所专有。但是当你进村的时候，可以看到在河的入口处装着栅栏，夜间栅栏关闭。作为交通手段，河流的使用在这方面受到了限制。这是为了防止坏人利用此交通路线，对村民的生命和财产进行威胁。

另一方面，由于交通航道不是任何人专有的权利，所以，不允许任何人阻拦河中的船只，干涉公众的便利。在饮用水及洗涤用水管理方面也有同样的限制。丝厂不得不建在河的下游，否则脏水就会污染河水，使得他人无法饮用。

灌溉用水的管理要复杂得多。不允许人们为垄断水源而在河中筑堤。这是村民之间经常发生争执的问题，在早期尤为如此。人力引入农田的水属于参加这项劳动的人所专有。为了从较高的地块“偷”水而掘开田埂是不允许的。但一块地可能属几个人共有，每人各占其中一部分。由于各人占有的各部分之间没有田埂隔开，所以水是大家分享的。在这种情况下，根据这块田地上各人地片大小不同来公平分配每个人在灌溉中应付出的劳动量。最重要的一点是，这块田的地平面要保持平坦，为的是使水的分配公平。这是产生争论的又一个起因。我目睹了几起这样的争执。因为每个人都想降低他那部分的地面，以有利于水的蓄留。

水中的自然产品包括鱼、虾和水藻。水藻可用来肥田。所有水产是村子的共同财产。这就是说，村里的居民对于这些水产享有平等的权利，其他村庄的人们则排除在外。为了说明其涵义，可以引用以下的例证。

1925年，周村长把村西的湖中捕鱼的权利租给了湖南省来的人。这是由于那时村庄需要钱来修理河上自卫用的栅栏。签订合同以后，周向村民宣布，今后不得有人去该湖捕鱼。村民遵守了这个协定。我在村里的时候，发生了一起争端。那些湖南人抓获了一条捞虾的船，把渔民押送到城里警察署，控告他们偷窃。周抗议说，租给湖南人的不是那个湖，而是在湖中捕鱼的权利，这个权利不包括捞虾的权利。最后，被抓的人获释。

村民还要阻止外来者在河里采集水藻。

在村内和村周围水中采集自然产品的权利由村民共享。但捞获的鱼和水藻是属于捞获者专有的财产。

田埂和公共道路，就交通用途而言，像水路一样，不是任何人的特有财产。任何人不得拦阻公共道路或田埂上行走的任何其他人。但是道路和田埂也用来种菜。这种道路和田埂的使用权，是对此有特殊权利的家所专有的。因为公共道路要通过各家门前的空地，这空地是用来堆放稻草、安放缫丝机和粪缸、安排饭桌、晾衣服的地方，所以这个问题比较复杂。每一家都有把道路作这些用途的特权。

二、农田的所有权

所有农田都划分归各家耕种。在我们讨论农田所有者之前，必须为农田所有制的概念下一个明确的定义。

根据当地对土地的占有的理论，土地被划分为两层，即田面及田底。田底占有者是持土地所有权的人。因为他支付土地税，所以他的名字将由政府登记。但他可能仅占有田底，不占有田面，也就是说他无权直接使用土地，进行耕种。这种人被称为不在地主。既占有田面又占有田底的人被称为完全所有者。仅占有田面，不占有田底的人被称为佃户。我将只按照以上定义使用这些词语。

无论是完全所有者还是佃户，只要是田面的所有者，就能自行耕种土地；据此可以把这种人与不在地主区别开来。这种人也能够把土地租给他人，或雇工为自己种地。承租人有暂时使用土地的权利，他也能雇工。根据以上情况，拥有田面权利的人可以不是土地的实际耕作者。因此我们必须把实际耕作者、田面所有者以及田底所有者区别开来。对于同一块土地，他们可以是同一个人，也可以是不同的人。

所有这些人都对土地的产品有一定的权利。田底所有者可以要求佃户交地租。田面所有者可以要求承租人交租。雇工可以从雇主那里取得工钱作为劳动的报酬。无论土地的实际收成如何，不在地主、出租者以及雇工分别取得固定的地租和工钱。所以，完全所有者、佃户和承租者就要承担风险。后者(有时雇工除外)也是农具的所有者。下表对以上几点进行了归纳。

名　　称	合法权利	报　　酬	责　　任	农具的所有者
雇　工 (a) 短工 (b) 长工		日工资、年工资、食宿	耕　种 耕　种	不是或是 不是或是
承租者	暂时使用田面	产　品	耕种、付给出租者地租	是
佃　户	永久地拥有田面	产　品	付给不在地主地租、耕种	是
不在地主	拥有田底	向佃户收租	向政府交税	不是
完全所有者	拥有田面及田底	产　品	向政府交税	是

三、雇农及小土地出租

田面所有权通常属于家这个群体。家提供男子到田里劳动。但有时它也许不能提供足够的劳力，这就产生了雇农制度。从事这种劳动的人是长工。长工住在家里，得到食宿供应。每年付给长工 80 元的工钱，在新年农闲期间有两个月的假期。在需要短期劳动力的时候就雇用短工。短工住在自己家中，自供膳食。短工通常有自己的土地，只有当他们完成了自己的工作后才受雇。

长工出卖自己的劳动力，不拥有生产工具，偶有锄头。长工来自那些土地太少，以致劳力有余的家庭。尤其是那些需要钱娶妻的人，他们愿意为别人做几年长工。我没有遇到过一辈子都没有土地的人。这个村庄中的雇工总共只有17人(六章一节)。这说明，在这个村子的经济生活中，雇工制度不起重要作用。如果我们考察一下人口统计数字，这个现象就能得到解释。前面已经提到(三章三节)，任何一家只要其占有的土地在平均数以上，这家就很可能有较多的孩子。孩子长大之后就要分家产。换句话说，家中原来就不多的劳动机会，在人口压力和亲属关系的意识之下，更加减少了。况且也没有迹象表明人们要离开自己的土地去寻求其他职业，而同时又雇工来耕种土地。首先，这是由于职业分化的程度很低(八章一节)，其次，是由于土地附有特殊价值(下一节)，最后一点是，由于城里的工业不发达。

小土地出租制度也是非常有限的。出租土地大多是因为家里的男人死亡。孤儿寡母无力耕种土地。小土地出租与佃租是大不相同的。出租者保留土地的所有权。合同有一定的期限。出租者可以自由选择承租人，在合同期满时，可以更换承租人。

将这里的情况与华南的情况相比较是很有意思的。华南的雇工与无地的贫农为数较多，土地出租制要复杂得多。[1]这似乎是由于华东不在地主制的特点，即“永久性佃权”制的存在；而在华南，已经消失了。接着让我们来考察一下不在地主制。

四、不在地主制

为了研究不在地主制度，必须首先考察土地所附有的价值。土地

[1] 陈翰笙：《华南土地问题》(Agrarian Problem in Southernmost China)，岭南大学，广东，1936年，第4页及第3章。

的基本作用是生产粮食。但土地不仅仅是生产粮食的资料。

土地的生产率随着人们对农田的照料和投入的劳动量而波动。而且人只能部分地控制土地，有时会遭到出乎意料的灾情。因此，对人们的期望来说，土地具有其捉摸不定的特性，恐惧、忧虑、期待、安慰以及爱护等感情，使人们和土地间的关系复杂起来了。人们总是不能肯定土地将给人带来些什么。人们利用土地来坚持自己的权利，征服未知世界，并表达成功的喜悦。

尽管土地的生产率只能部分地受人控制，但是这部分控制作用提供了衡量人们手艺高低的实际标准。名誉、抱负、热忱、社会上的赞扬，就这样全都和土地联系了起来。村民根据个人是否在土地上辛勤劳动来判断他的好坏。例如，一块杂草多的田地会给它的主人带来不好的名声。因此，这种激励劳动的因素比害怕挨饿还要深。

土地，那相对的用之不尽的性质使人们的生活有相对的保障。虽然有坏年景，但土地从不使人们的幻想彻底破灭，因为将来丰收的希望总是存在，并且这种希望是常常能实现的。如果我们拿其他种类的生产劳动来看，就会发现那些工作的风险要大得多。一个村民用下面的语言向我表述了他的安全感：

> 地就在那里摆着。你可以天天见到它。强盗不能把它抢走。窃贼不能把它偷走。人死了地还在。

占有土地的动机与这种安全感有直接关系。那个农民说："传给儿子最好的东西就是地，地是活的家产，钱是会用光的，可地是用不完的。"

的确，获取食物的方法很多。可是人们不愿意拿自己的土地去和其他资料交换，即使其他的生产率更高，他们也不愿意。他们确实也从事其他职业，例如丝业和渔业，但农业始终是村里的主要职业。

对于情况的分析越深入，这个问题就越明显，土地不仅在一般意义上对人们有特殊的价值，并且在一家所继承的财产中有其特殊价值。

土地是按照一定的规则传递的(四章三节)。人们从父亲那里继承土地，起源于亲属关系，又在对祖先的祭祀中加深的那种情感，也表现在对某块土地的个人依恋上。关于绵续后代的重要性的宗教信仰，在土地占有的延续上得到了具体表现。把从父亲那里继承来的土地卖掉，就要触犯道德观念。"好儿子不做这种事，这样做就是不孝"。这种评论总结了这一传统观念。

一直在某一块土地上劳动，一个人就会熟悉这块土地，这也是对土地产生个人感情的原因。人们从刚刚长大成人起，就在那同一块土地上一直干到死，这种现象是很普通的。如果说人们的土地就是他们人格整体的一部分，并不是什么夸张。

土地的非经济价值使土地的交易复杂化。虽然土地具有非经济价值，但从任何意义上讲，它都没有失去其经济价值。在感情和道德上对于出卖土地的反应，并不完全排除土地交易的可能性。人们有时急需用钱，经济紧张迫使人们把土地当作商品对待。除了在真正压力很大的情况下，我没有发现其他转让土地的事例。即使在那时，出卖土地也要通过转弯抹角的形式来完成。

一个急需用钱的人，不管是纳税还是交租，都要被迫向放债者借钱。在一定时期之后，如果借款者无力偿还本金及利息，他就被迫把土地所有权(限于田底所有权)转交给放债者。[1]实际上，这种交易对于借款者没有什么意义，因为在日益加重的利息负担下，借款者很难有希望偿还债务。偿还高利贷比交付定租还要难以忍受。

事实上，从每年偿付利息变为每年交付租金，对负债者而言并无很

---

[1] 在华南还可以看到，土地的移交是通过抵押这个中间步骤来完成的。陈翰笙说："有时，半数的贫农家庭抵押了他们的土地，如在翁源和梅县的许多村子中那样。在那个地方，拥有土地的农民比例相对地较高。抵押的价格为土地价格的50%至60%，很少有80%到90%的。当然，只有极少数的贫农愿意出售自己的土地，多数人抱着赎回来的希望抵押自己的土地。但是，一旦贫农踏入了高利贷之墓门，他们就会被不容逃脱的阶梯一步步引入墓穴深处，再次离开坟墓的机会渺茫。在广东，至少有70%或80%的无地贫农在抵押中失去了一部分地产。"……"根据统计，在番禺县的10个有代表性的村子中，贫农在5年内抵押和出售的土地占他们土地面积的5%。"《华南土地问题》，第95～96页。

大差别。我遇到一例情况，有关的人甚至还不理解这种改变的。“我借了他的钱，他占了我的地。我没有希望赎回我抵押出去的地。我付给他的钱到底是租还是利，这又有什么关系呢?”

当地的土地占有理论，进一步掩盖了这种差别。佃户保留着他的田面所有权。这个权利不受田底占有者的干涉。按这种惯例，佃户的权利得到了保护，不受田底所有者任何直接的干涉。[1]佃户的惟一责任是交租。根据法律，如果佃户连续两年交不起租，地主即可退佃。但该法律并不适用于惯例至上的地方。[2]逐出佃户的实际困难在于寻找一个合适的替换者。不在地主自己不耕种土地。如果由外来人来挤掉本村人的位置，那么这些外村人也不会受到本社区的欢迎。只要是有正当的理由交不起租，村民们是不愿意卡同村人的脖子的。在这种情况下，抱着将来收回租子的希望，宽容拖欠是符合地主利益的。这种情况并不会对地主的地位造成真正的威胁，因为，只要有可能交租时，就有规定的制裁办法迫使佃户还租。

按以上分析，在土地占有问题中的几个重点已经明确了。村里土地的实际耕种者(雇工除外)保持不变，甚至在田底所有者变更后仍然如此。因为放高利贷被认为是不道德的，所以邻居不可能互相压榨。不在地主制度仅仅出现在农村和城市的关系之中。田面所有权一直保留在村民的手中；即使是住在村里的外来户也难以成为田面所有者，即土

[1] 《民法》，第 846 及 847 条。

[2] 永佃制似乎保护了贫农不致因乡村工业需要资金而迅速失去土地权。不应把永佃制当作历史遗存来研究，而应把它作为耕种者与投资者利益的调节来看待，是不在地主制整体的一个部分。这也可以用华南所作的观察来说明。陈翰笙说道：“一个明显的事实是，在广东的西南部尚未听说过永佃制，这里恰是那种人们预料会有旧经济陈迹的地方，因为至今这里还较少受到现代商业的影响。另一方面，在一些料想不到的地方，却见到了这种惯例。就是在广东省的最东端，韩江上来来往往的不仅有帆船、驳船，而且还有现代的轮船，以及一条地方铁路，经营得生意兴隆，汕头商业界的现代化影响出现在内地。在这个地区，的确不只是有永佃制的遗迹，而是已耕地的相当一部分实际上以这种形式出租。”(《华南土地问题》，第 52 页)陈倾向于用历史观点来解释永佃制(第 51 页)。尽管上面的引语表明，目前的事实与他的期望并不吻合。对我来说，作历史的解释，其本身可能很有意义，但如果我们试图理解永佃制在土地占有中的作用，则这种解释并不重要。若不怀无根据的期望，陈就可能会意识到金融问题与土地问题关系的重要性。他在分析中，曾几度非常正确地指出了这一关系，但未能加以强调。

地的耕种者(二章五节)。

城镇和村庄之间发生密切的金融关系的结果，使上述不在地主制度获得了新的意义。R.H.托尼教授正确地说道："看来，在某些地区正在出现……不在地主阶级。这个阶级与农业的关系纯属金融关系。"[1]他又说道，"也不应忘记，土地的名义占有者常常和放债人的佃户差不多。"[2]

田底所有权的这一变化实际上意味着城镇资本对乡村进行投资。这样，城镇市场中的土地价值与土地的真实价值相差甚大。从地主的观点来看，土地的价值寓于佃户交租的能力之中。土地的价格随着可供土地投资的资本量以及收租的可靠性而波动。于是，土地的市场价格不包含田面的价格。正如我的情况提供者所说，如果他的地主想要种地，地主就得向他购买田面。因为从来没有听说过这种事，所以无法计算田面的价格。

田底所有权仅仅表明对地租的一种权利，这种所有权可以像买卖债券和股票那样在市场上出售。田底所有权可以属于任何法人，不论是个人、家庭，或政府。这个所有权可能是私人的，也可能是公共的。但在这里我们不能详加探讨，因为这需要进行超出我们目前范围的调查。[3]

交租的可靠性是不在地主制度发展的一个重要条件。由此导致考察收租的方法和佃户对交租的责任所抱的态度。由于城里土地(即田

[1] 《中国的土地和劳动》(Land and Labour in China)，第67～68页。

[2] 同上书，第36页。目前的材料似乎肯定了托尼(Tawney)教授提出的观点，租佃制问题是城乡间金融关系的职能。他说："自耕所有制在大城市附近极不流行。在那里，城市资本流入农业，据说，在广东三角洲，85%的农民是佃农，在上海附近，95%是佃农。但在很少受到现代经济发展影响的地区自耕所有制却普遍盛行。陕西、山西、河北、山东、河南等省是中国农业的发源地，那里约有2/3的农民据称是土地占有者。他们与工商业几乎没有什么接触，土壤的产量太低，不足以吸引资本家在那里投资，而农民也无能力租种更多的土地。在南方，土壤具有较高的生产率，农业产生了盈余，经济关系的商业化得到了发展，对土地进行投资的诱因和能力相应较强。可以合理地设想，随着现代工业和财务方法扩展到那些尚未受其影响的地区，中国的其他部分逐步产生类似的情况。在这种情况下欧洲经常发生的那种农民的习惯权利，为生存而耕作，同不在地主惟利是图地做投机生意这两者之间的斗争很可能在中国重新出现。在中国的某些地方，这种斗争已经发生了。"第37～38页。

[3] 参照《华南土地问题》，第2章，第24～41页。

底)市场的交易自由，地主和他们占有的土地之间的个人关系缩减到最小的程度。大多数不在地主对于土地的位置、土地上种的庄稼，甚至对于交租的人都一无所知。他们的惟一兴趣就是租金本身。

收租可以有各种各样的方式。最简单的一种是直接收租，地主亲自到村子里来收租，但是这种方式的效率不很高。地主跑到各村去找佃户要花时间和力气，大多数地主不愿意自找麻烦，加之，地主与佃农的直接接触有时反而阻碍了收租的进程。佃户可能很穷，一开口就要求免租或减租。另一方面，若是这个地主属于老的文人阶层，他有时会受人道主义教育的影响。我知道几件地主不愿勒索佃农的事。传统道德与寄生虫生活之间的冲突，有时使这些地主绅士们的乡下之行只能得到精神上的满足，而得不到足够的钱来纳税。但这种直接收租的方式限于少量的小地主，大多数地主通过他们的代理人收租。

家产大的地主建立自己的收租局，而小地主则与大地主联合经营，租款分成。收租所被称作“局”。佃户不知道，也不关心谁是地主，只知道自己属于哪个局。

佃户的名字和每个佃户耕地的数量，收租局均有记录。在阳历10月底，收租局就会通知每个佃户，当年该交多少租。通知由专门的代理人传达。这些代理人是租局雇用的，并且县政府把警察的权力交给他用。这样，收租局事实上是一种半政治机构。

在确定收租数量之前，地主联合会举行一次会议，根据旱、涝情况，商定该作何项减免，并决定米租折合成现金的兑换率(地租是以稻米数量为标准来表示的，但以现金交付)。这个兑换率并不是市场上的兑换率，而是由地主联合会独断专行的。贫农必须卖米换钱交租，并且往往正值通常市场上米价较低的时候。租米和租款的双重作用更加加重了交租者的负担。

对于不同品质的土地，地租被分为9等。平均每亩地约交2.4蒲式耳租米。这等于土地全部产米量的40%。

在村里，租金交付到租局代理人的手中。这是本村独特的作法，与本县中其他地方不同。交租的实际数量并不一定与收租通知上写明的数量相等。正如一个老代理人告诉我的："村里的人不识字。他们不知道怎样把米折算为钱。没有收据之类的东西。"如果佃户拒不交租，代理人有权力把他抓起来关到县政府的监狱里去。但如果佃户真的没有能力交租的话，就会在年底得到释放，把他关在狱里无济于事，反而荒了田地，无人耕种。

更加详细地叙述收租方法，就会超出目前的研究范围，但注意佃户对于自己责任的不同态度，是令人感兴趣的。

按老年人的看法，交租被认为是一种道义上的责任。正如有些老人说的："我们是好人，我们从不拒绝交租。我们就是穷，也不会去偷东西，我们怎么会拒绝交租呢?"——"你为什么要交租呢?"——"地是地主的，我们种他的地，我们只有田面。没有田底，就不会有田面。"这些习惯规定的约束力是适合于维护这个制度的，不仅是对于监禁的恐惧心理才使得佃户履行职责。佃户不交租是由于遇到了饥荒、疾病等灾难，佃户对这些是没有责任的。一个好心的地主，这时就会同意减免地租。

最近局势正在发生变化。乡村地区的经济萧条已使得地租成为贫农的沉重负担；对地主来说，从地租得到的收入极易受到责难。农民对有关土地制度的一些新思想比较容易接受。"耕者有其田"是已故孙中山先生提出的原则，至少在理论上已被现政府接受。[1]在共产党人

[1] 在中山县土地局《年鉴》的前言中，孙中山先生的一名拥护者写道："土地问题是关系到我们国计民生的根本问题。如果这个问题能得到正确的解决，我们国计民生的问题也就自然会迎刃而解。只有解决了这个问题，人类才能够逐渐摆脱战争。土地所有制中的平等权利是国民党提倡的原则，我们的首要目的是防止少数人的独占，为所有的人提供利用土地的平等权利和同等机会。"引自《华南土地问题》，第23页。

在1924年《国民党第一次全国代表大会宣言》中有下列陈述："民生主义——国民党之民生主义，其最要之原则，不外二者：一曰平均地权，二曰节制资本。酝酿成经济组织之不平均者，莫大于土地权之为少数人所操纵，故当由国家规定土地法，土地使用法，土地征收法，及地价税法。私人所有土地，由地主估价呈报政府，国家就价征税，并于必要时依报价收买之，此则平均地权之要旨也……"

"中国以农立国，而全国各阶级所受痛苦，以农民为尤甚。国民党之主张，则以为农民之缺乏田地，沦为佃户者，国家当给以土地，资其耕作，并为之整顿水利，移植荒徼，以均地力。农民之缺乏资本，至于高利借贷以负债终身者，国家为之筹设调剂机关，如农民银行等，供其匮乏，然后农民得享人生应有之乐。"伍朝枢：《国民党以及中国革命之前途》(The Kuomintang and the Future of the Chinese Revolution)，附录C，第255～256页。

和其他左派团体中，正传播着一种更加极端的观点。所有这些思想都已对上述的制裁措施发生了影响。交不起租的贫农现在感到不交租是正当的，那些交得起租的人则先观望是否要强迫他们交租。在地主方面，他们必须采取强硬措施来维护自己的特权，他们也不再把可用的资本放在农田上了。结果是佃户与地主间的冲突加剧，乡村经济发生金融危机。县监狱中不断挤满了欠租者。贫农组织起来采取行动，拒绝交租，与政府支持的地主发生了严重冲突。在华东，1935 年发生了农民起义，导致了苏州附近农村中的许多农民死亡。土地价值迅速贬值，村子里全部财务组织濒临险境。这个局势在中国具有普遍性。局势最严重的地方是华中，以上问题已表现为中国的苏维埃政权与中央政府间政治斗争的形式。但在我们所述的开弦弓村，问题尚未如此尖锐。较好的天然条件以及乡村工业改造的部分成功，起了缓冲作用。有利于交租的那种约束力仍然在起作用。

五、完全所有制

只有当城乡金融关系密切的时候才出现不在地主制。与城镇资本在乡下的投资相应，农田的田底所有权落到了城里人的手中，目前该村约有 2/3 的田底被不在地主占有，余下的 1/3 仍在村民手中(对于这点，我不能提出精确的统计数。此估计数是我的情况提供者提供的)。村民自己也可以出租土地，也可以雇工，但只是从未获得过田底所有权。完全所有者、承租者以及佃户并没有形成轮廓清楚、严密的阶级。同一个家可能拥有家里一部分土地的全部权利，可能承租或出租土地的另一部分，也可能还有一部分土地属于不在地主。每家实际耕种的土地量取决于可用的劳动量。因为每家的男性成人人数差别不大，所以每家耕种的土地量也相差无几。但如果我们来了解一下每家耕种自己土地的程度，或者说每家有多少土地是完全属于自己的，我们就会发现这个差别是可观的。村公所向我提供了下列估计数：

土地的数量(亩)	家的百分比
50～70	0.6
30～49	0.7
15～29	0.9
10～14	4.0
5～9	18.0
0～4	75.8

根据这个估计，村中自己有地不到 10 亩(1.5 英亩)的人口超过 90%。他们有剩余的劳动力，但没有足够的土地。这样，他们就成了承租者或佃户。

理论上讲，佃户无交税的责任。土地税由田底所有者承担。但实际不然，此地的税收制有些特殊，与本县其他地方不同。

我从前地方行政官那里得到了以下解释。在清朝末年，政府试图对纳税者进行登记，但没有完成。这个地方的税款每年一次分派给每一圩的耕种者，指定他们缴纳一定的数额。每圩中有地 20 亩以上的一个耕种者负责征收此款额。此工作由每圩中的各位合格者轮流担任。政府对收税人分派税款的方式不加干涉。

每一圩交税的数额取决于该圩的面积。但由于土地最近才得到测量，土地的登记尚未完成，所以现在还是根据当地收税者的估计来决定其面积。这个估计不是严格地根据土地的实际大小做出的，而是根据交税人的能力做出的。无论收税人实际收到多少税，他必须向政府上交估定的数额。为了避免他自己必须补足缺额的危险，收税人便以土地荒芜为借口，提出较低的估计。遇到水旱灾情，他就会请求政府减税(这种请求以前是与祈祷神明相助联系在一起的)。

于是，税款负担的实际分派并不严格。收税者可根据人们的能力，通情达理地分配负担。诚实与平等的观念可以防止这种非正规工作中可能发生的弊端。

按目前实行的办法，佃户实际上没有免除交税的责任。关于这一点，我没有确定的资料来表明实际的分派是怎样进行的。

在土地的测量和登记工作完成之后，政府将根据每一个土地所有者拥有土地的实际面积征收税款。通过这一措施，传统税制很可能发生变化。佃户的纳税负担可能解除，但在税率不降低的情况下，肯定要使总税额增加，这是因为以前上报的土地面积总是小于测量面积的。村民意识到了这个可能性，经常想方设法破坏政府的行动。目前，这个问题还远远得不到解决。

六、继承与农业

在第三章中，我推迟了对这个问题的论述，即在家产的传递过程中，土地实际上是如何划分的。这是由于谈这个问题需要预先了解土地的占有制。另一方面，如不考虑亲属关系这一因素，在土地占有及农业技术方面仍有些问题尚不明了。在这一节，我想把土地占有和农业与亲属关系联系起来。

让我们仍以前面章节中一父两子的分“家”为例。此例中土地被划分为三个不相等的部分。让我们假设：在分家前，这家有一片农田，包括相连的A、B、C、D共四块。因为这四块地距河流的远近不同，所以它们的价值亦各不相同。按照规矩，父亲可以挑选自己那一份。假设他选中了田块A和田块B的一半，这半块可以沿着地头平行划分。田块B的其余一半分配给大儿子，作为额外部分。剩下的两块田两兄弟均分。为了保证分配平均，必须使分界线垂直于地头，每个儿子取一条。如果父亲死了，他那一份地还要再分配，划分方式同上。下图说明了此例土地划分情况：

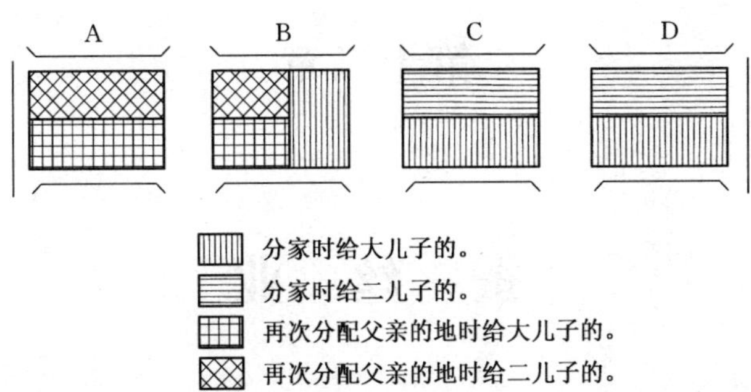

这些划分线，或土地分界线，并不一定要同调节水的田埂一致。这些分界线是非实体的，在田块两端的田埂上栽两棵树，用来作为分界标志。遗产的各次相继划分，结果使个人占有土地的界线变得非常复杂。农田被分为许多窄长的地带，宽度为几米。

在中国广大地区都可见到农田的分散性。这个村子亦不例外。虽然不能认为频繁的土地划分就是农田不相邻的起源，但这种划分确实加大了土地的分散程度。每“家”占有相隔甚远的几条带状田地。从一条地带到另一条地带，有时要乘船 20 分钟。根据情况提供者的估计，极少有面积在 6 亩以上的地带。大多数地带不超过 1～2 亩。目前，每一家有三至七条地带。

狭窄的地带和分散的地块妨碍了畜力的使用，也妨碍了采用其他集体耕作方式。这是中国农业技术落后的首要原因。

再者，一块田地可能有好几个所有者，而每人只对自己那一条地带负责。我们已经看到过这种情况怎样引起了用水方面的频繁争执。

每家土地面积窄小，限制了抚育孩子的数量。另一方面，土地相对较多的农户生养较多的孩子，从而在几代人之后，他们占有土地的面积就将缩小了。在这些条件之下，人口与土地之间的比例得到了调整。

第十二章

蚕　丝　业

蚕丝业是这个村里的居民的第二主要收入来源，这是太湖一带农民的特点。农民从事家庭蚕丝业已有几千年的历史。但近10年来，由于上面已讲过的原因(二章三节)有所衰退，并引进了蚕丝业的新改革。蚕丝业的衰落深深地影响了农村人民的生活。政府和其他机构已经做了各种尝试来控制这个变化，以减轻或消灭其灾难性的后果。我们所研究的村庄，是蚕丝业中心之一，它为我们分析这一过程提供了典型的例子，同时，由于江苏女子蚕业学校已经开展了改革蚕丝业的实验，因此对于这样一个有意识地进行经济改革过程中所遇到的各种可能性和困难进行观察更具有特殊的意义。

一、变迁过程图解

目前所作的分析将把影响情况的各种不同力量考虑进去。力量可分成两类：促使变化的外界力量和承受变化的传统力量，这两种力量的互相作用导致了情况的变化。因此变迁过程，可以三栏图解表示如下，[1]图表中所列的项目将在以下各节讨论。

A. 促使变革的外界力量	B. 变化的情况	C. 承受变化的传统力量
1. 世界经济的衰退；及蚕丝业在世界性范围内向科学方法工厂企业的发展。	1. 生丝价格的下跌。家庭蚕丝业的衰退。中国农村经济贫困有以下三点表现： (A) 家庭收入不足，食物短缺。 (B) 文娱性活动停止，婚期推迟。 (C) 高利贷。	1. 最低生活水平。家庭蚕丝业是中国农村中对农业不可缺少的补充。靠它来支付： (A) 日常所需。 (B) 礼节性费用。 (C) 生产的资本。
2. 江苏省女子蚕业学校是工业变革的积极力量。	2. 居民有变革的准备。当地领导人的支持： (A) 在改革中担任领导。通过参加改革扩大个人影响。在改革中产生新的领导人。 (B) 改革对领导人的经济利益。	2. 农民缺乏工业改革方面的知识。当地领导人的社会地位和作用。 (A) 声望的来源不是世袭，不是通过财富而是通过文化接触中的战略地位。 (B) 对这种村长职位没有直接经济报酬。
3. 变革力量的意图： (A) 应用蚕丝业的科学知识以便： (1) 防止蚕种带有病毒细菌。 (2) 增加蚕茧产量和改善质量。 (3) 生产合格的出口生丝。	3. 改革的计划： (A) 蚕业学校师生发起、组织和指导改革计划： (1) 依靠专家供应蚕种。 (2) 在教学中心的监督下养蚕。 (3) 开设有现代机器的工厂。	3. 被改革的传统技术。 (A) 传统技术的缺点： (1) 个体家庭或当地育种者生产的受过感染的蚕种，使传染病毒广泛传播。 (2) 习惯的方法不能使蚕的生长过程得到控制，因而大大降低蚕茧的产量和质量。 (3) 旧型机器缫丝粗细不一，断率高。
(B) 以合作原则组织企业。	(B) 在改革计划中。 (1) 合作方面： (a) 稚蚕公育。 (b) 合作工厂。	(B) 家庭副业的个体性质。 (1) 传统观念认可的新思想：在经典思想中，在集体排水实践和信贷中

[1] 三栏分析法是布·马林诺斯基教授创始，用以研究文化接触。这种方法的理论根据在他的《变化中的非洲文化人类学概论》(Introductory Essay on The Anthropology of Changing African Cultures)一文中已有解释，载《国际非洲语言和文化研究所备忘录》XV，(Memorandum XV of the International Institute of African Languages and Cultures)，1938 年。

(续表)

A. 促使变革的外界力量	B. 变化的情况	C. 承受变化的传统力量
	(i) 所有权属于社员。 (ii) 社员供应原料。 (iii) 利润分给社员。 (2) 非合作方面： (a) 劳动由工资制付酬。 (b) 改革者及当地领导人进行管理。 (c) 社员未参加实际管理。 (d) 社员缺乏创议力；缺乏账目审查。 (3) 反对合作方面： (a) 工厂不分年利后，社员拒绝续交全部股金。 (b) 社员不愿完成供应原料的义务。	系统中。 (2) 对实施大众管理和行使新权利缺乏教育。 (3) 仅对实际利益有兴趣。
(C) 改善村庄的经济情况。	(C) 改善村庄的经济情况 (1) 成功： (a) 养蚕成本降低。 蚕茧生产增加。 (b) 工资是家庭收入的新来源。 (2) 失败： (a) 盈利没有达到预期的数量。 (b) 由于使用机器，剩余女劳力在家庭中浪费掉。 (c) 延迟支付供给工厂的原料的全部价值。	(C) 希望经济恢复。 (1) (a) 传统技术生产成本高。 (b) 劳动没有形成商品。 (2) 传统缫丝的残存。 (a) 家庭企业利益微少。 (b) 男女劳动分工，农田面积小，没有其他工作吸收女劳力。 (c) 村里保留的部分家庭缫丝业需要原料。
4. 政府作为变革力量所持的意图： (A) 平衡国际贸易。 (B) 有关农村企业的乡村建设政策。 (1) 鼓励技术改进。 (2) 鼓励合作运动。	4. 政府支持改革计划。 (A) 1935 年对工厂产品付高价补助生丝出口。 (B) 政府参加改革。 (1) 检查蚕种生产，接办养蚕监督工作。 (2) 工厂依赖政府贷款。	4. 地方自治及人民怀疑政府 (A) 中国生丝出口的重要性。 (B) 对政府的经济义务。 (1) 产品质量低劣，影响出口。 (2) 人民没有财力来维持新企业。

二、 促进工业变迁的条件

为了对农业在家庭经济中的相对重要性作恰当的估价，我们必须再注意一下在上述章节中已经提到过的一些事实。 平均一户拥有土地约10亩(三章三节)。 在正常年景每亩每年可生产6蒲式耳的稻米。 对拥有平均土地量的农户来说，总生产量是60.36蒲式耳。 平均一家四口，直接消费需米33蒲式耳(七章五节)，所以有27.36蒲式耳余粮。 新米上市后，每蒲式耳米价约2.5元，如把余粮出卖约可得68.4元。 但一个家目前的开支需要至少200元(七章八节)。 显然，单靠农业，不能维持生活。 每年家庭亏空约为131.6元。 佃农情况更为悲惨，而村民中大多数是佃农(十一章四节)。 佃农按平均土地拥有量，必须向地主交付相当于总生产量的40%，即24蒲式耳米作为地租。 剩余36蒲式耳仅仅够一户食用。

因此，很明显，为维持正常生活所需，包括日常必需品、礼节性费用、税和地租以及再生产所需的资金(C栏1项)等，辅助企业是必不可少的。 缫丝工业兴旺时，生产生丝，可使一般农户收入约300元，除去生产费用可盈余250元(当地生丝最高价格每两超过1元，一般农户总生产量为280两。 生产成本约50元。 工资在外)。 在这种情况下，生活水平要比上述预期最低水平高得多(七章八节)。 这样，农民便有了一些钱可以开展各种文娱和礼节性活动。 这种活动已停止了约10余年。

当地生丝价格下跌。 1935年2两丝约值1元。 生产量没有任何降低，但一般的户仅能获利45元。 在这种情况下，用传统生产技术所获利益便难以平衡家庭预算。 下一章我将叙述如何引进新的工业，村民如何尝试扩大商业活动来增加收入。 很多人不得不在冬天出售存粮来维持生活，夏天到粮店借粮(十五章三节)。 遇紧急需要时，他们不得不向高利贷者求援(十五章四节)。 另一方面，他们试着削减非必需的开支，例如娱乐性聚会、婚事开支等(B栏1项)。

农民收入的减少不是由于他们的产品质量下降或数量减少的缘故。村民生产同样品种，同等数量的生丝，但从市场上不能赚回同等金额的钱。当然，影响生丝价格的因素来自外界，我在此仅举两个最重要的因素，即战后世界经济萧条以及家庭缫丝质量不匀，不适合高度机械化的丝织工业的需要(A栏1项)。

三、变革的力量及其意图

生丝价格低落及贫困加剧两者之间的关系，人们已经清楚。开始为了恢复原有的经济水平，他们试图发现技术上需要什么样的变革。但他们的知识有限，靠他们自己并不能采取任何有效的行动，发起和指导变革过程的力量来自外界。

在这种情况下，发起单位便是苏州附近浒墅关的女子蚕业学校。它对后来的发展起着深远的影响，当然这是来自村外的一种因素。

中国的技术学校，是传播现代工业技术的中心。现代技术主要来自国外，至于缫丝工业则主要来自日本。这是中国和西方文明接触的结果，一种典型的接触情境。技术学校在执行任务过程中的困难是，除非新技术为人民所接受，否则单靠它本身，事业并不能开展。从这方面来说，受过训练的学生找不到职业便反映了这种失败。蚕丝业的情况最尖锐。蚕丝业，特别是养蚕的过程，是村里的一种家庭副业。为了使进步的技术为人们所接受，并为学生找到职业，村庄的工业改革便成为技术学校迫切需要解决的问题。技术学校不能停留在纯教育机构的性质。因此，蚕业学校建立了一个推广部门，负责在农村地区传播新的技术知识。

变革力量的性质如何是重要的，因为它决定变革的计划。它制定应付形势的措施并组织行动。它对形势的理解是行动的前提。但变革力量受其社会环境影响，对形势所作的阐述往往不能代表现实的全貌。[1]再回头来说这个村庄，生丝价格下跌的原因是多方面的。世界经济的资本主义结构，帝国主义国家之间的斗争，被压迫国家的政治地位以及摩登女郎新近获得的赤脚审美观等等，这一切都可能直接或间接成为中国农村生产的生丝价格下跌的原因，但变革力量不会把这些全部都考虑进去。由于当前的变革力量是蚕业学校，对情况的阐述是从技术因素来考虑的。村里负责改革计划的人对我讲了以下情况。

> 用传统方法养蚕，在最坏的年景里，只有30%的蚕能成活到最后阶段并结茧。蚕的吐丝量少。这种不能令人满意的情况是由于对蚕的病毒传播没有预防措施。蚕蛾通过接触把致病的微生物带给蚕卵。这样，病毒便一代代传下去，无法控制。喂养新蚕前，房屋和器具未经消毒。一旦房屋被病菌污染，蚕便连年闹病。病蚕或死蚕被扔在桑树下。人们以为死蚕可用作桑树的肥料。但实际上它们传播细菌，由桑叶把细菌带到养蚕的房子里(C栏，3项，A.1)。
>
> 蚕生长过程中的重要条件，温度和湿度得不到调节。按照习惯，不管气候有何变化，蚕第三次蜕皮后就停止烧火。村里桑树不足，人们必须从邻村购买桑叶。由于运输困难，他们往往把干萎的桑叶喂蚕。喂食的质量和次数都没有规则。即使那些没有感染病毒的蚕也不健康，不能结出好的茧子(C栏，3项，A.2)。
>
> 缫丝的基本原则是把蚕茧的丝纤维抽出来，把数条纤维合成一根丝线供纺织用。旧式缫丝机器分成三部分：煮水的炉子，绕丝线的轮子，和连着踏脚板的旋转轴。当纤维合成一股丝线后，用脚踏板，使轮子转动，抽缫丝线。用热水可以把蚕茧的黏性物溶解。但水温不稳定，因此溶解的程度不匀。这不仅影响丝的光泽而且影响纤维

[1] 参阅卡尔·曼海姆《意识形态与乌托邦以及知识社会学概论》(Karl Mannheim, Ideology and Utopia, and Introduction to the Sociology of Knowledge), 1936年。

的折断率。

轮子转动，同时从几个蚕茧抽丝。丝线的粗细取决于合成的纤维数目。从蚕茧的不同层次抽出来的丝，粗细不同。为保持丝线粗细的匀称，必须保持抽取固定数目的纤维，并不断地调整从不同层次里抽出来的纤维。手工缫丝不易达到这一目的，因为首先，纤维折断率高，第二，轮子转动不均匀，第三，工人没有受过专门训练(C栏，3项，A.3)。

生丝是纺织工业的原料。既然农村生产的生丝大部分出口，它就必须与西方国家的纺织工业技术发展相适应。高度机械化了的纺织工业为生丝规定了一个新的标准。粗细程度必须一致，而且有精确的规定。断头现象必须减到最少程度。这样的要求，用传统手工缫丝是不能满足的。结果是，村民生产的生丝不适用于改进了的纺织工业。西方纺织工业对这种生丝需求下降，因而价格下跌。这也就是为什么我们必须把科学方法引进村里的原因(A栏，3项，A)。

但如果没有社会组织的相应变革，技术变革是不可能的。例如，轮子平稳的转动只有通过中心动力有规则的机械运动才能达到。为了改进技术，引进蒸汽引擎，必然引起一种从家庭个体劳动到工厂集体劳动的变革。电力的使用，又可能使生产过程分散，从而需要工业之间复杂得多的协作。在一个集体企业系统下，生产资料和劳动之间的关系也变得更加复杂。为了生产，引进新的社会组织，变革力量也必须传授新的社会原则。在组织新工业中选择社会原则也与变革力量的利益相关。蚕业学校对本身盈利不感兴趣，因为它不是一个企业机构。那么工业改革使谁得益呢？变革者的回答是人民。新工业组织的原则是“合作”(A栏，4项，B)。变革者对变革的正确解说如下：

机器用来增添人类的幸福。不幸的是，它被用来为相反的目的服务。但我仍然相信，试图把这些工具引进中国的改革者的责任，是寻找一种正当的办法使用机器。对我来说，最重要的是，人不应该成为机器的奴隶。换句话说，把机器当作一种生产资料的人应该拥有机器。这就是为什么我坚持合作的原则。要按照资本主义的方式来组织新的工厂容易得多，但我为什么要这样做呢？我应该为资本家的利益工作而使人民更加痛苦吗？从技术改革所得到的利益应该归于参加生产的人们。

我的另一个信念是，蚕丝工业曾经是而且应该继续是一种乡村工业。我的理由是，如果我们把工业从农村引向别的地方，像很多工业家所做的那样，也是非常容易做到的，农民实际上就会挨饿。另一方面，我也很了解，工人们在城市里是如何生活的。农村姑娘被吸引到城市工厂去工作，挣微薄的工资，几乎不能养活自己，她们离开了自己的家。这种过程既损害了城市工人又破坏了农村的家庭。如果中国工业只能以牺牲穷苦农民为代价而发展的话，我个人认为这个代价未免太大了。

我工作的目的是，通过引进科学的生产技术和组织以合作为原则的新工业，来复兴乡村经济。

变革者趋向社会主义的思想代表了当前中国知识阶级的部分思想状况。这是同西方的现代技术和资本主义工业系统一起引进的新看法。中国人民在世界经济中的地位以及同西方列强的不断斗争，为传播社会主义思想创造了有利条件。正如中国人民所了解的，公众普遍反对资本主义，甚至于那些代表资本主义的人也不敢公开为资本主义的原则辩护。这种态度在已故孙中山先生的“三民主义”里阐述得很清楚，从理论上说，它被现今政府所接受并作为国家政策的指导原则。

另一方面，社会主义思想在中国并非新的东西。孙中山先生的基本政治思想是实现传统的教导，诸如“天下为公”和“耕者有其田”。(C栏，3项，B.1)

四、 当地对变革的支持

我们已经看到，蚕业学校由于在村外，因此仅仅是一种潜在的力量。为把潜在力量转变成现实力量，还需要另一个因素，学校和村民之间没有直接的社会关系。占有新知识的群体没有直接使用知识，而需要这种知识的群体又没有机会获得知识，要使变革力量在村中起作用，中间必须有一座桥梁，这是重要的。当地领导人是充当这个桥梁的角色。

根据合作工厂已公布的报告，主动在于当地领导人一边。可以引陈写的一席话来说明。

> 江苏以产丝著称，但这一工业更多地依赖自然因素而不是人的力量，结果是农民在丝业中失败了。这经常损害人民。鉴于这种情况，我(陈)和沈先生(震泽镇的一个领导人)在1923年的夏季例会中向镇改进社建议，应设立一个教学中心以便改革养蚕方法。建议获得批准后，拨款600元来筹办此事。
>
> 恰巧蚕业学校的校长，也因生丝价格下跌正想为改革缫丝工业传统技术开办一个附设的推广部门。当年冬天，他由费女士和胡女士陪同来到开弦弓，并讲了一些课。人们都非常感兴趣。然后，镇改进社的主席根据决议，授权校长组织拟议的教学中心。校长同意与镇改进社合作，资助这一计划并决定就地在开弦弓开始工作。
>
> 除了我自己的家庭以外，我还把过去由于丝业的不断失败而受苦的20家召集在一起。改革工作于1924年春开始了。[1]

---

[1] 《过去三年的合作工厂》，1931年。

我已提过，村长的职务不是世袭的。除了他的服务对社区有用以外，他的权威没有其他的凭藉(六章四节)。他的一项最重要的职能是了解当地的需要，采取必要的措施来实行领导。村长的职务没有经济报酬，但通过为村里做一些特殊的工作，他可以得到经济上的收益。这就是陈支持蚕业改革计划的意愿。(B栏，2项，A及B)

当地领导人的地位，通过丝业改革加强了，这从周的情况来看更为明显。在丝业改革以前周没有什么社会影响。由于他识字，有能力，他成为这项工作的助手并提高了声望。最后，他被高一级的行政管理机构任命为乡长(七章五节)。他的社会地位是通过参加这项改革计划而获得的。

在解释村长在社会变革中为什么不是一股反对改革的力量时，上述分析有重要参考价值。在最初阶段没有人积极反对改革。蚕业学校作了情况会得到改善的允诺，在人民一方面则抱着希望。

蚕丝价格的急剧下跌迫使人民接受对传统丝业的某些改革。但他们缺乏阐明情况的知识和缺乏制定变革计划的知识(C栏，2项)。他们对已经提出的计划所要达到的要求也缺乏判断能力。新的技术虽然已被证明有用时，人们一方面准备接受改革，一方面还在怀疑新鲜事物。这就是为什么一开始参加这项计划的仅有21户，正如该报告具体说明的那样，这些户用传统技术操作时遭受了惨痛的失败。但总起来说，只用了两年工夫便把整个村子纳入蚕业教学中心的指导。

五、养蚕的改革计划

如同我已经解释过的，改革者的主要目的是从技术上改进农村企业，但是对文化的某一方面进行变革，自然会引起其他诸方面的变化。这样的过程一旦开始，便会继续下去，直到整个系统完全重新改组为止。在研究社会制度之间的功能关系时，研究变迁的顺序是特别有意义的。

改革计划是沿着蚕丝业的自然过程向前推进的。这是从蚕蛾产卵生产蚕种开始，接着是孵化、养蚕、收集蚕茧，从农村来说，到缫丝作为结束。关于市场销售问题，将在以后章节中讨论。

生产蚕种的科学知识可分成两个部分，即通过实验杂交，培育良种，以及通过显微镜检查，分离受感染的蚕种。过去，人们是通过他们自己喂养的蚕的纯系繁育生产蚕种的。这也会使病菌传给第二代。为了改革蚕种生产系统，把遗传学的原理和使用显微镜的方法教给每一个农民是不实际的，聘请一个专家为农民生产蚕种要便宜得多。因此，蚕业学校首先接过了此项工作，供应村民蚕种。有趣的是我们发现在这一点上，改革者的行动与他们的目的不那么一致。他们决定把工业留在农村里，却把蚕种的生产从农村转移到专家手里。但蚕种的生产从经济上来说是不重要的，因为蚕种的价格仅为生丝生产总费用的3%。

当蚕丝改革工作逐步普及到整个长江下游地区时，对于灭菌蚕种的需求量迅速增加。蚕业学校已不能满足需要，很多私人便来生产蚕种，乘此机会牟取利益。蚕种的质量不能保证，对改革计划的坏影响明显起来，这引起了政府的干预。省政府成立了蚕种检查局，对私人生产的蚕种有权检查，并进行价格控制(B栏，4项，B.1)。

人们只在孵化前不久收到蚕种。蚕种在生产者手里是得到特殊照料的。从孵化到收茧子，这整个工作过程都包括在“养蚕”这个词中。这个过程是在一个特殊组织之下在村里开展起来的。改革开始阶段，学校派出指导人员教村民如何利用科学知识，特别是防止蚕病、控制温度和湿度。为了便于管理和指导，各家的幼蚕，按照合作的原则，集中到公共房屋里，称作“稚蚕公育”。费用和劳动根据蚕主放在公用蚕室内的蚕种按比例分摊。目前村里共有八间公用蚕室，基本上包括了村里养的全部幼蚕。为了这一目的，专门造了这所有八间房屋的建筑物。从1923年至1925年对每张蚕种增收两角作为建筑费(B

栏，3 项，B.1.a)。

集体养蚕的方法只有在幼蚕时期有效。 六个星期之内，它们从极为细小的“蚕蚁”长到两吋半长蚕身。 第三次蜕皮以后，目前公用的房间便不足以容纳这些蚕了。 如果没有更大的房屋，集体喂养的方法便只得中断。 建造能容纳全部的蚕的一所房屋从经济上来说并不值得，因为需要大地方喂养的这一段时间较短，用私人的房子方便得多。 最后两个星期，家里的全部房间，除去厨房和一半卧室以外，都用来养蚕。 仅这一事实就意味着除非村里的物质基础有根本的改变，否则养蚕基本上只能依旧是家庭副业。

第三次蜕皮以后，蚕被搬到各户。 每户分别喂养自己的蚕。 在搬蚕以前，个人养蚕的房子要经过消毒，学校的指导员要告诉他们注意事项。 在这一阶段经常要去检查。 有病的蚕立即消灭以防传染。 根据蚕的需要控制室内温度和湿度(B 栏，3 项，A.2)。 采取这些措施的结果，因病而损失的蚕，其数量控制在 20% 以下，蚕茧的总生产量同用传统方法喂养时相比至少增加 40% 。

当学校指导工作在村里被公认取得成功时，省政府便把它的工作向整个产丝区推广。 在以后章节中我们再进一步描述这一情况。

在讨论缫丝程序以前，可尝试估计一下这一部分的生产及其成本。 一家养蚕的总数取决于房屋大小和劳力多少。 蚕是养在约 1.5 × 1 米大小的长方形匾里。 匾放在支架的搁杆上。 每一个支架可放 8 个匾。 每间房间可放 5 个支架。 一张蚕种(标准大小)孵出来的蚕，到最后阶段需占一个支架的地方。 一个人可管理两或三架。 每架可收蚕茧 34 磅，可缫生丝 48 两(或 3.4 磅)。 在改革条件下，一户一般可生产蚕茧约 200 磅，每 100 磅可卖 60～70 元(根据上述报告)。

每养一架蚕约需 400 磅桑叶。 在养蚕期间，桑叶价格升降幅度很大。 每 100 磅的最高价格有时超过 3.5 元，最低价格不到 1.5 元。 养蚕所需总的开支约 30～40 元。 除其他费用以外，蚕茧生产费用不包括劳动，每户约需 50 元。 如果出售蚕茧，一般的户可收入 70～90 元。

改革计划还包括引进秋种。这个地区一年可育三次蚕。但因气候关系，夏季和秋季养蚕需要更多的设备和注意的地方。目前，养两季蚕的仍然非常有限。

六、合作工厂

现在我们就要说到缫丝过程，这就是把蚕茧缫成生丝的最后阶段。对这一过程的改革主要目的是生产质量较好的生丝。根据丝的粗细划一，断头减少来评定生丝的质量。据蚕业学校的专家说，传统方法的缺点在于(1)用于溶解蚕茧上胶质的水温不恒定；(2)一股丝线中所含纤维数不固定；(3)从蚕茧不同的层次抽出来的丝粗细不同，未予重视；(4)缫丝机轮子的运动不规则。为了改进生丝质量，改革者试了数种方法。他们的下述谈话将说明这个情况。

> 一开始，我们并没有想要引进工厂。我们想的是继续在家里进行这种劳动。我们只不过采用一种改良的木制机器来代替旧式机器。用脚踏转动轮子，每个人可分别在自己家中工作。用化学品来溶解胶质，但溶解温度无法达到严格的控制。蚕业学校在镇里组织了训练班，为时三个月，教授调整蚕茧各层的丝以及保持固定数量纤维的技术。1924 年的时候，村里只有 10 台这样的机器。到了 1927 年，机器总数增加到 100 多台，在训练班里有 70 多名年轻妇女。但由于轮子的运动不规则，产品质量仍然达不到出口标准的要求。另一方面，市场萧条更加严重。1928 年，这种“改良丝”的价格跌到每 100 两 60 元。虽然它比土产丝好些，但我们不满意这种情况。我们从实验中了解到，除非能有一个用蒸汽引擎的中心动力，质量就不易达到出口水平。但引进蒸汽引擎必须同时有集体工厂系统。换句话说，如果我们要提高产品质量，就不能保持家庭手工业的生产方式。

合作丝厂

所以我们决定试验设计一个要能实现应用现代生产技术的一切有利条件的工厂。这个工厂同时又不宜太大，要能办在农村里，用当地的劳力和由当地供应的原料。这个试验具有比较广泛的意义。如果我们能用较便宜的劳动力生产与大工厂同等质量的生丝，我们就能扩大这种缫丝工厂而不必惧怕城里工厂的竞争。通过开办这种小规模的工厂，乡村工业能打下一个坚实的基础，乡村经济从而可以复兴。1929年我们开始试验。我们的试验直到1935年重新装备了新机器之后才证明是成功的。这种机器是由日本最新型机器修改而成。我们用它生产出中国最好的生丝。1935年，这个工厂的产品被出口局列为最佳产品。

从上述情况可以明显地看到合作工厂代替家庭手工业是由技术考虑决定的。蒸汽引擎使轮子转动可以控制，并且平稳，从而使抽丝均匀，速度加快，因而不可避免地产生了一种集中的系统。至于引进电力是否会再改变集中的系统，则是将来试验的问题了(B栏，3项，A3)。

一个从事生产的工厂需要有适合安装机器的房子。建造工厂又需要技术知识和经费。技术知识由蚕业学校提供，但经费从哪儿来呢?这个问题就关系到所有制和分配问题。根据改革者的意图，在工厂开办以前，制定这些规章所依据的基本原则都已经确定了。原则是，工厂应属于农民。但农民如何拥有它，谁是农民?

所有权属于这个合作社的社员。他们对工厂的责任限于他们所贡献的股份。入社以自愿为原则，并不限于本村的人。凡愿遵守社员义务者便可被吸收为社员。社员的义务是在工厂里有一份股金，每年供给工厂一定数量的蚕茧作原料。这一合作社共有429名社员，基本上包括了村里所有的住户及邻村的50多户。

根据规章，工厂的最高权力机构是社员全体大会。大会选出一个执行委员会，理论上它对大会负责。实际上恰恰相反，人们按照当地领导人和执行委员会的意见工作，当地领导人遵照改革者和蚕业学校的意见行事。由于整个工作是在改革者的指导下进行，人们对开办工厂也没有足够的知识。社员没有什么可以说的。由于农民缺乏受教育的机会，文盲率高，这使改革者在实施训练计划中发生很大困难，这些需要受训练的农民才是工厂的真正的主人(C栏，3项，B.2)。社员对投票制度完全不熟悉，他们也未想过行使投票的权利来管理工厂。他们只关心以利润形式分给他们的实际利益，对工厂的其他工作很不了解(C栏，3项，B.3)。他们不知道根据什么他们可以要求利润，正如他们不知道根据什么他们应该给地主交租。对他们来说，所有权只意味着他们可以分得一份利润。当我们讨论工厂的财务问题时，这个问题将表现得更加清楚。

当然，村里没有多余的资金来资助工厂(本章二节)。开办工厂所需的经费总共为49 848元。每个社员约需分担114元，第一年，社员入股金额实际上仅2 848元，约为总额的5.7%。

名义上，“资本”，或工厂所有者的贡献，或工厂主的有限责任固定在1万元。这一数目被分成1 000股，每股10元。社员每人至少购买一股。第一年，认购了700股，可在5年期间交款。目前，只收到一半的股金(B栏，3项，B.3.a)。显然，工厂的资金还需靠其他来源。

蒸汽机和机器(旧式)是从蚕业学校借来的，估计价值4 000元。有协议规定，5年以后工厂从利润中抽出钱来还给学校。但由于经济困难，工厂尚未履行这一诺言。为建造厂房和其他开支，工厂向省农民银行借了1.5万元的一笔长期贷款。由于商业上的原因，农民银行尚未同意支付。显然，负债是受“资本”1万元的限制的，由于工厂在农村，一旦工厂破产，厂房和其他不动产无法拍卖。但政府的政策是要为乡村工业提供资金，这才有可能向银行借贷(B栏，4项，B.2)。另外，工厂向最近的镇，震泽的一个地方银行借了一笔3 000元的短期贷款(用土地和厂房作抵押)。从上述情况可以看到，工厂资金的基础实际上主要是政府的信贷，并不是靠人民的投资。

原料由社员供应。每年收集新鲜蚕茧。社员交蚕茧时，工厂交付蚕茧价值的 70%。这笔钱，是每年从省银行借来的，蚕茧作为抵押。

由于 30% 是延期付款，社员多交蚕茧也得不到多少好处，因此他们只交最低限额的蚕茧，尤其是 1930 年以后。1930 年是把利润分给社员的最后一年。以下是工厂提供的统计数字。

年	社员供应	从外面购买	缫丝	为其他单位缫丝	工作日
1929	527.07	—	41.31	—	175
1930	591.55	—	43.18	—	204
1931	415.73	—	32.21	—	145
1932	202.92	92.10	22.21	25.63	107
1933	307.87	45.37	40.46	5.00	186
1934	255.35	330.00	57.84	—	187
1935	375.80	301.08	64.21	—	199
1936	424.80	—	—	—	—
(不完全)			(以担为单位)		

上表说明从 1930 年到 1935 年社员供应蚕茧的数量逐渐下降(B栏，3 项，3.b)。1932 年总供应量还不足以供工厂开工 100 余天之用。机器闲着不转是不经济的。因此，还需从市场购买一些蚕茧。1934 年从市场购买的蚕茧量比社员供应的多。在另一方面，工厂还接受其他工厂供给的原料代为缫丝的订货。这种方法被称为“代缫”，即为其他人缫丝。1932 年为别厂缫丝超过 25 担，实际上相当于从村里供应原料的缫丝量。1935 年工厂重新装备以后，丝的总产量超过前几年平均量的 1/3。但社员的蚕茧供应没有跟上来，虽然 1935 年稍有增加。在原料供应方面，工厂是半依赖于外界的。

劳力来自社员。由于引进工厂，生产中所需的劳力比在家庭手工业中所需的劳力少得多。这个工厂的缫丝部分30个工人已足够。她们都是年轻妇女，年龄从16～30岁不等。选茧和清洗蚕茧需要非技术工人10名。丝抽出来以后必须重新整理并按出口标准包扎，这一部分工作需要6～8名技术工人。工人总数约50人。此外，尚有两名经理，一名技师，一名司库，一名机器维修保养工，两名杂工。

在缫丝和整理丝时需要特殊训练，因此，工种不同，待遇也不同。缫丝和整理工按日工资计算，每天4～6角。挑选和清洗蚕茧工按计件工资计算，一天可得约2～3角(B栏，3项，B.2.a)。

技师由蚕业学校推荐，司库由当地银行推荐。总的管理业务由当地领导人陈和周负责。但最高职权在蚕业学校推广部。职员均是固定工资。1929年总工资为7 557元，占当时总开支的57%。每一个普通工人一年工作150天约可得70元。

从以上分析，我们能看到工厂(1)属于社员所有，(2)主要由农民银行给予资金，(3)由蚕业学校通过当地领导人管理，(4)部分社员参加劳动，担任工作。所谓合作原则其意义主要在于分配上。

1929年即第一年，工厂的利润为10 807.934元。按下列原则进行分配：

> 为鼓励社员并扩大组织，我们决定提高红利，约为总利润的70%。我们要求社员借一半红利给工厂以便工厂还债。利润的15%将作为我们的储备基金。其余金额将被分成(1)改良储备金，(2)明年开支津贴，(3)职员奖金。比例为4∶3∶3。[1]

那一年，社员所分到的红利确实相当于他们所购股份的两倍。但自从那年以后，丝价跌落到如此程度，以致毫无利润可得。1931年以来一直没有公布资产负债表。我只能提供头三年的数字。

---

[1] 《过去三年的合作工厂》。

年	纯利润	纯损失
1929	10 807.934 元	
1930	—	3 010.330 元
1931	—	4 183.655 元

1931 年起，工厂想开始还债。如 1929 年资产负债表上所示，负债达 135 663.763 元，但 1931 年减为 77 271.544 元。大笔借款的利息，也是亏损的一个原因。1929 年利息为 5 060 元，1930 年为 5 500 元，1931 年为 4 121 元。1935 年工厂重新装备现代机器，预期在 1936 年可有一些盈利，他们想要修改分配原则。改革者和当地领导人都认为一开始分配这样高的股息是错误的。一般社员把这看成是理所当然。但当工厂不能分配利润时，他们便抱怨和失望。他们认识到以后每年如能分到少一些但固定的红利比在一个时期分到一大笔红利要好。

七、政府的支持

上面我已说明政府是如何进入改革事业的。一开始，镇地方政府，即镇公所与蚕业学校合作草拟改革计划。但 1923 年那时候，省政府在一个军阀手里，他对那种措施没有任何兴趣。南京国民党政府在 1927 年成立以后，农村建设才逐渐成为政府的主要政策，对乡村丝业和合作运动给予特殊关切。所以，这个村子的合作工厂才能得到政府提供的资金。此外，村里的试验是中国农村工业中大的改革方案的先驱。回顾一下政府是如何接受这个趋势并把这种改革计划传到中国产丝的其他许多区域，是颇有意思的。

下面摘引的几段文章是选自《中国年鉴》中有关这个问题的、有代表性的官方计划。

(1) 蚕丝业改革

中国农村工业中最重要的一项是蚕丝业。但近年来甚难与日本竞争,主要是因为在该国培育了最好的蚕。

在所有省份中,凡蚕丝生产有所发展者,均属地方当局与国民政府合作,或为改善蚕丝工作中的状况而采取了特殊措施。江苏、浙江两省之所为,可作为全国各地为振兴蚕丝业而采取的措施的典型。过去,蚕都由农民饲养,他们的保守态度以及缺少资金的条件,阻碍了引进改良办法来改进工业的可能性……江苏、浙江的官员,组织了一个蚕丝业委员会,作为改良工作的第一步。一开始,委员会为避免与茧商竞争,提出了收购鲜茧的官价。在秋季,委员会倾注全力于改进蚕种,用改良的品种来代替当地的蚕种。浙江农民用的蚕种由政府的蚕丝实验站颁发,私人培育的蚕种禁止使用。1934年江苏实行了同样的控制,措施是试验性的,不像浙江那样彻底……除改良品种外,委员会还对新鲜蚕茧规定一个官价以及对每一地区的收购代理处限定了数目。

江苏、浙江、山东、四川、广东等省改进蚕丝工业的三年计划也由国家经济委员会的蚕丝改良委员会制定。为实现1935年的第一年计划,所需经费为150万元。

1934年7月至1935年6月的财政年度,国家经济委员会为蚕丝改良委员会拨款40万元。[1]

(2) 合作运动

自从1919年中国开始了合作运动以来进展很慢,但随着北伐国

[1] 《中国的重建》(Reconstruction in China),汤良礼编,转载于《中国年鉴》(Chinese Year Book),1935～1936年,第859页。

家统一，合作运动在国民党计划中开始有了重要的地位，它旨在同外国平等的基础上发展中国。从那时起，合作运动迅速发展。国民党早在1919年便对合作运动有了兴趣。孙中山先生在地方政府的演说中曾建议，在工人农民中促进合作企业……国民党第二次全国代表大会决定组织农民银行，在中国农民中间推广合作企业。1936年8月国民党中央执行局全体会议决议中指出政府应在农民中推进合作社的组织……

南京国民党政府成立以后，很多省开始认真推动合作运动。1928年2月国民党中央执行理事会第四次全体会议上，蒋介石将军和陈果夫联合提议组织专门的合作委员会。当年10月，国民党中央执行局向所有分支发布命令，要求它们把合作事业作为其政治活动的一个组成部分。

此外，江苏省政府颁发了一系列有关合作社的暂行规章制度，关于1928年7月16日组织了江苏农民银行以便发展农村经济并为农民提供方便的低息贷款。[1]

八、改革中的困难

人民愿意接受改革，主要在于实际利益，例如增加了家庭收入。现在我们可以看一看改革计划在多大程度上满足这种期望。

蚕种的消毒、稚蚕公育、教员的定期指导使成本有所降低，蚕茧增产。这一部分改革使得农民的收入大约比以前增加了一倍(B栏，3项，C.1.a)。缫丝改革的成果并不理想。1929年每股分得红利约10元。但自从那年起，他们再也没有从工厂拿到什么。相反，他们还有

[1] 《合作运动》(The Co-operative Movement)，王志莘，载《中国年鉴》(The Chinese Year Book)，1935～1936年，第881～882页。

义务供应原料而且是延期付款30%。至目前为止，由于有了工厂而收入真正有所增加的是工厂的工人和职员，以工资的形式增加了收入。他们是这一社区的少数(B栏，3项，C.1.b)。

工厂未能分给社员年利是由于两个基本因素。首先，改革者未能控制价格水平。他们成功地生产了高质量的丝，但质量和价格之间比率不相称。确实，好丝应该能卖好价，但丝的总的价格在不同时期波动较大。只要改革者不能控制市场，单是改进产品质量未必能获取高的报酬，因此，村民的收入未见提高。

造成目前这种状况的更直接的因素是资金问题。在1930年至1936年间工厂并不是没有盈利，因为贷款的数目每年有所降低。换句话说，工厂节约下自己生产的盈利，买回了借来的生产资料。人们不算这笔账。他们只知道家庭的具体收入。一旦他们的愿望没有实现，他们的希望破灭，其直接反应就不再继续向工厂交纳股金，至目前为止，只缴纳了认购股金的半数。

当然，根据规章，社员自己有权查账，并可要求经理解释。但人们只停留于怀疑和偶尔的议论上，而不采取一定步骤进行调查。他们大多数是文盲。他们不明白写在资产负债表上的数字。规章赋予他们的角色，对他们来说是新的。改革者只教授女孩子如何缫丝，而没有教社员如何当工厂的主人。他们对自己的责任没有认识。只要教育工作跟不上工业改革的步伐，合作工厂可以只是为人民而开设，部分属于人民，但决不可能真正由人民管理。

现代机械被引进农村经济，正如我们已经看到在农业中引进了水泵，使有缫丝机的家家户户发生了一个新的劳动工具利用的问题。换句话说，这个村庄过去至少有350名妇女从事缫丝工作。现在开办了工厂，同等量的工作，不到70个人就能轻易地担负起来。生产所需的劳动量减少了。例如，现代的缫丝机，每个工人同时能照看20个锭子，而旧缫丝机一个人只能掌握4～5个。从技术观点来看，这是一个很大的改进。但这一改进对农村经济意味着什么呢？将近300名妇女失去了她们的劳动机会(B栏，3项，C.2.b)。“失业”的问题引起了比较广泛的反响——根据男女性别不同的传统分工仍然不变，但农田面积如此之小，要把妇女劳力引向田地是不可能的。然而也没有引进新的工业来吸收多余的妇女劳力(C栏，3项，C.2.b)。

改革者曾经想用分红办法来解决问题。但如我们在上面表明的，并未获得成功。结果是(1)为那些由于多种原因不能到城镇去的人保存了或在某种程度上恢复了传统的家庭工业，通过原料的竞争成为改革计划的一种阻力。(2)妇女向城镇移动，这是与改革者原来的意图相矛盾的。(3)农村中产生了一种特殊的挣工资的阶层。

对残存的传统家庭工业，可以作量的估计，这个村庄蚕茧的总生产量约为72 000磅。假定这一生产量是稳定的，直接卖给城镇的茧子为数极少，那么对工厂的供应减少表明了家庭的储存增加。1929年，留给家庭的蚕茧约为总生产量的1/6，但1932年增加到2/3。1936年我离开村庄以前，留给家庭的约为1/3。卖生丝能比卖蚕茧多得多少，很难说，因为蚕茧和生丝价格都有波动，农民不知如何预测。如果我们按生丝最低价格看，1元钱3两，生产者仅能比原料的价值多拿少许，如果后者的价格约为每担50元。但蚕茧市场开放时生丝的价格还是未知数。农民保留原料以便从事家庭缫丝的原因，并不在于实际考虑丝和茧的价格，而是因为他们相信缫丝能比卖原料多挣钱。

在蚕丝工业中工厂取代家庭工业是一个普遍过程，并不限于这个村庄。近20年来附近城市机缫丝业的发展极快，[1]城市工业吸引农村劳力，无疑这种人口流动对农村社区的传统社会结构是一种破坏性的力量。改革者的原意之一就是要阻止这一过程。但村庄里的小型工厂为当地原料供应所限，未能充分利用村里现有的劳力。相反，它也不能阻止农村人口的外流，我已经在上面表明，1935年有32名16～25岁的女青年住在村外(六章一节)，她们在无锡丝厂工作。我在村里的时候，

[1] 刘大钧：《上海的蚕丝工业》(The Silk Industry in Shanghai)。

震泽又开了一家蚕丝工厂。村中更多的女青年被吸收到工厂里。本村16～25岁的女青年共有106名。80%以上现在村外的工厂或在合作工厂工作。她们就是新的挣工资的人。

挣工资的阶层并不是村里传统的结构。农业雇工非常少。劳动在非常有限的意义上进入商品领域。只有在家庭手工业衰落的情况下，妇女劳动力才在村里形成了一个市场。我们将在下一节再讨论这个问题。

九、对亲属关系的影响

现在挣工资被看做是一种特殊的优惠，因为它对家庭预算有直接的贡献。那些没有成年妇女的人家开始懊悔了。妇女在社会中的地位逐渐起了变化。例如，一个在村中工厂工作的女工因为下雨时丈夫忘记给她送伞，竟会公开责骂她的丈夫。这是很有意思的，因为这件小事指出了夫妻之间关系的变化。根据传统的观念，丈夫是不侍候妻子的，至少在大庭广众之下，他不能这样做。另外，丈夫不能毫无抗议或反击，便接受妻子的责备。

一个女孩的传统经济地位是依附于她的父亲或丈夫的。她没有机会拥有大宗的钱财(四章二节)。家的财权在一家之长的手里。这与传统的集体生产相互关联。在地里工作的男人靠他们的女人送饭，饲养蚕所需的桑叶由男人从远处运来。个人不容易意识到在一家的集体生产中的贡献。但挣工资基本上是个人的事。挣钱的人能感觉到她的工资收入是她自己劳动的结果。这是收入者本人和家长，都会感觉到的。此外，工资由工厂直接付给她本人。至少在这个时候，她可以将她的一部分工资按她自己的愿望去花费。因此，家中的经济关系就逐步地得到改变。比如，女孩子在合理范围内，为了正当的目的，如买一些衣服，那是可以允许而不受干涉的。但不允许她把所有的工资都花掉，工资的大部分要交给家长，归入一家的共同预算。为了在这个新的形势下，保持集体和集中的经济体系，家长甚至不惜牺牲他的权威，也必须被迫地对家中的成员作出考虑。女孩子挣的钱交给谁，不是一个复杂的问题。女孩子未婚时，如果她有母亲，而家长是她的祖父，她的母亲会将她的钱收下一部分以供她将来结婚时所用。如果经济状况不允许存钱，全部金额归入家的总的预算之中。一个已婚的妇女则将她收入的一部分留作她自己的积蓄。这种情况说明了单个家庭不断从家的复合群体中分化出来。

挣钱的人从一家的成员中分离出来，对亲属关系也产生了实质的变化。儿媳从婆母处分离出来可以减少日常的争吵。但妻子从丈夫处分离出来会使婚姻的关系松散。可以举出一个极端的例子来说明。有一个妇女，在结婚一年后离开了她的丈夫。她在无锡的一家工厂里工作，并和这个厂里的一个工人发生了恋爱。他们这种不合法的结合被发现之后，他们被厂方开除。他们同居了两个月，由于经济所迫不得不分离。这妇女回到村中，受到很大的羞辱。她的公婆拒绝再要她，但后来又收留了她，因为她的公婆准备将她另嫁他人，以便可以收到一笔钱作为补偿。最后，考虑到她在本村丝厂里能工作的本领，她的公婆取消了原来的打算，待她一如既往。她的丈夫对这件事则完全采取被动的态度。

孩子从母亲处分开，就会使家中的亲密关系发生新的安排。母亲喂奶的时间缩短了。当祖母的接过母亲的责任，继续照看、抚养孩子。这也使婆媳之间产生了新的关系。那些在本村工厂里工作而不能带孩子的女人，也有类似的状况。

以上事实说明了亲属关系以新的形式进行着重新组合，并将随着工业的变迁得到调整。我现有的材料只能为进一步的调整提出一些问题。

第十三章

养羊与贩卖

进行蚕丝业的改革仅仅是为增加居民的收入，抑制丝价下跌所做的各种努力之一。但根据我现有的资料不可能对目前采取的其他措施进行详尽的分析。

新兴事业中最重要的一项是养羊。大约10年前就有人开始养羊。但到最近才变得重要起来。养羊业的发展并不是由于某个人的倡议。村里的人从邻居那里听说，镇里新开了一家店铺，收购羊胎和新生的羊羔。市场的需要使这个村子里兴起了这项新事业。但甚至到现在，人们还不甚了解羊胎究竟有何用处，他们经常向我提出这个问题。有些人想要杀掉母羊好取羊胎，羊胎皮是值钱的。这个主意与传统的伦理观念很不相符，尽管人们自己还要溺杀婴儿。

养羊所遇到的主要困难是饲养问题。土地的90%是农田(十章二节)。除几块属于城里人的坟地外，几乎没有适于放羊的场地。农田是敞开的，没有篱笆，牲畜乱走，可能损害庄稼。在这种情况下无法在田野中放羊。所以，就盖起了专用的羊圈，把羊关在里面。正如我上面提到的，羊圈已变成了住家普遍都有的附属建筑了。

为了喂羊，就必须割草，冬天用干桑叶喂羊。就这一点而言，家

羊　圈

庭劳务中就产生了一种新的劳动分工。割草的事由孩子们担任。如果你在村里走一走，就可以看见到处有三五成群割草的孩子，有些还不到10岁，他们有的在桑树下，有的沿着河边，还有些在坟地里。这样，孩子们的劳动与家庭经济结合了起来。对于小学校来说，这就产生了一个新问题，文化教育的价值在人们眼里，还不如孩子们割草直接为家庭收入作出的贡献大。缺课人数与村里养羊的头数相关。陈曾遗憾地表示，学校的课程过于死板，难以与目前的经济状况相适应(三章五节)。这使人们注意到关于经济与教育的关系的令人感兴趣的问题，但目前我不能讨论这个问题。

把羊关在羊圈里饲养的另一个好处是便于收集羊粪。羊粪是一种有价值的肥料。村里有300多个小羊栏。每个羊圈养1～5只羊。粗略估计，村里养羊的总数约为500头。

为了开展养羊业，需要一定数额的资金，至少要有足够购买母羊的钱。公羊可以从亲戚那里借来或者租来为繁殖之用。对于这项服务所付的报酬没有固定的数目，多数是采取送礼的形式。如果一个农民自己筹不起款子来买母羊，他可以养别人的羊。这样就产生了一种特有的方式，村民称之为“分羊”，从字面上讲就是“把羊分开”。养羊的人的责任是饲养，到时便能分得半数小羊羔和羊栏里的一半粪肥。周的父亲是最大的羊主，他有40只羊，其中只有四只养在他自己的羊圈里。

当羊胎即将长成前不久，就可以把母羊卖掉。每只羊胎的价格为3～5元。羊主也可以把刚生下的羊羔卖掉，把母羊留下。这时，羊羔的价格略低，但一只母羊一年能生一两次羊羔，而把羊羔饲养成熟却需要一年多的时间。所以人们喜欢卖羊羔，而不卖羊胎。反对屠杀孕期动物的传统也使得人们更加愿意这样做。一只母羊平均每年生产2～4只羊羔，能为羊主增加20～30元的收入。

农民收入的另一个来源是贩卖。在较长的农闲季节里，人们从事这种买卖(九章三节)。货物并非自己生产，而是用自己的船从邻省浙江运至沿岸的一些城镇贩卖。这是一种地区之间的流通。但从村民的观点看来，实际是像贩卖或搬运工一样出卖自己的劳务。

为我提供情况的当地人说，每条贩运船一年可赚40元。当然，收入取决于贩运货物的种类及其价格的波动情况。我没有机会跟着他们一起去，因为他们这行的活动时间是8月底至10月中，然后又从12月中至1月底，那时我已经离开这个村庄。这些商业活动都是按阳历时间安排的。我不能在此作很深入的分析，只是想说明，这是农民收入的一个重要来源，根据提供情况的人说，从事该项行业的船只数目，近几年来有所增加。

第十四章

贸　　易

一、交 换 方 式

交换是个人之间或一些人之间，他们的物品或劳务在某种等价的基础上，相互转换的过程。 哪里有专业化的生产，哪里便需要交换。 生产专业化甚至发生在家庭的不同成员间，但在家庭中，交换方式同在市场中所见到的不同。 因为首先在集体经济中，分配和交换的过程不易区别。 在田里劳动的丈夫靠妻子为他煮饭。 从妻子对生产过程的贡献来说，她对农产品的权利，应该列在产品分配的项目下。 但如果她消耗的要比她分配所得的那一份多，实际上便产生了交换。 其次，当财产为一个群体的成员共同所有时，交换的要素是模糊不清的。 有了劳动分工，成员通过不同的职业向共同生活的来源做出自己的贡献，同时从这一来源获取各自生活所需的资料。 各成员之间究竟做了些什么交换因而是不明显的。

这并不意味着权利和义务的相互关系的概念、贡献和享受对等的概念不存在于亲近的社会群体中。 相反，它们是家庭生活中发生争吵和不满的最常见的原因，并且往往发生一种妒忌性的坚持不下的局面。

对这种家庭群体的经济关系作出定量分析，需要精确的实地调查技术，但并不是不可能的。

比较不明显的、不直接的交换形式通过群体固有的制度的约束，已经成为可能了。例如，父母对孩子的义务可以通过年轻一代以后对父母的赡养，或者年轻一代对下一代的义务来取得平衡。时间越长，物品和劳务的转换范围越大，群体中社会纽带亦越强。物品或劳务的交换是社会纽带的具体表现。只有在一些需要很长时期才能相互完成的义务，有关的个人才会感到他们之间有着牢固的社会关系，其结果是形成了群体的一种内聚力量。从这一角度考虑，慷慨可以被看做是一个人向另一个人提供劳务或物品的预支性质的取得使两个人的关系密切起来的结果。

在大一些的社会群体中有同类的交换。例如扩大的亲属关系群体和邻里群体。在村里邻居之间，需要时可以互相挪拿东西用于消费或其他用途。在一定的限度内，一个人对他的邻居有用，他会感到高兴。如果借用者立刻要付酬并说明同等交换，出借者便会很不高兴地说："我们不是外人。"田里如果需要额外劳力，住在附近的亲戚便来帮忙，不要报酬；有重大婚丧喜事时，邻居也这样来帮忙(六章二节)。从长远看，亲戚和邻居之间的互相接待、留宿和服务都是取得平衡的。社会关系越亲密，对等的交换也越少。

送礼亦可被看做是另一种交换。这不是专业化生产的结果。不同职业的亲戚，也不把他们的专业产品作为一种礼物。用来作为正式礼品的一些东西是根据习俗而来的，主要是食品。在重要礼仪场合则送一些现金。人们送礼的食品，或是从市场买来的，如年底送的火腿和糖果，或是自己制作的，如端阳节(九章三节)送的三角形的糯米粽子。接受礼物的人，也做同样的粽子，买相同的东西回送亲戚。这种类型的物品转让意义不在于弥补相互间的欠缺而是加强社会联系。

从上述分析可以看出，社会义务、互相接待、留宿和互赠礼物是不够的，它不足以使村里的一个农户获得他自己不生产的日常必需品。

在消费品中，消费者生产的只占总数的 1／3(七章八节)。另一方面，农民生产的东西，很多不是生产者消费的。羊羔和羊胎的真正用处，看来养羊人本身也不知道(十三章)。在产丝区，丝绸衣服很少，甚至于米，也只是部分地供人们自己消费。所以非常明显，必须有广泛的流通系统。

二、内外购销

购销是一种交换方式，在交易中对等的价值被明白地表达出来，立即付给或许诺偿付。简单地说，这就是购买和销售的过程。在农村里，除少数例外，交换一般是通过货币来进行的。

我们可以把购销分成内部和外部两种：内部购销是在村庄社区范围内交换货物和劳务，外部购销是村和外界进行的交换，它们是互相依赖的。

村的内部市场是同这个社区职业分化有密切联系的(八章一节)。我们已经看到，村里 2／3 以上的人口从事生产稻米、生丝和羊羔的工作。他们不在村里出售这些产品，而要到城镇里去出卖。从事渔业的也只能出售一小部分产品给同村的人。生产专门货物和给村民提供专门服务的限于少数，只占总人口的 7%(八章二节)。大部分工作并非完全专业化而是普通农户所需的工作的一种补充。木匠、篾匠、泥水匠主要是从事修理工作，他们在自己家里干活，也到顾客家中去做活。

职业分化程度小，这使社区内部市场非常狭窄，人们靠外界供应货物和劳务。因而，产生了一个问题：货物如何运到村里来？农民可以直接在外部市场购买货物并带回村来，或者货物可由不同的中间人带到村里来。中间人，主要可分三类：

一、定期到村里来的小贩，在买主家门口卖东西。

二、零售店，在村里有固定的地点，店铺里存放着从外界买来的货物，吸引顾客去购买。

三、 航船从城镇代消费者购买货物并运到村里。

三、小　　贩

小贩可以是固定的或不固定的，根据他们出售的货物种类而定。小贩卖的货可以是他们自己制作的，也可能是从市场上零买来的。 大多数不固定的小贩出售他们自己的产品，他们来自其他村，不是来自城镇。 这是一种城镇外的村际分散性的贸易活动。 这种市场的范围受到这种情况的限制，即附近村子的地方生产方面分化程度不大。 如已经提到过的(七章五节)，惟一的分化是蔬菜的种植。 在村里，菜园太小，不能种足量的蔬菜供村民消费。 但太湖附近的农民可以种植大量蔬菜，并把附近的村子作为他们的市场。 同样，时令水果，村里没有种植，是邻县供应的。 卖者用船载着他们的产品到周围的村子来兜售。

这些小贩只盼望回去时赚到一些钱，对每一笔交易并不坚持一个固定的价格。 譬如卖者报一个价，三个甜薯卖两个铜板，买者并不和他讨价还价而是给了钱以后，再拿几块甜薯。 卖者可能拒绝不给或装着拒绝，但我从未见到过因为买者拿得太多而否定交易的。 这种讨价还价之所以可能是由各种因素造成的：卖者对价格没有严格的概念，买者对他自己的要价也没有严格的想法。 卖者和买者都没有直接竞争者。付钱以后买者拿取额外货物的量不会超过买者看来是合理的范围，同时还有其他不同的情况。 譬如说，男人就不拿额外的货物，因为他们认为，这有损于他们的自尊心；但他们的妻子可以随便这样做。 对话和开玩笑，特别是异性之间开玩笑，将增加拿取额外货物的数量。 在这种情况下，卖者将不经要求自愿多给一些。 当然，不能拿得太多，除非把额外货物当作礼物来送。 从长远看来，这种买卖的价格不比城镇里的市场价格高，因为如果被发现确实是这种情况，卖者下次将不易出

与河上的售货者在进行交易

售他的货物。可能价格也不低于城镇的商品，因为如果卖者的利润比他把商品卖给城镇的店铺要少，最后他就不到农村来卖货了。但在某些具体交易中价格上下的界限是比较宽的。

从城镇来的有两名固定的小贩：一个卖缝纫和梳妆用品，另一个卖小孩吃的糖果。女人由于有家务在身，还需照顾孩子，因此到城里去的机会比男人少。缝纫和梳妆等用品是专为妇女的消费品。此外，对这些商品的需求与个人喜好有关。妇女不愿托别人或丈夫替她购买，这才使小贩有他的市场。与这种小贩做买卖的形式和上述有所不同。买主不是先接受小贩的要价然后拿取额外的商品，而是先还价。因此价格如不能使双方满意时便不能达成交易。小贩要的最低价格决定于他买货时付的价钱和维持他的生活所需的利润。货物不会消失，他可以等待好一些的价钱。

卖糖果的小贩用另一种方式。对这种货物的需求必须通过卖者人为的创造。小贩用一个很响的喇叭来吸引孩子。通常孩子们不是都有零钱用的。很多孩子必须要求大人买给他们。因此，小贩常常会引起戏剧化的家庭场面。孩子的吵闹和母亲的呵责往往与买卖糖果声混杂在一起。这种买卖，讨价还价并不厉害，因为，买主或是不懂得隐瞒自己真正兴趣的孩子，或者是一心想摆脱麻烦的母亲。部分糖果是在小贩自己家里做的，原料便宜。因此糖果的价格主要决定于小贩的生活费用。

每一个小贩都有一个习惯卖货的地区，有时是几个村，范围的大小取决于小贩能走多少路，能赚多少钱。售货的次数也取决于上述因素。卖缝纫和梳妆用品的小贩每隔二至四天到村里一次，而卖糖果的则几乎每天都来。

四、零售店

小贩不住在村里。他们定期到消费者那里去。而零售店则坐落在一个固定的地方吸引顾客到店里来。这就产生了一群专门从事商业的人。他们出售的东西并不是自己生产的，而是把从城镇里买来的东西再卖给村庄。下表说明了各行业的店铺数目：

杂货店	3	药　店	1
肉　店	3	砖瓦店	1
豆腐店	2	总　计	10

三家杂货店在三座桥附近。它们主要出售香烟、火柴、糖果、纸张、蜡烛、纸钱及其他带宗教色彩的物品。我未能估计他们的存货数量。我也无从计算他们每天的平均销售量。主要困难是他们不记账。按他们所说，每天销售额2角至1元不等，很明显，他们不能供应全村的各种日用必需品。我即将谈到，大多数货物是靠航船从城里购运来的。周向我描述了杂货店的功能。“我们有客人时，便到杂货店去买纸烟。”换句话说，这只是航船的一种补充。航船为了满足顾客的订货，需要花一整天的时间在城里购买，紧急需要时，顾客等不及它们回来，便到店铺里去买。带宗教色彩的东西不属于紧急需要，但在预期的某一时间内使用。又由于这些东西用航船运输有一定困难，所以人们常常可在零售店里见到这些东西。纸钱是用锡箔做成旧的银锭形，里面是空的不能受压，航船无法提供如此大的空间来运输它。

村庄店铺

在村里，肉类是重要食物之一。肉贩在半夜去到城镇屠夫那里购买第二天早晨需要的猪肉后，将其运回村里。消费者到中午煮饭时就能有肉。由于没有保存鲜肉的手段，所以卖肉的商人根据他能卖出多少来买进。最后一个主顾去买肉时往往就销售一空，如果有人一定要买到肉，必须在前一天傍晚订购。

豆饼是农田的肥料，分量重，像砖一样，也占地方。航船不能运这类货物。村里有专门的店铺出售砖。药店出售中草药，零售价格较高，又常常是急需的，所以在村里，药店有一个固定的地方。

五、航船，消费者的购买代理人

村庄店铺不能满足农民全部日常的需求。例如村里没有地方卖盐和糖这样的重要物品。这些东西必须由航船去买。航船提供免费的日常服务，从城里购买日常必需品，同时充当村民的销售代理人，从中赚得一些收入。他们在乡村经济中起着重要的作用。这种制度在太湖周围地区非常普遍，它促使附近城镇有了特殊的发展。

每天早晨，约7时许，航船开始活跃起来。村里共有四条船，两条往返于河A，两条往返于河B与河C(二章四节)。船沿着河划出村时，农民们便向航船主订货，“请在这个瓶里打20个铜板的油，在那个坛里打30个铜板酒。”航船主收了瓶和钱，数也不数，他把钱扔在船尾的底板上，便和顾客随便交谈起其他的话题来。船到了村的西端，从这里就可以直接到城里，那时他已经收了数十个瓶子和很多铜板。那些要到城里去的人，船经过他们的家门口时便搭上船，他们不用付船费。

每一条船有它自己固定的顾客。村子可分为两个区域，每个区域有两条船为他们服务。在一条河里的两条船，它们的顾客是同一区域的。这两条船互相就有竞争，但是友好的竞争。如果一条船上的乘客很少，它就会等另一条船，把乘客都合到一条船上。摇船的是年轻乘客。航船主按照顾客订货把瓶子和容器分类，把船板上的铜钱收起来，一面与乘客聊天，或帮助他们把蚕丝按照出售的要求捆起来。

从村庄到城里需要两个半小时。船约于10时到达。每条船与城里的一些店铺有联系，航船主就向这些店铺购买农民订购的东西。店里的学徒下船来拿瓶子和容器并接受订货。下午店铺里的学徒回到船上以前，航船主要到店铺去结账。下午2时，航船开始返回，约四五点钟到达村里。船经过时，村民都在门口等待，接受他们托买的东西。

其中有一条船在我到村子以前约两个月才开始做此项经营，另三条船已做了多年。有一个航船主，现在已年老，这一职业是从他父亲处继承的。因此，我们可以了解到，这是一个存在已久的制度。

从理论上讲，任何人可以经营航船，航船主没有正式的资格，他只要向公众宣布，它将做航船这行业，接受别人委托买东西即可。但一旦开始了这个行业，他必须每天有规律地继续下去，无论他接受多少委托。有一个航船主名叫周福生，我在村里时，他病得很厉害，但他无法停止他的服务工作，因为所有顾客都靠他供应日常必需品。有一个新经营这行业的叫周志法，他有时到城里去，连一家订户都没有。这意味着，航船主必须把全部时间和精力花在经营这个行业中，大多数有地种的农民是不可能达到这种要求的。此外，航船主必须与城里的店铺有关系，特别是作为一个销售代理人。要懂得商业上的知识和习惯，需要时间和实践。

一个地区有多少航船，要看有多少居民及航船主个人有多大能力。一个像福生这样有非凡能力的人，过去垄断沿河A的整个地区，约150多户。个人能力即脑子清楚，记忆力好，不会记错各种口头的委托。一眼看去，不借助任何记录，能处理这么多瓶瓶罐罐，简直是不能使人相信的。实际上，只有经过一个缓慢的过程，才能逐渐熟悉每一个顾客的瓶子或罐子，记得每个顾客经常的需要。有时也会记错，有一次一个顾客说，给了福生1元钱，但福生不记得他这件事了。虽然福生毫不犹豫地负责还了他1元钱，但顾客还是埋怨。当福生的能力逐渐衰退时，志法已能够在他这地区开始接替他了。

航船主为顾客服务并不向顾客索取佣金，也不从中赚钱，城里的店铺定时送他一些礼物或招待他。货物通过航船主的手，价格并不提高。如果农民自己直接到城镇商店去买，他们可能得到更少或更坏的东西，城里的商人可能欺侮个别来的买主而他不敢欺侮航船主。这并不是因为航船主个人能力比城里的商人强，而是由于城镇商人竞争需要保持经常的主顾。大多数城里的店铺依赖航船来得到农村这个广阔的市场。对商人来说，失去一条船即意味着很大的损失。他们力图保持旧主顾，吸引新主顾。因此行贩在交易中是处于有利地位的。

航船的存在使村庄的店铺处于一种辅助性的地位。村庄店铺无法与航船竞争。它们太小，不能像城镇商店那样直接向城市里的大批发商店订货。它们也像航船一样向城镇店铺购货。但航船代客买东西免收服务费，而村庄的商人零售时要赚钱。如上所述，村庄小店里只有那些急需品以及航船不能运输的货物才有买主。

航船主不记账，所以我无从估计他们的交易额。福生作了一个估计，每天约10～20元。快到年底时，最高记录为每天40元。看来，这一估计是可靠的，可以从农民向外购货的总金额来核对一下。按农户开支的分析(七章八节)，估计每年约为8万元。如果我们从这一数字减去衣服、蔬菜、重型工具和桑叶的费用，这些东西不是通过航船购买的，约为3万元，这与福生的估计大致相似。

我不能把航船从城镇购买的商品开列一个清单。这个清单一定会很长，因为所有可从城镇购买的，航船可以运输的商品都可以委托航船去购买。船不挤的时候，少量的豆饼，砖，纸钱一类的商品也可代购。委托航船购买最多的东西是食品和烹调用的配料或调料。

为了对购买过程进行全面的描述，必须重提一下消费者从城镇市场或其他村庄直接购买的商品。譬如，村里桑叶不够，这是蚕丝工业的重要原料。村民必须从太湖附近的其他村庄购买。买主自己去购买和运输，每次他们进城，都要买些其他东西。通过这一渠道进行的贸易额就难以估计。但由于村民不常进城，所以买的东西也有限。

运 输 航 船

六、航船，生产者的销售代理人

航船的一个重要特点是作为消费者的代购人，是不赚钱的。同样，乘客也不付船费(年轻人得出劳力划船除外)。城镇店铺给航船主的礼物远远不足以维持他们的生活。他们只有在充当生产者的销售代理人时才得到报酬。

销售货物需要更多的技巧和有关市场的知识，农民不一定具备，因此他们出售产品时需要依靠航船主。后者经常与城镇里的收购商品的行家保持联系。他了解各个行家的情况。行家与不同的商人或纺织厂相联系，他们收购货物是有挑选的。生产者为了出售他们的某种产品应该知道与哪些有关的收购人保持联系，这是很重要的。此外，在收购生丝的时候，有一种已经被收购者接受了的习惯做法，即允许生产者在丝里加一定量的棉花和水以加重分量。但如果超过惯常的限量，收购者便要扣钱，扣的数量比外加分量的钱更多。因此，生产者需要就这方面的业务与内行的代理人商量。

航船主还帮助生产者按照购买者的要求来包装蚕丝，以便使同样数量、质量的丝能卖到较高的价钱。生产者与航船主一起到收购人那里去，但收购人只认识航船主，他的账上有航船主的户头。如果生产者不接受对方的价格，他可以不出售他的产品。但在一般情况下，他听从他所信任的航船主的忠告。生产者如果出售 100 两蚕丝，约合当前的市价 25 元，他便付给航船主 1 元钱佣金。换句话说，航船主按生产者出售蚕丝的数量拿 4%的佣金。佣金数不随蚕丝价格的变化而变化。因此，蚕丝价格高时佣金率反而低。每出售 3 蒲式耳米要给佣金 5 分，生产者收益约合 7 元，佣金百分率约为 0.7%。这个村庄的蚕丝总生产量约为 9 万两，航船主可得 900 元的佣金。大米的总出口量为 7 000 蒲式耳，航船主可得总数约为 117 元的佣金。如果四个航船主平分这个数额，每人一年约得250元。有这样一笔数目，生活可以过得不错了。

那些卖出产品后付给航船主佣金的人，有权把船当作交通工具使用，而且可委托航船主购买货物。因此，此项服务的支付额是根据生产量来定，而不是根据顾客的消费量来定的。

新近的养羊工作为航船主增加了一项新的收入来源，但我不知道卖羊收佣金的确切办法。

蚕丝业的改革对航船制度的存在提出了挑战。新的丝厂不利用航船到城镇市场去代销蚕丝。产品直销上海。开始时，航船主要求补偿。改革者考虑到航船是村里一种有用的制度，因此决定根据传统的佣金额给他们补偿。合作社的每一个社员收到一张卡片，上面记录着他供应蚕茧的数量。生产者可以把卡片交给他委托购买东西的航船主。根据合作社社员卡片上记载的蚕茧供应数量，航船主可收到一定数量的补偿费。这样才把航船制度保存了下来。

七、其他收集方式

大宗的农村产品由城镇通过航船或由城市通过工厂收购。但对一些零星物品和废品——如旧衣服、纸钱灰、废铜烂铁等还有另一种收购方法。有时候是以货易货的形式出现，即：货物直接交换。收购者带着陶瓷器或一种特别的糖果来换取旧衣服和金属器皿。纸钱灰含锡，可换叠纸钱的锡箔。

八、贸易区域和集镇

贸易区域的大小决定于运输系统——人员及货物流动所需的费用和时间。消费者直接购买货物的初级市场局限于这样一个区域，即买者不需要花很多时间以致妨碍他的其他活动便可在其中买到货物。在这个村里我们可以看出来，有两个初级购销区域。住在河B的桥附近的人们不会到河A的桥附近的商店去买东西。例如，理发店、肉店、杂货店和庙宇都分设在两个地区，大致与航船活动分工范围相当。但银匠、鞋匠和药店坐落在河A的西桥附近，是村内道路系统的中心(二章四节)。这些行业在村里各自只有这一家店。从这个意义上说，这个村子也是一个初级市场。

中级市场就是初级市场的零售商用批发价格购买货物的地方。在这个地区，航船不能被看做是一个零售商。它代替消费者买货，但正如我们知道的，这项服务不收费。这样，航船便限制了村里初级市场的作用，并使远处的城镇成为消费者初级购买的中心。

专门从事这项工作的航船主能把他所有的时间用于这一活动。因此，购买者和出售者之间的距离便延长到适于当日往返的旅程。实际距离取决于船的速度，估计每小时为1.6英里。能够派出航船到镇上代购货物的村子，其最远的距离不能超出5英里以外。因此，这样一个购销区域的直径是8至10英里。

每个贸易区域的中心是一个镇，它与村庄的主要区别是，城镇人口的主要职业是非农业工作。镇是农民与外界进行交换的中心。农民从城镇的中间商人那里购买工业品并向那里的收购的行家出售他们的产品。城镇的发展取决于它吸引顾客的多少。正如我们已经了解的，航船的制度使这一地区的城镇把附属村庄的初级购买活动集中了起来，从而减弱了农村商人的作用。这一类购销区域的范围比中国北方购销区域大得多，中国北方主要是陆路运输，代购或代销体系不发达。杨庆堃的研究[1]说明了在村庄初级市场之上的典型的中国北方的购销区域的直径约为1.5至3英里。更高一级的购销区域，包含六个基本购销区域，其直径约为8到12英里。后者与我们现在正在研究的城镇市场规

[1] 《山东邹平的贸易系统》，中国，燕京大学社会学系，未出版的专著。

模相仿。

这个村庄所依托的城镇，就是航船每天去的镇，叫做震泽，在村庄以南约 4 英里的地方。其实，这个镇没有垄断这个村庄的全部贸易活动。在北面，还有一个镇，叫大庙港，离村庄约 1.5 英里，在太湖边上(见图 2，本书第 16 页)。这是一个专门与太湖里的岛屿进行贸易的小镇。镇附近有一座太湖神庙，镇由此而得名。人们去庙宇的时候，通常在这个镇里购买物品。徒步走去需要约 1.5 小时。但这个村庄和大庙港之间的贸易同这个村庄和震泽镇的贸易相比是无足轻重的。

在收购农产品的过程中，震泽镇垄断了这个村庄全部大米的贸易。但它从未完全垄断蚕丝产品，自从村中丝厂成立以来，加过工的蚕丝被直接运到上海。即使在过去，这个村庄也供应大量生丝给村东约 12 里处的盛泽镇的丝织工业，并有一条航船直接往返此镇。路程太远，不能当天往返，班次也不定期，所以只管售货。10 多年来，一方面由于该镇丝织工业衰落，另一方面由于这个村庄的蚕丝业改革，此船已经停止了。

关于城镇之间如何竞争以保持它们的附属村庄，将是一个有趣的研究。但是对这一问题的详细分析，需要对整个地区做更广泛的调查，这不是目前的研究所能达到的。

九、销售与生产

丝和羊完全是为出售而生产的。我们已经看到，在这些行业中，价格是如何影响生产的。土产生丝的价格低廉，刺激了技术改革。改革结果，土产生丝产量大大下降。但近年来，其产量并未按其价格下降的比率下降。相反，还有一些增加的迹象。正如已经解释过的，这是由于缺乏其他工作来吸收村里剩余的妇女劳力的缘故。村里开始养羊，这是因为市场有新的需要。但目前缺乏草的供应，产量不可能增加。因此，价格不是决定产量的惟一因素。

生产大米，部分是为出售，部分是为消费。储备粮的数量不一定根据价格的波动而升降。每一户都要准备够一年消费的储备粮。市场大米价格上涨不会诱使生产者出售他的存粮，因为未来的大米价格不确定。但大米价格低会迫使农民出售更多的大米。这是因为收割的时候要求佃农用钱交租，那时每户所需要的货币收入或多或少都已知道。这一事实，对大米收购者来说很重要。他们通常为了增加贸易额而压低大米价格。农民的总储备量往往就这样被减少到不够他们自己消费。来年夏季，他们就只得靠外界供应(十五章三节)。这对商人也有利可图。

价格波动不影响大米的总生产量。总生产量决定于土地的大小、生产的技术以及最终决定于降雨量的多少。这些都是人们几乎不能控制的事。改变职业是困难的，甚至改变农作物，村民脑中都很少想到。因此，生产结构是受到严格限制的，它不能随着市场的需求作出灵活的反应，变化是缓慢而长远的。

让我们以丝业作为例子。尽管在蚕丝业方面有很好的改革计划，计划者对改革也做出了特殊的努力，但市场的新需求与生产系统之间的调整过程经历了几乎 10 年的时间。从我们对变迁过程的分析(十二章)，我们看到供应和需求的有效性取决于对市场的了解，这是农民不具备的。如果没有特殊的力量来影响并促使变革，人们几乎不理解蚕丝价格下跌的原因，更不明白市场对货物类型所提出的新的需求。为了实现蚕丝改革，需要专门的知识和社会组织。所有这些因素延误乡村经济在供求方面的及时自动调整。

在农村，改变职业比改革现有作业更加困难。除养羊以外，没有发现人们想在村里发展新的职业。甚至养羊也仅仅是现有生产系统的一种补充，而不是职业的改变。农村居民只有离开农村才能改变他们的职业。换句话说，在目前情况下，职业流动意味着人口从农村流向城镇。在城里，出去找新职业的大多数是女青年，她们在这个社区里尚未进入一个固定的社会位置。甚至在这个群体里，这种流动已经向传统亲属关系和家庭群体的稳定性提出了挑战(十二章九节)。反抗破坏社会稳定的力量变成了一股阻碍当前人口流动的力量。目前很难说，在新的情况下，传统力量会作多少让步，但总的来说，人口流动是缓慢的，特别是男性人口流动得很少，这说明了外界对劳动的需求不大和村里传统生产系统的僵化。

尽管如此，市场强烈地影响着生产，这一点是显而易见的。它导致了各方面的变化，这些变化不仅仅局限于人们的经济生活。生产系统对市场情况的反应不是一个简单的过程，而是一个长期复杂的过程，要了解这一过程需进行范围更广泛的调查研究，单纯从经济方面研究是不够的。

第十五章

资　　金

在交换过程中，以货物、劳务或现金不能及时偿还时便发生了信贷。简单地说，信贷就是一方信赖另一方，经过延迟一段时间，最后偿还。

在这一意义上讲，相互之间的义务，互相接待留宿，互赠礼物等非即刻交换的形式也是信贷的形式。这些信贷的偿还是通过社会制度中固有的互惠原则来保证的，并与亲属关系及友谊有密切关系。对于有这种关系的群体之外的交易，偿还的时间必须有明确的协议，并且信贷只有对贷方有利才能被接受。

贷款可以作任何用途，或可能限于协议中规定的某种用途。但信贷一词不能仅限于指对未来产品的预先付款。在这个村里，信贷在多数情况下是用于消费或付租付税，租和税与生产过程仅有间接的关系。同样地，也很难把借来办婚事的钱看做是对借钱人的生产能力有所帮助(除非是隐喻的意义)。

在讨论中国农村的信贷体系时，托尼教授写道："这个体系的特点……是借钱人和出借人对用于农业生产的信贷和补助家庭开支的借款两者之间的区别看来都不清楚。这就是说，把一切都记作一笔笼统的账，其结果，在欠债人或债权人的脑海中对借贷来作生产用途或家庭用途的钱无所区别。他们不明确用于生产的钱最后应该产生利润并足以偿还利息，家庭开支在没有意外的不幸事故的情况下，应能以收入偿付。”[1]

在本章，我将从信贷的广泛意义上来使用这一术语。

一、积蓄与亏空

信贷只有在一方面有积蓄，另一方面亏空时才可能产生。积蓄是指村里的经济单位家的收入超过支出时的剩余。收入指家的全部产品。它可以转换为钱，也可以不转换为钱。支出则包括家的成员用于消费、用于完成社会义务和用于生产而由自家生产或从市场购买的全部物品。

村里每家的生产量，相差不大，因为这种群体的大小，大致相仿，生产技术亦基本相同。它们的消费量也有一致性(七章一节)。除个别情况有特殊原因外，其财产分配不平等的原因，主要是土地占有制问题。佃农必须负担很重的地租。村里 2/3 的土地为不在地主掌握。村民每年交付租米总额为 4 800 蒲式耳。这一负担并不是平均分摊在村民身上，而是由 70%以上的人分担。在这些人中间，负担又不同(十一章五节)。土地占有制的这种情况导致了每年大量财富从村里外流到城镇，以及村中财富分配不均的情况。

蚕丝业兴旺时，尽管地租很高，但村民仍可维持足够的生活水平，并且尚可有所积蓄。这种积蓄通常被储藏起来。在村里，很少有投资的机会，除交租以外，城镇没有其他手段吸收积累的财富。农民储藏的货物或金钱首先是用作储备以对付经常发生的灾难，其次是供昂贵的礼节性开支。与个人生活有关的繁重的礼节或当地群体定期的宗教集会实际上是农村地区所积蓄的财富的重要出路。在礼节性场合，炫耀财富的思想替代了勤俭节约。在丧葬、结婚聘礼、嫁妆、宴席等方面，特别是举行村际游行时，财富挥霍严重(七章七节)。

---

[1] 《中国的土地和劳动》，第 62 页。

蚕丝业的萧条使村里的平均收入减少了 1／3(十二章二节)。在开支方面，消费和社会义务仍然像过去一样。惟一可以缩减或暂缓的款项是礼节性开支，据我估计，目前这种开支占总货币开支的 1／5(七章八节)。由于收入迅速降低，支出依然不变，结果是亏空。

亏空可以是紧急的或非紧急的。紧急亏空需要采取立即措施。食物不足、资本货物缺少，无能力付租付税等属于这种情况。除非给以资助，否则对有关个人会产生灾难性结果。由于付租义务并不是人人都有的，这种紧急亏空限于一部分村民。一小部分人，即使在目前情况下，仍能有些积蓄，还有另一些人则可以维持最低限度的生活。非紧急亏空，例如无力支付礼节所需的费用，这在比较有钱人中间也是较普通的。我已经描述过村民是怎样推迟婚期，暂停每年的团聚，缩减礼节性开支等情况。

积蓄减少造成了对外界资金流入的需求增加。内部借贷系统只能对付这个社区内部财富分配上的不平等，不能解决普遍无力偿付债务的问题。因此外界资金流入便成为村里紧急的金融问题。

以下各节，我将描述各种内部和外部的信贷系统。但目前掌握的材料不足以从定量分析方面来阐明它们相对的重要性。这种数据很重要，但需要比我现在所能做到的更广泛的调查研究。

二、互　助　会

物品、劳动和少量的钱可以不付利息，短期地向亲戚朋友借用。这种补贴的办法主要见于遇有暂时性亏空时，债权人相信借款人有能力在短期内还债。此类借贷可能延续数个月。这种相对较长期的信贷在分家后的兄弟之间常见。他们虽然有各自的房子和财产，但仍然有社会纽带把他们联系起来，照顾彼此的福利。为少量借款，向兄弟要利息，被认为是不可能的。

但需要大笔款项时，向个人商借并在短期内归还常有困难。因此，兄弟之间或其他亲戚之间的互相帮助便不能满足需要。这样才产生了互助会。

互助会是集体储蓄和借贷的机构，由若干会员组成，为时若干年。会员每年相聚数次。每次聚会时存一份款。各会员存的总数，由一个会员收集借用。每一个会员轮流收集使用存款。第一个收集人即组织者。一开始，他是该会的借债人。他分期还款，交一定量的利息。最后一个收集人是存款人，他最后收集自己那笔存款和利息。其他成员则依次收集存款，从存款人变为借债人。收款次序按协议、抽签或自报公议的办法决定。每次聚会时，每一会员存款数目的计算往往由于各种因素而变得较为复杂，我将在以后描述。

这种互助会，经常是由于某人需要经济援助而发起组成的。参加互助会的会员被认为是对组织者的帮助。按以上描述的办法，每个人似乎都轮流得到好处。但我们必须记住，投资的机会有限，借一笔款并付利息，可能是不经济的。此外，由于收钱时间不定，收款人可能难以把收来的钱用于最适当的需要。所以组织者对会员不能只强调他们在经济上会得到什么好处，而必须说他自己需要经济上的帮助。因此，会员通常只限于某些有义务帮助组织者的人或一些为了其他目的自愿参加的人。

通常组织这种互助会的目的是为办婚事筹集资金，为偿还办丧事所欠的债务。这些也是筹集资金的可以被接受的理由。但如为了从事生产，譬如说要办一个企业或买一块土地，人们往往认为这不是借钱的理由。

有了一个正当的目的，组织者便去找一些亲戚，如：叔伯、兄弟、姐夫、妹夫、舅父、丈人等。他们有义务参加这个互助会。如果他们自己不能出钱，他们会去找一些亲戚来代替。

会员的人数从 8 至 14 人不等。在村庄里，保持密切关系的亲属圈子有时较小。因此，会员可能扩展至亲戚的亲戚或朋友。这些人不是凭社会义务召集来的而必须靠互利互惠。如果一个人需要经济上的帮助，但他没有正当的理由来组织互助会，他将参加别人组织的互助会。被这个社区公认为有钱的人，为了表示慷慨或免受公众舆论的指责，他们将响应有正当理由的求援。例如，周加入了10多个互助会，他的声誉也因此有很大提高。

但这种互助会的核心总是亲属关系群体。一个亲戚关系比较广的人，在经济困难时，得到帮助的机会也比较多。从这一点来说，我们可以看到，像“小媳妇”(三章八节)这样的制度，使亲属圈子缩小，最终将产生不利于经济的后果，另一方面，扩大亲属关系，即使是采取名义领养的方式，在经济上也有重要的意义(五章三节)。

在理论上，组织者将对会员的任何违约或拖欠负责，他将支付拖欠者一份款项。但由于他自己需要别人的经济援助，因此他的负责是没有实际保证的。拖欠或违约并不是通过法律的制裁来防止而是通过亲戚之间公认的社会义务来防止。拖欠的可能性又因互相补贴的辅助办法而减少。一个人在这样的环境中，很容易提出要求补贴，特别是他届时有从互助会中收集存款的机会。不利于自己的后果也是一项重要的考虑。拖欠人会发现，他需要帮助时便难于组织起他所需的互助会。然而事实上还是有违约或拖欠的，尤其是以往数年来，有这种情形发生。正如我已提到过，当地信贷系统的有效程度取决于村民普遍的储蓄能力。经济萧条使拖欠人数增加，从而威胁着当地的信贷组织。这对现在的亲属联系起着破坏的作用。但由于我对此问题没有详细的调查，只好将它留待以后做进一步的研究。

有三种互助会，最流行的一种叫“摇会”，在这个会中，组织者召集14个会员，每人交纳10元，组织者总共得140元。摇会每年开两次会：第一次在7月或8月，那时蚕丝生产告一段落，第二次在11月或12月，水稻收割完毕。在每一次会上，组织者偿还摇会10元本钱和3元利息。这样，在第14次会结束时，他可以把债还清。

在相继的每一次会上，有一个会员收集70元钱。收这笔钱的人就是摇会的借款人，他在以后的每一次会上应还5元本钱及1.5元利息。由于会员只拿相当于组织者一半的钱，所以计算时稍为复杂。组织者每次交款的半数将在会员中平分 $\frac{13}{2} \div 14 = 0.464$，这叫组织者的余钱。会员拿的实际数为 $70 + 0.464$，借款人每次交款为6.036(即 $6.5 - 0.464$)元。

组织者和借款人每次交的钱和会员收的钱数均为恒定。没有收款的那些人为摇会人。由于每一次会有一个会员收款，所以借款人逐步增加，存款人随之减少。在每一次会上，存款人存款数目根据以下公式计算：会员的款数 70.464－{组织者的存款(13)＋[借债人数×借债人存款(6.036)]}÷存款人数。

在每一次会上存款人存款总数减少[1]。对每一个会员来说，存款总数，按照收款的次序逐步减少。由于收款数不变，存款和收款数目之间的差即借债人付的利息或存款人收的利息。借债人的利率规定为年利 4.3%。但由于存款和借款以及两种余额混在一起。因此，会员之间以及每年的实际利率不同。[2]每次会的收款人根据抽签的办法决

[1] 在第 11 次会上，组织者和借债人交纳的钱数已经超过会员的集款数。存钱人不需再交付任何款项而可以分享新的余款。分配余款的原则是：前 4 次会的组织人和收款人除外，其余会员根据他们集款的次序按比例均可分得一份。例如，在第 11 次会上，第 5 次会的集款人将得 0.11 元或总余款(2.432)的 5／110。但这个会上的 3 个存款人，其集款次序尚未确定，他们将各得余款的 13／110。从第 11 次会后的每次会的总余款为：

第 11 次………2.432
第 12 次………8.004
第 13 次………14.968
第 14 次………21.004

[2] 见下表：

收款次序	交款数	收款数	每半年平均利率(%)	
			借款	存款
组织者	182.00	140.00	2.2	—
第 1 人	88.47	70.47	2.1	—
第 2 人	86.85	70.47	2.3	—
第 3 人	85.10	70.47	2.6	—
第 4 人	78.96	70.47	2.0	—
第 5 人	74.71	70.47	1.5	—
第 6 人	71.99	70.47	1.0	—
第 7 人	69.06	70.47	—	2.0
第 8 人	65.62	70.47	—	3.4
第 9 人	62.70	70.47	—	2.8
第 10 人	57.08	70.47	—	3.1
第 11 人	51.41	70.47	—	3.4
第 12 人	44.91	70.47	—	3.6
第 13 人	38.43	70.47	—	3.8
第 14 人	31.06	70.47	—	4.0

平均利率是这样计算的：把交款数与收款数的差被收款数加存款与还款次数之间的差除。(表格中的数字疑有误，但无从查考——**编者**)

定。每个会员掷两颗骰子，点数最高者为收款人。组织者为每次摇会准备了宴席，由各次摇会的收钱人负担宴席费用。席后，组织者收齐了会员交纳的款项，再进行抽签。

摇会的办法比较复杂。但有它的优点：

(1)参加会的会员对收来的钱没有预计肯定的用处。减少会员交纳的钱数，会员的负担减少，从而也减少了拖欠的危险。(2)用抽签办法决定收款人，每个存款人都有收款的均等希望。这促使需要经济援助的人去交款。(3)存款人交款数迅速下降弥补了他们延期收款的不足之处。(4)丰盛的宴席吸引会员。有些人，把宴席改在冬天，每年一次，下一阶段的收款人预先决定。人们发现春天收款极为困难，所以放弃了这种办法。

摇会次序	存款人数	每个存款人的存款
第1次	13	4.420
第2次	12	4.286
第3次	11	4.126
第4次	10	3.936
第5次	9	3.702
第6次	8	3.410
第7次	7	3.035
第8次	6	2.535
第9次	5	1.838
第10次	4	0.785

这种会的办法比较复杂，普遍农民很难理解它。事实上在村子里，懂得这种计算办法的人很少，所以必须请村长来教。为了解决这一困难，不久以前，有人提出一个比较简单的互助会办法，叫徽会，因为据说这是从安徽传来的。这个会的收款次序，及每个会员交纳的款

数，均事先规定[1]。

每次会收款总数不变，规定为 80 元，包括收款人自己交纳的一份。这一借贷办法便于计算，每个会员能预知轮到他收款的时间并纳入他自己的用款计划。

第三种互助会称广东票会，来源于广东，采取自报的方式。所有存款人自报一个希望在会上收款的数目，报数最低的人为收款人。存款余钱减去收款人的款数后，在会员中平分。在村子里，此种会不很普遍，向我提供材料的人告诉我，这种方式的赌博性质太重。

三、航船，信贷代理人

村庄和城镇之间亲属关系非常有限。住在城镇的农民很少。几代在城镇居住的人，他们与村子里同族的关系已经比较疏远。我已提到过，族人分散后，族就分开了(五章一节)。城镇与农村通婚也很少。在我看来，城里人和村民的关系主要是经济性质的。例如，他们可能是地主和佃农的关系，在目前的土地占有情况下，他们之间的关系不是个人的关系。主人和暂时在城里当女佣的妇女，他们之间的关系较密切。但就整体来看，城里人和农民之间的社会关系不密切，不足以保持一个在经济上互相补贴或互助会的系统。当村民需要外界资助时，他们通常只得求助于借米和高利贷系统。

在稻米是主要产品的农村里，粮食供应不足并非常态。这是农产

[1]

收款次序	每次会的交款数
组织者	13.5
第 2 人	12.5
第 3 人	11.5
第 4 人	10.5
第 5 人	9.5
第 6 人	8.5
第 7 人	7.5
第 8 人	6.5

品价格下降的结果。要使收入与过去一样不变，产量必须增加。结果是村民的稻米储备往往在新米上市以前便消耗尽，以致需要借贷维持。从这方面讲，航船在村庄经济中起着重要的作用。

村民通过航船出售稻米给城镇的米行。米行与航船主联系，而不是与真正的生产者联系的。为了能得到经常不断的供应，特别是为对付城镇市场的竞争，米行必须与航船主保持友好的关系。另一方面，航船主对生产者来说，是不可缺少的服务对象。生产者依赖航船主进行购销。这些关系使航船主在需要时建立起米行和村民之间的借贷关系。

航船主代表他的顾客向米行借米，并保证新米上市后归还。他的保证是可靠的，因为借米人生产的米将通过他出售。此外，收购人出借大米不但可以获利而且也有利于保证未来的供应。

向米行借米的价格为每 3 蒲式耳 12 元，比市场价高。借债人将以市场价格偿还相当于 12 元钱的大米(冬天，3 蒲式耳米约为 7 元)。如果借期两个月，每月利率约为 15%。这一利率比较高利贷还算低些。这是因为一方面有航船主作为中保，另一方面对米行来说，可以保证其未来的大米供应，出借人所担的风险不大。由于镇上存在好几家米行，出借大米，价格并不划一，有利于借米人以较低的利息借进大米。

这是一种比较新的信贷系统。它尚未超出借米的范围。但用同样的原则，这种系统可逐步扩展至通过米行和丝行变成银行来出借钱，作为对收购产品的预先支付。这种产品相对来说比较稳定，而且是可以预计的。

四、高　利　贷

当农村资金贫乏时，从城镇借钱给农村是必然会发生的。农民向城镇里有关系的富裕人家借钱。其利息根据借债人与债权人之间关系疏密而异。然而，如我已经提到过的，农民和城里人之间的个人关系有限，而且与农民有个人关系的人也可能没有钱可出借。结果城镇里便出现了一种职业放债者。职业放债者以很高的利息借钱给农民。这种传统制度，我们可称之为高利贷。

例如，无力支付地租并不愿在整个冬天被投入监狱的人，只得向别人借钱。高利贷者的门是向他敞开的，出借的钱按桑叶量计算。农民借钱时并没有桑叶，也没有桑叶的市场价格。价格是人为制定的，每担(114磅)7角。譬如，借7元钱，可折算成10担桑叶。借期在清明(4月5日)结束，必须在谷雨以前还款(4月20日)。借债人必须按照当时桑叶的市场价格归还相当于10担桑叶的钱，那时每担桑叶为3元。因此，如10月份借7元钱，到第二年4月必须还高利贷者30元。在这五个月中，借债人每月付利息65%。这种借贷办法被称为“桑叶的活钱”。

清明时节，人们正开始从事养蚕业。在村里，这是经济上最脆弱的时期。冬天付不起地租的人，也不见得有能力还钱给债权人。在前五个月中，人们除了做一些生意外，不从事大的生产活动。在这种情况下，借债人可以向债权人续借贷款，按米计算。这种方式被称作“换米”。不论市场米价如何，借米的价格为每3蒲式耳5元。借期延续至下一年10月。偿还时按市场最高米价计算，每3蒲式耳约7元。一个人在10月借7元到第二年10月应还48元，利率平均每月53%。

借债人如果仍无力还清债务便不允许再延长借期。借债人必须把手中合法的土地所有权交给债权人。换句话说，他将把田底所有权移交给债权人。土地价格为每亩30元。从此以后，他再也不是一个借债人而是一个永佃农。他每年须付地租(十一章四节)而不是利息。

地租为每亩2.4蒲式耳米或约4.2元。如果我们按巴克对农村土地投资所估计的平均利率8.5%计算[1]，我们发现每亩地值56元。因此，

[1] 《中国农村经济》(Chinese Farm Economy)，第158页。

7元钱的贷款一年之后使债权人最终得利为一块价值89元的土地。

通过高利贷者，田底所有权从耕种者手中转移到不在地主手中，不在地主系从高利贷者手上购得土地所有权。不在地主制便是以这种金融制度为基础的(十一章四节)。

高利贷是非法的制度，根据法律，约定年利率超过20%者，债权人对于超过部分之利息无请求权[1]。所以，契约必须用其他手段来实施而不是法律力量。高利贷者雇用他自己的收款人，在借债满期时迫使借债人还债。如果拒绝归还，收款人将使用暴力并拿走或任意损坏东西。我知道一个实例，借债人死的时候，债权人便抢走死者的女儿，带到城里做他的奴婢。借债人通常无知，不懂得寻求法律保护，社区也不支援他。他完全受高利贷者的支配，如果借债人既没有钱还债，也没有田底所有权，债权人认为比较巧妙的办法还是让借债人继续耕种，这样可以保留他向借债人未来产品提出要求的权利。借债人被逼得毫无办法时，可能在高利贷者家里自尽。高利贷者便面临着鬼魂报复，也会引起公愤而被迫失去债权。这种极端的手段虽然很少使用，但在某种程度上，对防止高利贷者贪得无厌的做法是有效的。

高利贷者住在城里，每人有一外号。同我调查的这个村庄有关系的一个高利贷者，姓施，叫剥皮。这一外号说明了公众的愤恨。但他却又是农民急需用款时的一个重要来源。可供借贷的款项极为有限，而需求又很迫切。入狱或者失去全部蚕丝收益的后果更加势不可挡。向高利贷者借款至少到一定的时候，还可能有一线偿还的希望。

我未能计算出村里高利贷者放债的总数。因为田底所有权转移到村外的其他方式即使有的话，也是很少的。租佃的范围可能就说明了高利贷制度的范围。

高利贷的存在是由于城镇和农村之间缺乏一个较好的金融组织。在目前的土地占有制下，农民以付租的形式，为城镇提供了日益增多的

[1] 《民法》，第205条。

产品，而农民却没有办法从城镇收回等量的东西。从前，中国的主要纺织工业，例如蚕丝和棉织工业在农村地区发展起来，农民能够从工业出口中取得利润以补偿农村的财富外流。农村地区工业的迅速衰退打乱了城镇和农村之间的经济平衡。广义地说，农村问题的根源是手工业的衰落，具体地表现在经济破产并最后集中到土地占有问题上来。在这个村子里，为了解决当前的问题，曾致力于恢复蚕丝业。这种努力的部分成功是很重要的，它也是在尖锐的土地问题下减轻农民痛苦的一个因素。

五、信贷合作社

关于信贷问题，我也应该提一下政府为稳定农村金融而采取的措施。农村的合作信贷系统实际上不是农民自己的组织，而是农民用低利率从国家银行借钱的一种手段。江苏省农民银行专拨一笔款项供农民借贷。这一措施指望基本解决农村资金问题。但它的成功与否取决于它的管理水平和政府提供贷款的能力。在我们这个村里，我知道这个“合作社”借出了数千元钱。但由于借债人到期后无能力偿还债务，信贷者又不用高利贷者所用的手段来迫使借债人还债，借款利息又小，不足以维持行政管理上的开支。当这笔为数不大的拨款用完后，信贷合作社也就停止发生作用，留下的只是一张写得满满的债单。

目前，至少在这个村里，这种实验的失败告诫我们，需要对当地的信贷组织有充分的知识，这是很重要的。如果政府能利用现有的航船、互助会等系统来资助人民，效果可能要好一些。建立一个新的信贷系统需要有一个新的约束办法。在当地的信贷系统中，对到期不还者有现成的约束办法。如果能利用传统的渠道，再用政府的力量将其改进，似乎成功的机会会大一些。

第十六章

中国的土地问题

上述一个中国村庄的经济生活状况是对一个样本进行微观分析的结果。在这一有限范围内观察的现象无疑是属于局部性质的。但他们也有比较广泛的意义，因为这个村庄同中国绝大多数的其他村子一样，具有共同的过程。由此我们能够了解到中国土地问题的一些显著特征。

中国农村的基本问题，简单地说，就是农民的收入降低到不足以维持最低生活水平所需的程度。中国农村真正的问题是人民的饥饿问题。

在这个村里，当前经济萧条的直接原因是家庭手工业的衰落。经济萧条并非由于产品的质量低劣或数量下降。如果农民生产同等品质和同样数量的蚕丝，他们却不能从市场得到同过去等量的钱币。萧条的原因在于乡村工业和世界市场之间的关系问题。蚕丝价格的降低是由于生产和需求之间缺乏调节。

由于家庭手工业的衰落，农民只能在改进产品或放弃手工业两者之间选择其一。正如我已说明的，改进产品不仅是一个技术改进的问题，而且也是一个社会再组织的问题。甚至于这些也还是不够的。农村企业组织的成功与否，最终取决于中国工业发展的前景。目前的分析对那些低估国际资本主义经济力量的改革者来说，是一个警告。

如果农村企业不立即恢复，农民只得被迫选择后者。他们将失望地放弃传统的收入来源，正如纺织工业已经发生的那样。如果从衰败的家庭手工业解除出来的劳动力能用于其他活动，情况还不至于如此严重。必须认识到工业发展中，某些工业并不一定适合留在农村。但就目前来说，尚无新的职业代替旧职业，劳力的浪费将意味着家庭收入的进一步减少。

当他们的收入不断下降，经济没有迅速恢复的希望时，农民当然只得紧缩开支。关于中国农民的开支有四类：日常需要的支出，定期礼仪费用，生产资金，以及利息、地租、捐税等。正如我们已经看到的，农民已经尽可能地将礼仪上的开支推迟，甚至必要时将储备的粮食出售。看来，农民的开支中最严峻的一种是最后一种。如果人民不能支付不断增加的利息、地租和捐税，他不仅将遭受高利贷者和收租人、税吏的威胁和虐待，而且还会受到监禁和法律制裁。但当饥饿超过枪杀的恐惧时，农民起义便发生了。也许就是这种情况导致了华北的“红枪会”，华中的共产党运动。如果《西行漫记》的作者是正确的话，驱使农民进行英勇的长征，其主要动力不是别的而是饥饿和对土地所有者及收租人的仇恨。

在现在这个研究中，我试图说明单纯地谴责土地所有者或即使是高利贷者为邪恶的人是不够的。当农村需要外界的钱来供给他们生产资金时，除非有一个较好的信贷系统可供农民借贷，否则不在地主和高利贷是自然会产生的。如果没有他们，情况可能更坏。目前，由于地租没有保证，已经出现一种倾向，即城市资本流向对外通商口岸，而不流入农村，上海的投机企业危机反复发生就说明了这一点。农村地区资金缺乏，促使城镇高利贷发展。农村经济越萧条，资金便越缺乏，高利贷亦越活跃——一个恶性循环耗尽了农民的血汗。

中国的土地问题面临的另一个困境是，国民党政府在纸上写下了种种诺言和政策，但事实上，它把绝大部分收入都耗费于反共运动，所以它不可能采取任何实际行动和措施来进行改革，而共产党运动的实质，正如我所指出的，是由于农民对土地制不满而引起的一种反抗，尽管各方提出各种理由，但有一件事是清楚的，农民的境况是越来越糟糕了。自从政府重占红色区域以来到目前为止，中国没有任何一个地区完成了永久性的土地改革。

我们必须认识到，仅仅实行土地改革、减收地租、平均地权，并不能最终解决中国的土地问题。但这种改革是必要的，也是紧迫的，因为它是解除农民痛苦的不可缺少的步骤。它将给农民以喘息的机会，排除了引起“反叛”的原因，才得以团结一切力量寻求工业发展的道路。

最终解决中国土地问题的办法不在于紧缩农民的开支而应该增加农民的收入。因此，让我再重申一遍，恢复农村企业是根本的措施。中国的传统工业主要是乡村手工业，例如，整个纺织工业本来是农民的职业。目前，中国实际上正面临着这种传统工业的迅速衰亡，这完全是由于西方工业扩张的缘故。在发展工业的问题上，中国就同西方列强处于矛盾之中。如何能和平地解决这个矛盾是一个问题，我将把这个问题留待其他有能力的科学家和政治家去解决了。

但是有一点，与中国未来的工业发展有关，必须在此加以强调。在现代工业世界中，中国是一名后进者，中国有条件避免前人犯过的错误。在这个村庄里，我们已经看到一个以合作为原则来发展小型工厂的实验是如何进行的。与西方资本主义工业发展相对照，这个实验旨在防止生产资料所有权的集中。尽管它遇到了很多困难甚至失败，但在中国乡村工业未来的发展问题上，这样一个实验是具有重要意义的。

最后，我要强调的是，上述问题自从日本入侵以来并未消失。这种悲剧在建设我们的新中国过程中是不可避免的。这是我们迟早必然面临的国际问题的一部分。只有经历这场斗争，我们才有希望真正建设起自己的国家。在斗争过程中，土地问题事实上已经成为一个更加生死攸关的问题。只有通过合理有效的土地改革，解决农民的痛苦，我们与外国侵略者斗争的胜利才能有保证。 现在日本入侵，给我们一个机会去打破过去在土地问题上的恶性循环。 成千个村庄，像开弦弓一样，事实上已经被入侵者破坏，然而在它们的废墟中，内部冲突和巨大耗费的斗争最后必将终止。 一个崭新的中国将出现在这个废墟之上。 我衷心希望，未来的一代会以理解和同情的态度称赞我们，正视我们时代的问题。 我们只有齐心协力，认清目标，展望未来，才不辜负于我们所承受的一切牺牲和苦难。

附录

关于中国亲属称谓的一点说明

由于对人类学中亲属称谓问题具有特殊的兴趣，我想为本书增写一个附录，作为“亲属关系的扩展”这一章的补充。

必须弄清楚亲属称谓的结构分析至多只能作为研究整个亲属系统问题的一部分，如果仅仅提供一个称呼表是没有什么用处的，因为这不能说明它们的社会意义。过去的有关研究都用这种方法处理，从摩尔根和哈特的旧著直至冯汉骥[1]最近的出版物都是如此。这是由于对语言的概念谬误，把词语看做是表现现实的结果，因此才相信对亲属称谓的分析就足以了解亲属关系的组织情况。

像其他一切语言资料一样，亲属关系的称谓应该结合其整个处境来研究。它们被用来表示某人身份或对某物享有某种权利，表达说话人对亲属的感情和态度，总之是说话人对亲属的部分行为。我们必须直接观察称谓究竟是如何使用的，然后才能充分的分析。[2]但在本说明中不可能详尽地

---

[1] 我对用历史书面语言研究中国亲属制度的批评，参见《中国亲属关系制度问题》(The Problem of Chinese Relationship System)，《华裔学志》(Monumenta Serica)，第2卷，1936～1937年；我对冯汉骥的《中国亲属制度》(The Chinese Kinship System)的评论，《人类》(Man)，1938年8月，第135页。

[2] 语言理论，参见马林诺斯基《珊瑚园和它们的巫术》(Malinowski, Coral Gardens and Their Magic)，第2卷。

研究这一问题，我只想为今后的进一步调查研究提供一个提纲。

中国亲属称谓从语言处境来说大致可分为四类：

一、某人直接与亲属说话

二、某人说话时间接提到亲属

三、某人用通俗口语描述亲属关系

四、用书面语表达亲属关系

一、对话时的称呼

对话时的称呼是个人生活中最早使用的一套亲属称呼。人们教孩子用亲属称谓称呼他所接触的不同的人。孩子最先接触要称呼的人便是他家里的人——父母、父亲的双亲，有时父亲的兄弟和他们的妻子、孩子以及父亲的未婚的姐妹等等。在多数情况下母亲抱孩子，母亲的家务繁忙时，她便把孩子交给别人抱，这时孩子的祖母、父亲的姐妹、孩子的姐姐以及父亲兄弟的妻子将代替母亲担任起照看孩子的功能。

家中的男性成员对照看孩子负较少的直接责任。但当孩子长大时，父亲作为孩子的纪律教育者，他的作用便逐渐显得重要起来(孩子与亲属的关系，参看三章四节和五章一、二节)。父亲方面的亲属称谓见下表。

表中所记载的有时只是实际生活中所使用的称谓的基本词。对讲话的人来说，每一个称呼代表一个确定的人。如果与讲话人有同样关系的有两个以上的人，例如他父亲的两个哥哥，则须在基本称呼词前面加修饰词，以表示特指的关系。他将称父亲的大哥为“DA PAPA”(“DA”意思是年纪大的或年长的)。称父亲的二哥为“N'I PAPA”(“N'I”意思是第二)。修饰词有两种：数词和个人名字。一般来说，对近亲或亲属中年纪大的，如父亲的兄弟姊妹及自己的哥哥、姐姐加数字。对远亲和弟弟妹妹则加个人的名字作为称谓前的修饰词。

所有下代的亲属均用个人名字或以简单数字称呼。

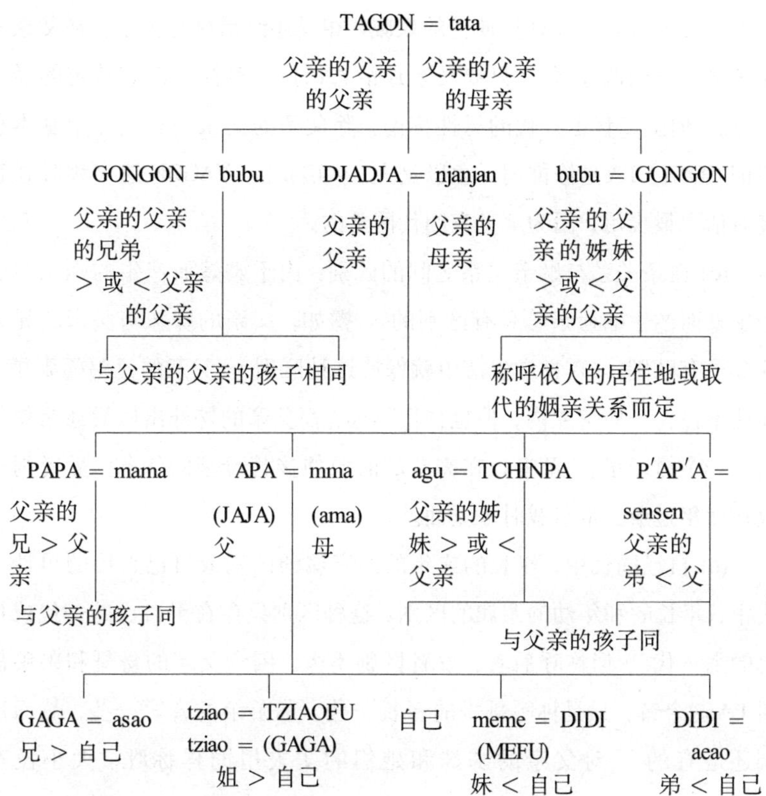

=代表婚姻关系；>代表年长的；

<代表年幼的；(　)表示近来用的称谓

对父系亲属分类时可从上表看出几个主要规则：

(a) 性的区别：这一规则没有发现例外。在这一页中，语言区别与社会关系方面的区别两者之间的相关关系大。在家务劳动、其他社会功能、权利和义务方面的性的区别在上面已有描述。

(b) 亲属关系级别的区别[1]：根据亲属关系级别而分化的社会义务和权利，在亲属关系社会学中已有很好的表述。例如，祖父对孙子往

[1] 根据雷蒙德·弗思，亲属关系级别在下述意义上与世代不同，即前者根据出生，含有生物学上分类的意思；后者根据家谱等级，属于社会学上的次序，《我们提科皮亚人》(We The Tikopia)，第 248 页。

往不像父亲对儿子那样行使他的权威，相反还经常姑息孩子，在父亲和儿子之间充当调停者。只要父亲还活着，孙子对祖父没有特定的经济义务。但上二代上三代的男性称谓，除父亲的父亲外有同一个基本称谓词 GON；TA 是修饰词，意思是大。实际上，TAGON 这个称呼在直接对话中很少用，因为罕见有四代同堂的。

(c) 血亲关系与姻亲关系之间的区别：由于婚嫁而产生的姻亲与由于生育而产生的血亲总是有区别的。譬如，父亲的姊妹与父亲的兄弟的妻子有区别。在日常生活中就保持这种区别。父亲的兄弟的妻子，即使不住在一所房屋内，但也住得不远，而父亲的姊妹出嫁后通常便住到另一个村子里。前者，在需要的时候便接替母亲的任务，后者则多数在逢年过节、走亲戚时才见面。

(d) 自己同代中，年长的或年幼的亲属的区别或自己直接的男性上代中，年长的和年幼的亲属的区别：这种区别只存在于自己的一代或自己的上一代。但称呼后者，发音区别不大，因为父亲的哥哥和弟弟都用 PA 这个音，只是称呼哥哥的音长一些，称弟弟的音短一些，然而区别还是有的。对父亲的姊妹和她们的丈夫用同样称呼，大小没有区别。

哥哥和弟弟的区别可与长子的特殊权利和义务联系起来(四章三节)。上代亲属的社会关系区别较少，从称谓的融合来看，也反映了这一点。

(e) 家庭群体的区别。这一规律不影响自己这一代。自己的上一代，父亲这个称谓与称呼父亲的兄弟用同一个主要词素 PA。而近来又有一种新的称谓 JAJA。用于描述这种关系时，JA 是父亲的称谓。母亲和父亲兄长的妻子用同一个主要词素 ma。虽然如此，保持的区别说明了同样一个事实，即在较大的亲属关系单位家中，家庭核心并未完全被淹没。

从上述情况，我们可以看出亲属关系的语言与亲属社会学之间大体上是相关的。这种关系只能在分类的普遍规律中找到，而不能在具体称呼中找到。

第二类亲属是孩子母亲方面的亲属，他们通常住在邻近的村子里。虽然，孩子的外婆在他母亲生孩子时就来帮忙，但她呆得不长；女儿出嫁以后，母亲只是在这种情况下偶尔在女婿家呆一夜。但是孩子却常常和母亲一起到外婆家去，每年数次，每次住 10 天或 10 多天。在外婆家，他是客人而且是受娇宠的(五章二节)。他在这个环境中学到了母亲一方的亲属称谓，其含义与他在父亲一方学到的自己的亲属称谓不同。

母系亲属与父系亲属在称呼上的区别主要存在于上一代，母亲自己的父母例外。正如我已在上面说明的，与自己有亲密关系的母系亲属限于母亲的父母，母亲的兄弟和姐妹以及他们的儿女。特殊的称谓也限于他们，与自己同一代的亲属除外。年长的和年轻的区别仅在对母亲的姊妹的称呼。这种区别是在称呼前加修饰词来表示。他们和自己在社会关系方面没有区别。

通常一个人，在童年时便学会了全部亲属称谓，有时弟弟妹妹的称呼除外。成婚后再加上的新称谓很少。

已婚妇女在她的婚礼结束后，人们便把她丈夫一方的亲戚介绍给她。在介绍时，她同她丈夫一样称呼他们，公公除外，她称公公为“亲爸”。称丈夫的兄弟的妻子，同她称自己的姊妹一样。结婚初期，她是一个新来的人，不便于同她丈夫一方的亲属有过多密切的接触。她甚至不称呼自己的丈夫。因此，彼此间没有特别的称呼。例如，她烧好了饭，便招呼“大家”，意思是大家来吃饭。这种无名的称呼是大家认可的做法。她要提起丈夫时，用一个简单的代名词就足够了。但如果她必须称呼亲戚时，她用丈夫所用的称谓。生下了孩子后，她代表着孩子，与丈夫一方亲属的接触增多。她也有义务教育孩子称呼长辈。亲属关系称谓是这种教育的一个组成部分。代孩子问询或问到孩子并教孩子认识亲属关系时，她用孩子应该用的称谓。例如，在这种情况下她叫孩子的祖父为 DJADJA。但这并不意味着，放弃在别的场合用TCHINPA的称谓。事实上她可以根据不同情况选择她自己专用的、她丈夫用的以及孩子用的称谓。母系亲属称谓见下表：

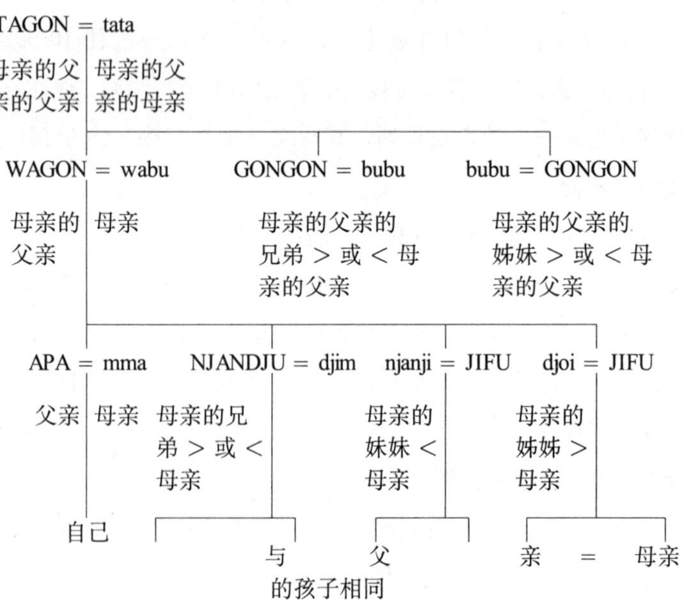

一个男人称他妻子的父亲为TCHINPA，称妻子的母亲为tchinm。TCHINPA的称呼也用于父亲的姊妹的丈夫。它既然也被媳妇用来称呼公公，这表明了两种表亲婚姻——“上山”型和“回乡”型(三章八节)。在实际生活中“回乡型”不受欢迎。因此，称谓的识别不能只用婚姻方式来理解。

对于他妻子的其他亲戚，根据不同的场合用他妻子或孩子用的合适的称呼。

实际使用的称谓，其数目取决于亲属关系群体的大小。在农村，家的规模小，所以称谓数目不会大。此外，一个孩子的母亲如果是通过“小媳妇”制度成婚的，则整个母系亲戚群可能就消灭了。

二、间接称谓

如果一个人对另一个人谈起某一个亲戚，对这个亲戚用什么称呼呢？牵涉到三个人：A. 说话人；B. 同A谈话的人；C. A和B谈及的人。

A对B谈及C时可用

(1) 他招呼C时所用的称谓，或

(2) 用B招呼C时所用的称谓，或

(3) 用口语或书面语描述A和C之间的关系或B和C之间的关系时所用的称谓(见下节)，或

(4) 用提及非亲属时所用的称谓(五章四节)。

应用这些原则还须视A、B和C之间存在的关系而定——他们是否属于同一亲属群体，在亲属级别和社会地位方面哪一个是长者。

一般的规则可列公式如下，但没有篇幅一一举例说明并描述特殊例外。

(1) A、B和C属于同一家：

(a) C<A和B，用C本人的名字

(b) C=A和B，用(1)

(c) C>A和B，A<B，用(1)

A=B，用(1)

A>B，用(2)

(2) A、B和C属于同一个扩大了的亲属群体：

(A) C在A的家中：

(a) 用(3)或个人名字，

(b) 用(3)或个人名字，

(c) A<B，用(1)或(3)

A=B，用(3)

A＞B，用(2)

(B) C在B的家中：

(a) 用C的个人名字

(b) 用(2)、(3)或(4)

(c) A＜B，用(1)

A＝B，用(1)或(3)

A＞B，用(2)、(3)或(4)

(3) A和B之间没有亲属关系(哪一个是长者系按年龄大小和社会地位高低来计算的)：

(A) C是A的亲属，

(a) 用(3)或个人名字，

(b) 用(3)或个人名字，

(c) A＜B，用(1)或(3)

A＝B，用(3)

A＞B，用(3)或(4)

(B) C是B的亲属，

(a) 用(3)或个人名字，

(b) 用(3)或个人名字，

(c) A＜B，用(4)

A＝B，用(3)或(4)

A＞B，用(2)、(3)或(4)

在上述情况中，A和B是直接对话，C是间接地被谈及。另一种情形是A和C对话，B作为涉及的中心。我已经提出，孩子由别人作为代言人的例子。孩子的母亲代孩子说话称公公为DJ—ADJA，即祖父。在这种情况下，A并不是作为他或她自己在说话，而是替别人说话。这不能同直接对话时用的称呼混淆。

三、描述亲属关系用的称谓

这类称谓与上述称谓不同，后者指特定的人，前者指这种关系。一个孩子叫母亲 ma，但两者之间的关系被描述为 NITZE(儿子)和 njian(娘)。

如上节所示，这种称谓在间接提到时也使用。例如，一个大人问小孩“你的 njian 怎么样了？”或“他 njian 好吗？”在这种情况下，除非完全不可能混淆，一般要加一个代名词。

描述关系用的一般称谓是可以“归类的”，因为可能有一群人与自己有同一类关系。例如，父亲有两个弟弟，他们同自己的关系是一样的，即 SOSO(叔叔——父亲的弟弟)和 ADZE(阿侄——兄弟的儿子)的关系。

对话时用同一个基本称谓表述的亲属分类与描述亲属关系时用的称谓的分类不同。例如，称母亲的兄弟的儿子与称父亲的兄弟的儿子用同样的称呼。但在描述关系时，前者为 PIAOGA(表哥)后者为 AGA(阿哥)。称呼所有下代的亲戚用个人名字或用数字，但描述关系的称谓则分类了，自己的儿子叫 NITZE(儿子)，兄弟的儿子叫 ADZE(阿侄)，姊妹的儿子叫 WASEN(外甥)等。

在这一类称呼中，口头语言和书面语之间可能不一致。口语和书面语的总的区别在于前者系当地人口说的，后者为所有有文化的中国人写的。当然两者都可以口头说和用文字写，在实际运用中，总起来说，一直保留着这种区别。虽然近来有一种发展口头文字的尝试，换句话说，就是写成口说的形式，即白话，实际上是“北京话”。另一方面，几千年来有文化的中国人用的书面语言是以书写的文字表达的，可以根据地方的特有语音，读法不同，但总是写在纸上，随时可以读它。由于书面语的语法与口语语法不同，将前者读出来，普通人听不懂。

书面的词语仅在特殊的情况出现于口语中。书面表示一件东西或一种关系与口头表达所用词语可以不同。这种区别可以用亲属称谓举例说明。例如，描述父亲的关系：书面词用 Fu(父)，但口语，在村庄中用 JA(爷)。此外，在书面语中分类别的亲属在口语中可能就没有区别。例如，父亲的兄弟的儿子这一亲属关系和父亲的父亲的兄弟的儿子的儿子，在口语中都叫 Z—ZOSHONDI(自族兄弟——我本族的兄弟)，但在书面则分别称 TONSHON(堂兄)和 ZET—ONSHON(族堂兄)。

我不能在此充分阐述书面的和口头的亲属称谓之间的关系问题。我已在别处扼要发表了我的观点。"在称谓的书写系统中，理论家系统地完全地实现了分类原则，这些分类原则是在亲属关系系统变化的实际过程中注意到的。每一代用同一主干定名，垂直分裂成两组，年长的和年轻的，然后在这个'家庭'(父母子女这个团体)的称谓前加修饰词以此表示它不同于其他'家庭'；其他'家庭'又根据其与这个'家庭'的亲疏加以区别。这种逻辑结构不仅模糊了年长和年轻的类别的存在，特别是年少的一类失去了特殊的称呼，而且还错误地表述了这些原则实际应用时的现实性。这种结构的结果是，书面语的称谓系统与实际上实行的称谓系统相去甚远。当然，上面提到的变化方向曾受到了书面称谓系统的很大影响。然而中国社会组织的新变化，如族的部分瓦解，母系亲属的日益重要，妇女社会地位的变化等，正如对吴江情况分析中所显示的，已经形成了一种变化的趋向，这些是过去的理论家所未预见到的，同时也是在已编纂的书面称谓系统中找不到的。故新的社会变化将促使实践中的称谓系统更加远离书面的称谓系统。"[1]

---

[1] 《中国亲属关系制度问题》，第 148 页。在上述引语中，实际上实行的称谓系统指口语的称谓，书写的称谓系统指书面称谓。书面称谓的详单可见陈和施赖奥克(Chen and Shryock)的《中国亲属称谓》(Chinese Relationship Terms)一文，刊于《美国人类学家》(American Anthropologists)，1932 年第 34 卷第 4 期；或冯汉骥，同前引文，《哈佛亚洲研究杂志》(Harvard Journal of Asiatic Studies)，1937 年第 2 卷第 2 期。

附录一

江村通讯

一、这次研究工作的动机和希望

在离开北平的时候，我允许社会研究社的朋友们，继续我的《桂行通讯》，来写《江村通讯》。在这种通讯的方式中，我们可以记述种种个人的经验和遭遇及一切未确立的假设和事实。这一类记述在正式的专刊中是没有位置的，但是对于其他想做同样工作的人，有时却有不少帮忙的地方。还有一点就是朋友们大家关心着一个在实地研究的工作人员，这种通讯正可使他们获得希望着的消息，同时亦可受到一些劳力工作的刺激。所以我允许继续写江村通讯。

这次研究的动机有两个。一个是在我私人方面的。我在广州病院中寄给社会研究社朋友的信中，早已说过。我在广西没有死成，生命对于我自己已成了一个很重的担负。我觉得除了工作之外，再也得不到一些人生的乐趣。同惠为我而死，我是永难忘怀。但是我硬着心肠，忍着眼泪，还敢迈步入世，是为了我相信在工作上，我可赎我的罪。若是死后果能重逢，亦能絮絮道着我们别后的情形，不觉得亏心。

我也在那封信上说过，我愿意在我的一生中完成一部《中国社会组织的各种形式》的丛书。现在花篮瑶社会组织已经在我手上写就付印，在旬日间可以竣事。我觉得已没有理由再滞留在不工作的状态下，所以我就计划着这一次研究工作。

第二个动机是出于有些人觉得民族志的方法只能用于文化较简单的“野蛮”社区，不能用于我们自己本地的“文明”社区的误解。在我们看来这是一种错误的见解，因为事实的本身无所谓“野蛮”和“文明”，这些名词不过是不同族团相互蔑视时的称呼罢了。在民族学中是不能成立的。但是我们却承认一点，就是研究者很不容易获得一个客观的态度来研究他们自己所生长于其中的文化。不容易确是不容易，但是并不是不可能的。而且一个有相当训练的研究者，在研究自己生长的地方时，亦有特别便宜之处，在语言上、访问及观察的机会上都比一个外地人方便。一切有利益的事不是没有害处的；有害处的事，也不是没有利益的。有利有害全是局中人自己的用心挑取。

说话总没有事实强，我觉得要打破上述的成见，只有由我来用研究花篮瑶时所用的方法，去研究一个本国的乡村。若是我能有相当的成绩，这成绩就可以证明我们的方法是可以用来研究不同性质的社区。

我这次研究并不受任何机关的嘱托或津贴，完全是私人性质的。这里我愿意提出一点，研究者应有的态度，就是把研究兴趣作主，凡是一切关于名义、经济等等事务上的事情，永远应当看得很轻，看成我们的工具，不应成为我们的目的。我们的目的只有一个，就是增加知识。这话看来好像只是“品格”上的问题，而不知道事实上对于研究的本身亦有很大关系。

我记得有一次和李景汉先生谈话，他问起我，依我过去一年的经验，哪几点是实地研究者应当常常留心的，我的回答是研究者应常忘记研究的结果是要编报告出版的。我不是反对研究者编写专刊，只是在研究过程中不应专以编写为目的。社会研究不比其他一定有收获量的工作，而且从工作开始到完成又不能有一定的时间。若是一个研究者在有一定限制的时间中，一定要结束工作编写报告，诚实的，不能详细地校核自己所得到的材料，出版不成熟的作品。不诚实的，不能不牵强事实，或甚至制造事实，写成与社会研究有害的东西。所以一个实地研究者最好不负“报告”的责任，使他能够跟着自己的兴趣去获得充分的认识，等到所认识的已有了系统，有了可“报告”的时候，才编写他的报告。一个实地研究者时常会受累于名义、经济等事务上的事情，如何避免这种累赘，是社会研究者一个严重的问题。

我因为意外地得到两个月的“余暇”。上天给了我一个作“除获得知识之外毫无其他目的及责任”的研究机会。于是我决定开始这次工作。我所要研究的是一个中国乡村社区的社会组织，依我们已有的知识来说，并不是一律的。我们可以说在中国本部并没有一个“一般的”、“标准的”乡村社会组织的形式。但是我们不能回答究竟有多少形式，亦不知道各种形式差别到什么程度，更不知道各种形式间的关系如何。现在，我们所可以做的就是在实地的观察中先把各地的状态加以描写叙述，然后等到将来这种材料充足之后，再来分别形式。我目前想做的只是第一步的开始。

研究者在选择他工作对象时是很费考虑的。在一个人能力、时间、经济的限制之下，他要范围自己工作的对象，使他在这范围内能得到充分的认识。我这次工作为时两个月，同惠死后，也没有人能帮我做这种“不一定有结果，而且会逢到不能预知的牺牲的”工作，经济上也限制我自己很小的准备，所以我不敢做得大，只能以一个村作单位。

选择对象时，还要考虑到入手工作的方便问题。像我这次工作有了时间上的限制，更不能走到一个“须学习之后才能通话”的地方，也不能到一个“须住久之后才能自由访问、观察”的地方。所以我须选择一个我一去立刻可以开始工作的区域。因之我决定来“开弦弓”。开弦弓是江苏省吴江县震泽区的一个村，离京沪线上的苏州有 60 公里。我的姊姊曾在这地方开始她的“复兴蚕丝业”的工作，她和这地方的关系已有 10 多年，没有一家农民不信任她。由她介绍，我可以得到很多的方便。

吴江县从经济的基础上来分可分为三区，一是以米业为主的区域，一是以绸业为主的区域，一是以丝业为主的区域。震泽镇是丝业区域的中心。开弦弓是属于震泽区的一个乡村。关于开弦弓村的区位，我希望下一次通信中可以大略一述。

从苏州到震泽的路上，在和熟悉开弦弓情形的人谈话里，我已听到这地方的社会组织和其他区域不同的地方。因为它的经济生活是以丝业为主，所以在两性间有严密的分工，妇女不常下田的，农业是男子的事，工业是女子的事。这当然是一件极有趣的事实，而且就在这种社会组织中，有和花篮瑶相似的人口节制的习俗，他们也是限制每代一对夫妇。我还不知道他们的婚姻制度如何和这习俗适应。希望不久可以在通信中先提到这事实。

1936 年 7 月 3 日于震泽震丰丝厂

二、航船和江村的区位组织

上一次通信中我说希望在这一次通信，能把我所要研究的开弦弓村的区位作一个简单的叙述。我理想中拥有 300 多户的村落及 1 000 多户的邻近村坊的开弦弓应当是一个零售区域的中心。在我到达的那天下午，我就偕同一个本村的向导巡视全村，我希望能见到一个“市中心”，但事实却全和我理想相反。

我巡视的结果，只见到三四家卖香烟、火柴、香烛、纸钱、零星食品杂货店，三家打面及兼做杂货的店，一家药材店，两家肉店和两家豆腐店，这数目显然不能供给全村人民零售需要，更说不上供给邻近各小村的买卖。

就是这事实提示了我，在这现象背后一定还有一种买卖制度在活动，在和当地人民谈话中才知道："这些在村坊上的杂货店是只在有客人来航船已经开了，等着用时才去做成它的。"在他们社区组织中，比"店"更重要的是"航船"。

于是我就进行观察他们的航船制度。

开弦弓村是依两条河流而成，两条河形成一个丁字。其实在区位上是可分成两个买卖区域，因为走横河的航船是不走纵河的，走纵河的航船是不走横河的。

每一个区域中有两只航船，每天早晨 7 点钟左右，这两只航船开始活动。他们用一个大螺壳当号筒，呜呜地吹了两遍到三遍，走横河的就从东头起航，"摇航船"的嘴里叫着"嘎嘎"，两岸的人家拿了油瓶酒罐在沿河等着，"××，替我打 200 钱油"，"××，替我带两个皮蛋"……摇航船的就把船靠一靠，伸手接了钱和瓶，"××，不要什么别的东西了罢？"

这样从东头到西头，一路把两岸人家这天所要买的东西一一记在脑子里，他们是不用笔记账的，事实和时间不允许他们记详细的账。钱堆在橹下的槽里，也不分着人家，看看似乎乱得利害。

若是有人要从开弦弓"上街"的就下船，摇船的还要打招呼："××，上街去，田里辛苦了，去逛逛了？"

我说过走横河里有两只航船，它们并不是各占一个区域的，谁同哪一只航船有来往的就劳谁的驾买东西。它们虽则在性质上是竞争的，但是到了西头，若是坐客少，两只航船就"并船"了。

他们并不专代买及运送乘客，同时也可以代卖。若是有人家有只羊想出卖，同样地等船过时叫着"××，我有只羊替我带上街去"，"你想卖多少？""五六只洋，你看罢。"于是羊就牵上了船。

代买代卖及乘船都不必付佣金或工钱，坐客下了船可以不费一个铜子，一直坐到震泽。托买两个皮蛋的，照市价算钱，不必加一加二，完全是服务的。

船摇出了桥，坐客中年轻的就起来摇船了。"摇航船"的并不一定要"摇"，摇船是坐客中一部分人的义务。"摇航船"的坐在后梢，把酒瓶油罐放在一个篮里，钱也理一理，但是并不数，也不算，只在脑子作一盘算，哪一注是要给酒店，哪一注给油店，哪一注给粮食店……船到了，走熟的酒店、油店派了伙计来接，领了篮，和摇航船的一同到店里，听他哪一瓶要几斤，哪一瓶要几两，伙计就依着支配。摇航船的事办完了就一路收了回船。大约在下午 1 点钟左右。

既无佣金又无船票，摇航船的靠什么过活呢？摇航船的收入名义上只有两项，一项是丝，一项是米。他经手着"主客"丝米的出卖，若是甲家平时托甲船买东西并常常麻烦他的，出了丝和米也有一种托出卖的义务。每 4 车丝(约 100 两值 25 元左右)，出卖后要给航船钱大洋 1 元；粜出米 1 石(值 7 元左右)，给航船钱 5 分。这一种算法有类于直接税的性质。取费的原则是以生产量为分配原则，而不以消费量为标准。

他们不但是经营的经手人，而且会根据商场的需要来指导农民，甚至教他们如何在丝中夹纱，如何加湿，以获高价。我在航船中就帮摇航船的扎结将出卖的丝。他们熟悉市场和价格，他看着丝的性质来分配出售的地方。"××，你的丝这样糙，只有××肯收的"，"××，你的丝太湿，晒一晒，不然，打折扣过火，得不到好价钱的。"

农民一年的收入，因为在所谓"农村破产"的情形之下，常常不够一年的支出，不够支出的重要表现是缺粮食。收获的时候，他的米一定要粜了才够回租，到了秋天，家里剩的米就不够吃了，在这情形下，一定要一个信用制度，航船就兼营这信用工作。

航船和市上的米行都很有交易，同时也深悉农村每家的情形。缺米的时候就由航船去"赊米"，赊米是由米行先给米，等收获后再付款。赊米的价钱较原价高，7 元 1 石的市价，赊价要 12 元。但是这比高利贷的利钱已经便宜得多。

农民可以欠"信用合作社"的借款，但是不能欠航船代赊的米，因为和航船熟，面子过不去。而且以后还要靠他赊，每天要托他买东西，怎好意思拖欠呢？

我没有调查到每年航船经手的账目只在摇航船的肚里，连他自己也没有一个结算，他只能说，“经手买杂物，一天多时也有三四十元。”——丝米不在内。

有人想在开弦弓设立消费合作社，但是招不到社员。这是很明显的，有这样搭配得极好的航船制度，消费合作制度是不易代替的。

这里所述的航船制度影响于太湖流域的区位组织极大，在震泽这一带地方，几乎每一条村，都有自己的航船直接到震泽来做买卖。开弦弓虽是一乡的主村，但是在经济上不能作一乡中各村的中心，连本村都不能造成一个市场。这方面的情形，我希望下次还有机会详述。

1936年7月8日于震泽丝厂乘航船回开弦弓之前

三、人口限制和童养媳

在下乡的船里，熟悉开弦弓情形的朋友和我说：“花篮瑶人口限制的习俗，在开弦弓也有的。”我听了当然特别感觉到兴趣，所以在第一次通讯中已经把这话提起了。听来的话，不经自己亲身校核，总是会发生误会的，这种误会并不是在说的人有意骗人，而是在“把一个事实，隔绝了它在整个文化结构中的处境时”，总不免有“夸张”、“过分”、“轻视”、“不及”等等的毛病。一个研究者最重要，也是最难的，就在权衡一事实在整个文化中的分量和规定它的地位，这种工作除了实地观察之外是永远不易做到的。以前“进化学派”的人类学者所以后来被人攻击得体无完肤的原因也就在这里。

若是说花篮瑶人口限制的习俗亦见于开弦弓，这句话是不错的，因为的确开弦弓的人民有很多只留养两个小孩，多了就杀死或给人。但是在花篮瑶中是没有人家留三个以上的小孩，在开弦弓则不然。在花篮瑶中谁家一代中有了两对夫妇，非但全社会都要笑他们，连他们自己也不知什么办法可维持这两对夫妇。但是在开弦弓则不然，谁家有两三个以上的孩子，人家都很看重，说“他们家阔，养得起多人。”而且开弦弓社会组织有分家的办法，也有合居的办法，孩子多了也不成“社会问题”。所以花篮瑶和开弦弓两地的习俗就不能相提并论。把不同文化中貌似相同的社会制度来相提并论，甚至假定它们有“同源”可能的“比较方法”，很显然是极易“不合事实”的。这正是比较学派失败的要害。

若是明了开弦弓人口限制，我们不能不一察和这习俗相关的种种事实。我在第一次通讯中已说过吴江县可分为三区，一是产米区，一是产绸区，一是产丝区。这几区不但主要产品不同，整个社会组织也不相似，不相似的地方固然很多，有一点很重要的是两性的分工。在产米区中男女大家下田工作，在产丝区中女子除了帮踏水车外是不下田的(产绸区的情形不知道)。开弦弓是属于产丝区。

在产丝区中女子的主要生产工作是养蚕和做丝。本来养蚕做丝和种田并不是十分冲突的。养蚕做丝在阴历五月中可以结束(蚕忙是从四月初立夏起到月底完)，田忙是从夏至起至五月底。所以分工的原因并不能完全归之于蚕丝的发展，我认为耕地面积的狭小，亦有密切的关系。据乡公所的调查，4 亩以下人家有 75.8%。据农民自述一个男人可以不用帮忙耕田 8 亩，所以普通人家“田里是不很忙的，一个人耕还是很空，除了天旱要人踏踏车”。女子不必下田的情形造下了女子不下田的习俗。若是你初次到这地方，你一定会很奇怪，成年的妇女，不论在河边洗衣，在家里烧饭，大家都穿着一条裙，“我们乡下的风俗好，女人都穿裙的”，这正是两性分工深刻化的表现。

养蚕时每家有一定的数量，这数量是受制于房屋。普通的人家有一间正屋和两间卧室，一间厨房。养蚕就在正屋里，大概可放 5 个蚕台，合 6 张蚕种，3 个人工已足。一共可以出 150 斤茧，240 两丝，合价 60 元左右。养蚕时男子是帮忙的，所以一家若有一个或两个女人，已足经营一家的蚕事。

在分工上看，并不是两性平均的分配，而是男多女少的比例。所以农民和我说："我们这里女人是很闲，没有什么事，只管管孩子、烧烧饭。"不错，妇女的工作是减轻了，但是妇女在社会价值上却也减轻了。杀女婴的习俗自然会产生的。

现在我的统计工作尚没有完成，所以说不出一个确数，但是在谈话中却得到了不少提示，"我们这里很少人家有两个女孩子的"，"他们生了女孩子不杀死，就送人家当养媳妇去"，有一次谈话中一个农民笑着说，"真的，我们这里女孩子没有行二的。"当然，这也是夸张的话，我在户口册上见过有两个女孩的人家，但是这些是有钱的，普通一家留一个女孩却是事实。

这里又来了一个打算，在他们的婚姻制度中，同宗的男女是不能通婚的。自己辛辛苦苦养大了一个女儿，总是要给人家去当媳妇，一样费钱费唇舌，何不领大一个女孩，长大了可以在家工作的呢。于是他们宁可把自己女儿送给人家当养媳妇，而自己去领一个别人家的女儿来做自己儿子的养媳妇。

一方面，他们生了第二个女孩，总不愿意留在家里，免她一死，就给人家。给人家有两种方法：一是给震泽的"堂"里，堂就是公共的慈善机关，收养婴孩的育婴堂；一是给人家做养媳妇。一方面他们也愿意领个女孩做养媳妇，一则可以替劳，二则可以解决自己儿子将来的婚姻问题。

当然，养媳妇制度的详情，我认为尚须深入研究，但事实上养媳妇数目的确多，甚至在一半以上的婚姻是出于养媳妇的，已足以见到这制度的重要性了。

在限制女性人口之下，婚配当然会成为一种严重问题，若是男性人口也同样的限制，问题可以少一些。但是在开弦弓，男性人口的限制比较松，据他们自述，只留一个男孩的是"大多数"，但是也有近一半人家是有一个以上的男孩的。这近一半的"男多于女"的情形也可以引起严重的婚配问题了。

养媳妇制度显然是一个解决的办法。同时产生的是“买妻”，晚婚、守鳏等制度。买妻是向别地方去买女子来做妻子。晚婚是男子到了可婚年龄而不结婚。守鳏是男子死了妻子不再续娶。这些事实将来都可以在婚姻统计中证实的。

我在研究历程中感到困难的就是开弦弓的婚姻并不是以“开弦弓”作单位的，所以很多关于婚姻的事实一定要得到了通婚的邻村的情形才可以明了。关于他们婚姻的范围我所知道的就是他们的女子很少嫁到产丝区之外的地方去，因为产丝区之外的妇女要下田的，而这里的女子没有耕种的知识。要外边的女子虽则是可以的，但是若不会养蚕这女子就不易在家庭中得到地位。

一个新娘娶来后第一年，她要养“花蚕”，这一次是养蚕技术的试验。花蚕种是娘家带来，由她主持，若是蚕花不好，她在家庭中就不能得到满意的地位。这风俗已经可以限制产丝区之外的妇女的进入了，除非是童养媳。

1936 年 7 月 10 日于开弦弓制丝合作社

四、格格不入的学校教育制度

我记得在北平时有一次和泰初谈话，讲起了山东汶上的私塾制度，据他的意思是说现在教育部所规定的小学教育制度，不能调适于现代的农村，倒不如在他们自己社会组织中演化出来的私塾的能合于农民的需要。在我们译《民族和文化冲突》一书时，看到各欧洲人殖民地的教育，更使我们感觉到我们现在所有的教育是一种造就文化中间人的教育。当然，在东西文明接触中文化中间人的地位有他的重要性，若是我们真的要想欧化中国，造就大量的中间人是必需的。但是另一方面，这种教育即使有功用，而且即使适合于“文化边区”，如现代都市等，在“文化中原”的农村中，没有发生欧化的需要的时候。现代的教育制度自然会发生格格不入的情形，在汶上是如此，在开弦弓亦然。

我到达开弦弓的时候，学校已经放假，没有机会直接观察上课时的情形，所以我所有的事实是只得之于和校外人的谈话中。

开弦弓的“学校教育”可分成三个时期，第一个是私塾时期，第二个是过渡时期，第三个是新式小学时期。民国初年结束了第一时期，国民政府成立前后结束了第二时期。

私塾有两种：第一种“西席”是由当地的乡绅聘请了个先生教育自己的子侄，附近的亲友可以把孩子们附入。第二种是“开门聚徒”，是由先生自己出面开馆，招收学生，每个学生分任先生的束脩。这两种私塾性质略有不同，前者是以学生为主体，乡绅可以选择他的“西席”，同时请先生的目的是在深造自己的子侄，希望将来可以“入学”出仕。后者是以先生为主体来选择他的学生，而且那些“开门聚徒”的先生常是一辈失业的书生，没有其他办法时，才想靠学生们的束脩生活。学生的出身亦较低，父兄们送他们来，目的也只想识几个字，上上零用账目。所以我们可以说前者是“贵族性质”，而后者是“平民性质”。二者在一社会中的作用亦异，前者是要造成领袖，后者是造成识字的平民。

若我们分析一个农村社会组织，在一般人民，文字的用处是很有限的，在一个不在激变的农村中，所有生活的方法和技术，在自己的社区中已经都完全，他们不需要外来的知识，而且在天天见面的团体中，知识的传递，言语自然比文字为简便而切实。人口流动率低，因地域上的隔膜而利用文字来传递消息的需要当然亦少，而且因为生活安定，除了婚丧大事，也没有很多须传递的消息，所以信札在农村是不常见的。社会不在激变之中，在时间上所发生需要记忆的事非但少而且需要记着的时间亦短，个人的记忆足以适应这种需要，需借文字帮忙之处因之不多。若是“文盲”比了“不文盲”的人在生活上并不吃亏时，当然不愿费本钱来“治盲”了。

我并不是说在乡村中文字没有用处，只是普通人民用着文字的地方很少。我曾问过乡民什么时候要用文字，他们的回答是“记账、集钱会、送份子、写写条子”。文字是乡村中一种专门职业，因一个乡村不是单独成立的，在行政上、经济上，需要和其他地方的人民相往来，在这往来中文字是重要的了。在贩卖货物的店中，账目较繁，不能专靠记忆(虽则我确见到有些小店是没有账的)，尤其是有记账及其他契约等时候。一乡的领袖需要较深的文字知识，因为他常负责一乡的行政责任，同时亦是一乡的顾问，一切重要的经济往来，好像买卖田产等都要他做中人立契约，有重要的信札亦须由他代笔。

以前的私塾制度的确是根据着这种社会需要之下发生的，那些贵族性质的“西席”式私塾是专门造就成一乡的领袖，同时亦为较大的地域推荐及调练领袖的候补者，所以在学的时期较长，从六七岁一直到近20岁才能“入学”或出去做事。那平民性质的“开门聚徒”是专门造成一般人民普通的文字知识，年限随学生自己决定，平时若工作忙碌尽可随意不去上学，识几个字就算了。

到民国二年私塾被学校代替了，科举没有了，在家里请先生“教子成名”的精神不免减少了许多，同时外边新学校的制度成立，一切资格都讲什么学校毕业，谁也不愿费钱去请西席了。“开门聚徒”的私塾是要学生供养的，而新式公共学校都不收学资，洋学堂一来私塾不能不关门或迁到没有洋学堂的地方去了。

在这个时期，教育制度并没有标准化，小学教员可以独出心裁来决定教材。开弦弓的小学就由一位做过西席又受过“师范”调练的乡绅主持。他和我追述他当时的教材说：“我觉得一个小学毕业生一定得会应付社会上普通文字的需要，在本乡一个毕业生至少要会打算盘，会算‘会账’(‘会’是一种信用制度，我在下次通信中可以详述)，会写红白份子，会记账，会写条子。所以我到小学三四年级就专门教他们这些实用的事。”

到民国十七年，他不教书了，换来的是新式师范的毕业生。一个在新式师范毕业的人，连自己都不会算会账，不会写份子，这是无可讳饰的，因为这些东西是“本地”社会组织中的东西。我初到这里这些都不通，也是一项一项做小学生般学着。一个新式师范毕业生，大概不见得肯再做小学生来向乡人学习了。他用着标准化的课本来教授。有一次我在航船上和一个小学毕业的乡人坐在一起，他曾说“……那书上说的什么自由平等……”在他只多几个不切实用，也不了解的新名词罢了。

不但教材上发生了脱节，在教法上也发生了“格格不入”的地方。在私塾制度中是一个一个学生去上学，去背书的，是个别的教育法，所以一个学生若是有几天不上学，回来不会发生“脱课”，只是慢一些罢了。新式的学校是集合教育法，先生把“课堂”当作实体，而且当作连续的实体，他不管课堂里的学生在那里变迁，今天上了第一课，明天是第二课，学期始末的校历也是听着上边的训令，不从了要受视学员的训斥。一切标准化。可惜的是社会组织本身是没有标准化，一方面标准化，结果是“配不上去”。

开弦弓一带乡村的日历是这样：阳历2月到3月是新年，忙着做客人。3月到5月是空闲的，5月到6月是蚕忙，6月到7月是田忙。7月到9月除了一期秋蚕都是空的。9月到10月是收稻，11月到年底是春花(麦、豆、菜之类)。儿童满了10岁就要跟到田里学习，蚕忙时也须帮着采叶看蚕。此外还有一项重要的工作就是割羊草。羊是他们重要副业之一，为了要羊的粪作肥料，所以不是“放羊”的，羊整天关在圈里，儿童出去割了草来饲育。在这种情形下若是要趁他们比较空闲的时候来读书，应当在1月到5月，7月到9月。一共也有8个月。但事实上一面蚕忙、田忙，一面却也“学忙”，等田忙忙过了，学校也放暑假了。秋蚕来了，稻要割了，学校里先生却在一课一课地上课，等春花收好，学校又关门了。

这种“配不上”的结果，在学校方面是缺席太多，在学生方面只要晚了一星期课，又没法去补，谁都追不上去，上课当然没有乐趣，家里既然不把功课看得重，“我们只要识几个字算了，放在家里也闲，不如到学校去倒可以清净些”，学生自然更喜“赖学”了。在这情形下，任你所请的先生读过多少儿童心理，教育效率……学生的程度总是提不高的。

在过渡时代，那位老先生和我说：“我知道这种情形，所以总是忙着和他们补课。”其实是在维持个别教育法。但是在标准化、集体化的现代之教育，或是“明日之教育”之下，乡村的儿童，永远是不能获得他们需要的文字知识。

从现代教育中毕业的小学生，很少是能提笔写一张条子，更说不上能算会账。据当地小学教员说，每年毕业生中能在社会中应用文字以满足家庭及社会的需要者，每年不过一二个。

这是平民性质教育的一方面。在贵族性质教育方面是这样，我见到一个在外边高中毕业的学生，我和他谈话中知道他永远没有忘记如何能回到城里去，他去报考银行，投考行政员，乡村已不能收服他。他不再想做这乡的领袖，为地方上办事。“这小地方不能发展”。

在新式的教育中一方面不能供给一般人民所需的文字知识，一方面却夺去了一乡的领袖人物。在这种情形下而想复兴农村是在做梦。

教育是要跟着需要而来的，在开弦弓我看到了另一方面的情形。因为江苏女子蚕业学校推广乡村蚕丝事业，所以在这里成立了一个制丝合作社。这小规模的新式工厂每年有四五万元的产品，给这村人民经济上一个极大的帮助。但是制丝都系女工，而做女工的都要通得一些文字，借文字她们可以易于学习技术。于是女子对于文字都感觉到需要了，在今年小学毕业的九个人中七个是女生。一方面因为女子是不下田的，所以“脱课”可以少，另一方面因为她们在文字中发现了生活上可占便宜的机会。我在这里不能再叙述这种两性教育机会不相等的现象会造成的结果，希望在以后的通信还能讲到。

1936年7月10日于开弦弓制丝合作社

五、“分　羊”

上次通讯里，我讲起现代教育制度和社会组织不能调适的情形，最近我又观察到一种现象，使儿童教育更难发达，这就是“分羊”。

留心中国实业的人，谁都听惯了丝业的衰落，丝业衰落最受影响的是以丝业为经济基础的农村。在旧有的中国社会组织中丝业是家庭工业，就拿开弦弓以前的情形为例，几乎没有一家不做丝的。他们的技术，因为以家庭为单位，自然不能利用蒸汽机和一切新式的设备，所以制成的土丝在品质上极不讲究。自从国外织绸机器日益讲究，这种粗细不匀，接头频繁的土丝，无法配入，于是土丝的市场只限于国内的制绸业，所需的数量大大减低，加上国外和国内机器制丝的竞争，已到了无法维持的情形。

我们试设想一个耕10亩田的中产家庭，每亩产米2石，家里若有一个母亲，一对夫妇，两个孩子，每年自己消费的食粮至少要12石5斗(老母亲吃2石5斗，壮丁4石，妇女3石，小孩每人1石5斗)。减去每年下田的肥料价钱合米两石半，所余只有5石，每石卖7元，一年的开销只有35元。这是一家中产人家的情形。若是这10亩田是租来的，每亩回租8斗，合8石，则每家单单食粮要缺少3石。

在这种情形下，一家的副业成了经济生活的关键。以前开弦弓一带的农民，一半靠田，一半靠丝。他们所谓“种田只谋些口粮，其余都靠丝了”。所以丝业一旦衰落，农村的经济一定要发生变迁，不然只是大家挨饿了。

经济组织的变迁是一个极有趣的研究题材。在这一带，各村的适应方法并不全同，有地方是改变以前的两性分工，本来不下田的妇女也下了田，这样他们若是以前雇工帮种的可以辞退雇工，由妇女代做，这是等于扩充耕地的面积。有地方是发展贩卖事业，每年从经商上获取一些利益。有地方是妇女出乡到城里去做工贴补家用，也有地方是设法开拓其他副业，也有地方是改良丝业。各村所采取的适应方法当然不限于一项，但是总有几项是特别发达。

以开弦弓说，重要的适应方法是改良丝业，发展贩卖事业，开拓其他副业为主。现在我所要讲的是最后一项，就是“分羊”的制度。据说这是最近10年的事，就是每家都养羊，多则五头，少则一二头。他们并不是出卖羊毛，而是小羊皮，等小羊一落地或甚至尚未出胎，就卖给震泽的行家，每一头已出生的小羊由3元至5元，未出生的更贵。每年一头母羊生产一次，两头到四头不等，所以一头母羊每年可以给养主10元至20元的进益。若一家养两头母羊，每年可以收二三十元，这当然是一注极大的进款。

若是一家没有本钱来买母羊，可以代人家养。代养的责任是供给一年母羊的食料，等生出小羊来，和羊主平分。羊粪归代养者用做下田的肥料。这就是所谓“分羊”，在开弦弓一带极为发达，有一家分发出去的母羊有40余头之多。

为了便于收集羊粪作肥料，每头每年有4元左右的价值。同时也因为易于管辖，所以羊是终年关在羊圈里的。羊的食料是送入羊圈中去饲育。负饲育责任的是一家中满十几岁的儿童，一个儿童在有青草的时候，每天上午下午都要去“割羊草”。

这种育羊的副业，把本来在家庭经济组织中不占重要的儿童也拖了进去，差不多每天都有工作要做，他们工作的收获，并不亚于父亲的耕田或母亲的育蚕。十几岁的儿童在田忙时要下田学种，并且帮忙，在蚕忙时又要参加，同时又有这“割羊草”的职司，试问还有什么时候来进学校去读书。羊皮的价目愈高，每家养羊的数目也愈多，儿童所需割的草也愈多，学校里缺席的人数也愈高。这种循环关系中，小学制度和社会的经济组织也愈格格不相入。

于开弦弓制丝合作社

六、上山丫头和回乡丫头

除了我们要知道一个地方禁止通婚的范围，时常也要知道他们特别觉得可以通婚及虽不禁止而觉得不宜通婚的范围。前者可以给我们明白这地方“外婚的单位”，后者却可以给我们见到潜伏在广大的可婚范围中的通婚系统，在开弦弓外婚的单位是“族”，族是一群，实出于同一血统或算作出于同一血统的家庭。这些家庭并不限于都在一定代数的宗亲范围，只要在开弦弓不搬出去，这家庭不论隔了多少代还是属于这一族。

在我调查他们族的组织时，曾得到一个回答说是族是五代之内的宗亲所组成的团体。后来我就从分族的事实来校核这句回答的正确性，我问他：“你们有没有分族的事？”回答是“有的，搬到别村就分族了”。至于分的详细情形，他更是糊涂支吾。若是族是只限五代，则每代有一次分族，则每个成年人至少会看到自族分裂两次以上。分族的不常见就使人疑惑前句话不正确了。还有一点，若是族每代一分，则族数的增加有如几何级数了，一方我们若还记得他们有人口限制的习俗，若是几代只有一个儿子，一族只剩一家，族和家会合并了，而事实上并不如是。所以我决定第一句回答是不足信，事实上一个宗族的组织决不应专视作血缘团体，它是很富于地域性的。我在花篮瑶中已见到姓成为地域上的称呼。这些平素视作血缘记号的姓、族等等，一定要明白当地实情才能用，不然，很容易发生误会。

现在我可以讲到上山丫头和回乡丫头了，这是两种婚姻的名称，上山丫头是把女孩嫁给姑姑手里去做媳妇(媳妇在江苏是用来指儿子的妻子)，回乡丫头是把女孩嫁给舅母手里去做媳妇，这两种都是中表婚姻。但是开弦弓的人对于这两种婚姻的态度不同，他们说：上山丫头是愈爬愈上的，回乡丫头则越回越糟，不利市的。他们还举了个例说某某娶了回乡丫头(娶姑母的女儿做妻子)现在家道中落，已经不成话了，回头还说“回乡丫头真是要不得，不知什么道理”。

上山和回乡的选择却给我们看出了一种通婚系统来。

当婚姻只限于两个外婚单位之间交换的时候，上山的同时就是回乡，回乡的同时就是上山，因为舅舅就是姑夫，姑夫就是舅舅。分了上山和回乡就是说这上述的“对偶制”是已经过去了。从中国历史上看来我们是曾有过一个时期在中原盛行过对偶制的，好像《尔雅》的称谓表中舅字既是母亲的兄弟，又是妻子的父亲或丈夫的父亲。姑字既是父亲的姊妹，又是丈夫的母亲。我曾发表过一篇对于从称谓制度上所见周族的对偶制的文章，在《清华周刊》，忘了期数，这里不多述了。

我常发生过一个问题，就是从对偶制变化到现在不定偶制，就是许多外婚单位杂乱通婚的现象之间，也许还有一种过渡的制度。在开弦弓的反对回乡，赞成上山的现象中，却给了我不少暗示，暗示着有一个“轮偶制”的存在。若是大家都是上山而不回乡，则等于说甲族女子世世代代嫁给乙族，乙族女子世世代代嫁给丙族，丙族女子世世代代嫁给甲族。是两个以上外婚单位合作而成为最简单的通婚系统。我给它一个新名词称“轮偶制”。

这并不纯粹是我的玄想，我还见到可以助证这假设的称谓制度。在对偶制中姑夫这角色是被舅父遮没了，所以我们《尔雅》中并没有姑夫的专称，现在所用“姑夫”是一种叙述词不是专称，是说“姑母的丈夫”，是两个专称“姑”和“夫”配合而成的，以前没有这种称呼是显然的，丈夫的父亲也被舅父遮没，所以爽性同称。

在开弦弓的称谓中姑夫称“亲伯”，丈夫的父亲也称“亲伯”。舅父称娘舅和姑夫及丈夫的父亲分得很清爽。要注意的是亲伯一词的两用正合于轮偶制的婚姻方式，因为姑夫就是丈夫的父亲，两个称呼是一个人。

当然，事情是没有那般简单，问时就发生了难解释的现象了。亲伯一词也用来称妻子的父亲，若妻子的父亲是自己的姑夫，他的妻子不就是所谓回乡丫头了么？ 不就是交换式的对偶制么？ 但是我们若把几个事实合起来看：一是传统的反对回乡丫头，二是舅和姑夫称呼的分立，三是姑夫和翁称呼的合并，使我不能不觉得丈人之称亲伯是出于称呼的类比作用，就是妻子叫我父亲作亲伯，我亦叫妻父亲作亲伯的类比作用。

我固不坚持我的假设，但是事实上，不论以前如何，在目前因赞成上山丫头及反对回乡丫头已造下了相当的潜伏的“轮偶制度”了。 这至少是值得我们注意的。 至于是不是对偶制蜕化出来的过渡现象，我们可以存疑不论，且待别的事实的发现。

同时我却记得耀华在福建福州义序村的调查也有“回乡马”的一种制度，等于开弦弓的“回乡丫头”是不受人家赞同的。 我想这问题等材料丰富之后，会引我们到很有趣的结论中去的。

1936年7月26日

七、离　　乡

通讯寄出了六次，我因为手头的材料已堆积得不能不把它清理一下，所以我离开了开弦弓，开始我分析及整理材料的工作，这是7月末的事。 材料的清理时常比材料的搜集更费时间，所以在20多天里，才把所得的材料略略地布置妥帖，同时在分析中发现了不少还没有弄清楚的地方，所以乘着我还有几天勾留在祖国的机会重来乡间，补充和校核我已得的材料。

当然，这是在我意想中的，要在有限定的时间中完成一个社区的研究是件极为难的事，很容易刚摸着头路，而已没有机会继续下去深入探讨。 我这次工作未免就有这种情形，只幸得当地人民和领袖的热忱接受我的询问和观察，所以还能够成一个样子，就自然是侥幸。

我个人生性是太急，量也太大，朋友们看见我突然地回来，而我所研究的又是整个村落的社会组织，真是太草率了一些。但是在短短的一个月中，我所得到的知识，只就我本人说已是出于预期的了，虽说我是个本乡本地的人，而回去一看，哪一样不是新奇巧妙得令人要狂叫三声！这一个月紧张工作，只令人愈来愈紧张，紧张到惟有离开是惟一的办法。

做过实地研究的朋友，一定会知道研究者过的是什样的一个“反常”生活。在研究过程中，自己得拘束统制住自己的一言一笑，在发怒时要张着嘴笑，在想狂笑时，得探着头皱着眉表示十分正经。见颜辨色要在不使人讨厌之下去获得人家说出自己所发生的兴趣的话。好像有鞭子在背上，不准你任性一下，这种“做人”在精神上所压迫出来的紧张情绪是简直会令人羡慕到能有和一个人任意地打一场的机会。

研究者非但要能控制人情的环境，同时却又不能支配自己的工作，人家讲得起劲，那是决不能放走的好机会，虽则自己已经累得只想躺，但是为了机会一失不一定能再来，非得挺起精神来应付、来记忆、来分析、来追究。我常说在学校里,我从没有碰到这种强迫自己的事儿，先生讲得起劲，我不起劲，正不妨看看闲景，等精神恢复了，再来听也来得及，甚至不妨说刚才听不懂，再请讲一遍。在实地研究时哪里能这样随便，你不用心听就过了，一过也不容易再来。你精神好时，人家却不好，说不上题目，心里又急，面上又不能露半点。等到人家讲出劲儿，东西南北地说开去，好像天花乱坠，研究者又不能立刻用笔来记，一用笔天花早就变了天边的云彩吹回西山了。

我这样拉杂地写，想吐露一些研究者在工作时心境的状态，也许“做媳妇”也没有那样难。有一次我记得和李景汉先生谈起这种情形，他也同意我的话，一个研究者结果是会发痴的。我在前年也写过一篇短文，题目是《丘，天之戮民也》，因为我想所谓戮民也许就是指这一种把人生看做是一件被观察的东西，而不能再把自己活在里面，真哭真笑的一辈人。读龚定盦的书《金伶》，竟使我有些害怕，曲之高者，真不是闹着玩的。

话说得太远，没有经验过的当然不知道我在说些什么，若是本领更强的或早已超过了这种境界，只有在这边际上的人物才会觉到这种情绪，不幸的就是我老是在“边际”上过活着！

无论如何，我在这一个月中在开弦弓得到了相当的认识，而且这些认识也许值得把它写成大家能明了的、能传递的“知识”。我现在就赶着整理材料，希望在我到达异国之前能够结束。

《江村通讯》也就此结束，留着许多已提到而没有写在通讯里的事实，写在将来成篇的文字中罢。我离了我已发生了亲密感情的一村人民，将远远地离开了，我只觉得我失去了一个宝贵的“知识的源泉”，一片亟需开垦的原野。

1936年8月25日于震泽丝厂

附录二

留　英　记

我是1936年作为清华大学公费生到英国去留学的。进伦敦经济政治学院，读人类学。1938年毕业回国。这里要追记的是这一段留英生活。但顺着回忆的思路联想到许多和这段生活有关的事，不受题目的拘束，也把它们写了下来。

一

先说我是怎样得到留学的机会的。

30年代，我在大学里念书时，周围所接触的青年可以说都把留学作为最理想的出路。这种思想正反映了当时半封建半殖民地的旧中国青年们的苦闷。毕业就是失业的威胁越来越严重。单靠一张大学文凭，到社会上去，生活职业都没有保障。要向上爬到生活比较优裕和稳定的那个阶层里去，出了大学的门还得更上一层楼，那就是到外国去跑一趟。不管你在外国出过多少洋相，跑一趟回来，别人也就刮目相视，身价十倍了。留学已多少成了变相的科举。有些大学生着了迷，搞得颠颠倒倒，这些形象对于读过《儒林外史》的人似乎是很熟悉的。

但是以留学和科举相比还有点不同：封建时代有资格大做其金榜题名美梦的人范围似乎广一些，至少传统剧目里足够反映出状元公这个人物在群众的想像中也并不是那么高不可攀的；熬得过十年寒窗，百衲的青衫也会换得成光彩夺目的紫袍。留学却没有这么容易。这是个资本主义的玩意儿，讲投资，比成本。最便宜的是留东洋，一年也得五六百块白洋，要留西洋就得五六千。如果要取得个洋博士学位，至少也得两三年，没有千把万把白洋，只好望洋兴叹了。

留学要花钱，钱从哪里来？这里有“官费”、“自费”、“公费”等等的不同。初期，清朝政府要培养洋务人才，派留学生出洋，但是当时社会上有地位的人还很多不愿离父母之邦，入鬼子之国，更少愿意自己掏腰包送子弟出洋。因此，留学生的费用全部得由官家负责，此之为官费生。留学回来的人，官运亨通，洋翰林比土翰林更吃香。学而优则仕，原是当时知识分子的守则，留学回来有官可当，群鹜趋之。官费留学的机会逐步就被达官贵人所把持，用来培养他们自己的子弟，扶植自己的势力，和这些有权选派留学生的权贵没有关系的就沾不着官费之光。沾不着光而又有钱的人家，要送子弟出洋，就只有自己出钱，此之为自费生。

除了政府遣派的官费生和自己家里出钱留学的自费生之外，还有一条让既没有钱又靠不上势的青年可以得到留学机会的路子，这是一条帝国主义安排下的路子。帝国主义者拿钱出来收买中国的青年，为了要培养为它服务的工具。但是它不能太明目张胆地这样做，必须找一些好名好义来掩盖一下。所以这条路子的花样多，走起来也比较曲折。其中最重要的是美国利用“退回庚子赔款”的名义建立起来的“清华学校”(最初叫清华留美预备学校，后来改称清华学堂，又改称清华大学)。这段历史我自己不熟悉，另外有人可以叙述，不必在这里多说。我要在这里指出的是它和官费、自费有所不同。它是采取公开考试的方法来招生的，因而使得许多原来在钱和势上都不足以走上留学道路的青年有了留学的机会，使他们也可以大做其留学美梦。这种通过考试取得别人的钱去留学的则称之为公费生，以别于官费和自费。

我是靠清华的公费出去留学的，但是又不同于经过“留美考试”的公费生。为此，得把清华公费留学的情况简单说明一下。

清华留美预备学校或是后来的清华学堂，都是专门为准备出国留学的学生进行补习的学校，是一个“加工厂”。招收的是十四五岁高小毕业程度的学生，要经过七八年才送去美国留学。凡是考得上这个学堂的就取得了留学资格，加工期满，照例一定放洋(除了招收这种小学毕业生之外，也有少数年龄较大的，在清华园住上几个月就出洋的，此外还有已经在美国的留学生可以申请清华补助等)。1925年这个办法改变了，清华学堂成立了“大学部”，1928年学校的名称也改成了清华大学，意思是不再做加工厂，而是个出成品的工厂了。清华大学毕业本身并不是个公费留学的资格。但是另一方面清华还是每年要为美国遣送一批留学生。于是另外定出了一个留美考试的办法，报考的资格也由小学毕业提高到了大学毕业，而且不仅清华大学毕业生可以报考，其他大学的毕业生也同样可以报考。每年在报上公布当年招考哪些科目，每科多少名额。这叫做“留美考试”。另外，清华还保留一些公费名额给自己研究院的毕业生和各系的助教。我是以研究院毕业生的资格取得公费的。清华的研究院招收大学毕业生，规定至少学习两年，提出论文，经过考试及格就可以毕业。每年在毕业生中按平时的学习成绩和最后毕业考试的分数，经学系的推荐，挑选若干，给予公费留学的机会。

当时这种性质的公费留学，除了清华的留美考试之外，还有中英庚款的留英考试，听说中法大学也有类似的公费遣派留学生的办法。在30年代下半期，这类公费留学生的数目在留学生的总数中占相当大的比例。

此外，在我国各地所设立的许多教会学校和青年会等团体，也为外国吸收我国学生安排一些路子，但是这些路子并没有上面所说的那样明显，而且也比较分散。因为我在进清华大学的研究院之前在燕京大学读过三年书，所以对这些路子也知道一些。

原来美国各大学里有一种助学金和奖学金制度，钱的来源是私人的捐款。美国这样的资本主义社会，资本家常常要逃避捐税，假冒伪善地捐些钱做做“功德”，帮助清寒学生上学和奖励成绩优秀的学生是其中之一。各大学也以此做广告来招揽学生，每年在“校览”上公布，说明给予助学金和奖学金的条件，符合条件的人都可以申请，受惠的学生不受国籍的限制，甚至也有专门指定给哪一国留学生的。

这一类助奖制度并不采取公开考试的方式，而是由各大学所设的审查委员会根据申请人所提出的机关或个人的推荐书来挑选。推荐书自然都是为申请人说好话的，所以真正起决定作用的是哪个推荐机关或推荐人腰杆子粗和哪个大学的关系深。推荐人也就举足轻重，成了经纪人。美国教会在中国设立的这些学校、青年会等就利用这个经纪人的地位为他们的学生或朋友找留学的机会。由于这种助奖制度本身并不是统一的，也不是固定的，有资格推荐的人可以推荐也可以不推荐，推荐了有没有效也不一定，所以在这些教会学校里虽则表面上并不像清华一样标出留学科目的清单，公开号召角逐，而实际上为了争取留学机会也对师生关系、教师之间和学生之间的关系发生深刻的影响。比如说一个学生想得到推荐，他就得多方接近有势力的教授，博得他的青睐。那些教授就又利用这个经纪人的地位在学生里发展他个人的势力。而且同学之间为了争取这种留学机会，勾心斗角，费尽心机。

当然，除上面所提到的之外，还有自己刻苦积蓄，到外国去半工半读的留学生，以及更有组织的“勤工俭学”等等路子，我在这里不再一一去说了。

二

我到英国去学的是人类学。在此可以谈一谈我怎么会选上这一门学科的。

我在燕京大学读的是社会学。从燕京的社会学系，进入清华的社会学与人类学系的研究生院，又到英国去学人类学，虽则是我个人的一个经历，但也反映了中国学术界这一个小小角落里的一段历史，这里把它记下来或许也是有意思的。

燕京大学之有社会学系是一个名字叫甘布尔(Gamble)的美国人创始的。他是“象牙”肥皂公司的老板，到中国来做青年会工作，在北京进行社会调查，后来和伯吉斯(Burgess)合写了一本《北京调查》的书。他进一步，想培养一批中国人能像他一样一面做青年会工作，一面进行社会调查，反正他的“象牙”肥皂在中国所赚去的钱已不少，就拿出一笔来做这件事。拿这笔钱出来还得有个名义。于是拉住他的母校，美国的普林斯顿大学，成立一个叫“普林斯顿在中国”的基金，交给燕京大学，作为培养社会服务的人才之用。燕京大学拿了这笔钱先办社会服务系，后来改称社会学和社会工作系，在这个基础上逐步添设经济学系，政治学系和法律学系，合成为法学院。

这一段历史说明燕京的社会学是从青年会工作和社会调查这两个底子上建立起来的。它是从美国传入的，培养目标是社会服务的人才。这一套字眼在美国人听来很容易懂，因为这是美国资本主义社会的构成部分，但是对于在社会主义社会里生活的人，这些字眼的含义不加以注解也就不会明白。青年会工作是“社会服务”的一种，它的活动表面上看来是电影院、浴室、弹子房、运动场、业余补习学校，一直到旅馆的综合体。青年会是基督教主办的，所以是教会工作的一部分。它实际的作用就是通过满足一些市民社会生活上的需要来进行基督教的宣传，也就是从生活服务入手来进行意识形态上的传教工作。在资本主义的社会里，尤其是在美国，这一类的社会服务特别发达，那是因为在资本家残酷剥削下劳动人民的生活受到了严重的摧残，出现了各式各样的所谓“社会问题”。这些问题如果让它发展下去，就会充分暴露资本主义的罪恶，激起劳动人民的觉悟和反抗。为了缓和阶级矛盾，剥削阶级拿出一些钱来，针对这些“问题”加以“救济”和弥补。要进行这项工作，一方面要有一批人去了解社会情况，发现“社会问题”，这叫做社会调查；一方面又要一批人去发放救济款，去做“思想工作”，去办理儿童教养所等等，这叫做社会工作。燕京大学最初传入的“社会学”，就是这些名堂。

我是1930年从苏州的东吴大学转学到燕京社会学系的。当我挑选这个学系时，并不明白社会学是什么东西，我当时抱着了解中国社会的愿望投入了这个学系。我在东吴时读的是医预科，为了鼓动反对校医打人的一次风潮而受到学校当局要我转学的暗示，离开苏州的。当时正是大革命失败，白色恐怖之后，南北军阀混战的时期，在文化战线上正在热烈展开社会史的论战。这许多刺激使我抛弃了当医生的想法，决心要研究一下中国社会。所以到了燕京，注册进了社会学系。

我这个愿望并不是个别的，特殊的，在当时的形势下具有这种愿望的青年人是不少的，而且有许多青年接受党的领导走上了革命的道路。但是也有一些像我一样的人，还不能接受马列主义，又被白色恐怖所吓倒，要求另外寻求一个出路。所以在这时燕京社会学系冒出一种发展理论社会学的要求，现在看来也并不是偶然的。所谓理论社会学者是和上面所说的那种社会服务、社会工作的实用社会学相对而言的，实际上指的是那一套进行社会改良的理论。

回想起社会学在西洋的历史也一直有这两个方面，例如19世纪50年代写过《社会学原理》和《社会学的研究》(即严复所译《群学肄言》)的英国的斯宾塞就是这种所谓理论社会学的祖师之一。他想尽各种理由来证明社会发展到了资本主义就到了最完善之境，资本主义是不可避免的，而资本主义以前的社会全都不及它的优越。这样就在思想战线上巩固了资本主义的社会。但是资本主义的好景不长，它本身所包含的不可克服的矛盾日益严重，百孔千疮，昭昭在人耳目。为了要缓和阶级矛盾，麻痹无产阶级的意识，不能不对所谓“社会问题”进行

“社会调查”。以英国来说，19世纪末年就有蒲斯(Charles Booth)对伦敦工人生活进行过规模相当大的调查。这一类社会调查的目的一方面是暴露资本主义社会的矛盾，并加以解释，一方面为资本主义的社会设计“改良”的方案。前一方面就形成“社会理论”，后一方面就形成“社会工作”，譬如说，资本主义社会的贫富两极分化，出现了所谓贫穷问题，一些理论家就出面来说工人阶级贫穷并不是出于资产阶级的剥削，而是出于孩子生得太多，话当然要说得更复杂些，但当时的“人口论”骨子里就是这句话。这就算是社会理论。另一方面也就采取了许多所谓“最低工资”、“人口节制”、“贫穷救济”等等具体措施来减少工人们“铤而走险”闹革命的危险。这就是社会工作。

燕京大学社会学系一部分不满足于社会工作的师生，我也是其中之一，提出了“要理论”的愿望。但是又感到英美资产阶级的“社会理论”不合中国情况；怎么办呢？于是想从“社会调查”入手。但是当时又认为甘布尔、伯吉斯以及清河和定县这类“社会调查”太肤浅，解决不了问题，想另求出路。在摸索中却找到了人类学这个冷门，提出了所谓“社区研究”的新路子。

人类学究竟是一门什么样的学科？它比社会学也许更是模糊。人类学，研究人类之学也。望文生义，凡是和人有关的全可包纳在内。事实也确是这样，上自几十万年前的人猿化石，下到民间传说，风俗习惯，都可以在人类学的教科书中找到它们的地位。但是在第一次世界大战之后，英美的人类学中专门研究殖民地上土著生活的一部分称作社会人类学的(欧洲大陆称“民族学”)，特别发展了起来。燕京社会学系提倡的人类学也只是指这一部分而言。这一部分所谓社会人类学之所以发展也是应形势的需要。第一次世界大战之前帝国主义者分别占据殖民地，对殖民地上的人民摧残掠夺无所不用其极。殖民地分割完毕，帝国主义间发生了一场争夺殖民地的大战。战后面临着一个新的形势：一是帝国主义要在它已占领的地区开发资源供他们掠夺，必须利用土著的劳动；一是殖民地人民开始更有组织的反抗，使帝国主义者想直接单靠武力来统治遇到了困难。如果长期维持着战争状态，不但军费浩大而且不便于进行剥削，这个算盘是打不过来的。因此，老牌殖民主义者的大英帝国带头搞起所谓“间接统治”来了，就是利用当地的部落上层，维持当地社会秩序；吸收当地劳动，开发当地资源。要实行这个殖民政策，不仅需要做资源调查的自然科学工作人员，而且需要懂得当地语言能对当地社会进行深入研究的社会科学工作人员，后者就是所谓人类学者。从第一次大战之后，英国的人类学者在殖民部的直接和间接的支持下，对非洲的英国殖民地开展了很广泛和系统的实地调查研究。在这项工作里冒出了人类学中的功能学派。他们搞出一套实地调查研究的方法，做出了许多研究成果，还有一套所谓“理论”，这套理论主要是用来指导他们怎样去调查一个土著部落的一些经验。我们在这里不必去详说，要说的是，他们这一套东西看起来比从美国社会服务里学来的“社会调查”深入得多。原因是美国式的“社会调查”是以资本主义社会为基础发展出来的，着重在数量的统计，各项统计之间的关系在资本主义社会中是不言自喻的，但一应用到非资本主义社会，不但数量统计不易正确，而且各项统计之间的关系不一定相当于资本主义社会，于是这类调查显得支离破碎，不能说明问题。人类学调查着重在不同性质的社会的解剖，用到中国来似乎更适合一些。为了和“社会调查”作出区别，后者称作“社区研究”。

为了发展这种“社区研究”，燕京社会学系在1935年还向国外搬了一位当时功能学派的大师布朗(A.Radcliffe-Brown，英国人，后来当牛津大学人类学教授)到中国来讲学，在《社会学界》(燕京社会学系的刊物)连续出了两期专刊，极尽鼓吹之能事。

在说到我留学英国的事之前还得加一个插曲，就是我到清华研究生院去读两年书的原因。我在燕京读书时，可以说是个拥护“社区研究”的积极分子。但是当时社会学系的当权者是社会服务派，所以毕业后想由社会学系推荐去外国留学，还不具备条件。支持我的老师吴文藻先生出了个主意，并且为我奔走，设法送我进清华大学研究生院，使我一则可以在人类学这门学科里打个底子，二则可以在研究生院毕业后得到公费去英国直接跟功能派的大师学习。

这个主意是实现了的。只是清华研究生院里收我做学生的人类学教授是个俄国人，名叫史禄国(S.M.Shirokogoroff)，他的人类学是帝俄时代的老传统，和英美很有差别。帝俄的学术是传袭大陆的系统，人类学包括的范围首先是体质，其次是语言，再其次是考古，最后才到社会文化的“民族学”。他为我制定了一个长期计划，第一个时期专门学体质人类学，其实这是门生物科学，幸亏我曾有两年医预科的基础，所以还算衔接得上；一面补习解剖学、动物学，一面向他学人体测量和人体计算学。他打算第三年才教我语言学，谁知清华研究生院改了章程，两年就可以毕业，而且他自己第三年就要休假，所以我在清华只完成了他替我规定的计划的第一阶段。这两年我所学的和上面所说的“社区研究”关系不大，但是由于这两年的学习，满足了清华规定的公费留学的条件，使我能到英国去留学。

三

1936年夏天，我从上海出发去英国。到英国去留学这一点还得说明一下：按清华的制度，研究生院毕业生符合规定条件，给予公费留学机会的，可以自己提出留学计划，并不一定要到美国去。当时有一种流行的成见，认为真是要讲学术，最好到欧洲国家去留学，对于美国的学术水平不太看得起。这个成见有什么根据很难说，可能是由于美国留学生太多了，物以稀为贵，到欧洲去留学回来身价可以高一些。这是我要去英国的一个原因，但主要的还不在此。上面我已经说过，我的留学计划酝酿已久，是和燕京社会学系里那一批搞“社区研究”的人一起策划出来的，这些人中间带头的是吴文藻先生。他心里有着一个培养徒弟的全盘计划，分别利用各种不同的机会，把他们分送到英美各个人类学的主要据点去学习，谁到哪个大学，跟谁去学，心里有个谱，后来也是逐步实现了的。他认为我这个人最好是去英国跟功能派的大师马林诺斯基(B.Malinowski)去当徒弟，理由之一据说我这个人的性格和这位老师有点相像。实在的原因是英国没有美国那种助学金制度，派人去留学的机会不多，我当时既然有机会去英国，当然不能错失。去英国的计划就这样决定了。

这里可以提一笔，我这个事例也说明了在30年代后期，留学制度确是有了一些新的变化。早期的留学生出国时的水平很多是比较低的，在国内只是准备了一般的基础，专业训练比较差，到了国外才选择专业，选择老师。但是到了我出去留学的时候，不论是经过留学考试或是研究生院毕业之后才出去的，都在专业上花过了一番工夫；学什么，跟谁学，这些问题在出国之前都经过一番考虑的。这样加强了目的性和计划性，对于专业培养和提高质量，看来是有帮助的。

为什么要跟马林诺斯基去学呢？这里得介绍一下这个人。他的原籍是波兰，早年在波兰的古都克拉科夫大学学物理和化学，由于体弱多病和精神抑郁，医生劝他摆脱些正科，涉猎些旁门。他挑了本人类学家弗雷泽(Frazer)的名著《金枝》，从此他沉溺在这一门学科里，到德国和英国去留学。世界大战发生前夕他正在美拉尼西亚的一个小岛上做调查研究工作。大战发生，波兰和英国处于敌对地位，他不能自由离开这个小岛，于是他就学习当地的语言，和当地人一起生活，很仔细地记录下他对这个岛上居民生活的观察。就是这样他发展了深入地对一个人口不多的部落亲密观察的调查方法。由于他的活动范围受到限制，不能像过去的人类学者在各地搜集比较材料，他就着重注意一个小部落里政治、经济、宗教信仰、风俗习惯等各方面的相互关系，从而发展了他的功能主义的理论。大战结束，他带了很丰富的第一手资料回到英国，1922年出版了轰动当时人类学界的《西太平洋航海者》。

他的这套方法，这套理论，这套著作，过去在人类学里并不是没有，但是并没有受到重视，而他却一举成名；所不同者时也，即形势也。我上面已说过，帝国主义第一次世界大战之后在殖民地上碰着了新的问题，如果维持原来的直接统治的政策，殖民地人民的反抗愈来愈不好应付，而且更重要的是无法进一步利用当地劳动力来开发当地资源取得更大的利润；因此，提出了“间接统治”的策略，利用当地原有部落组织和原有统治势力，制造可以依赖的社会支柱，来加强对当地人民的剥削。这是个很毒辣的反动政策。为了执行这个政策，就需要深入了解殖民地各部落的实际情况，考虑怎样去利用原有的制度来为殖民主义服务。马林诺斯基的一套恰巧符合了这个要求。

马林诺斯基在英国学术界一帆风顺地取得了很高的地位，这是很少前例的。英国人对外籍学者的偏见极深，他作为一个波兰人，虽则后来入了英国籍，而能一跃被选为教授，在英国学术界是少有的(英国各大学中设立社会人类学教授的讲座是从他开始的)。不仅如此，他在伦敦经济政治学院培养了不少门生，一个个都成为各大学人类学系的台柱，而且受到英国殖民部和美国罗氏基金会的直接支持，每年掌握着大笔调查经费，调度大批的调查工作者，到非洲各地进行研究。不到10年，功能学派的声势压倒了人类学里任何其他的派别。这一切如果离开了历史背景是无法理解的。

在英国要跟从一个老师学习并不是那么容易。因此先得讲一讲英国学校的制度。英国的大学并没有一个统一的制度。我能讲的是我所进的伦敦经济政治学院。提起这个学校，老一辈的英国绅士们是要摇头的，认为有点“左倾”。这当然完全和事实不符，因为它正是一个社会改良主义的大本营。但是从学制上说，19世纪末年却算是有点“改革”味儿，也就是说它不按传统办事。英国的教育制度阶级路线十分明显。最初只是贵族和有钱人家的子弟能念书，这种学校叫做“公学”，最著名的有伊顿、哈罗等有数的几个，收费极高，限制极严，据说贵族子弟在没有出世之前就得报名。但是这些学校却保留一些名额给殖民地的统治阶级，包括尼赫鲁一类人在内。这些“公学”公开承认是专门培养统治人才的，而且事实上历届内阁阁员除了工党政府外，几乎全是由这几个公学的毕业生所包办。 各学校以毕业生进入内阁的人数多少来比赛。 我记得我在英国时正碰上鲍尔温上台，他在就职演说里曾说，使他特别高兴的是内阁成员中母校的同学占了多数。从这些“公学”毕业后就可以到实际政治中去活动了，其中一部分要深造的，进牛津、剑桥等大学。 这是一个上下相衔接的系统(伊顿毕业的一般升牛津，哈罗毕业的一般升剑桥)，平民无与也。 一直到了 19 世纪的 70 年代，议会里才通过国民普及教育的法案。 公家设立的学校却叫做“私学”。 凡是英国公民按法律都得进这种“私学”，所以也称“义务教育”，意思是受教育是一种义务。 但是当时一般平民出了“私学”就没有上升的机会了。 高等教育还是被上层社会所垄断。 到了 19 世纪末年，一些参加工人运动的知识分子，最著名的如韦柏夫妇、萧伯纳、威尔斯等人组织了费边社，主张为中产阶级和工人阶级办高等学校。 费边社是一个社会改良主义的团体，反对马克思主义，妄想通过合法斗争，实现“社会主义”。 他们所办的学校就是伦敦经济政治学院，曾培养出许多工党的骨干，工人贵族。

伦敦经济政治学院的校舍也说明了这段历史。 到过牛津、剑桥大学参观的人没有不被它们古雅的建筑所吸引的，而这个学院却有如我们解放前上海的弄堂大学。 它的大门是在荷尔本商业区的一条小巷里，大门旁就是一些茶馆，学生们可以在这里喝茶和吃饭。 这个学院的门面实在没有什么气派可言。 英国人却有这个风尚，喜欢保留原来的外形，尽管内部的设备不算坏，而这个门面几十年来一点也不肯改造。

它的学制也不同于牛津、剑桥等老大学。 据说创办人是有意吸收了一些美国的大学制度，由于我当时并没有关心大学本科的制度，所以现在也说不出来。 我所知道的是它的研究生院的那一部分。 我说本科和研究生院其实是已经用了我们自己的学制来说话了。 在他们不是这样说法的。 按他们的说法是读什么学位，自己是什么学位的待位生，注册时就是这样注册的。 根据每一种学位规定他应当参加什么考试，提出些什么论文。 至于你怎么样才能满足这些条件那又是一回事了。

以我所注册的“哲学博士”学位来说，那是最简单了，规定两条：一条是从注册到毕业至少要有两年，一条是提出一篇论文，经过考试认为合格就可以取得那个学位。这两年里你应当读些什么课程完全不加规定，从章程上说，你交了注册费之后尽管可以不到学校，到期你能提得出论文，考得过，一样可以得学位。这是一方面。另一方面，学院每年公布一系列课程，哪一个系什么教授或讲师开什么课。你既注了册，就可以自己去挑选课程。表面上没有人来管你，你爱听就听，不爱听就不听。名教授开讲时，整个大教室坐得满满的，甚至窗台上都坐满和站满了学生。我是个爱串课的人，毫不相关的课，只要按公布的时间、地点，坐在教室里就可以听上一堂课。当然，如果都是这样自由散漫地搞，也就不成其局面了。实际的关键不在章程上，而是在一套不成文的习惯上。你注册时入哪一个系，读什么学位之后，注册科就介绍你去找系里的一位负责人，他就给你指定一个业师，这位业师就是有责任帮助你去取得学位的人(我用业师这个名字因为要和导师有所区别。英国的导师制(tutorial system)有它专门的意义。导师是tutor，实行于大学本科。业师是指指导写论文的老师，称director；被指导的学生可说是门生，业师和门生之间存在着学术上的师承关系)。他根据你的具体情况，建议你去听什么课，参加谁的席明纳(即讨论会)，怎样写论文。通过这种业师制，做得好，确是可以因人施教的。这也有点像我们的师徒制度，师徒之间的关系，一般是十分亲密的。英国社会上特别注重私人关系，这可能是封建的残余，介绍一个人的时候常常要搬出一系列的关系来，这位是谁的儿子，谁的学生，谁的朋友等等，而这样的介绍也就说明了这个人的社会地位。在学术界里最重要的就是“谁的学生”，意思是“他是在谁的指导下学出师的”。另一方面当老师的也以自己有好的徒弟为荣，谈话时也常会听到用“他是你的学生”来作为一种恭维的话。

伦敦经济政治学院在这一点上并没有学美国，而保持了英国的传统。我并不太知道美国的情形，听起来其师生关系也富于资本主义性质，就是花钱买教师，而英国多少还有一点封建，光是花钱不成，师徒关系的建立比较曲折。收不收一个徒弟是师傅的权利，你在学校里注了册，系里有责任替你指定一位业师，但是如果被指定的业师对你不满意，随时可以要系里另外换人来指导你，一个一个地换，永远出不了师，这是一方面。另一方面，一个系里的教师学问地位不同，通常一个新来的学生，总是由一个讲师或比讲师高一级的“读者”(相当于副教授)来指导。经过一个时候，如果这个学生表现得好，有培养前途，给教授看中了，也可以换业师，由教授自己来做业师。

能拜得上有名的教授做业师，好处可大了。且不说学术上的受益，只说取得学位这件事也就有了把握。按英国的制度，给学位是大学的事，譬如在伦敦经济政治学院读书，取得的学位是由伦敦大学给的。当你的业师认为你的论文有资格可以提出来申请考试时，伦敦大学就为你组织一个委员会来考你。这个委员会里的人是从各方面请来的，你要向他们答辩，答辩过后，投票决定。否决一篇论文并不稀奇。否决后你可以下次再申请。被否决一篇论文，对学生固然是件倒霉的事，对业师也不很光彩，因为学生申请考试总是先要得到业师同意的。自己的业师在这个学科中如果地位高，他的眼光当然也准些，他认为过得去的论文，在他的同行中也不容易有不同意见，而且必要的时候，他还可以出来为学生辩护一下。在答辩时“考官”之间引起争论也不是稀奇的事。所以，业师腰杆子粗，学生也容易过关。学生最怕的是“考官”中有自己业师的老师，祖师爷发起脾气来，那就完蛋。

英国这套制度也是他们从经验中积累出来的，其中也有些怪有意思的东西，业师制是其中的一个，在促进学生学习的积极性和老师的责任心上都有它的长处。但是，这也是造成学术界里宗派主义的根源之一。

言归正传。我到英国去是有目的的，目的很明确，要跟马林诺斯基去学他的那一套社会人类学。但是在英国这个制度之下，怎样拜得到这个业师呢?

我在清华研究生院里是跟史禄国学习的，他对于欧洲学术界的情况比较熟悉。他原来的计划是想一手把我培养成他的学生，所以制定过一个长期计划，但是后来他也明白客观条件并不容许他贯彻这个计划了，主要是他在清华呆不下去了。他同意我在清华的学习告一个段落之后到英国去。但是他坚持一点，我在出国之前必须先在国内做一年实地调查，带了材料出国。这些有欧洲传统的学者都有一种怕他自己的学生在他同行面前丢脸的顾虑。我出去一定会说是跟史禄国读过书，他不能否认这一点，如果我大出洋相，他的面子也就不很好看。所以最后他得补救一下，要我“临上轿时穿耳朵”，为出国多做一些准备。我听他的话，1935年清华研究生院毕业后，请假一年到广西瑶山去调查了一次。这次调查是失败了的，和我一起去的我的爱人死在山里，我也负了伤。转回家乡，看看手边调查所得的材料很不充实，心里很难过。恰巧这时我有个姊姊在我家乡一带的农村里推广蚕丝业的改良工作，我去看她，她劝我在乡下住一个时候，一则恢复一下情绪，一则休养一下身体。我在乡下，住在她帮助农民办的一个小型合作丝厂里。反正没有别的事，开始问长问短，搞起“社区研究”来了。

这里不妨附带说说这个插曲。我这个学蚕丝的姊姊，在苏州附近的浒墅关的一个蚕业学校毕业后，到日本去留学，留学回来就在这个学校的推广部做工作。推广部的工作就是在附近农村中推广改良养蚕制丝的新方法。江浙太湖流域原是“上有天堂，下有苏杭”的好地方，其所以富庶的原因之一就是农村里的丝绸业十分发达。有些农村，农业只够供给农民一些日用的粮食，其他生活费用全是从养蚕、制丝、织绸以及有关的手工业中得来。这地方出产的生丝闻名海外。海关报告上有一项叫辑里丝，就是这地方的产品，在对外贸易中一直占着重要地位，但是在20年代却受到了日本丝业严重的竞争，出口锐减。主要原因是土法生产质量太差，这也就影响了广大农民的生活，同时也影响了出口商人和用质量差的蚕茧来制丝的工厂老板。所以从制种、养蚕、制丝每一个环节都需要用洋法来代替土法，这就是蚕丝业的改良运动。这个运动固然是农民所需要的，但是如果只有这需要在当时还是无法实现的，其所以能开展起来，还是由于民族资本家的利益所在，蚕业学校提供了一批技术人员。这些因素的结合，使30年代蚕丝业的改良运动在江浙这个地区确是做出了不小成绩。我在了解这些地区的农民生活时，特别引起我兴趣的是农村的生丝制造和运销合作社，这种合作社是这个改良运动的产物。为了要采用比较科学的养蚕技术，在幼蚕时期要控制温度和湿度，最方便的是稚蚕公育，就是各家在一起养幼蚕，这就是集体化。收了茧，如果不把蚕蛹烘死，就不能储藏，必须脱手出售，这样就会吃中间茧商的压价。为了要卖好价钱，农民自然会愿意一起来解决烘茧的问题。茧子既然可以储藏了，为什么不自己制丝呢？合作的方法一引进，很自然地发展了起来，因为这样做的利益是十分具体的。同时，民族资本家也乐于鼓励农民这样做，因为这样做被挤掉的是一些中间小商人、收茧商和土丝行，而另一方面农民生产积极性一起来，民族工业的原料问题，出口丝商的进货问题都得到了解决。换一句话说，在资本主义社会里发展合作事业，和大资本家的利益并不矛盾，而且替大资本去挤小资本，给大资本更多的剥削机会。我当时当然没有看得这样远，只看到农民收入有所增加，生活有所改善，就沾沾自喜，认为找到了解决农民问题的门路。我就在这个农村里把这个过程记录了下来，搜集了一些有关的资料。在从上海到伦敦的路上，把这些资料整理出了一个草稿。

我到了伦敦，就投奔伦敦经济政治学院，被介绍去见人类学系的弗思博士(R.Firth)。他是马林诺斯基的第一个徒弟，所谓第一个徒弟者就是在马氏手上第一个得博士学位的人。他当时在系里当“读者”(即副教授)，是新西兰人，为人很和蔼，但具有英国传统的拘谨。我手上并没有私人的介绍信。私人介绍信是英国社会上建立关系的必需品，没有这个就只能公事公办。我相信我给他最初的印象是很不妙的。那时，由于伦敦的气候关系，我的背伤又发作，精神很不振作。一口苏州音的英文，加上了紧张，大概话都说不清楚。他和我交谈之后，第二天注册处给我一个通知要我去参加一次英文测验。我的英文程度固然低，但用笔来回答还可以敷衍过去。大概根据测验成绩，他认为还可以接受，所以又约我去谈。这次才谈到我在中国的学习情形，史禄国的名字还算吃香。我又大体上把在瑶山的调查讲了一遍。因为我估计既然要读人类学，而人类学主要是研究当时被侮称作“原始”的部落，我这些材料也许更符合于要求。讲完了，才谈起我在出国前还在农村里住了一些时候，也搜集一些关于中国农民生活的材料。这一通话却引起了他的注意。他是个含蓄的英国绅士，毫不激动地要我把这两方面的材料都给他写一个节略，但是他的口气里面，注意的却是我第二个题目。后来果然经过几次谈话，他替我把论文题目肯定了下来，写《中国农民的生活》。

看来这是一件很平常的事，后来才明白，他这个决定有着更深一层的意义，这里值得提一笔。从人类学本身来说，当时正在酝酿一个趋势，要扩大它的范围，从简单和落后的部落突入所谓“文明社区”，就是要用深入和亲密的观察方法来研究农村、市镇，甚至都市的生活。在地区上讲，过去人类学家研究的范围大都是在非洲、大洋洲和北美，新的趋势是想扩大到亚洲和拉丁美洲，而这些地区主要是文化较高的农民。第二次世界大战前夕和初期，在人类学的出版物里就可以看到许多关于中国、日本、印度、南洋以及拉美农民生活的调查报告，说明正在我编写《中国农民的生活》的同时，各地都有人在进行类似的调查工作。这个趋势是当时人类学的一个新的动向。拿弗思本人来说，他原来是以研究太平洋里的一个小岛上的土著起家的，但是在第二次大战之后却也转入了马来亚的农民生活的研究。所以当时他决定不要我写瑶山调查而写农民生活作论文，决不是偶然的。导师，论文，都这样决定了，但是我还没有见到马林诺斯基的面。

四

我第一次看见马林诺斯基是在他的席明纳里。

提起席明纳，我得先说说这个东西。席明纳是欧洲传统的一种教学组织，也是一种教学方法，在欧洲各大学指导高年级学生时常被采用。英国大学里教师们怎样去教他们的功课，完全由他们自己做主，他们愿意怎样教就怎样教，很有点八仙过海各显神通的味道。以我自己接触到的来说，大家熟悉的罗素也在伦敦经济政治学院开过课，他是登台念讲稿，一字不漏，讲完一个课程就出一本书。我就听过他的“权力论”。我也旁听过一门逻辑课，这位教师的名字忘了，但是我的印象很深，因为有点像我们的小学，许多公式要学生大家一起念，还要指着学生的名字站起来答复问题。我看情形不对，第二堂就没有敢再去。马林诺斯基不喜登台讲课而善于搞席明纳，当然搞席明纳的不止他一人，但是他的席明纳有它的特点，而且在伦敦经济政治学院相当有名，在人类学界当时也是为大家所推崇的。席明纳简单的可以译作讨论会，但是讨论会这个名称还传达不出它的精神，所以用这个音译的名词。

他树立了这样一个不成文的习惯，每逢星期五(除了假期)，他总是坐在伦敦经济政治学院那间门上标着他名字的大房间里。这间房说是办公室不很合适，因为满墙、满桌，甚至满地是书籍、杂志、文稿，到处是形式不同的沙发、靠椅、板凳。到了那个规定的时候，他的朋友们、同事们、学生们就陆陆续续地来了，相当拥挤。这批人中有来自各国的人类学家，有毕业了已有多年的老徒弟，也有刚刚注册的小伙子。他有他一定的座位，其他人就各自就座，年轻的大多躲在墙角里。这里没有禁止吸烟的告示，因而烟雾腾腾，加上这位老先生最怕风，不准开窗，所以烟雾之浓常常和窗外有名的伦敦大雾相媲美。

为什么有这么多人来呢？ 有些是马林诺斯基自己邀请来的，凡是要和他谈学术的朋友就在这时候到这里来。 其他场合当然也可以谈学术，但是在这里是公开的谈，大家一起谈。 绝大部分是自动来的，凡是他的门徒到了伦敦，逢到那一天就争着要来此会会老师，主要的目的是要在这里闻闻人类学的新气息。 这个席明纳作为一门功课，名称就叫“今天的人类学”。 在当时人类学范围里来说，这个名称倒也不能说不名副其实，因为在这里讨论的，不但是书本上还没有写，课堂上还没有讲，甚至是一般的人类学家还没有想到的问题。 这类问题为什么在这里会提得出来，与其说是靠这个老头子学问高，倒不如说靠参加的人多，他们四面八方从实地研究中带来了新问题。 他们遇到困难，或有了心得，在老师的席明纳里发言，经过讨论得到了启发，又回去工作，解决问题，提高质量。 大家得到好处。 不知马林诺斯基哪里学来的这一套办法，使他的席明纳成了他这一门弟子所喜爱的东西。

马林诺斯基自己在席明纳里不多说话。 他主要是起组织作用，就是事先安排一两个主要发言人。 这个发言人首先念一篇准备好了的文章，有的是调查报告，有的是对于一个问题的意见。 换一句话说，这个老头子首先抓的是在席明纳里要提出什么问题，大体上有一个方向。我在伦敦的第一年，席明纳里主要是讨论怎样解剖一个文化的问题，他称之为文化表格，内容后来翻译成中文在燕京的《社会学界》发表过。第二年主要讨论的是文化变动。 他死了之后，有位学生把这些讨论整理出来，也已经出版。 他的特点是不喜欢讲空理论，什么时候都不许离开调查的“事实”说话，所以讨论时，都是那些亲身做过调查的人摆材料。 老头子听得高兴时，插上一段话，这些插话就是大家所希望的“指导”了。 他写的文章和写的书中有不少就是当时插话的记录。

我最初参加这种场合，真是连话都听不懂。 听不懂的原因有二：一是这里的人虽则都是在说英文，但是来自世界各地，澳洲的、加拿大的、美国的、欧洲大陆的之外，还有亚洲的、非洲的，口音各有不同，而且在席明纳里都是即兴发的言，不是文言，而是土话。 其次是材料具体，富有地域性，地理不熟，人类学知识不足，常常会听得不知所云。我们这些小伙子就躲在墙角里喷烟，喷喷就慢慢喷得懂了一些，也觉得它的味道不薄了。

回头来讲我第一次见这位老先生的事。那天席明纳里照例已坐满了许多人，马林诺斯基坐在他的大椅子里在和别人讲话。他是一个高度近视、光头、瘦削、感觉很敏锐、60开外的老头。弗思把我叫到他的跟前，替我作了介绍。他对我注视一下，说了几句引人发笑的话，这也是他的特长；接着说，休息时跟他一起去喝茶，说完他又去和别人说话了。

喝茶是英国社会生活里的一个重要制度，每天下午4点到5点都要喝茶。喝茶是引子，社交是实质。学校里也是这样。到了这时候，教师和学生都停止工作到茶室里去聊天。教师有自己的茶室，就在这时交换意见，互相通气；有时教师也约学生去一起喝茶，增进感情。

喝茶时才知道他刚从美国回来，他是去参加哈佛大学300周年纪念会的，在会上还得了个荣誉学位。他在美国遇见了吴文藻先生，已经知道我到了英国。过了不久，又有一次约我去喝茶，这次不是在大茶室里，雅座中只有我们两个人，他问了问我到伦敦以后的情况，我告诉他已经跟弗思定下了论文题目。他随手拿起电话，找弗思说话，话很简单，只是说以后我的事由他来管了。这是说他从弗思手上把我接收了过去，他当我的业师了。接着回头问我住在哪里，我把情况说了之后，他立刻说：赶快搬个家，他有一个朋友可以招呼我。我当时觉得很高兴，终于达到了跟这个著名的学者学习的愿望了，但是为什么他这样看得起我，不大清楚；同学们听到了这个消息都向我道贺，也觉得不平常，因为要这个老师收徒弟是不容易的。据说多少年来，在我之前，在他手上得学位的不过十几个。我的幸运当然引起同学们的羡慕。

马林诺斯基主动地承担起做我业师的任务，并不是我在他面前表现出了什么特别的才能，我那时连席明纳里讨论都跟不上，话也听不太懂，正是躲在墙角里抽烟的时候。原因是他在美国和吴文藻先生会了面。吴文藻先生是代表燕京去参加哈佛300周年纪念会的，有着司徒雷登给罗氏基金会的介绍信。马林诺斯基一直是罗氏基金培养的人物，他的学生们在非洲进行的大部分调查就是罗氏基金给的钱。吴文藻先生到美国去，后来又到英国来，口袋里就有一个在中国开展“社区研究”的计划，我这个人是计划中的一部分。这个计划深得罗氏基金的赞许。这些，马林诺斯基都知道。他是个感觉敏锐的人，在这里卖一个人情，正可以迎合老板的用心；而且培养一个自己的学生在东方为他的学派开拓一个新领域，又何乐而不为呢？如果没有这一段背景，他那一双高度近视的眼睛根本可能一直看不到这个其貌不扬、口齿不清的外国学生。

其次要讲一讲搬家的事。伦敦经济政治学院是没有学生宿舍的。学生都在伦敦市内自己找房子住，学校不管。伦敦市内有一种叫“膳宿寄寓”，专门招待单身房客。有些是房主人因为有空闲的房间，租出去可以收一些房钱贴补家用。更多是那些下层的中产人家，以此为业，向房产公司租一幢房屋，招四五个房客。女主人自己管理，煮饭侍候他们，收得房租，除了付去给房产公司的租金外，可以有一笔收入，用以维持生活。我在伦敦的时候，普通一间房，包括家具、床褥在内，早上和晚上两餐，每星期从11个先令到1英镑。在市内没有家的学生就找这种寄寓住。每个街道角上的杂货店里有一个小小的广告板，板上揭示着附近出租的房屋。住几天到几年都可以，你要搬家，就搬家，很方便。这种下层的中产阶级种族歧视并不显著，特别是学校附近，各国的留学生不少，对不同皮肤颜色的人也看惯了，甚至有些特别欢迎中国学生，因为中国学生很讲人情，和房东会拉交情，平时送些东西，很能讨得欢心。当然，也碰着过去找房子时吃闭门羹的：“对不住，已经租出了。”但是依我的经验说，在这方面受窘的并不常见。这是和房东的阶级成分有关，有钱的剥削阶级不会干这个行业，很多是工人和小职员的家庭，才需要自己的老婆操作招呼房客。这个阶级在种族歧视上成见不深，而且一旦接触到了以平等待人的房客，不论属于哪个国籍或种族，很容易打破那种不合理的成见而交起朋友来。

马林诺斯基要我搬家就是要我改变我在伦敦生活的社会环境。他介绍我去住的是他的一位朋友的家。这位朋友是一位40多岁的夫人。她父亲是位人类学家，而且是个贵族，写过很有名的著作，名叫John Lubbock Averbury。她嫁给一位陆军军官，丈夫第一次世界大战中当过师长，在前线阵亡，所以她有很丰富的抚恤金。她的儿子在银行里做事，银行老板和她有亲戚关系。女儿是一个有名的新闻记者，写过关于捷克斯洛伐克的报道，风行过一时。家在伦敦的下栖道，下栖道是个文化艺术家聚集之区。一座房屋有四层楼，雇有厨师、女仆和管家。在英国社会里，不算阔绰，属于中上，或是上下的那一阶层。她在经济上并没有出租房屋的需要，但是这位中年寡妇却极喜欢和文化人往来，由于她父亲曾是个人类学家，所以她认识不少印度的学者。她和尼赫鲁也相识，他的女儿来英国留学就拜托她招呼照顾，她也以此为乐。在她家里有些青年人，生活可以更丰富些。马林诺斯基把我介绍去，算是对我的照顾，而其实是要我和这个阶级接触，感染一些英国统治阶级的气息。

这位夫人受了朋友之托，对我管教颇严。她心目中英国文化是最高的，有意识地要我“英国化”。她请客时我得和她的家人一样参与其间；她有朋友来喝茶，我也要侍坐在旁。而我这个人生性就不喜欢这一套，在这种场合里总是别扭得发慌。记得有一次，她约我去她娘家的乡间一个别墅，我听说在那里晚上吃饭要换礼服，而我哪里有这一种东西呢，拒绝她又不成，只能临时托故不去。她竟怒形于色。自从这一次之后，大概她觉得“孺子不可教”了，对我也放松了一些。

我在她家里住，一个星期要交管家两个几内(1个几内值1英镑又1个先令)，较一般“寄寓”高了四倍。这还不算是“房租”，因为我是算那位夫人的客人受招待的。实际上，她在我身上花的可能还要多一些，不但供我膳宿，连社会生活，比如请朋友喝茶、吃饭都不另要我付钱。在她是一片好意，在我却负担很重。清华公费每月 100 美元，学费书费一切包干在内。所以不但精神上感到拘束，经济上也同样不觉得宽裕。后来，卢沟桥事变发生，我托辞经济可能发生问题，才摆脱了这个“好意”，重新回到普通的寄寓里去。

我提到这个插曲，目的是想揭发那个老大帝国主义怎样做殖民地工作的。像尼赫鲁这样的人从骨子里浸透着英帝国的气味，这不是偶然的。殖民主义是整个英国统治阶级的中心活动。一般看得到的是它的军旗和炮舰，而看不到的是无数细致、复杂的社会活动。通过日常的、看来十分平易的社会接触，英帝国把殖民地的上层人士的灵魂勾引了去，也就是说在意识形态的深处收服了这一批在殖民地社会上有势力的阶层。这批人口头上和表面的行动上尽管要求独立，反对英国统治，但是在骨子里是跟着英帝国走的；像被摄了魂的人，不知不觉受着巫师的调遣。英帝国表面上是崩溃了，而一个无形的帝国依然存在，几百年的殖民经验中修炼出来的魔道还在新的躯体上作怪。

五

接着谈谈我这位业师怎样指导我学习的。伦敦经济政治学院人类学系的研究生一般都可以去参加马林诺斯基的席明纳。席明纳是他指导学生学习的主要场合。他在席明纳里从来没有长篇大论地发过议论，但是随时用插话的方法，引导在场人的思路。这些指点固然是很重要的，但是更重要的是在善于组织别人互相启发，互相辩论，他自己也就在这里学习。给人印象最深的是在示范地表演出一个人怎样去分析问题，怎样去发展自己的思想。已经解决了的问题在他的席明纳里是没有地位的。在争论新问题的过程中，他用他自己的思索，带动学生们的思索。这一点是使学生们最佩服他的地方。也就是通过这个方法，他把立场、观点灌输给了学生。

直接受他指导的学生除了参加席明纳之外，还有机会“登堂入室”，那就是到他家里去，参加他自己的著作生活。师傅是在他自己作坊里带徒弟的。这位老先生是个鳏夫，他的妻子已经死了好几年。他一人住着一所普通的住宅，生活很孤独，而且没有规律。想到要吃东西时，自己开个罐头，烤些面包也算一顿。大多时间是在外边吃的。工作时有一个女秘书帮助他。我们这些学生到他家里去，有时也替他搞搞卫生工作，清理一下厨房，把瓶瓶罐罐扔出去一些。他的书房卧室更是乱得叫人难于插足，不但桌子上，连地板上都是一叠叠的稿纸。不准人乱动，只有他知道要什么到哪里去摸。我已说过他是个高度近视眼，事实上他的眼睛已经不能用来工作。他的秘书和学生有义务给他念稿子。他闭了眼睛听，听了就说，说的时候，有秘书替他速记下来。

他同时在写好几本书稿，有时拿这一本念念，改一段，添一节；有时又拿另一本出来念念。这些稿本很多到他死的时候还没有定稿。有些后来经过他学生编辑出版了，有些可能还没有。

在旁听他怎样修改他自己的著作，对一个学生是很有好处的。普通我们读的书，都是成品，从成品看不到制造的过程，而一项手艺的巧妙之处就在制造过程里。成品可以欣赏，却难于学习，但是谁有机会看到一个学者创造思想成品时的过程呢？上面所说的席明纳是创造思想成品的一个步骤，单靠这个步骤还是完不成成品。“登堂入室”又看到了这个过程的另一工序。他有时也要征求学生的意见，这样说成不成，那样说好不好，一字一句全不放松。这样的学者尽管立场、观点有很多可以批判之处，但是在做学问时，严谨刻实的态度确有值得学习的地方。

还有一种场合他也要打电话把学生叫去，凡是有朋友来和他讨论问题，他觉得哪个学生旁听一下有益处时，他就要把他传呼去。有一次，他和一个波兰学者谈得高兴了，忘记旁边还有异乡人，大讲其波兰话。他曾和我说，学术这个东西不是只用脑筋来记的，主要是浸在这个空气里。话不懂，闻闻这种气味也有好处。不管这种说法对不对，他所用力的地方确是在这里。他是在培养一个人的生活、气味、思想意识。在我身上，他可能是失败了的，但是有不少学生是受到了他这种影响。他从来没有指定什么书要我念，念书在他看来是每个学生自己的事。他也从来不考问我任何书本上的知识，他似乎假定学生都已经知道了似的。但是当他追问一个人在调查时所观察的“事实”时，却一点也不饶人，甚至有时拍着他的手提皮箱(英国大学生和教授们手里提的是一种小型的皮箱)，大发雷霆。他对我可能是有点另眼相看，但是被他呵责也不止一两次。我写论文时，写完了一章就到他床前去念，他用白布把双眼蒙起，躺在床上，我在旁边念，有时我想他是睡着了，但是还是不敢停。他有时突然从床上跳了起来，说我哪一段写得不够，哪一段说得不对头，直把我吓得不知所措。总的说来他不是一个暴躁的人，最善诙谐，谈笑风生。他用的字，据说比一般英国人还俏皮和尖刻。他最恼我的是文字写不好。他骂我懒汉。其实我已尽我所能了，但总是不能使他满意。他实在拿我没有办法，又似乎一定要保我过关，只好叮嘱一位讲师，替我把论文在文字上加了一次工。现在回想起来，如果不是另有着眼的大处，肯这样“培养”一个学生实在是太难为了他。

现在回想起我身受到的那一套马林诺斯基的“教育”，如果要找它的关键，也许可以说在于从各方面来影响我的世界观和方法论。所用的方法不只是靠说服，而是通过社会生活，学术实践，并且用他自已作具体的榜样，“潜移默化”地从思想感情上逐渐浸染进去的。因之我想，任何人世界观的形成和改造，也必须通过生活和学术的实践才能见效。

最后，到了1938年的春天，他催促我，要我赶快把论文写完。他是个性格很矛盾的人，表面上有说有笑，而骨子里却抑郁深沉。据说他有一种恐惧死亡的精神病症，所以当欧洲的战云密布的气氛袭来的时候，他紧张得受不住，准备去美国了。行前打算让我考过了，好告一结束，所以为我举行的考试完全是一种形式。伦敦大学只派来了一个“考官”，记得是叫丹尼森·罗斯爵士，是一个著名的“东方学者”。考试是在马林诺斯基的家里举行。他为这次仪式预备了几种酒。这位“考官”一到，就喝起酒来，举杯为这位老师道喜，说他的这位门生在学术上做出了贡献。接下去使我吃惊的是，他说他的老婆已细细读过这篇论文，一口气把它读完，足见具有很大的吸引力。这句话也可能表示，他自己根本没有看过这篇论文。他说完了这段话，就谈起别的事来了。在他要告辞时，还是马林诺斯基记起还有考试这回事，就问他是不是在他离开之前完成一点手续，在一张印得很考究的学位考试审定书上签个字。他欣然同意，又喝了一杯酒，结束了这幕喜剧。

送走了这位考官，马林诺斯基就留我在他家里吃晚饭。在吃饭的时候，他又想起了一件事，在电话上找到了伦敦的一家出版公司的老板。他开门见山地说，这里有他的一个学生写了一本论文，问他愿意不愿意出版。这位老板回答得很妙：如果他能为这本书写一篇序，立刻拿去付印。马林诺斯基回答了“当然”二字，这件事也就定下了。书店的效率并不坏，在我回国之前，清样都打了出来。这本书就叫《中国农民的生活》，还加上一个中文书名《江村经济》。

一个作家在英国要出版一本书并不是容易的事。我在下栖道住的时候，认识过一些角楼里的作家，他们带我去参加过一些经纪人的酒会，所以也知道一些内情，在这里不妨附带说一下。在英国，作家和书店之间有一种经纪人。一个作家不通过经纪人而想找到出版的机会是近于不可能的事。经纪人每星期有一个定期的酒会，凡是经过介绍的作家都可以去参加。在这个酒会上许多作家在这里碰头会谈，经纪人就在这种会里放出现在需要哪一种稿子的暗示。经纪人是熟悉行市的专家，他有眼光可以看得出市面上要哪一种书。作家受到这种暗示就琢磨怎样能迎合这种需要，在这种酒会上他也放出风声，自己在写什么。经纪人听得对头就来接头，他提出各种意见，怎样写法才能畅销。作家有了稿本就交给经纪人，由经纪人去考虑送哪个书店出版。

如果这本书出版了，经纪人照例扣作家所得的10%。一个经纪人如果能经手10本销路广的书，就抵得上一个名作家的收入，他所花的成本只是每星期一次酒会的开销。作家是离不开经纪人的，因为作家不知道市场的行情，写出的书不合市场要求，根本找不到出版商的门。出版商也离不开经纪人，因为经纪人掌握一批作家，能出产所要的成品。经纪人其实不仅懂行情，而且是操纵行情的人，他们有手法可制造畅销书，可以奴役作家。作家如果不听经纪人的建议，多少岁月的劳动可以一文不值。所以住在角楼上的无名作家见了经纪人是又恨又气，背地里什么咒语都说得出，但是每逢酒会的时候还是要抱着一举成名的侥幸心理，打扮得整齐一些，赔着笑容，在那里消磨一个午夜。

我那天晚上，听着老师挂电话，出版一本书那么容易，又想到下栖区里啃硬面包的朋友，觉得天下真是有幸与不幸。当时我哪里懂得就是这个“幸与不幸”的计较，多少人把自己的灵魂押给了魔鬼。

放下电话，马林诺斯基沉思了一下，说这本书叫什么名字呢？他嘴里吐出一个字来，Earthbound，后来又摇了摇头说：“你下本书用这个名字也好。”Earthbound直译起来是“土地所限制的”，后来果真我第二本书就用了这个名字叫Earthbound China，用中文说，意思可以翻译做“乡土的中国”。他这短短的一句话，不是在为我第二本书提名，而是在指引我今后的方向，他要我回国之后再去调查，再去写书。我的确在他所指引的道上又走了好几年。这是后话，不在这篇《留英记》里说了。

1962年4月3日于北京

附录三

重读《江村经济》序言

去年在北大社会学人类学研究所召开的高级研讨班上我许下一个愿，要在90年代余下的几年里对自己一生中“已经写下的东西多看看，反思反思，结结账”。而且还说“我想结合《江村经济》写一篇关于马老师论社会和文化变迁的文章”。许下的愿还得及早还清。半年多来心上老是挂念着这篇欠账。人世纷扰，抽空下笔的闲暇不多。说实话，我送出该书中文版的清样以来的10年中，还没对这本书从头到尾重读过一遍。在1986年中文版发布会上，曾说“愧赧对旧作，无心论短长”，这种心理长期来尚未克服。这次为了已经当众许下了愿，不能不硬着头皮，重新读一遍。

一

重读旧作，开卷就是马林诺斯基老师为这本书写的序言。这篇短短8页的文章里触及社会人类学里许多至今还应当反复琢磨的基本问题。我想就在这些问题中挑选一些出来，谈谈我经过60年的实践后的思考。我原想用《重读〈江村经济〉》作为本文的题目，现在既把范围缩小了，题目也得改为《重读〈江村经济〉序言》。

关于我写这本《江村经济》和马老师为此书写序言的经过，我在1962年写的《留英记》中已有交代，在此不必再重复，于是发生了我这篇文章从何下笔的难题。正在踌躇中，我突然想起不久前有一位朋友送我一篇1962年伦院(LSE即伦敦经济政治学院)纪念马老师的演讲会上宣读的一篇讲词的复制件。讲员是英国人类学者Maurice Freedman教授，讲词的题目A Chinese Phase in Social Anthropology。这篇讲词正好给了我一个下笔的入口。

先交代一下这位作者和这篇讲词。

我没有见过这位Freedman教授，但80年代我又获得出国访问的机会时，在国外一路听到许多同行朋友谈到关于Freedman的话。语气中都为我没有见到这位对中国社会文化研究具有突出热情的社会人类学家而惋惜，甚至有人听我说还没有读过Freedman的著作感到奇怪。事实是这样：我于1938年暑期离英返国后，由于战争的原因，我和国外的学术界已无法继续来往。大概在50年代末和60年代初这段时间里，Freedman在英国人类学界初露头角，而且名声日著，1962年已在高规格的伦院纪念马老师的会上发表讲话。听说后来1968～1970年曾一度当过伦院人类学系主任，成了马老师的接班人之一。他极力提倡研究中国社会文化，而且身体力行，做出成绩，获得“汉学人类学家”的名声。他培育了一批对中国社会文化有研究兴趣的社会人类学者，甚至有人认为他实现了马老师曾表达的愿望，开创了一代用社会人类学方法研究东方有悠久历史的国家的社会文化的风气。但不幸他在1975年过早逝世，享年55岁。那时正值“文革”末期我刚从干校回到北京不久，还戴着“脱帽右派”的帽子尚未恢复正常的社交生活。如果他能增寿10年，有机会来华，想来我们双方都会感到知己难逢，相见恨晚了。但天不作美，良缘难得，交臂错失，只能说是天意了。

再说他那篇讲词的题目坦率指出了社会人类学这门学科的“Chinese

Phase”。这个提法怎样译作中文？据《英华字典》phase 有两解：一是方面，一是时期。用方面来译，意思是在社会人类学中有研究中国的一方面，那是比较普通的译法，因为一门学科可以有多个方面。如果译作时期，意思就有中国研究可以成为这门学科在一定时期里的主流，那就有一点自负的味道，至于译成社会人类学的中国时代，那么这个味道更重了。我倾向于用“方面”，但用“时期”也不能说超越了 Freedman 的本意，因为我读了他的讲词，觉得他是有点想把马老师在序言里所提出的“社会学的中国学派”Chinese School of Sociology 提高一下，把研究文明国家的社会文化作为社会人类学的奋斗目标。这是 Freedman 的“预言”。他们两人都寿命不够长，没有看到所预言的“学派”或“时期”实现于世，令人遗憾。

有人称 Freedman 为“汉学人类学家”，我也想加一点注释。这个名字是最近我从北大社会学人类学研究所副教授王铭铭同志的一篇《社会人类学与中国研究》一文(《人类学与民俗通讯》第 20～21 期)看到的。原文是：“后来，弗里德曼成为了研究中国的人类学家(或称汉学人类学家)共同推认的学术导师。”

汉学人类学的英文对译我没有见到过，这可能是由于我和外文资料接触太少所致，如果在英国此词现已流行，则 Freedman 所说的 Chinese Phase 确应译作“中国时期”甚至“中国时代”了。

这里插入一段有关掌故可能会有些启发。西欧各国学者研究中国文化已有好几个世纪，一般包括在东方学 Oriental Studies 之内，研究中国的东方学称 Sinology，这类学者称作 Sinologist。汉学或东方学来源于此。记得我在《留英记》里说过，我在接受博士考试时，有一位考官是 Sir Denison Ross,就是一位当时有名的东方学者。马老师事后曾为我解释说，关于中国社会文化的研究有需要得到东方学者的认可。可见直到 30 年代中国文化的研究在英国还属于东方学者的“领地”。但是马老师取得 Denison Ross 的同意把社会人类学跨进了这种学术王国里的传统界线。Freedman 接着在 60 年代就在这块园地上撑起了“研究中国的人类学”甚至有人称之为“汉学人类学”这面旗子了。如果东方学者不出来抗议，就表明英国学术界里发生了变化。

二

Freedman是想紧紧抓住马老师在《江村经济》序言开始就说的该书“将被认为是人类学实地调查和理论工作发展中的一个里程碑”这句话，作为在社会人类学的领域里开创一个新风气的根据。这个新风气就是从过去被囚禁在研究“野蛮人”的牢笼里冲出来，进入开阔庞大的“文明世界”的新天地。

不论在英国还是美国，社会或文化人类学在30年代前一直是以当时被欧洲人称为“野蛮人”作为研究对象的。他们把“人类学”实际上等同于“野蛮学”，但并不觉得这是对人类学的讽刺。马老师是在这陈旧的空气里熏染成长的，当他发表他的成名之作时，竟也把“野蛮人”这个我们现在听来十分刺耳的污辱人的名称用在他所著的书名里，但他醒悟得比别人早些，并公开发出了预言说：“未来的人类学不仅对塔斯马尼亚人、澳洲土著居民、美拉尼西亚的特罗布里恩德群岛人和霹雳的俾格米人有兴趣，而且对印度人、中国农民、西印度群岛黑人、脱离部落的哈勒姆非洲人同样关注。”他在给《江村经济》写序言时，就引用了这句预言，并表示终于看到了这预言开始实现的喜悦。至于这句预言原来的出处，在序言中并未注明。

其实他这句预言是用了极为温和的口气表达的。只希望人类学对当时被划分为文野的两类人等同“关注”。这种口气相当于为人类学开阔一个研究的“方面”。60年代Freedman用的phase一字就注入了“新时期”甚至“新时代”的意味了。这30年里怎么会发生这么大的变化呢？我不能不想起就在这30年里发生过震动全人类的第二次世界大战。这次大战使大英帝国瓦解了，世界各地被殖民主义压迫下的民族在不同程度上得到了解放。人类学者还想用过去那种气势凌人地到原来殖民地上的人民中间去进行所谓调查研究的田野作业，免不了要吃闭门羹了。这是大势所趋，人类学这门学科要能继续生存下去，就得另辟路径，开拓新的研究园地。这时自会有人想起马老师的预言。当时在伦院人类学系后来接班当主任的Freedman反应得比较迅速，跟着马老师指导的方向，看到了中国，想一举而抹掉“文野”之别。现在又过了30多年回头看，他未免急躁一点，在当时要树立起“社会人类学中国时代”或“汉学人类学”，条件似乎不够成熟，以致壮心未酬，赍志而殁。文野这条人为的鸿沟仍未填平。

马老师在序言里提到这预言时，心里明白要跨过这文野之别并不是那么轻松容易的。他在序言里接着说“这一段引语中包含着对现代实地调查和理论工作提出了重要基本要求，研究文化变迁、文化接触的现象、现代文化的传播”。他在写序的当时自己就在非洲研究现代各民族的关系、触及现代文明和土著文化中间这条文野鸿沟，也面对着一系列对他原有实地调查方法和理论的挑战。他也明白自己的探索就会在这条路子上爬上一个台阶，他要为人类学更上这层楼，从对野蛮人的研究过渡到对文明人的研究，筑好一顶楼梯。但是由于寿命的限制，只遗下了一大堆残稿，后来，虽经他的门生于1945年整理成了*The Dynamics of Culture Change*一书，但他想建立的这顶楼梯还只是一个初步设计的图稿，留下许多空隙没有填实。

马老师看重《江村经济》的原因，到现在我才有了进一步的体会，可能是他在我这本书的骨子里看到了一些所希望培育的苗头。也许他曾考虑过，吴文藻老师所带领的这个小小队伍有可能就是实现他的宏图的一个先遣队，为人类学跨过“野蛮”进入“文明”进行一次实地探索。我当时实在不太能领会他说“社会学中国学派”时的期待心情。我曾多次坦白地说过，这本《江村经济》在我是一棵“无心种下的杨柳”。当时我哪里会有这种本领看出了马老师的用心？经过了30年的坎坷境遇之后，才如梦初醒，在1985年不自觉地吐出“愧赧对旧作”这句话。今天又过了10年才进一步发觉当时感到愧赧的原因是辜负了老师的这片心愿。能有此悟，还得感谢Freedman这篇演讲的启发。

三

Freedman在这篇演讲里，讲到了马老师离英后海外人类学者研究中国的企图和困惑。马老师这一代人在社会人类学里奠定了着重“田野作业”的传统，就是要从人们的实际生活中去观察他们的社会和文化。这个“田野作业”的调查方法虽不能说是从马老师开始，但他以后的社会人类学者都以他在Trobriand岛上土人中的实地研究作为范本。马老师研究过的Trobriand岛上的土人是世世代代在这小岛上生活的人，为数不过几千人，长期和外界隔绝，往来稀少，有一点像陶渊明所描写的桃花源里的人物。像马老师这样有经验的人类学者在这岛上住上几年，用当地土语和当地土人亲密往来是不难做到的，可以说具备亲自接触和参与当地土人生活的条件，这就是为社会人类学者采取田野作业布置下的理想环境。马老师充分利用这些客观条件结合了主观的才能和努力，为社会人类学提升了一个阶段，走出书斋进入田野。

现在要从这种对过去曾被称过“野蛮人”的研究所用的田野方法去研究“文明人”行得通么？这是一个想把社会人类学再提高一个阶段必须解决的问题。马老师在《江村经济》的序言里一开始就列举若干他认为本书的优点，其中，第一点就是“一个土生土长的人在本乡人民中间进行工作的成果”。他加上一句提醒西方的读者说，中国是“一个世界上最伟大的国家……本书的内容包含着一个公民对自己的人民进行观察的结果”。

上面的引语，我是用了中文版的译本。原文中前一句是“It is the result of work done by a native among natives”。他写完这篇序言后，特地打电话要我去他家吃便饭。在饭桌上边吃边谈，谈话中提到序里的这句话时着重说明“native”意思是指“本地人”。我当时觉得这位老人家心眼儿真不少。他怕我见怪，因为在西方 native 一词通常带着贬义，用来指殖民地上的野蛮人。当时我怪这位老师连这一点也值得要当面向我特地说明一下的么？随后我想起这次谈话时，发觉西方殖民主义确已深入民间的语言感觉之中。我觉得这位老师还不明白我们中国人的心态。我们也有野蛮这个词，不过只指粗鲁无礼，并不是人格的区别，更不触及人的尊严，不等于说“你不是人”。而西方把文野区别提高到了人和不是人的界线。在这一点上我们也许能看到至今还十分严重的西方种族矛盾的心态根源。说不定这个以种族绝灭到种族奴役为手段起家的现代西方文明会被这段历史在人们心态里的沉淀物所颠覆。天道轮回，报应说不定还是历史的规律。

话似乎说远了。但这次饭桌上的谈话，还是可以和社会人类学的发展主题联系起来。我在这次读这篇序言时，又深一层考虑到这位老人家既有用 native 这个词来指我和我所调查的家乡父老而怕我见怪之意，为什么偏要用这词，说这句话呢？看看前后文就不难明白这是有意说给有种族歧视的西方人听的，尤其是西方人类学者听的。这句话的前文是“作者并不是一个外来人在异国的土地上猎奇而写作的，本书的内容包含着一个公民对自己的人民进行观察的结果”。后文是“如果说人有自知之明的话，那么，一个民族研究自己的民族的人类学当然是最艰巨的，同样，这也是一个实地调查工作最珍贵的成就”。重读生新意，联系着 Freedman 的演说来看，马老师死后，英国的人类学者中间对马老师这预言的反响就真使我另有一番滋味在心头了。

最令人深思的：马老师在上引这些话中明确反对的是“在异国的土地上猎奇而写作”，提倡的是“一个民族研究自己民族的人民”。这样明确的态度却没有灌入他的一些学生耳中。由于我长期没有与国外社会人类学者有过深入接触，对国外文坛不应凭传说任意做出议论。事实是我实在还没有听说过国外的人类学家中有对自己民族或国家的人民进行过严肃的研究。我希望我这样说是出于我的孤陋寡闻。但是反对研究自己社会文化的人却是有的，比如 Edmund Leach 教授在 1982 年出版的 Social Anthropology 里明白表示，他根本不赞成一个初学人类学的人从研究自己的民族入手，就是说他怀疑本民族的人从研究本民族能进入社会人类学的堂奥。我实在不明白他这种成见是否能说还是欧洲人的种族优越感在作弄他，连人类学者都跳不出这个魔掌？对此我们可以不去深究了。重要的是既然排除了自己的民族作为研究对象，而英美的人类学到他们这一代已面临过去出入无阻的“野蛮人世界”对他们关了门，除了回到书斋里去之外，还有什么地方可去呢？迫于无奈，这一代英美人类学者不能不转向自己国土之外的文明世界了。

四

Freedman 在那篇讲演中提到了一系列在 30 和 60 年代研究中国的英美人类学者，这些都是 1938 年我离开伦敦之后所发生的事。当时我已是西方社会人类学界的局外人，看了 Freedman 这篇演讲的复制件才得知有些西方人类学者把研究对象指向了中国。

我特别注意到 Freedman 首先提到的是现在还和我通信问好的伦院的老师 R.Firth 教授，现在已是 Sir Raymond 了。他是最早赏识我这本《江村经济》的老师。我在《留英记》里已讲过，我初到伦院时，他是系里为我指定的导师。他和我商量写论文的内容时，我先提出“花篮瑶的社会组织”，后来补充说我在来英之前又调查了一个家乡的农村。他看了我两篇节略后，建议我写《江村经济》，我一直不明白他做出这选择时的考虑。现在联系了当时社会人类学的处境来说，可以猜测他已看到这门学科正面临从研究野蛮人转向研究文明人的起点上。他这个选择可以说是扭转方向盘的第一手。

Freedman 的演讲里提到一段我过去不知道的事。他说 1938 年，应当是我在离英之后Firth曾寄了一篇论文给燕京大学出版社的《社会学界》，这一期还标明专门献给"LSE的人类学"。在这篇论文里他提出了"微型社会学"的概念，用来专指马老师所说"社会学的中国学派"的特点。马老师的那篇序言里曾说过"通过熟悉一个小村落的生活，我们犹如在显微镜下看到了整个中国的缩影"。6年后(1944)，Firth又在伦院的讲坛上再一次说微型社会学是人类学在战后可能的发展方向。微型社会人类学是指以小集体或大集体中的小单位做研究对象去了解其中各种关系怎样亲密地在小范围中活动。他加重了口气说我想社会人类学者可以做出最有价值的贡献或许依然就是这种微型社会学。他在1952年又强调了局限于小单位的观察有多种好处。关于这个问题我在下面还要提出来讨论。这里要指出的是Firth把研究中国的社会人类学提高到了社会人类学发展方向上来了。从马老师的"社会学的中国学派"到Firth的"微型社会学"是一个飞跃，并为Freedman后来提出的"社会人类学的中国时期"开辟了道路。

Firth教授不但在理论上作出先导，而且就在这时候准备在行动上付诸实践，就是打算到中国来做"微型社会学"的试验。他开始学习汉文汉语，据说后来他发现汉文汉语不容易在短期内掌握，所以不得不改变计划，半途在马来西亚停了下来。1939年他选择了马来半岛东北角沿海的Kelantan地方的一个滨海的渔村开始用社会人类学方法进行微型社会学的田野工作。Firth教授这次亚洲之行并没有同我和吴文藻联系，当时我国对外通信渠道已经断绝。他改变计划的原因可能并不完全是Freedman所说的在语言上的困难，而是当时的国际形势。他启程时日本侵略军已攻占了半个中国，前锋已到达桂黔边境，而日本还没有发动太平洋战争，马来西亚尚未进入战时状态。Firth教授就利用这短短一年多平静的时期取得研究一个亚洲的渔村的机会。在日军进入马来西亚的1941年返回伦敦，编写他那本Malay Fisherman的初版。大战结束后，他于1946年和1963年又两次重访这个渔村，改写了这本微型社会学的代表作，正是在Freedman发表那篇演讲的下一年出版。

说来也很有意思的是，一向不主张人类学者从微小社区入手研究一个文明的大民族文化的 E.Leach 教授，自己却利用参加英国军队进入缅甸的机会，大概在 1940 年前后，在中缅边境开始研究缅甸境内的景颇族的山官制度(所著的书是 1954 年出版的)。他在英军溃退时，靠我们的军队掩护，从滇缅路撤退，到达昆明时，我还在云南大学教书，他的临时住所就在翠湖边，和我只隔了一条街。可是他没有通知我，以致我们两人失之交臂，没有见面。

在 Freedman 的演讲中提到的西方人类学者在 1938 年之后到中国来研究的还有 Oxford 的 W.H.Newell, Cornell 的 C.W.Skinner, Columbia 的 M.H. Fried 和 LSE 的 I.Crook。在北京解放前不久，Chicago 的 R.Radfield,应邀来清华讲学。他是继 R.Park 和 A.R.Radcliffe-Brown 极力主张中国社会学和人类学者研究中国社会文化的有力支持者，不幸都没有看到他们所催生的婴儿的成长而逝世了。中国大陆解放之后，以上提到的这些西方学者除了 Crook 之外都离开了中国。直到 80 年代改革开放之后，才又有一些人类学者来华做研究工作。

令人遗憾的是 Freedman 在世时，至少在他发表这篇演讲前，并没有看到我 1945 年在美国芝加哥大学出版社出版的介绍我们抗战时期在云南内地农村调查的 *Earthbound China* 一书。在他这篇演讲里只能说到我返国后在左右两堵政治墙壁上撞破了头，似乎从此休矣。这怪不得 Freedman，当时国际信息远不如当前这么发达，曾有一个时候西方曾盛传我已不在人世。但是马老师赞扬的研究自己民族的人类学在西方固然没有得到响应，我们中国学者却还守着他的遗训，而且有所发展。他如果在世时能看到我们在中国做出的探索，也许对他所主张的“社会人类学的中国时期”可以提供一些有力的支持。

我觉得抱歉的是在这篇文章中对 Freedman 本人用人类学方法研究中国社会文化的成绩不能多说几句。一是因为我们并无一面之缘，第二是因为除了这篇演讲的复制件外，我还没有机会读到过他的著作。我只能借上引王铭铭的文章里的话来说，他是现在英国“研究中国的人类学家(或称汉学人类学家)共同推认的学术导师。其影响至今不衰，他的后代现在已成为西方汉学人类学的中坚力量”。他在社会人类学历史上的地位，这几句话已足够定论了。希望有一天我还能向 Freedman 的原著认真学习，提高我对我自己的国家和民族的科学认识。

下面接着我想就我自己实践中得来的思考，对用人类学方法研究中国社会所需解决的几个理论问题发表一点意见，我倒并不急于和西方人类学者对话，更不想抬杠，还是为了推进我们中国人研究中国社会文化，用此余生做出一分努力。

五

马老师在《江村经济》序言中重提他的预言，社会人类学的研究对象应当包括文明人，又鼓励本民族人研究本族的社会文化。如我在上节提到的，第一个在他指导下得到博士学位后来又成为他接班人的 Firth 教授曾依他所指出的方向，在马来西亚用马老师一贯强调的田野作业方法和功能主义理论，研究了一个海滨的渔村。他在实践中提出了“微型社会学”的概念。微型社会学是以一个人数较小的社区或一个较大的社区的一部分为研究对象，研究者亲自参预当地的社会活动，进行亲密的观察。在研究方法上还是等同于马老师在 Trobriand 岛土人中和 Firth 自己在 Tikopia 岛土人中所用过的田野作业方法。Firth 的实践认为可以证明这种微型社会学是可行的。实际上他是想在人类学领域里一步直接跨过了我在上边所说的“文野之别”。

他这样一步跨越的试验，基本上消除了西方社会人类学的研究对象被困住在“野蛮人”里的传统桎梏。但是这也引起了许多值得注意的方法上和理论上的问题。这些问题的来源首先是出于“文野之别”的别在哪里。我们不应过于简单地以西方的种族成见一语把这区别予以抹掉。Trobriand 土人和中国农民以及伦敦的居民存在着相同的一面是基本的，因为他们都是人，所以应当都是人类学的研究对象。这一点我在那篇讲马老师的文化论中已经说清楚了。我认为马老师和功能论就是要想以一切人类文化都是人类依据自己的生物需要和集体生活的需要而产生的这种基本认识，来消除人文世界中本质上文野的差异，比如他批判了把理智思考作为文明人所独具的特性等，就是为“文野一致”论找根据。但如果我们只讲文野一致也会导致文野无别的错觉，也就是忽视了人本身在文化上的演化，忽视了人的历史。所以我们既要从根本上肯定人类的一致性，也要注意到人类本身还是处在自然的演化过程之中。这个过程首先表现在人在发挥它生物遗传的底子上创造的人文世界，因处境不同存在着各种不同的选择。所以不同民族在社会文化上可以有差别。这种差别也是客观存在的。而且这种差别也曾引起了不同民族在过去的历史里产生了不平等的地位。我们不应当因为反对这种不平等而把差别也根本否定掉。我们既要承认文化本质的一致，也要重视文化形式上的差别。

我并不同意文化的发展是有一定不移的阶段，但也不同意完全是偶发的和无序的。从整个人类历史过程中看去总的来说大体上是，一个社区里共同生活的人是由少而多，人所能支配的环境是由小而大，人和人的关系是由简而繁等等，这些基本上都是日常可见的实际情况。即以 Firth 自己研究过的 Tikopia 人和马来西亚渔民相比较，我想也会看到二者在这些方面的差异。

人口既有多少、社区既有大小、社会既有繁简，有人提出对“微型社会学”的责难就值得我们认真对待。责难是一个包括人数众多，历史悠久，文化复杂的民族或国家，只研究其中的一个由少数人组成的小社区，能不能了解这个民族整体的社会文化？这正是 Leach 教授在 1982 年所写的 *Social Anthropology* 一书中向研究中国农村的社会人类学者提出的责难。

Leach 教授责难我们从一个小小农村入手研究中国社会文化时提出了的这样一个问题，就是“中国这样广大的国家，个别社区的微型研究能否概括中国国情？”我在1990年所发表的《人的研究在中国》一文中答复了这个问题。我在当时的答复中首先承认他的“局部不能概括全部”的定式，即方法上不应“以偏概全”，而提出了用“逐渐接近”的手段来达到从局部到全面的了解。

后来我又提出在云南内地农村调查的实际中采用的“类型”的概念，和在90年代城乡经济发展的研究中提出了“模式”的概念，对局部和全面的关系做了进一步的修正。我认为：“把一个农村看成是一切都与众不同，自成一格的独秀，sui generis也是不对的。一切事物都在一定条件下存在的，如果条件相同就会发生相同的事物。相同条件形成的相同事物就是一个类型。”(《人的研究在中国》)以江村来说，它果然不能代表中国所有的农村，但是确有许多中国的农村由于所处条件的相同，在社会结构上和所具文化方式上和江村基本上是相同的，所以江村固然不是中国全部农村的“典型”，但不失为许多中国农村所共同的“类型”或“模式”。我这种思考，使我进一步摆脱了Leach的责难。我认为有可能用微型社会学的方法去搜集中国各地农村的类型或模式，而达到接近对中国农村社会文化的全面认识。

最近我在重温马老师的文化论时，又有所启发。在人文世界中所说的“整体”并不是数学上一个一个加起而成的“总数”。同一整体中的个体有点像从一个模式里刻出来的一个个糕饼，就是这个别是整体的复制品。生在社会里又在社会里生活的一个个人，他们的行为以至思想感情的方式是从先于他存在的人文世界里学习来的。学习基本上就是模仿，还加上社会力量对个人发生的规范作用，即所谓教育，社会用压力强制个人的行为和思想纳入规范中，一个社区的文化就是形成个人生活方式的模子。这个模子对于满足个人生活需要上是具有完整性的，每个人生活需要的方方面面都要能从这个人文世界里得到满足，所以人文世界不能是不完整的。关于这层意思我在关于学习马老师的文化论的体会那篇文章里已经说过，这里不再重复了。

这样看来，如果能深入和全面观察一个人从生到死一生生活各方面的具体表现也就可以看到他所处的整个人文世界了。在实际田野作业里，要观察一个人从生到死一生的行为和思想是做不到的。所以实际研究工作是把不同个人的片断生活集合起来去重构这个完整的“一生”，从零散的情境中，见到的具体镜头编辑成整体的人文世界。他所以这样做，是因为每个人在一定社会角色中所有的行为和感情都不应看做是“个人行为”，而都是在表演一套规范的行为和态度。我们都知道每个当父亲的人在他当舅舅时就不是一个面孔。社会人类学者首先要研究的对象就是规范各个个人行为的这个“模子”，也就是人文世界。从这个角度看去，人文世界里的“整体”必须和数学里的“总数”在概念上区别开来。这是“微型社会学”的基本理论根据。

Leach认为我们那种从农村入手个别社区的微型研究是不能概括中国国情的，在我看来，正是由于混淆了数学上的总数和人文世界的整体，同时忘记了社会人类学者研究的不是数学而是人文世界。其实Leach也明白这个道理。因为他在自己的*Political Systems of Highland Burma*一书里所分析的克钦人的社会结构时也只根据他在缅甸的一部分被称作克钦人的景颇族中所调查到的资料。他根本没有对跨越中、缅两国的景颇族全部进行调查，而敢于下笔把在其中一部分克钦人中观察到的政治关系着手分析解放前在景颇族里广泛实行的山官制度。他在社会人类学研究实践中实际也是采用了“微型社会学”的理论根据：只要在一部分克钦人中深入细致观察他们政治生活中所遵守的规范就可以用来概论跨越中、缅边境的景颇族的整个山官制度了。如果他有机会在解放后看到在我国境内的景颇族实行了民族区域自治，他就可以说历史的条件变了，所以两地发生了不同的政治结构，而且进而可以用缅甸境内克钦人的山官制度来做了解我国境内景颇族区域自治的参考体系了。这种研究方法，我是可以赞同的。我也同意在人文世界里不必去应用“典型”这个概念，道理是在人文世界有它的特点。但是他在对待我们中国人研究农村时却忘记了这一条研究人文世界的基本原理。

六

既然我对 Leach 教授翻了一笔旧账，对他提出的微型研究是否能概括中国国情的问题上发了一通议论，补充我在《人的研究在中国》一文中未尽之意，不妨接下去对他提出的另一个问题“像中国人类学者那样以自己的社会为研究对象是否可取？”也附带说几句。虽然不免是炒冷饭，炒炒热可能也有好处。

Leach 公开认为中国人类学者不宜从本国的农村入手进行社会人类学的研究工作。这是他用委婉的语气反对马老师所赞赏的“本地人研究本地文化”的主张。他在批评若干本中国学者出版的研究中国农村的著作用为例证之前，有一段他自己的经验之谈。他说：“看来似乎是很可怪的，在亲自具有第一手经验的文化情境里做田野作业，比一个完全陌生的外客用天真朴素的观点去接近要观察的事物困难多得多。当人类学者研究他自己社会的一鳞一爪时，他们的视野似乎已被从公众的甚于私人的经验得来的成见所扭曲了。”

他的意见简单地说是自知之难，知己难于知人。这一点可以说和我国常说的“贵有自知之明”颇有相同之处。但这是一般印象的总结，并不是经过了实证性的分析推考得出的定论。

Leach 也许心里也明白他这样说不一定站得住脚，所以翻过几页，在他逐一批评过了中国学者的著作之后，又把已说过的调子收了回来。他在后边的文章里语气改了，“尽管我对直接对本人自己的社会做人类学的研究采取消极的态度，我依然主张所有人类学者最重要的见识总是植根于自我的内省。研究‘别人’而不研究‘自己’学术上的辩解是虽则我们起初把别人看成是乖僻，但到头还得承认人们的‘异相怪样’正是我们从镜子里看到自己的模样”。这段话我觉得他说到点子上了。Leach 毕竟还是马老师的及门弟子，他尽管可以另有所好，但是功能派的一条基本“律令”他是丢不掉的，那就是“众出于一，异中见同”。

Leach说人类学者的见识根源还是在自我内省。我想就这句话补充一些自己实践的体会。我很赞同Leach从人类学者在田野作业切身的体会说起。我生平说得上人类学的田野作业，只有三次。第一次是在广西金秀瑶山，第二次是在江苏江村，第三次是在云南禄村。这三次都可以说是中国人研究中国社会文化。但是第一次我是汉人去研究瑶人。既不能说我是研究本土文化，又不能说完全是对异文化的研究。实质上我研究的对象是“我中有你，你中有我”，而且如果按我主观的估计，同多于异，那就是说汉人和瑶人固然有民族之别，但他们在社会文化生活上部分已十分接近相同的了。这是中国少数民族研究的一个特点，各族间存在不同程度的相同和相异之处，似乎不能简单地以“本文化”和“异文化”的区别来定位。

江村离我出生的吴江松陵镇只有10多公里，同属一个县域，两地居民说是同乡，没人会提出异议。但是我和江村的“乡亲”们能不能说在社会文化生活上只有“同”而没有“异”呢？我觉得没有人会看不到“异”的存在，甚至江村的居民也并不真的感觉到我是他们所说的“自家人”。即以语言说，尽管都是吴语，但是他们讲的话我很多听不太懂。我所说的，他们更不容易一下就明白。若说《江村经济》是本土文化研究的代表作，我总觉得还不够格。这里所包括的复杂性，在下文还要细说。

再说禄村。禄村是我一位燕京大学同学的家乡。他和禄村的关系有点近于我和江村的关系，但也不尽然。无论如何我和禄村居民又隔了一层，本村人间用本地话进行的亲谈杂语，我根本听不懂。他们和我说话时也要改口打“官腔”，异于他们日常的用语。《禄村农田》的本土性比《江村经济》又少了些。所以严格说二者都还不能说是十足的“土生土长的人在本乡人民中间进行工作的结果”。

如果我自己把这三次田野工作互相比较，我对所接触到的人、事、物能心领神会的程度确是不同的。在江村，基本上我不必通过第三者的帮助就能和对方交往，在禄村就不能那么随心所欲了。在瑶山里我离不开能说汉话的人的帮助。如果社会人类学的田野作业离不开语言作为取得认知的工具，我实在不能同意 Leach 所说的在熟悉的田野里工作比在不熟悉的田野工作更困难的说法。

更进一步来推考，我们怎样去认识一个和自己文化不同的所谓“异文化”的呢？我在学习马老师文化论的体会中已经讲过我怎样开始我在瑶山里的“田野工作”的情形。我曾说：我记得最初在瑶山里住下已是晚上，我们进入一间为我们准备下的小楼，顿时被黑黝黝的一群人围住了，我们进入了一个“友好但莫名其妙的世界”。这正是我们要认识的对象。怎样办？首先我们只有依靠在自己社区里待人的经验和他们做有礼貌的接触。在和他们接触中逐渐发觉这一群人对我们的态度、行为、感情都有差别。而且这群人之间相互对待也不相同。我们通过这些差别，用自己社会里看到过的关系，分辨出他们之间的社会关系，和他们在这群人中不同的地位。我们首先看出了他们之间也存在母子关系，从母子关系再看出了夫妇关系等等。我把这段回忆在此重述，目的是要说明，我是从自己比较熟悉的文化中得来的经验去认知一个不熟悉的文化的。这是我所认为的 Leach 所说“反省”的一种具体表现。

当然这个认知过程并不是套取已知的框架，而是依靠已有的经验和新接触的事物相比较，起着参考体系的作用。二者不同之处是作为参考体系的只引导在比较中注意新事物的特点，由相同引路，着重注意其相异，就是作为认知的依傍，而不作为范本。如果遇到轶出于已经验范围的完全新鲜的事物，作为参考体系的已有经验正可肯定其为新事物，而作为完全新的经验来接受，扩大已有知识的范围。用已有经验作参考体系，在心理过程上我认为就是 Leach 所说的“反省”。如果把这种参考体系本身有系统地综合起来也可能就是马老师所说的“文化表格”。马老师是根据他本人的和其他人类学者的田野经验归综成一个可用以帮助田野作业的比较完整的参考体系。这个体系的原料是田野作业者的个人经验，个人经验要个人反省才能表达出来。

社会人类学田野作业的对象，以我以上的思路来说，实质上并没有所谓“本文化”和“异文化”的区别。这里只有田野作业者怎样充分利用自己的或别人的经验作为参考体系，在新的田野里去取得新经验的问题。我们提出“社会学中国化”或本土化是因为当时我们中国学者忽视了用田野作业的方法去研究我们自己的中国社会和文化。我们绝没有拒绝出生于异文化的学者来中国进行田野作业。如果要以研究者自己不同的文化出生来比较在工作上哪里方便？根据我的经验，只以传媒手段的语言来说，本土人研究本文化似乎占胜一些，当然还得看研究者掌握当地语言的能力。至于 Leach 所提出的“私人的”或“公众的”成见问题，我在《人的研究在中国》一文已经发表过我的意见。我认为这是个“进得去”，“出得来”的问题，在这个问题上双方各有长短。我不再重复申论了。

七

用微型社会学的方法去调查研究像中国这样幅员广阔、历史悠久、民族众多的社会文化，不应当不看到它的限度。Radcliffe-Brown 和 R.Firth 两位前辈鼓励我们的农村研究，以我现有的体会来说，其实不过是指出一条入手的门径，并不是说要了解中国国情，农村研究已经足够。这一点无需我多做说明。如果要加一条补充的话，农村研究实在是了解中国国情的基础工作，只从 80% 以上的中国人住在农村里这一事物就足够作为这句话的根据了，而且还可以说即是那小部分不住在农村里的人，他们的基本社会结构和生活方式大部分还是等同于农民或是从农民的形式中发展起来的。因之至少可以肯定研究中国社会文化应当从农村研究入手。到目前为止，对中国农村社区进行比较全面的研究还不多。这方面工作自应更认真地继续做下去。

如果再读一下马老师的《江村经济》序言里所表达对“社会学的中国学派”所抱有的期待，就可以看到这种微型研究事实是存在着相当严重的不足之处。他说：“这本书，集中力量描写中国农民生活的基本方面。我知道，他打算在他以后的研究中说明关于崇祀祖先的详细情况以及在村庄和城镇中广为流传的关于信仰和知识等更复杂的体系。他希望终有一日将自己的和同行的著作综合起来，为我们展示一幅描绘中国文化、宗教和政治体系的丰富多彩的画面，对这样一部综合性的著作，像这本书这样的专著当是第一步。”

马老师心目中我这本《江村经济》只是一部综合中国国情的巨著的初步起点。他还为这部巨著的内容作出了一个启发性的提纲，就是除了我在《江村经济》所勾画的该村土地的利用和农户家庭中再生产的过程，也就是社会基层结构和经济活动之外还应当包括文化、宗教、政治等等方面的社会规范和意识形态方面的叙述和分析，并且把这类研究成果综合起来，成为一幅“丰富多彩的画面”，其实他可能已看到要达到他的要求，当时我采用的微型研究的方法和理论是不够的，所以像这本书那样的著作只能是编写这样一部综合的有关中国国情的长卷的起步工作。

如果把马老师提出的要求作为我们的目标，我们不能不承认微型社会学的限度，承认限度并不是否定在限度内的成就和它的价值。以微型研究为“第一步”可以得到比较结实的基础。我们应当从这基础上走出去，更上一层楼。怎样走，怎样上，首先要在实践中去发现“微型”的限制在哪里。

我在上面各节里已肯定了一个像农村一样的社区可以作为社会人类学的一个研究的适当对象，因为这个社区的人文世界是“完整”的，从功能上说能满足每一个社区居民生活各方面的需要。从这个意义上Leach说我这本《江村经济》不失为一本功能主义的著作，虽则我并没有把社会各方面的功能全面顾及，但是从整体出发有重点地叙述了这个社区的经济生活，也就是马老师所说的“农户家庭再生产的过程”。我后来用建立类型来补充这种研究方法，用以区别于通过数量上的增加以取得总体的认识。

抗战时期我在云南内地农村的研究工作中充分利用了类型这个概念，进行比较的研究工作。江村、禄村、易村、玉村等名称就表示了我的研究方法。我认为可以从发现各种类型的方法逐步接近认识中国全部国情的目的，也就是通过“微型社会学”累积各种类型，综合出马老师所要求我做的那部有关中国文化和社会的巨著。

直到80年代，我第二次学术生命开始时，才在总结过去的实践中，清醒地看到了我过去那种限于农村的微型研究的限度。我在60年前提出的“类型”概念固然可以帮助我解决怎样去认识中国这样的大国对为数众多、结构不同的农村的问题。但是后来我明白不论我研究了多少类型，甚至把所有多种多样的类型都研究遍了，如果把所有这些类型都加在一起，还不能得出“中国文化和社会”的全貌，因为像我所研究的江村、禄村、易村、玉村等等的成果，始终没有走出“农村社区”这个层次的社区。整个“中国文化和社会”却不等于这许多农村所加在一起的总数。农村不过是中国文化和社会的基础，也可以说是中国基层社区。基层社区固然是中国文化和社会的基本方面，但是除了这基础知识之外还必须进入从这基层社区所发展出来的多层次的社区，进行实证的调查研究，才能把包括基层在内的多层次相互联系的各种社区综合起来，才能概括地认识“中国文化和社会”这个庞大的社会文化实体。用普通所熟悉的现成概念来说就是中国文化和社会这个实体必须包括整个城乡各层次的社区体系。

在《江村经济》中我早已看到江村这个村一级的社区并不是孤立和自给的。在这方面和太平洋岛屿上的社区比较，江村这一类中国农村的社区居民固然在本社区里可以取得满足他们基本的需要，但这些都不是封闭的社区，或封闭性远没有 Trobriand 土人或 Tikopia 土人那样强。当然当前世界上绝对封闭孤立的人群已经可以说不再存在了，或是只是极为个别的例外了，但在和社区外的联系程度各地方的情况可以差别很大。自从航海技术有了大发展以来，几个世纪海运畅通。全世界的居民已抛弃了划地聚居，互不往来，遗世孤立的区位格局，不同程度地进入了稀疏紧密不同的人和人相关的大网络。就在这个历史的变化中，在农村社区基础上发展出了若干农村间在生活资料上互相交换的集散中心的市镇。

传统市镇的出现在中国已有几千年的历史。在本世纪的近100年里，特别是近几十年里，中国传统市镇发生了巨大的变动。城乡关系已脱颖而出，成了一个特别引人注意的理论和实际问题。

城乡关系不但把分散的自成一个社区的许多农村联系了起来，形成一种有别于农村的市镇社区。它的社会和文化内容可以说是从农村的基础上发展出来的，所以保留着许多基本相同的一面，但是又由于它作为一个社区的功能已不同于农村，因而也自有其不同于农村的一面，它属于与农村不同层次的社区。

在研究方法上说，在研究农村这种基层社区时，只要不忘记它是有许多方面和本社区之外的世界相联系这一点，然后集中注意力在本社区的自身，还是可以在既划定的范围内观察到社区居民社会生活各方面的活动，并把本社区和外界的关系交代清楚，还是可以在这既定的空间范围内把这个社区人文世界完整地加以概括。比如我在《江村经济》中把居民依靠区外供应日常所需的油、盐、酱、醋、糖、酒，在“航船”的一节里讲清楚了，在江村的经济体系中也不留下很大的缺漏。又比如在《禄村农田》里把当地农业里重要的劳力供应，说明是从附近各地集中到禄村来卖工的劳动市场里得到的，而并没有去追踪这些出卖劳力的人的来源是外村的少数民族，也可以交代过去了。这些例子说了“微型社会学”虽则带来了限制，如果说明把研究的范围限于基层社区，这样做法还是可以说得通的。但也必须承认这些“微型”资料是不可能综合起来说明高一层次的社会情况。

如果我自己不满足于完成一本不失为“功能主义的著作”或是还想

沿着马老师在该书序言中希望我能进一步完成一部有关中国社会和文化的综合性的著作，我就不能停留在这本《江村经济》的著作上了，而且也不能只走“云南三村”的老路，尽管这条路还应当走下去。为了更上一层楼，我就势必走出农村社区这个范围而从农村里发展出来，为农村服务的市镇社区拓展我的研究领域了。

至于我怎样从《江村经济》里走出来进入小城镇的研究，这一段叙述，我觉得已超出了对《江村经济》序言的体会的范围，尽管这一步还是从《江村经济》的基础上走出来的。我在去年年初写了一篇《农村、小城镇、区域发展》，可以作为本节的参考，在本文里不再重复了。

八

“微型社会学”有它的优点，它可深入到人际关系的深处，甚至进入语言所难于表达的传神之意，但是同时有它的限制。我在上一节里指出了在空间坐标上它难于全面反映和该社区有密切的联系的外来辐射，如我已提到的一个农村所倚赖的市镇，和没有提到而同样重要的亲属和行政上的种种关系，这是因为社区是通过社会关系结合起来的群体，在这种人文世界里谋取生活的个人已不是空间的一个点，而是不断在扩大中的一堆堆集体的成员，就是在幅员可伸可缩的一堆堆集体中游动着的分子，这是很难用普通几何学图形予以表述的。

如果我们从空间转向时间，社区的人文世界同样是难用几何形象来加以表述的。这正是社会人类学和历史学争论已久的问题的根子。时间本身，以我们常识来看，日换星移总是在一条线上向前推进，以个人生命经历来说，从幼到老，不能倒流。这就是我们熟悉的过去、现在和未来后浪推前浪的程序。在西方拉丁语系的语言中的动词还要用这个三分法来定式。这三分法就成了我们一般认识历史的标尺。这种在时间里运行的一切事物总是按照先后次序一幕幕地层次井然地推演的认识框架在社会人类学里也就出现了所谓社会演化规律。把人类的历史看成和其他事物的历史一般像是一条流水线。这线又可以划成若干段，一段接一段，如野蛮、未开化、文明等等。一个人不论生在什么地方，都可以根据他生活上一部分的表现，划定他在历史框架里的地位，而推论他全部生活的方式和预测他的未来。这种方法的内容可以搞得很复杂，其实把人文世界看得太机械化和简单化了。

马老师对这种机械的社会演进论是深恶痛绝的，但也由于他反对这种错误的历史观，又由于他主要的田野作业是在 Trobriand 这一个太平洋小岛上居民中进行的，这些小岛上的居民生活比较简单而且看来长期没有发生过重要的变动，以致他的著作给人一种印象就是研究这类居民的人文世界可以不必去追问他们的历史演变，甚至误解功能主义是非历史主义的。功能主义确是主张一件事物的功能是它对人生活发生的作用，这里所说的作用又被认为是这事物当地当时对个人需要的满足。个人的需要持续的时间和包括的范围也就成了人文世界的时间和范围。因而被认为功能主义的社会人类学可以不讲历史。我认为这是一种误解。马老师在他的著作里可以说确是没有历史的分析，但这是出于他所研究的对象首先是在他进行田野作业这段时间里社会变动不大，其次当地居民并没有文字去记下他们的历史和他们的历史还是靠个人的头脑里记下的上辈人口头传下来的传说。这就使过去的历史和现在的传说分不清，以致这二者之间在时间框架里互相融合了。传说有它当前的作用，满足当前的需要，并不一定符合已过去了的事物发生当时的实际。在了解当前的人文世界自应当把二者分开而着重在当前发生作用的功能。这就出现了他强烈否定所谓“遗俗”这一类“失去了功能的事物”，因而他被认为不注意在客观时间中发生过的一般所谓“历史”了。

以上是我个人的体会，就是说在功能的分析里，一件人文世界中的事物都可以存在时间框架上的多重性，即我们习以为常的过去、现在、未来结合在一起的情况。上面我已说过人们对过去的记忆可以因当前的需要而和实际上过去的情况不相符合，而且在当前决定个人行为的心理因素里还包含着对未来的希望和期待。早在《江村经济》一书的“前言”里我也说过以下一段话：

“任何变迁过程必定是一种综合体，那就是：他过去的经验，他对目前形势的了解以及他对未来结果的期望。过去的经验并不总是过去实事的真实写照，因为过去的实事经过记忆的选择已经起了变化。目前的形势也并不总是能得到准确的理解，因为它吸引注意力的程度常受到利害关系的影响。未来的结果不会总是像人们所期望的那样，因为它是希望和努力以外的其他许多力量的产物……”

我全部引用60年前的话，因为这段话里我表明了我们习以为常的时间的三分法，不能简单地运用在分析变动中的人文世界。我当时所说的时间上的“综合体”，其实就想指出我们单纯常识性的时间流程中的三分法是不能深入理解人文世界的变动过程，我在《从马林诺斯基老师学习文化论的体会》一文中所说“三段直线的时间序列(昔、今、后)融成了多维的一刻”也就是这个意思。在这个问题上我总觉得不容易说清楚，所以反复地用不同说法予以表述。

马老师在《江村经济》序言中已说明了他对历史的态度。“正因为那个国家有着最悠久的没有断过的传统，要理解中国历史还必须从认识中国的今天开始。这种人类学的研究方法对于现代中国学者和欧洲的一些汉学家所进行的以文字记载为依据的重要历史工作是一种不可缺少的补充。研究历史可以把遥远过去的考古遗迹和最早的记载作为起点，推向后世；同样，亦可把现状作为活的历史，来追溯过去。两种方法互为补充，且须同时使用。”

马老师当时已看到中国社会的特点是在它有考古遗迹和文字记载的悠久文化传统。这是和殖民地上土人的重大的差别。但由于自己没有在像中国这样的地方进行过田野作业，所以他只能作出原则性提示，认为历史学和社会人类学应当是两门可以互为补充的学科。至于在具体研究工作上怎样合作和补充，他并没有详细说明。但这却直接涉及到是否能应用“微型社会学”的方法来研究中国农村的问题，或“从农村社区能否全面研究中国国情”的问题了。

以《江村经济》来说我在关于历史材料方面应用得确实很少，而且很简单。像在江村经济中起重要作用的蚕丝副业，我只查了A.Wright的一本关于20世纪对香港、上海等商埠的印象记，和用了他1908年在这本书里所写的有关“辑里丝”的一段话。有关江村的人口数字我只用了1935年的普查数字。当然我在许多地方讲到开弦弓的传统时，除了我从现场观察到的实事外，也以我自己过去的生活经验来加以说明，而我的生活经验最早只能推到1910年。总括一句我在这本书里并没有如马老师所说的结合了历史来进行的。我自己也多次说所写的这些记录今后将成为历史，时至今日这本书确可以说是一本记载了这个村子的历史。当时是活历史，现在只能是已过去了的历史，所以决不能说是结合了历史的社会学分析。

在实践中我不能不怀疑像《江村经济》一样的村一级“微型社会学”调查，社会学和历史学结合的田野工作是否切实可行？同时我是赞同马老师所说的话，要读这部历史得有历史学者和考古学者从文字和实物中得来的有关过去情况的知识作为补充。至少我认为今后在微型社区里进行田野工作的社会人类学者应当尽可能地注重历史背景，最好的方法是和历史学者合作，使社区研究，不论是研究哪层次的社区都须具有时间发展的观点，而不只是为将来留下一点历史资料。真正的“活历史”是前因后果串联起来的一个动态的巨流。

九

写完了上一节我总觉得意犹未尽，问题是在对马老师的“活历史”怎样理解。序言里的原文是“History can be read back, taking the present as its living version”。中文版的译文是“可把现状作为活的历史，来追溯过去”。我心里对这句话反复琢磨，想进一步体会马老师的原意。从我所理解的马老师对文化的分析中可以说他是着重从活人的生活中认识文化的。在活人的生活中他不能不看到很多行为和思想是从前人学来的，这里见到了文化有传统的一面。文化是在时间里积累而成的，并不是一切都是现在活着的人自己新创的。如果从上节里所说到的昔、今、后三段的直线延伸观念来说，就得承认今日的传统就是前人的创造和昔日传下的“历史”了。这样的思路就会给马老师一向反对的“遗俗”这个概念一个结实的基础。为了否认从今日文化里的传统拉出这条一线三维的时间序列，他提出了“活历史”的概念。“活历史”是今日还发生着功能的传统，有别于前人在昔日的创造，而现在已失去了功能的“遗俗”。传统是指从前辈继承下来的遗产，这应当是属于昔日的东西。但是今日既然还为人们所使用，那是因为它还能满足人们今日的需要，发生着作用，所以它曾属于昔，已属于今，成了今中之昔，至今还活着的昔，活着的历史。

历史学者和人类学者在这个今中有昔的问题上出现了分歧的态度。历史学者咬定历史是一线三维的序列，对于文化的传统必须回顾它本身的面目，那就是要追根求底。人类学者着眼于人们当前的生活，所以马老师主张到活生生的生活中去观察才能明白人们为什么这样生活。他不否认活生生的生活中有许多是从过去传下来的，但这些传下来的东西之所以传下来就因为它们能满足当前人们的生活需要。既然能满足当前人的生活需要，它们也就是当前生活的一部分，它们就还是活着。这也等于说一个器物一种行为方式之所以成为今日文化中的传统是在它还发生“功能”，即能满足当前的人们的需要。凡是昔日曾满足过昔日人们的需要的器物和行为方式，而不能满足当前人们的需要时，也就会被人们所抛弃，成为死历史了。

当然说“死了的历史”并不正确，因为文化中的活和死并不同于生物的生和死。文化中的要素不论是物质的或是精神的，在对人们发生

“功能”时是活的，不再发生“功能”时还不能说“死”，因为在生物界死者不能复生，而在文化界或人文世界里，一件文物或一种制度的功能可以变化，从满足这种需要转而去满足另一种需要，而且一时失去功能的文物、制度也可以在另一时又起作用，重又复活。人文世界里自有其“逻辑”，不同于自然世界。关于这一点，我在这里不去发挥和展开讨论了。总之马老师用“活历史”这个概念是值得我们进一步思考的。我在上一次研讨会上讲对马老师文化论的体会时曾提“三维一刻”时间观，可以参阅。

十

我接着想联系到在去年暑期召开的那一次研讨会上李亦园教授发表的关于“大传统”与“小传统”的讲话。我受到的启发是他对文化的层次分析。他指出了大传统和小传统的区别，因为他在田野作业中看到了中国文化的结构里有着具有权威的一套经典性的以儒家为代表的人生观和宇宙观，另外还有一套在民间流行，表现在民俗信仰的人生观和宇宙观。前者称之为大传统，后者称之为小传统，即 Berger 教授所说的“李氏假设”。

我很赞赏李教授的分析，认为对中国文化宏观研究或微观研究都应当应用这个文化层次的分析，因为这种文化里存在着经典的和民间的区别，的确可以说在研究中国文化时表现得特别清楚也影响得特别深刻。我想在这篇《重读〈江村经济〉序言》文章后面加上我对这个问题的一些个人的体会，或说不成熟的假设，因为这也和上面我提到的马老师的“活历史”有关。

我认为这个特点在中国很可能和历史上很早就发生了文字而且是用图形作为符号，因而发展成一套和语言脱钩的文字体系有关。这个体系是怎样发生和发展的，是个历史问题，留给历史学家去讲更为适合。

我着眼的是由于这个体系所发生的社会和文化后果。

这个体系对中国文化和社会的影响很大很深，我只举出其中一些特别引起我注意的方面。首先是由于它和语言脱了钩，冲破了地方性和民族性的限制。这个特点的意义只要和其他以语音为基础的文字体系相比较一下，就很容易看得清楚。我们普通所谓“方块字”在解放前后曾受到过很猛烈的冲击，提出所谓“拉丁化”或“世界语”的文字改革方案。尽管这种改革有权威性的支持，但是群众对此并没有积极的响应，结果只成为一种“注音”性质的符号，作为学习“方块字”发音的辅助工具。热心于文字和语音结合的人们没有注意到“方块字”在中国几千年文化中所起的积极作用，那就是阻挡了以语音差别为基础，由方言发展不同语言而形成分割为不同民族的历史过程。最清楚的例子是多语言和多民族的欧洲，到现在还不容易合成一体，在东亚大陆上我认为正因为产生了这个和语音脱钩的文字体系，汉族才能保存地方方言而逐渐统一成一个民族，而且掌握这“方块字”作为信息媒介的汉族才能起到不断吸收和融合其他民族的作用以成为当今世界上人口最多的民族，同时还起着形成多元一体的中华民族的核心作用。

“方块字”在中国文化上所起的积极作用是不应当忽视的，但也不能不看到它消极的一面，那就是和语音脱钩之后要学习这种文字是比学习文语合一的文字要困难得多。学会全部“方块字”需要相当长的时间，比学会拼音的字要多好几倍。而且如果不常使用这些“方块字”，就会所谓“返盲”。这已成为当前“扫盲”运动中的一个严重问题。识字的困难限制了文字的普及性。在一个以小农为基础的大国里，在这样长的历史过程，能掌握这个信息媒介的人数在开展扫盲运动和义务教育之前总是在全民中占很小的比例，这就引起一个很基本和很严重的社会现象，那就是文字被少数人所独占。直到目前，为了要消灭这种独占性还得付出很大的努力。

这些识字的人在中国历史上常有专称，“士”可能是最早的名称。从有文字以来直到我的幼年，20世纪初年，这种掌握文字的人在社会上还是占有比一般不识字的人高一等的地位。读书门第是高出普通人一级，这一级的人在20世纪年代里被称作“知识分子”，在“文革”时期里被称作“臭老九”。这些称号都反映了他们在社会上具有一定的特殊地位。

我在30年代抗战时期在西南后方进行农村调查时曾注意到这种在社会上具有特殊地位的知识分子，曾想做专题研究，但这个愿望并没有完成。以我记忆所及，我曾把这种人看成是城乡之间的桥梁。这种人就是历来被称作士绅的人物，他们一般和基层农民是有区别的，但存在着血缘关系，许多是农民出身或和农民保持着亲属关系，而另一方面又大多走出农村，住入乡镇和城市，成为具有政治权力的统治阶级的一部分或和统治阶级相互沟通，特别是科举时期各级政府的领导人大多出于这种人。这种人长期以来被称为“士大夫”，士是指读书人，大夫是指当一官半职的人。在乡镇和城市里他们是头面人物，尽管没有官职，但是有社会名望，被称为缙绅先生。我曾根据初步的见解写成过一些文章，后来被译为英文，用China's Gentry的书名出版，在这本书里我曾表述过中国士绅在城乡间的桥梁作用。

这桥梁作用如果和“李氏假设”联系起来就找到了大传统的载体和大小传统之间的联系人物，或是把他们看做一个社会阶层。这些以掌握“方块字”的技能，把上下双方的文化嫁接调适在一起。我有一个假设，就是在这些士大夫手上，广大民间的基层思想和愿望整理和提高出了一个头绪，使它们能和过去在民间受到尊重的经验和教训，结合历史上各代掌握有权力的统治阶级所需要的维持其地位和扩大权势的需要，编制成一套行为和思想规范。其实就是在民间的实际习俗中通过选择使其能得到历代帝王的支持，用文字表达出来成为影响社会的经典。我这种想法是把小传统作为民间广大群众从生活的实践和愿望中形成的传统文化，它的范围可以很广，其中有一部分可以和统治者的需要相抵触的，在士大夫看来是不雅驯的，就提不到大传统中去，留在民间的乡风民俗之中。在我看来大传统之所以能表现一部分中国文化的特点正在于它是以小传统为底子的。它又不同于小传统，因为经过了一道选择和加工的过程。选择和加工过程就是司马迁所说的“其文不雅驯，荐绅先生难言之”。雅驯与否是选择的标准，也就是这些文人们看不入眼的风俗民情。孔子对怪力乱神一字不提，因为他觉得这些民间信仰不雅驯，看不入眼。这些掌握着文字的人就通过“难言之”把这些不雅驯的东西排除在以文字为符号的信息系统之外，就是拔除在大传统之外；但并没有在民间把这些东西消灭掉，仍在民间用口头语言口口相传，这就成了“小传统”，还可以传给后来人。大传统在民间还是发生作用的，因为它仗着这可以超越时间的文字构成的消息系统，从识字的人传给识字的人。这些人又凭他能接触到历代传下来的经验保存了人们生活中有用的知识，利用这些传统知识能帮助别人适应生活环境，成为“人师”，取得社会的信誉名望和特殊地位，大传统也依靠他们影响着民间大众。

在小传统里还可以分出“地上”和“地下”两层。在民间的生活中有种种思想信仰和活动，士大夫是看不入眼的，认为不雅驯，而没有被采用，未成为大传统。这部分依旧在民间活动，凡是到民间去观察的人还能看得到，而且在民间是公开的，不受限制的，这些就是我所说地上的小传统。但有一部分是犯了统治阶级的禁例，不能公开活动，但是在民间的思想信仰里还是保留着，只在大人先生们不屑看或视而不见。这些我认为可以包括在地下的小传统里。

另外还有一部分由于受到社会上权势的镇压，不得公开露面，只能改头换面，设法在民间的私生活中存在下去，久而久之甚至已打入了人们的潜意识里，即本人也不自觉这种思想信仰的意义，只作为一种无意义的习惯盘踞在人们的意识里，这种东西不去发掘是不易暴露它的本来面目的，我觉得可以称之为潜文化。在被视为邪教等等名目下就有这种潜文化存在，而且当其发挥作用时，也常常以曲折和隐蔽的方式有力地暴发出来，所以更难捉摸和正视。

我这样的假设又暴露了《江村经济》这一类微型社会调查的又一种

限制，可说这是文化的层次上的限制。农民的人文世界一般是属于民间的范围，这个范围里有多种层次的文化。它有已接受了的大传统，而同时保持着原有小传统的本身，有些是暴露在“地上”的，有些是隐蔽在“地下”的，甚至有些已打进了潜意识的潜文化。作为大传统载体的士绅在近代已有很多离乡入镇，而其社会活动和影响还在农村里发生作用。当前的情况又有很大的变动，士绅阶层可说已经解体，在农村里他的作用已由基层干部所取代，而基层干部的性质和过去的士绅阶层又有差别，这个演变现在我还没有追踪调查，说不出来。由于文化差别形成的社会层次的原则我觉得在文盲没有扫尽，现代知识没有普及之前还不会有很大的变化。因之如果以农村社区为范围进行微观研究，这方面的情况就难于做深入具体的观察了。如果要了解农村的社会结构，这个文化层次的问题单靠微型研究方法看来还是不够的，因之我把它列入微型社会学受到限制的一个方面。

十一

以上三节是想指出我认为“微型社会学”在空间、时间和文化层次上所受到的限制。我再回头一看，我发现我所指出的限制实在是出于我对自己所研究的要求超过了微观的范围。我一直想闯出微观的限制走出农村，逐步扩大我的研究范围和层次，因为它已不能满足我的要求。如果我像 Leach 教授一样安心于他对社会人类学的要求，自然可以安身立命于微型社区的观察了。

Leach 教授代表了 30 年代英国人类学者的流行观点。他们认为社会人类学的目的是在理解或发现不同人群组合社会以谋取生存及发展的基本原则，组成社会的基本结构和结构中各部分有机配合的规范，即想从各地、各时、各类的个别人群中去找出集体生活的共同原理。如果以此目的来要求自己的研究工作，我想从任何一个正常活动的社区都可以作为取得这些原理的研究对象，因为它既然是个充满生机的社区，必然具备其所以能生存和发展的必需的条件和必需的结构以及各部分必需的配合。我们把任何一个标本仔细地予以观察和分析，都可以得出其所以能生存和发展的原理的。对一个单身进行田野作业的社会人类学者来说，为了观察得更精细和深入，要求他能接触到社区里的一个个人，观察他们的行为、感情、思想和希望，所选择的研究对象就贵在全而不在大了。我想这应当是强调个人进行田野作业的“微观社会学”的理论出发点。正如Firth教授(1951年)所说微观社会学是“the micro-cosm to illumine the macrocosm, the particular to illustrate the general”，“以微明宏，以个别例证一般”。这句话引起后来社会人类学的疑问的就在“以微能否明宏，以个别能否例证一般？”

如果研究者的目的不是在发现一般的文化和社会结构原理，而是在认识一个具体国家，一个具体地方或一个具体村子，即一个具体社区的情况，那就不同了。这些研究者就需要运用一般原理工具去理解和说明一个或大或小的具体社区里人们的生存情况和发展的前景。前者也许可说是纯科学的研究，后者可说是应用科学的研究，我回头看我自己可能就属于后者。这一点，马老师在《江村经济》的序言里实际上已经点明，介绍我时首先是他说我是“中国的一个年轻的爱国者”，他同情我当时关心自己祖国“进退维谷”的处境，更同意我以我这个受过社会人类学训练的人来进行为解答中国怎样适应新处境的问题。从这一点出发我提出要科学地认识中国社会文化的志向，为此我走上了这一条坎坷的人生道路，一直坚持到暮年。实际上，真正了解我学人类学的目的，进入农村调查工作的，在当时——甚至一直到现在，在同行中除了马老师之外，为数不多。我在西方的同行中长期成为一个被遗忘的人。我有一次在国际学术会议上自称是被视为在这个学术领域的一匹乱闯的野马。野马也者是指别人不知道这匹马东奔西驰目的何在。其实这匹四处奔驰的马并不野，目的早已在60年前由马老师代我说明白的了。

作为一个应用社会人类学者并不轻视纯学理的研究。如果不明白社会人类学的原理如何谈得上应用这门知识来为人民谋利益呢？如何谈得上来促进社会的发展呢？关于这一点我在《江村经济》的前言里已讲得很清楚，马老师在序言里引用了我的一段话来说明应用科学和纯粹科学的关系。

“如果要组织有效果的行动并达到预期的目的，必须对社会制度的功能进行细致的分析，而且要同它意欲满足的需要结合起来分析，也要同它们的运转所依赖的其他制度联系起来分析，以达到对情况恰当的阐述。这就是社会科学学者的工作。所以社会科学应该在指导文化变迁中起重要的作用。”

他接着在下页里说：“他书中所表露的很多箴言和原则，也是我过去在相当一段时间里所主张和宣扬的，但可惜我自己却没有机会去实践它。”在这里他表白了内心的慨叹。我自以为能明白他慨叹的由来。可惜的是他生逢那个时代，他所出生的民族还没有摆脱被统治的地位，他对此连纸上谈兵的时代都没有。他接着说：“我们中间绝大多数向前看的人类学者，对我们自己的工作感到不耐烦，我们厌烦它的好古、猎奇和不切实际，虽则这也许是表面上的，实际上并不如此。”

这是马老师写这篇序言来推荐这本我自认为还远没有成熟的果实的实在原因。他看到这书字后行外的意向，指向人类应当用知识来促进世人的幸福和美好社会的实现。这触及了马老师心中早已认识到的社会人类学的应用价值和它的使命。

我的“愧赧对旧作”也就是因为我并没有完成老师在这篇序言里表达的深厚的期待和明确的指向。我享受到的天年超过了我的老师，但是尽管生逢盛世，但在临近谢幕之前，所能回报于世的还只有这么一点说不上什么成就的一堆不成熟的残意浅见。可以告慰于自己的也许只是我这一生并没有忘记老师的教益和亲友的抚育，能在这条学以致用的道路，一直走到现在这垂暮之年。我更高兴的是60年前所记下的我姐姐费达生所开创的“工业下乡”的实验，现在已经开花结果，并在祖国的工业现代化的事业里做出了重大的贡献。我想还是用我在《江村经济》中文版发布会上即席写下的诗句最后两句作为本文的结语:“合卷寻旧梦,江村蚕事忙。”愿江村的乡亲们,继续不断从劳动中创造自己的光辉前途。

1996年3月25日

译者说明

为了满足社会学研究工作者和广大读者的需要，我利用业余时间完成了本书的翻译工作。初稿供当时去吴江县调查的研究人员参考。后来，译稿由北京大学社会学系潘乃穆同志帮助校阅，又承蒙费孝通先生亲自过目修改，谨在此向他们表示衷心的感谢。

有关译文中的一些技术问题，说明如下：

一、对度量衡单位未作换算，如 mile 直接译作英里(1 英里 = 1.609 公里)，Bushel 译为蒲式耳(1 蒲式耳〔英〕= 36.368 升)。

二、修正了原文中的一些数字。农业用田改按该村土地总面积的 90%计算，户数改按 274 户农业户计算，每户按平均四口人计算；这样，对三章 3 节、七章 5 节、十章 4 节以及十二章 2 节中的其他有关数字也作了相应的修改。

三、附录中关于中国亲属称谓仍用原音符表示，仅译出其解释部分。

此外，我根据费老的意见又将澳大利亚悉尼大学人类学系主任 W.R.葛迪斯著的《共产党领导下的中国农民生活》一文附录于后，以供读者参照阅读。

限于译者水平，译文有不妥之处，望读者指正。

1985 年 4 月

禄 村 农 田*

* 本文 1943 年由商务印书馆初版，为吴文藻主编《社会学丛刊》乙集之一种。作者 1943—1944 年访问美国时，曾以英文将本文以及他的学生的《易村手工业》(商务印书馆，1943 年)和《玉村农业和商业》(书稿)三份报告写成 *Earthbound China* 一书，1945 年由芝加哥大学出版社出版。1987 年，作者将这三份报告的中文书稿合编为《云南三村》，1990 年由天津人民出版社出版。——编者

导　言

这本《禄村农田》可以说是我那本《江村经济》的续编。在理论上我将根据《江村经济》的结论，用我在禄村听见的事实，加以修正和发挥。所不同者，只是本书的范围较前书为狭，将以土地制度为研究中心，在方法上，我还是采取以村落为单位的实地观察。所不同者是本书的叙论将一贯的以理论为经，以叙事为纬，层层推进以达到整个的解释禄村人民由利用农田而发生的种种现象为目的。较之前书或可更合于解释和叙事并重的社会调查方法。

本书既有很多地方是以《江村经济》为底子的，在这里似乎应当先把江村土地制度的背景择要一说，江村是江苏靠太湖南岸的一个村子。这里水运便利，所以农村社区很多早就脱离了自给自足的经济形式。江村的居民并不是全靠农田上的收入来维持生计的，他们有很发达的手工业。他们所出产的生丝和生丝原料，并不是用来自己消费而是用来做向外运销的商品。这样，他们每家的经济情形多多少少受着都市工商业的支配。江村是附近都市的附庸，代表着受现代工商业影响较深的农村社区形式。

西洋工业革命之后，海运畅通，江村的土丝可以一直运销到海外的市场上去。它曾一度在中国输出品中享受很光荣的名誉。丝价高涨时，这村子里的人民，虽则很少见过和用过西洋的轻绸软缎，可是收入的增加，的确使他们得到了一时很优裕的生活。他们可说是莫名其妙地占得了这便宜，不久又莫名其妙地把这便宜失去了。传统的手艺敌不过现代的机器，土丝的价格因市场的日缩，一落千丈，竟致不能支付生产的成本，于是江村经济遭着了空前的打击。

农家收入的减少，使他们不但缺乏生产资本，连日常的生计都有匮乏之虞。农村经济活动不能不依赖市镇资金的接济。市镇资金流入农村的另一面就是农村土地权的流入市镇，因为农民们除了土地所有权之外，很少有其他可以吸引市镇资金的东西。用土地权来换取市镇资金却有如饮鸩止渴。农民们从地主变成了佃户，在他们肩头上加上了一项租金的担负。每年农村在租金的名目下，流出大量农产品，农村金融随着更形竭蹶，土地权外流得更快。当1936年我在江村调查时，全村中已有70%的人家成了没有田的佃户了。

当我在分析江村的材料时，就感觉到土地问题决不能视作一个独立的问题。一地方土地制度的形态其实是整个经济处境一方面的表现。若是要解释江村佃户充斥的现象，我们决不能忽略了该地手工业崩溃的事实。用手工业崩溃和现代工商业势力的侵入来解释江村土地制度的现象，是我个人的一种见解。这种见解可否成立，单靠江村的材料是不足为凭的。我们得把这个见解当作假设，在不同形式的农村社区里加以考核。当时我就发生了下列的问题：一个受现代工商业影响较浅的农村中，它的土地制度是什么样的呢？在大部分还是自给自足的农村中，它是否也会以土地权来吸收大量的市镇资金？农村土地权会不会集中到市镇而造成离地的大地主？当我写完那本《江村经济》时，心头搁置这许多不能解答的问题。

《江村经济》是在1938年暑末在伦敦写完的。写完了，我就搭轮返国。船到西贡，连续接到广州和汉口沦陷的消息，于是不能不舍舟登陆，取道越南，进入抗战后方的云南。一到云南我就觉得非常高兴，因为我认为在这中国版图的西南角里一定很容易找到一个和现代工商业发达的都市较隔膜的农村。在这种农村中可以得到我搁置着的那一套问题的答案了。

抵昆明后两个星期，我得到了姨母杨季威女士及同学王武科先生的介绍，到离昆明西100公里的禄丰县的一个村子里开始我的实地调查工作。这村子在本书中将称作禄村。和江村一般，禄村并不是这村子的真名。我们的兴趣既在一实有农村所代表的社区形式，所以村子的真名对于我们没有多大重要性，而且在作学理上的讨论时用形名比用真名更方便些。

第一次在禄村实地调查是从1938年11月15日起到同年12月23日止。在这期间，我得到同学李有义先生的合作，尤其是在人事方面得到他极大的帮助。1939年的上半年，我在云南大学担任一些功课，未便长期离校，所以利用这时间，把调查材料整理成文。我曾以这初稿请教各师友，前后又改写了好几次。同年8月3日我乘暑假之便，又去禄村做第二次实地调查，一方面校核我已有的论据，一方面考察一年来禄村经济的变迁情形。同时，我因为怕自己或许所见有偏，所以偕同张君之毅和张君宗颖一起在实地观察。我们反复校订。一再考核，经两个月，到10月15日结束回省。根据这次复查的结果，我又把原稿重写了一遍，至1940年1月才完卷。1940年年底，吴师文藻主编社会学丛刊，决以该刊乙集专搜实地研究专刊，并命以《禄村农田》归该刊出版，因又加增删，以成今文。

若是有读者对于本书发生兴趣，我希望他能特别注意到本书所表现社区研究的方法，因为我觉得若是本书在社会学上略有贡献的地方，这决不在它所叙出的事实，或是所提出的见解，而是在它所用方法上的试验。至少，我自己认为本书在方法上比了我以前所编所著各书已略有不同，我不妨在此提出来一说。

当我在编写《花篮瑶社会组织》[1]时，我曾极力避免理论上的发挥，甚至我认为实地研究者只要事实不需理论，所谓理论也不过是在整理材料和编写报告时，叙述事实的次序上要一个合理的安排罢了。[2]民国二十五年在江村实地调查时，我还是主张调查者不要带任何理论下乡，最好让自己像一卷照相的底片，由外界事实自动的在上射影。这种方法论上的见解使那本《花篮瑶社会组织》中埋没了很多颇有意义的发现。我虽说是避免理论，其实正如我同

[1] 王同惠遗著，发表于《广西省政府特约研究》专刊，民国二十五年。
[2] 费孝通、黄迪：《理论与实地社会研究》，发表在《益世报》，《社会研究》周刊上，民国二十六年。

学黄迪先生说："太不自觉自己无时不在用着些单薄，褊狭和无组织的理论。"[1]江村调查完毕，我仓促地到了英国。在B.Malinowski老师门下，就发现了我原有认识的错误，因之在写《江村经济》时，常常感觉到痛苦。在实地调查时没有理论作导线，所得到的材料是零星的，没有意义的。我虽则在这一堆材料中，片断地缀成一书，但是全书并没有一贯的理论，不能把所有的事实全部组织在一个主题之下，这是件无可讳言的缺点。

说来是很惭愧的，我经过了两次实地研究，才觉悟到这个方法论上的错误，但回头看看社会人类学的前辈却早已把这错误指出了。当我在广西瑶山工作时，A.Radciffe-Brown教授在燕京大学演讲时已说：

"多年以来，人所咸知的社会调查，已倡行于世界各处，中国也已受了这风气的影响。我愿意向诸位贡献一点意见，指出另外一种不同的研究之可能性，这种研究我将名之为'社会学调查'。概括的说：社会调查只是某一人群社会生活的闻见的搜集；而社会学调查或研究乃是要依据某一部分事实的考察，来证验一套社会学理论或'试用的假设'的。"[2]

依这种说法，我所编的《花篮瑶社会组织》，虽则挂了社区研究的名字，而实在还是一种社会调查报告。《江村经济》可说是我个人从社会调查到社会学调查或社区研究的过渡作品，而这一本《禄村农田》则至少是我想贯彻社区研究方法的一个企图。至于究竟成功到什么程度，自己不敢说了。

我在本书中要提出来考察的主题是现代工商业发达过程中农村社区所发生的变迁。我将暂限于这主题的一方面，就是土地制度中所发生的变迁。禄村和江村正代表着两种形式。江村是靠近都市的农村，深

---

[1] 费孝通、黄迪：《理论与实地社会研究》，发表在《益世报》，《社会研究》周刊上，民国二十六年。

[2] 《对于中国乡村生活社会学调查的建议》，《社会学界》第9卷第79页，燕京大学社会学系出版，民国二十六年。

受现代工商业的影响；而禄村则还是在开始受现代工商业影响的初期。在禄村，我们可以看到一个差不多完全以农业为主要生产事业的内地农村结构。它的特色是在众多人口挤在一狭小的地面上，用着简单的农业技术，靠土地的生产来维持很低的生计。在这里土地分割得很细小，村中住着的不是大量佃户而是大量的小土地所有者。他们因为有便宜的劳工可以雇佣，所以可以不必自己劳动，于是我们见到这种农村中特别发达的是雇工自营的农田经营方式。这种方式的基础是在农村劳力的供过于求，也可以说因为没有其他生产事业来和农业争取劳力的结果，这是现代工商业发达前期农村的一般现象。

我根据这一层认识，所以本书将从土地利用中劳力方面入手，说明人多于地的比率，然后分析多余的劳力如何集中到小土地所有者的手里，使土地权成为劳动者和不劳动者的分界。这是在江村一类农村中所不易见到的现象。江村是佃户占多数的村子，而禄村是小土地所有者占多数的村子。在禄村，租佃关系只发生在团体地主的农田上，租得田地是一件幸事，和江村的佃户，在性质上，并不相同。

江村的地主在市镇里，而禄村的土地所有者多在村子里。江村的地主可以有很大的田产，而禄村的土地所有者的农田为数极小。为什么禄村土地权保得住在村子里而不向外流呢？我在分析了农田经营的方式后就转入土地权流动的问题，在土地制度的动态分析中，我将特别注意农业资本。在一个工商业不发达的农业社区中，资本的积累是靠农田生产和农民生计的差额。我将根据禄村人民的生计来说明土地权不易集中的原因。若是要积累资金，在一个现代工商业不发达的地方，很难采取经济的手段，最可能的办法是走“升官发财”的政治路线。

我用劳力充斥和资本分散来说明自营的土地所有者的土地制度，同时亦即是分析一个现代工商业发达前期的一种传统的经济形式，给了我们了解现代工商业对于农村社区可能影响的张本，更衬托出江村土地制度形态的意义。

中国已开始要工业化了，这大概是无法避免的路子。这工业化的过程会在农村中造下些什么结果呢？在本书中，我们将见到一些端倪。在我调查期的短短一年中，劳工的外流已威胁了传统雇工自营方式的基础。我在本书的结束将藉此指出一些内地农村变迁的趋向。

第一章

农　　作

一、农作日历

这本书的目的是在说明禄村人民从利用农田而发生的一套社会关系，或称作土地制度。这套社会关系既然从利用农田中发生出来的，我们若要说明它，自不能不从农田的利用入手。可是我限于学识，并不能在这里做农业技术方面的专门讨论。本章中所要叙明的只限于以后讨论其他问题时所必需的基本材料。这些材料，为了要使读者便于查阅起见，已列成一表(表见下页)，作为本书的开端。在这表中，我注重农作物的生长过程和农作活动在时间上的配合，因之称该表为农作日历，以下几节将为该表作一些必要的注释。

二、农作物

上节所列农作日历可以分为三个重要项目：中间是农作物的生长过程，一边是气候变迁的情形，另一边是农民培养农作物时所需的活动，

表 1　农作日历

月历	气候		节气	农作活动、劳力及工具劳力估计以一人做工一日为单位，面积以一工日为范围，♂男工 ⚥ 男或女工 ♀ 女工指参差期
	温度℃	雨量		
2月	10.9	20.5	立春 雨水	三十天：播谷⚥(手工) 三十天：割豆(镰刀)和打豆(链杆)3♀
3月	14.2	23.1	惊蛰 春分	
4月	17.5	33.5	清明 谷雨	
5月	19.5	111	立夏 小满	四十五天：翻土4♂(锄)放水、修沟(锄)2/3♂ 三十天：施肥1⚥ 平田面(锄)1⚥ 犁地1/4⚥ +牛(犁) 运秧1⚥(肩挑)
6月	19.4	207.5	芒种 夏至	
7月	20.6	261.4	小暑 大暑	七十五天：耘稻三次4♀(手工2) 剪稗1/2♀(手工2)
8月	19.9	216	立秋 处暑	
9月	18.1	158.3	白露 秋分	三十天：割稻1♂(镰刀) 掼稻1♂(掼♂) 运谷、晒谷1♂(肩挑和木耙)
10月	15.4	75.6	寒露 霜降	三十天：挖豆沟1/2⚥(锄) 下豆种1⚥(木椿)
11月	12.7	41.2	立冬 小雪	
12月	9.9	7.2	大雪 冬至	运和堆稻草1/2⚥(肩挑)
1月	9.2	5.0	小寒 大寒	合计10.3♂ 1.5⚥ 8.5♀

所费的劳力和所用的工具，这三项在时间上是互相配合的，所以在横行里用 12 个月和 24 个节气作为坐标。 它们互相在时间上配合的原因是出于农业的特性。 人们在农田上所做的工作，不过是在帮助农作物得到充分生长的机会，而农作物生长过程的本身，人力很不容易加以左右。 揠苗助长已成了我们通用的诫语。 决定农作物生长过程的是它的生物特性和气候。 因之我们若要知道一社区人民的农作活动，必须先问他们农田里种着些什么农作物？ 这地方的气候怎样？ 所以让我先从农作日历的中项说起。

在农作物生长过程项下，我只列入水稻和蚕豆两种，因为它们是禄村的主要作物。 夏天时节，在禄村背后山上一望，遍地差不多全是青青的水稻，一直青到四围的山脚。 秋收之后，不久就换上了绿油油的一片蚕豆。 当然仔细一看，禄村农作物并不只是这两种。 西河边的沙地上就有好些玉蜀黍。 每家的后园里也缺不了一些蔬菜。 稻田的小道上也常夹着一丛丛的毛豆，碍人行走。 豆田里也常夹着一方方的麦地。 可是这些都是次要的作物，种类虽多，在数量上都远不及水稻和蚕豆。 它们在禄村经济中并不占重要的地位，所以我没有把它们列入农作日历中。

我们若按着时间的格子，把农作物的生长过程和它旁边的温度和雨量一起来看，就不难发现水稻和蚕豆是极适宜在该地生长的农作物了。 可是在这里我得先说明在表中所列气候记录的来源。 这些数字并不是直接根据禄村的气候情形记录下来的。 我们没有测量气候的仪器，又没有当地现存的材料，所以只能借用昆明气候的记录了。[1]

禄村是在昆明之西 100 公里。 两地距离虽则很近，可是因为地势相差，所以气候并不是完全相同的。 昆明海拔有 1 890 公尺，到禄村盆地时，降到 1 650 公尺。[2]这 200 多公尺的相差，使较低的禄村温度转

[1] The Chinese Year Book, 1937 年，第 37—39 页。

[2] 见中华文化基金董事会编，《中国分省图》，云南省分割，商务印书馆出版。

暖。我虽无法确说两地温度相差多少，可是在农业上却已发生了很显著的影响。在昆明，安宁一带因为温度较低，所以很少种掉谷，而禄村的盆地里却全是种掉谷的。掉谷是水稻的一种，当谷粒成熟后，一经掼打很易从稻穗上掉下来。这种品种的水稻决定了当地较短的收获参差期，我在下文中还要提到。禄村的农期也因为天气较暖，比昆明一带高地为早。以1939年来说，阳历10月15日左右，禄村的谷子已经近于收完了，而安宁和昆明，沿公路的田里，一直到11月初才开始收割。农期先后相差有一个月。两地气候的不同，农期的先后参差，对于禄村农作劳力供给上是极重要的，我也将留到以后再说。

表中所根据的气候记录是1929年到1936年的平均数。我在这里也应当说明，各年气候不是完全相同的。1939年是个很好的例子，那年气候转暖得特别迟，往年禄村人民在惊蛰过后就可以播谷，可是那年阴历二月初八(阳历3月28日，春分后7天)播的谷，全冻死了；到阴历二月二十八(阳历4月17日，清明后11天)又得播一次谷。换一句话说，那年的稻作期因气候的变化，比往年迟了一个月。因之，我在表中所列的气候记录，只能给我们一个大概的参考罢了。

在气候项中，至少我们可以注意两点：第一点是一年中温度变化很少，最热的7月里，平均温度是摄氏20.6度(华氏69度)，最冷的正月里，平均温度是摄氏9.2度(华氏48.5度)，相差只有摄氏11.4度(华氏20.5度)。在这没有严寒的地方，四季都可以培养农作物，农田可以不必因气候太冷而闲空。春秋两熟是禄村一带普通的农作。一年中，水稻和蚕豆紧接着相继在同一田中生长，其中只留着一些整理农田的短时间。

第二点，我们可以注意的，是禄村一带雨量变化的激烈。雨量最多的7月里，多至261.4厘，雨量最少的是正月里只有5厘。而且雨量自从5月起突然地增加，继续了五个月后又突然地降低。这五个月就是普通所谓雨季。雨量上的变化正宜于培植需要水量不同的水稻和蚕豆。水稻是长期的要水浸着，正合于在温度较高，水量充分的雨季中生长。在表一中我们可以看到稻作期和雨季相配的情形。蚕豆可以在温度较低的时候生长，可是不宜长期被水浸着。谷子收起之后，雨量也跟着愈来愈少，正合蚕豆的需要。

我虽说水稻和蚕豆是禄村的两种主要作物，可是两者比起来，种水稻的面积较种蚕豆的为大。我虽没正确的统计，大概说来，种豆的田只占全部农田的70%左右，要说明这种差额，我们得一看当地的地形、土壤和水利的条件了。

禄村所在的盆地面积约有50平方公里左右，[1]并不宽敞。地面的倾斜度比较高，盆地的形状像一个凹字，四围都是高山，禄村是在盆地突入的那个腰节上。西北一带山上的水，向盆地低处流，汇集成四条河流，到盆地中心的县城附近会合，更向西流入易门县境。

山上是岩石，河流两岸是些沙土，这些地方是不宜于稻作或豆作的。山上长的树木也不多，只能供给盆地中人民燃料的一部分。沿河的沙地，可以种些杂粮，可是也不多。距河稍远的才是黏土，但因为水流里带着沙土，靠河两岸因河水泛滥也常被沙土所盖，土质也比较差。

禄村处于东西两河之间。东河靠山，而且山上树木稀少，大雨时冲洗力很大，水流含沙最多，因之，靠东河一带的农田，每年被东河的水带进一些沙土，在稻作上不免受到一些损失。可是东河附近的田，地势高，倾斜陡，积水容易排泄，而且土质松，宜于豆作，所以两熟田较多。西河源流很远，流到禄村附近，已经过了一段平坦的地面，速率较东河为缓，水中所含沙土较少，所以附近的田中黏土成分较高，易于保持它们的肥沃力，宜于稻作。但是地低，积水不易排泄，不宜豆作。西河附近的田就有很多因为这个原因而不种豆的。

禄村既在盆地中心部分，除了东部有一些没有开垦的荒山之外，其余靠了这东西两河全能得到灌溉之利，所以种杂粮的地极少。依清丈结果的耕地图上所示，近900丘的耕地中，只有30多丘是农地，其余全是农田。田和地的分别，据当地的区别，是在前者可以灌溉成稻田的

[1] 依禄丰县政府所存地图的比例估计。

耕地，后者是不能用沟渠灌溉的耕地。

我在本书中将以农田为研究对象，所以称本书作《禄村农田》。

三、农作活动

农作活动，固然是要追随着农作物的生长过程，可是农作物生长过程中需要人力培养的地方，却是断断续续的。农作物入土之前得有一番预备工作，一旦安置定当，除了芟除些杂草之外，人们可以坐等农作物的成熟。成熟之后，又得忙一阵子收获的事务。因之，我们在农作日历中看见农作物差不多继续不断地在农田上长着，很少空隙的时间，可是和它相配的农作活动却是挤一时，空一时的。而且各时各节的工作性质又不同。我在农作物生长过程的右边，把各节农作活动按时间架格逐一注明。

编制农作活动这项最理想的方法，是由调查员直接观察一年，依农民每天在农田上的工作情形记录下来。可是我因事实上不能在禄村不断地住上一年，因之只能舍此理想的方法而求其次，就是利用口头的报告。直接的观察只用来校核口头报告罢了。口头报告的可靠性，除了得不到诚实的报告者之外，是依报告者有没有正确的知识而定。要得到诚实的报告者，在一个地方住得相当久的调查者，并不是一件太难的事。而且若多问几个人，多问几次，多问几个相关的问题，不诚实的答案是不难辨别出来的。调查者要利用口头材料，重要的是在找到能回答问题的适当人物。在一个社会中生活的人所有的知识，并不是相同的。若是我们要知道一个学校的情形去访问一个开商店的人，自然不易得到正确的回答了。这虽则是最明显的常识，可是在做调查工作的人却时常会忽略了，甚至会把各种不同的答案，一视同仁地加以平均，以为平均出来的数目必然较近于事实。事实上，很可能各种不同答案包括着不少没有资格回答的人的胡诌。在我看来，口头报告的正确性决不能从数量上来补足，而应当以报告者的资格来断定。

在农作日历中，有些项目是容易找到有资格回答的人的，好像农作物的生长过程和农作活动的项目和顺序。凡是和农田有关的人，不论是自己下田劳作的，或是雇工耕种的，全知道水稻下了种要多少天才能收获，什么工作做完了接下去该做什么工作。把这些问题去问任何人，他们的回答可说是没有什么出入的，连我们邻居的几个 14 岁左右的小朋友，都能逐项的背给我们听，一项也不掉。

各节农作活动在什么时候开始？做了多少日子？到什么时候才接下去做下一节工作等等问题，我们猜想那些从事农作活动的至少是可能记得和告诉我们的。可是在口头报告中，我们却得了两种性质不同的答案：一是自述当年各家实际的情形，一是说明当地所通行的标准。当年各家实际的农期是有一定的日子，好像禄村有好些人家说，1939 年第一次播种的日子是阴历二月初八；可是各家的个别农期，并不是一律而是参差不齐的。有些人家二月初八并没有播谷，迟了十数天才播。当地的标准农期并没有一定的日子，而是划出一段时间，从哪个节气到哪个节气之间是适宜于做哪种农作。在这限度的前后都适宜。比如当地人和我说：“惊蛰之后就可以播谷，60 天秧熟了，就该插，可是不能过夏至；插了之后 15 天，可以开始耘，耘田不能过立秋。”标准农期规定了每节农作活动的期限。在这期限内，各家可依其特殊情形，决定他们个别的实际农期；这期限我将称之为农作参差期。

标准农期是根据当地人民累积下来的经验而规定的。它是农民们规划他们活动的底本。可是和其他经验中得来的任何规律一般，并不是一定适宜于新的局面。我在上节论气候时已提到 1939 年禄村人民曾吃了这标准农期的亏，白费了一批谷种。那年气候突变，一直到清明过后十几天下的种才能生长。和标准农期的“播种不得过清明”的规律不合。可是这种情形，在禄村人民看来是例外，所谓“天时不正”，并不是标准农期有误。事实上，在没有其他更完善的气候预测的方法时，除了这种传统规律之外，他们有什么更可靠的底本来规划他的活动呢？

标准农期很可以从口头报告中得到，但是我们若要知道各家个别的实际农期就比较困难了。第一是各家的个别农期，只有各家自己知道，而且不一定完全可以明白记得。若是要直接从观察入手，方法上虽是可能而且最正确的，但是一定要有大批调查员同时工作，方能胜任。譬如1939年，我和张之毅君因为要知道掼谷期中劳力雇佣情形，曾在田间清查工作人数；两个人整天在田里跑，到晚上回来和人谈谈，每每发现遗漏了几家没有看着，还得用口头报告的材料来补足。

为事实上的限制，我并不能把禄村各家个别农期的参差情形详细调查清楚。表中所述农作活动，在时间上的分配是根据标准农期加以分划的。

四、时间架格

在继续说明第三项中劳力估计之前，我愿意插这一段来说明这表中所用的时间架格。在气候一项中，我是用公历的月份来划成12格，因为气候的记录是从《中国年鉴》中抄来的。这里的数字是依公历的月份中每日记录中平均得来。所以我只能沿用这种时间架格。可是在农作物生长过程和农作活动两项，我都将用节气来作时间架格，关于这一点，我应当加以申说，因为以前论中国农作活动时间分配问题的人，据我所知道的，还没有采用过这种时间架格。

我采用这种时间架格的理由是在于这是农民们自己用来规划他们农作活动的时间架格。我们的目的若是在了解一社区中农作活动在时间上的配合，自应先根据当地实际应用的时间架格来加以分析，时间架格是规律及配合一社区活动的基本体系之一。它是适应着当地人民生活需要而产生的。脱离了人的生活形态就无法了解时间架格，因为在自然界中时间是一个不能分的继续体，把时间分成年月，分成日夜，分成一刻一秒，那是人为的，是文化界的现象。文化界的现象，依我们看来，并不是没有理由的偶然创造，而是用来达到人们生活目的的手段。因之，我们认为以另一文化中的时间架格来表明不同文化中人民生活的节奏，在理论上是没有根据的。

可是，在我国农村中所通行的日历是普通所谓阴历，是根据月亮和地球的关系做标记的时间架格。我在这里为什么舍此而用节气呢？节气能不能脱离阴历而自成为一种时间架格呢？关于这些问题，我在《江村经济》中曾提出来讨论过。[1]这里可以简单地择要复述一遍。

传统的阴历，即是以月球和地球的相对地位来做时间架格上的标记。每逢月圆那晚一定是排作15日，则每月的日数不是29就是30天(月球绕地球一周是29.53日)，每年12个月实际只有354.36日，与地球公转所费365.14日相比短了不少日子。日历的一个用处是要预测周而复始的循环现象，其中最重要的是气候。气候的周期大部是决定于地球和太阳的关系，因之若纯粹以阴历做时间架格，则每年与气候的周期差十几天。几年之后，相差得可以很多，结果可以使每一个月份并不能代表任何一定的气候了。为了这个原因，每隔两年得加一闰月，把这差额补足。可是用阴历的日期来预测气候，相差10多天是常事。农作活动必须追随农作物的生长过程，而农作物的生长过程是一定要和适宜的气候相配合的，于是，以阴历来安排农作活动必然是要发生困难的。比如某年禄村农民在阴历二月二十八那天播种适合农时，这一年若是在三月之后有一闰月，则在那年二月二十八那天播种就会碰着天气太冷的困难，因为和前一年二月二十八相隔365天的是那年三月初九左右。再过一年若在二月二十八播种则又嫌太晚。因为和前一年三月初九相隔365天的是二月初九左右。这个例子足以说明阴历的时间架格是不合于安排农作活动之用了。

于是我们可以问中国农民是根据什么时间架格来安排他们的农作活动的呢？这就是节气。节气是根据地球和太阳的相对地位来决定的时

[1] Peasant Life in China。

间架格。从立春到大寒一共有24个节气。每一节气的起点是用几刻几分来表明，每节大约是15天多一些，合起来刚等于地球的公转一周，所以它是气候变迁的最好标记。我们在城市里住惯的人，对于这24个节气关系极浅，甚至背都背不上来，可是一到乡下，农民就很少不时常把这些节气的名字挂在嘴上的。关于农作活动的歌诀也常是依节气的次序。在《江村经济》中我曾举例说明农民在什么场合下用阴历来安排，好像初一月半的献灶，如中秋端午的节日，但是与农作有关的就用节气来安排了。所以在分析农作活动在时间上的分配时，我们应当采取节气作时间架格。

节气的架格和公历的架格，大致是相合的，但是为了公历每隔一年有一天的闰期，所以这两种架格也常有一天的相差，譬如某年2月5日是立春，下一年的立春是在2月4日。用公历架格来分析农作活动固然不致有大错，但是公历在农村中尚是很少应用，不是他们自己的东西。我认为不如先就他们自己的时间架格作基础，然后不妨注明白和我们所用的时间架格的差合程度。

节气是一个较长的时间段落，凡是要说明哪一天做哪一件事，则还得有一个记日子的体系。这体系在农村中是阴历。节气是要在记日子的体系中表明出来，好像“二月初一是春分”，或是“二月十六是清明”等说法，就是以阴历来表明节气开始的日子。可是我们不应当认为节气必须和阴历连在一起，因为我们同样可以用其他记日子的体系来表明，好像我们一样可以说“公历3月21日是春分”，或是“4月4日是清明”。节气本身是一种时间架格，它和阴历可以分开，所以我在表中没有把和农作活动间接发生关系的阴历列入。

五、农田单位

在第三项中，我在每节农作活动后附以男女性的符号，用来说明这种工作是由男工或女工来做。接下去是一个数字，这是用来表示这节工作在单位农田上所需多少工人。再接下去是一个括弧，括弧中说明这节工作所用的主要工具。在劳力估计中，我得先解释农田单位和劳力单位是什么。

空间的区划和时间架格，一般是人们为一定目的而规定的。因之，我们应当以同样的功能看法来说明一地方所用的农田单位。在禄村，农田单位是“工”。这个单位其实并不是实际面积的单位，因为各工农田的实际面积并不是一律的。可以有相当的差额。这些差额并不是出于当地人民没有正确的丈量方法，而是因为这种农田单位的意义并不在实际面积的计算，农民们用这种单位来估计农作中所需的劳力。各块农田因土质，位置等等因素的不同，所需劳力量因之有异。相同劳力量所能经营的面积既有差异，以劳力量来规定的单位，在实际面积上自可以有大有小了。

农田单位的功能基础各地并不一定相同的。比如我在江村调查时觉得他们所谓亩，其实是指纳税单位而言的，一部分是根据生产量，一部分是根据逃避纳税的能力。在湖南据说农田单位是石。一说是指能出一定收获量的面积，一说是指一定容量的种子所播的面积。路南的农地单位是驾，指一驾耕牛在一天内所能犁的面积。这些例子可以告诉我们在农作活动中实际面积的知识，对于农民并不重要的，重要的是功能面积，就是需同样劳力，或是出同样产额，或是担负同样税赋等的农田单位。

禄村的农田单位是工。当地人给我的解释是“一工田，一个人工”。可是，我们已知道各节农作活动中所需劳力不同，各人的工作效率又不同，所谓一个人工是什么意思呢？若要为一工田下一个定义，我们还得说明哪一种人，哪一种农作活动中，和在哪一个时间段落中所能料理的面积。当地人对于这些问题并不能给我很确切的回答，因为他们并不发生这些问题。每丘农田的工数是传统定下的，农民们可以指着一丘田说这里有几工田。他们并不是因人因地，随时规定，好像一个工作效率高的人可以少说几工，一个工作效率低的人可以多说几工。究竟每丘田的工数是什么时候，怎样规定下来的，我们也不知道。据有些人说是以一天一个人能插秧的面积来规定的，因为至今一般的说法总是一天插一工田的秧。

禄村人民虽以劳力来作农田单位的根据，可是另外仍有对于农田实际面积的概念。他们常说这丘田工口大，意思是这丘田中每工的实际面积较大。工口各地不同，可以有很大的差异。我们在这里自应知道一工田的实际面积究竟平均有多少大，变异的程度如何。不然我们就无法和其他材料相比较了。可是我并没有测量的工具，所以只能用极简陋的办法，挑比较方形的田，周围用绳尺量过。有时用自己的步子来核算长度，然后再求其面积。我得到结果，一工田等于 240，256，277，300 方公尺，有两次在另外一个村子里得到 460 和 487 方公尺的数目，可是报告我工数的并不是该丘田的主人，所以我疑心它们并不正确。依这些数目来说，禄村一工田的实际面积当在 240～300 方公尺之间，后来我在云南省农村调查的附录中见到禄丰县当地亩折合公亩数目，平均每口号亩合公亩 7.011(每公亩合 100 方公尺)。[1]禄村普通都说是 3 工合 1 亩，所以每工平均约是 230 方公尺，比我上述的数目略小。根据这些数目，我作一估计，以每工田平均作 250 方公尺计算，1 市亩合禄村 2.6 工。

六、劳力单位

在讨论劳力单位时，我们同样的要看到当地人民所用的单位，然后把这单位划到一个可以和别地所用单位相比较的基础上。禄村当地所谓一个人工是指一个人工在一天之内所费的劳力。我们若以劳力的本

[1] 《云南省农村调查》，商务印书馆，民国二十四年，第 278 页。

身是体力的消耗，则当地所谓一个人工并不指一定量的体力消耗了。第一，劳动者因年龄，性别，健康，兴趣，工作环境等在同一时间内，同一工作中，所消耗的体力并不相等。第二，在农田上的工作性质又不一律，所谓一天又并不是指一定的工作时间。在这种情形下，我们不容易计算一个人工究竟消耗多少体力。体力的单位我们固然可以热量来计算，可是不在试验室中，这种计算又是不可能的。我们在这里只能从年龄、性别、工作性质和工作时间各方面简略的说明当地所谓一个人工的内容罢了。

在禄村，我常见到12岁左右的男女儿童在农田上做工。他们所做的工固然是有时和成年人不同，好像掼谷子时，他们担任的是搬运的助理工作。但是在这些比较上不太需要体力的工作中，即以成年人来做，也不一定能比孩子们强多少。孩子们的工作常被视作和女工一般性质，在工资上也和普通的女工相等，及成年男工的一半。这可并不是说孩子们和女工们只做男子们一半的工作。事实上，并不能以两个女工来代替一个男工，或是一个男工代替两个童工，因为在工作上男女是分开的，在普通情形下，并不能顶替。只是童工则不像成年工人那样分开得严格。即是如此，我也并没有见过有男子参加插秧和耘田的工作。

男女分工在禄村是很明显的现象。大体上说来，男子所做的工是比较吃重，体力的消耗比较大，好像收谷时，女子只管割稻和运稻，捆柴等工作；男子则管掼稻，背谷子等。种豆时，男子管开沟，女子管点豆。收豆时，男子管收过豆之后的挖田工作，女子管割豆和打豆。在工具上，男女大体上也有分别：锄头是男子所用的工具，镰刀是女子所用的工具。男女既然分工，我们就不能在同一工作中去比较他们相差的程度，更不能说多少女工等于一个男工，在计算劳力量时，只有把男工和女工分开来讲，所以我在表中把担任每节农作活动的工作者性别，一一注明。

禄村人民若向你说，哪种工作中，哪块农田上要费多少人工，他的意思并不是指需要几个人在一天内尽力工作，而常是指要雇多少人来工作而已。一个人工并不是指一个人在一天内可以供给的劳力，而是指一天内普遍认为应该供给的劳力。因之，我们知道，包人家工作的，一天内，一个人可以做完普通佣工三个人的工作。不但工作时懒懒的、“悠悠的”做和赶紧些，上劲些做，所供给的劳力不同，而且工作时间的长短，可以使同人家帮工的和为自己做工的两种人，在一天内供给劳力量上发生很大的差异。

普通所谓一个人工是依佣工的工作效率来说的。佣工的工作效率怎样的呢？我可以举个实例来说：我的房东雇人去犁田，那位佣工上午九点半才到。他在廊前一坐，要了一盆水洗了洗脸，蹲在墙下，默默地抽他的烟。不久房东开了饭，他从从容容地饱餐了一顿，又说了些白话。房东的丫头牵了牛先去田里，他跟着背了犁耙，到田里工作去了。我一看表已是十点一刻。午后，房东派丫头送了一顿饭去，晚上五点半左右回来吃饭，一天工作算是结束了。即便不除去他在田里吃饭、抽烟，和回家去招呼招呼，一天工作时间也不到七个半钟头。

收谷是农作活动中最紧张的一节。我在街头看那些等换工的姑娘们，挟了镰刀，站在闸门口等待，一直到 9 点之后，才全去做工。1 点钟的时候回来吃一顿饭，休息一个多钟头。2 点之后再去做工，到天快黑时陆续回来。一共做 8 个到 9 个钟点的工。在工作时间间断的休息是很多，而且很长。收谷时，每次割完一丘田的稻，就可以在田岸上坐着等半个钟头再做。主人要是在队伍里一起工作，则比较好些。

若是要使帮工或换工加长些工作时间，则须另外加工资，称作早工。这样 9 点之前可以多做二三个钟头。可是由外村请来的工人给他们寄宿的，不加工资，也有做一个早工的。普通说来，所谓一个人工，不论男女，总不过是 7 小时到 8 小时的工作罢了。

七、劳力估计

在导言中已说过，我将从土地利用中劳力方面入手说明禄村人多于地的比率，因为我认为劳力的供过于求，是内地农村雇工自营的农田经营方式的基础。因之，我们在这里一定得先对于单位农田上各种农作活动中所需劳力作一估计，根据这些估计，我们才能指出禄村农业中劳力的供求差额。

怎样着手来估计农作活动所需的劳力量呢？第一步我得先问自己在禄村的当地人中有没有知道每节农作活动中所需劳动量的？在农田上劳作的人是否记得他在每一丘田上，在某一种活动中，花过多少时间？若是我们随意拉住一个在农田上劳作的人，问他这劳力估计的问题，他时常会说这可没有数，除了插秧收谷等工作比较上是整批整日工作之外，很多活动是零零散散的。在甲丘做一上午，在乙丘又做了一下午，于是计算每丘做了多少时间，就得费一些计算，普通农民不大耐烦来这样仔细地推考。在那些整批整日的工作中，又时常是很多人一起做的，每一个人每天做多少工作又不是直接就可以说出来，因之，劳力估计的知识并不是每个农民都有的。可是禄村有没有人在那里对于这问题打个算盘呢？有的。在下文中我将详述禄村那种雇工自营的方式，在这里可以简单地先说这方式是指在村子里有不少小土地所有者，他们自己并不下田劳动，而是雇工来做的。他们既然靠雇工来经营农田，在每节重要农作活动中要预先知道在他们的农场上要雇多少佣工，几天之内可以做毕，要花多少工资。而且在事后，也时常记得在哪一节农作活动中付过多少工资，从工资的总数上，他可以记得一共雇了多少工人。换一句话来说，劳力估计是雇工自营的人们所必有的知识。

我的房东就是一个雇工自营的人，我们依着日历逐项的讨论，他拿了算盘，算给我们听，他一共有几工田，哪一节活动中，花了多少钱请工人，合起来是一工田多少人工。他说自己并不精于计算，可是有一位精明的周二爷，“走路都在计算的”。关于这些他全有数，由他的介绍，我们就和二爷又逐一计算了一遍。除了那些他们认为说不上用劳力的工作，好像播谷，碾谷之类的工作外，我们得到了一张劳力估计的底稿。

第二步，我就多方设法来校核这底稿上的数字。校核的方法有两种，一是逢着有这些知识的人就问他们的意见，看有没有出入；一是以实例来计算，好像掼谷时，我就问了好几十家，哪一天掼多少田的谷子，用了多少人。最初的底稿虽则有些地方在校核中曾修改过，好像收谷一项中二爷没有把背谷子回家的一项工作列入，但大体说来是很正确的。当然，我已说过，这里所用的单位是以佣工的效率为根据，所以若是一个人在自己的农田上工作，或是包人家的田来劳作，效率比较高，所需劳力量(以一人一天为单位计算时)，也就比较低了。

各种农作活动中所需劳力是依技术而改变的，所以我在劳力估计的数目后面加上一个括弧，说明活动中所用的工具。

总结来说，在禄村，1工种豆并种稻的两熟田上，一年在农作活动中，一共需要女工103个人工，女或男工15个人工，男工85个人工，一共是203个人工。

我的估计若和L.J.Buck的估计相比较，有相当的差异，不妨在这里一提。据Buck在华北，华中及华东七省的调查，“谷类所需的人工以稻为第一，通常的稻每公顷(Hectare)需117人工单位，而糯稻则需142人工单位”。[1]有四处，他调查了关于蚕豆所需劳力，是每公顷91.14, 108.52, 73.81和89.06人工单位；平均是90.63人工单位。他所谓人工单位，“系指每一普通工人在每天10小时内所能成就的工作量”。后来，他又调查西南水稻区的情形(云南即属此区)，通常的稻每公顷需

[1] Chinese Farm Economy, 1930年，第227页；《农家经济》下册，第323页。

137天的工作。[1]这里他没有说一天工作是多少时间，所以我们只能根据他第一次的调查，假定第二次的调查所用单位也是10小时。于是我们可以把这些数目全化成100方公尺内农田上所需每天10小时的劳力多少单位了。

表2　劳力估计的比较

	Buck(1930)	Buck(1938)	禄村(1939)
稻(普通)	1.67	3.38	4.40
蚕豆	0.90	1.26	1.24

在比较中可以见到云南的稻作所需劳力特别高，较华北、华中、华东的平均高出一倍以上。这一点很使我怀疑的，因为依我在江村的印象(可惜当时没有对于劳力加以估计)，似乎在灌溉上，江村农民要费很多的劳力。在云南因地势倾斜的原因，不必在水车上日夜做工。为什么云南的稻作反而需要一倍以上的劳力呢？这是值得我们注意的问题。

以云南来说，Buck的估计较我的估计为低，可是在他所列表下有一附注，“西南水稻区中太高的数目曾经删去，不列入平均数中。”[2]也许这被删去的数目正和我的估计相近，可惜Buck没有把删去的理由说出来。

[1][2] Land Utilization in China, 1938年,第302页。

第二章

劳力的利用

一、农业里的忙闲

在农作日历表中，我们既已看到各种农作活动在时间上分配的次序，并且关于每种农作活动中所需劳力已加估计，于是我们可以进而分析农民的劳力如何利用在农业中的情形了。

我们若把那张农作日历表放在眼前，就很容易看到和农作物生长过程相配合的农作活动中，各时所需的劳力不同。从清明起到芒种的一段时间中，挤满着各种必须做的工作；从立冬起到惊蛰的一段时间里，却可以说没有什么重要工作可做。因之，在农村中常有农忙和农闲的分别。

农业里的忙闲是被农作物的性质所决定的。人们不能自由支配他们在农田上劳作的分量和时间。种田不像织布；织布的可以因杂务烦身自动地休息一下，停一两天布机；或是因为货催得紧，赶一两天夜工，织出来的布还是一样。种田的却不然，他一步一步的工作都有期限，早不得，迟亦不得。拔苗助长固然犯忌，坐失农时，又要遭殃。以禄村农作来说，播种非到惊蛰以后不会长秧，1939年天气冷，早播了谷只糟蹋了一份种子。谷播在秧田里须经过一定的时期，等秧长成了之后，才可以插入农田，在禄村这时期要60天左右。插秧之前，田里得有一番整理——挖田，上肥，放水；这些工作一定得在插秧之前做毕。若是田里种着豆，这些工作又一定得等收了豆才能动手。豆熟又有一定时期，禄村是在清明前后。农田整理就绪，插完秧，须过15天才可以开始耘稻。耘得勤，稻长得好，收获的数量也加多。到立秋左右，稻花开过不必再耘了；没有耘够的也只能随它去了。耘稻期可以有75天上下。从插秧起到稻成熟，早稻要120天，迟稻要140天。稻熟了不去收割，风打雨击，谷子容易狼藉在田里，1939年我们在禄村时正值发大水，一连下了有一个星期雨。早稻在田里不能收割，雨停了去看看，泥里混着不少谷子。粒粒辛苦，就这样损失了有1/10的收成。

禄村的稻作，从播谷到收获不过180天到200天。若是单单种稻，一年中就有近半年没有农事。以田来说，也有半年闲空，不长农作物。这样可说是人地两闲。禄村有一半以上的田是能种豆的。收了谷子可以继续种豆；收了豆能继续种谷子。这样田是不得闲了，可是豆不像稻一般时常要人耕耘，开了豆沟，点了豆种，就一直要到收豆时，才忙一下，所以以人来说，种豆的并不能减少太多的农闲日子。

在农作期间，一个农民是否能每天都有工做，还是问题。假如男女两个人合作耕一工田，播谷之后女的费一天把豆割好，两天把豆打好，就没有事，可以让男的去挖田，四天也结束了。上一天肥，再费半天把田犁过一道，就可以插秧了。可是秧在这时却还没有熟。假定他们惊蛰播的种，清明开始割豆，要等到立夏才能插秧。所以他们把田整理完竣之后，有20多天没有事做。秧熟了连运连插，一天就完事，又得空上14天才能耘。男子插完秧一直要到收谷时才有工作。女的在75天耘田期内也只有四天工做。耘田期过后，又得空上30天才能收谷。两个人一天赶紧些可以收完1工田的谷子，挖半天豆沟，点一天豆，田里事已告一段落，等明年再来。

这样说来，他们耕种的农田面积愈小，则农闲愈长。究竟他们两个人要耕多少田才能尽量利用他们在农作期间所有的劳力呢？若是这一对男女只在自己的农场上工作，不去帮人，也不请人帮工，因为各段农作所需劳力不同，他们可耕的面积，是决定于最忙的段落中可耕的面积。在较闲的段落中，劳力依旧不能充分利用。

农作期间最忙的段落是从豆熟到插秧，一共约有 35 天，或 60 天的时间。假定谷子播得较迟，豆却收得早，有 60 天可以从事于收豆和整理农田的工作，则他们若耕 10 工田，女的一定要帮着做上肥的工作，否则男子已经忙不过来了(因为这时期中，每工田需女工 3，男工或女工 1，男工 5.5)，耕 10 工田，插秧时，他们得做 10 天工，休息 5 天，女的开始耘田，一共要费 40 天。耘田期女的有 30 天闲空，男的一直到收谷时才有工做。收谷前女的又有 30 天空闲。稻熟了，费 15 天(以每工需男工 1.5 计算)已足够，再费 10 天点豆(以每工需女工 1 计算)，农事方面只剩了背草堆草等杂务。因之，要充分利用农期间的劳力，一定得扩大每个人在每节农作活动中耕种的面积。在禄村我们见到的方法，一方得利用换工，雇工的办法，一方是利用农作参差性来拉长各人可以工作的农期。

二、个人能耕面积的估计

农作物生长过程虽有一定，但是各家农作物却并不一定要在一天上开始生长的。于是各家个别农作日历可以有相当的参差。在惊蛰之前固然不宜播种，但是可以播种的日期却有 30 天左右。从惊蛰到清明的一段时间中，在普通年份，只要放得着水，天天可以播种。若有甲乙两家，甲家先放水，在惊蛰播种，而乙家水放得迟，在清明播种，则甲家插秧时，乙家正无工可做，可以去甲家帮忙；等乙家要插秧时，甲家在自己田上也已没有工作，可以帮回来。这就是所谓换工。

换工的办法，在禄村是很普遍的，因为藉此可以增加各个人在农田上工作的机会；而且同时增加了每家可耕农田的面积。我们在 1939 年掼谷时，实地调查当时在农田上劳作者性质，发现有一大半是换工。一个人出去帮 10 天，等到自己要掼谷子时，就可以有 10 个人手帮他做一天工了。换工还有一种好处，就是可以把稳在自己需要别人劳力时一定有人来工作。这一点，在 1939 年劳力缺乏时更是显然，在第五章里再论。

各家农作日历的参差性是有时间上的限度，好像插秧，最早在立夏，至迟不得过芒种。这段时间我们叫它作农作参差期。每节农作参差期的长短视农作物的性质和当地当年的气候而定。比如 1939 年气候转暖得迟，播种期从春分开始到清明为止，只剩了 15 天。以普通年份作根据，我在表 1 中把每节重要农作活动的参差期，都由括弧注明，现在我们可以根据这表来看，若是男女两人尽量利用他们的劳力，每节农作活动中能耕多大面积的农田。

清明前十几天，才能开始收豆。把豆收起之后，才能开始挖田。挖田之后，才能上肥等预备插秧。秧期既有一定，所以已熟的豆不能搁在田里慢慢地收，至迟在立夏前十几天必须收齐。从可以收割到不能再不收割之间，约有 30 天。收豆是女子的工作，连打豆在内，每工田需 3 个人工。一个女子若充分利用这 30 天，天天有豆可收，可以收完 10 工田的豆。

女子收豆，男子跟着就来挖田。凡是收过豆的田就可以挖，所以这两种工作差不多可以说同时开始的。可是挖田和其他整理农田的工作需工较多，需时较长，从清明前开始到立夏前后，必须就绪，因为秧田里的秧不能等得太久。这一段工作可以有 45 天的参差期。整理农田可说全是男子的工作，只有上肥偶尔可由女子帮忙，一共是需要六个半人工。一个男子在这期内充分工作可以整理 7 工农田。

男子在秧田里拔了秧，挑到田里给女子去插，每工田需男女工各一，插秧这一节工作的参差期有 30 天，从立夏到芒种，所以男女各人可以做30工田的工作。耘田是由插秧后15天起一直到立秋为止，农作参差期为75天。这项工作是全部由女子来担任的，一工田一共要耘两三次，剪一次稗子，一共约需四个半人工，所以一个女子在这期内可以耘17工半左右的农田。

割稻收获是从白露到寒露止，有30天的参差期。每工田需一个半男工和一个女工。一个男子在这期内可以掼和运20工田谷子，一个女子可以割30工田的谷子。割完稻就可以开沟点豆，到立冬止又是30天，每工田需半个男工和一个女工。在这期间，一个男子可以开60工田的豆沟，一个女子可以点30工田的豆种。

为使读者易于查阅起见，在这里可以把上列诸重要农作活动中所需劳力，所有参差期和每个人能耕面积，列表如下：

表3　各节农作活动中个人能耕农田面积估计

农作活动	每工田所需劳力 (单位一人一日)	参差期限 (单位日)	每人能耕面积 (单位工)
收　豆	3女	30	10
整理农田	6.5男	45	7
插　秧	1男 1女	30	30 30
耘　稻	4.3女	75	17.4
收　谷	1.5男 1女	30	20 30
种　豆	0.5男 1女	30	60 30

这样看来，各节农作活动需要劳力不同，参差期又不同，各人可耕的农田面积并不相等，若是在有一定的农田面积上，劳动者的数目不变，一年中农村里可以发生一个时期劳力不足，一个时期劳力过剩的情形。现在我们要看禄村的情形如何了，但在进入这问题之前，先得知道禄村究竟有多少农田，有多少人口。

三、 禄村劳力自给的可能性

禄村农田的面积可以有三种算法：一是禄村界内的农田面积；二是禄村人民所有的农田面积；三是禄村人民所经营的农田面积。

禄村界内的农田面积，根据县政府财政局所存清丈结果的耕地册，一共是 594 亩零分 2 厘 3 毫。 村界只是行政上的界限。 若是我们以禄村人民作主体来说，他们所有的和所经营的农田并没有受这村界的限制。 在村界之内，也有属于别村人民所有的田，在村界之外，也有属于禄村人所有的田。 至于禄村人一共有多少田，我们不能不另行调查。 关于调查的方法特留到第四章说明。 这里可以举一个总数。 禄村各户所有田约有 1 800 工或 690 亩(四章三节)，禄村团体所有田约有 237.31 亩，合计约 2 400 工或 900 亩(四章三节)。 禄村人民所经营的并不一定是自己所有的田，有些别地方的人有田在禄村附近而租给禄村人民经营的，所以从住在禄村的人所经营的农田面积说，一共约有2 800工或 1 080 亩(七章一节)。

可是在计算禄村农业中的劳力的自给程度时，我们还须记得禄村农田并不是全部都是两熟的，种稻而不种豆的有 30%左右，所以两熟田约合 2 000 工，其余 800 工是一熟田。

关于人口数量，我取材于 1938 年春天所清查的户口册。 这次清查是由该地原有乡长负责编制的。 当地人办当地事，若是认真的话，不易有错误隐蔽之弊。 现在的保长和我们说：“除了那些小娃娃名字不晓得，哪一个我们不熟呢？”可是登记在户口册上的并不是“实在人数”。 他们的标准是：凡是家眷在村的，本人虽则在外很久的也记上；若是老家在村，而本人在外带着家眷的，那就不记上了；在村里住的人，不论有没有家眷，全都记上。 我初到的时候，曾想重新举行一次挨户清查，但是因为恐怕他们怀疑我是来征兵的，非但清查不易正确，而且深怕会影响我的工作，所以决定以户口册为我初步分析的人口材料。 第二次我再去调查时，又有几次想去清查，总是因事未毕，只能以保长的口头报告，重又把全村在一年中生死和迁移的情形记录了一下。

户口册上有些明显的错误，好像抄录时的遗漏和计算时的疏忽，凡是见得到的，都加以改正。 册上所谓户与实际的经济家庭单位并不相符。 那次清查的目的在编保甲。 编后乡公所经费有一部分将按户摊派，称作门户捐，因之，凡是想少捐一些的，把已分家的兄弟报在一户里，所以册上户数只有 95，而实际却有 122 户。 册子上人口总数也有计算上的错误。 我们按名点计结果得男 359，女 335。 依各人的年龄性别，全村人口在 1938 年春季，清查时的数目可以列表如下。 并依此增加从那时起到 1939 年 10 月止，出生和徙入人数，减去死亡及迁出人数，得出 1939 年度人口数目(见表 4)。

表 4　禄村人口性别及年龄分配表

年　龄	1938 年春		1938 年春　至　1939 年秋								1939 年秋	
			出生		死亡		迁出		徙入			
	男	女	男	女	男	女	男	女	男	女	男	女
5 以下～5	46	43	3	7	4	6	2	2	—	—	43	42
6～10	46	36	—	—	—	—	1	1	—	—	45	35
11～15	30	23	—	—	1	—	2	1	—	—	27	22
16～20	35	27	—	—	—	—	12	4	1	4	24	27
21～25	35	29	—	—	—	—	9	—	1	—	27	29
26～30	37	23	—	—	2	1	8	3	—	1	27	20
31～35	20	20	—	—		—	5	1	—	—	15	19
36～40	34	37	—	—	1	2	9	3	—	—	24	32
41～45	17	13	—	—	4	1	5	1	—	—	8	11
46～50	16	24	—	—	—	—	1	2	—	—	15	22
51～55	16	20	—	—	1	—	1	1	—	—	14	19

(续表)

年龄	1938年春		1938年春 至 1939年秋								1939年秋	
	男	女	出生		死亡		迁出		徙入		男	女
			男	女	男	女	男	女	男	女		
56～60	12	22	—	—	1	—	—	—	—	—	11	22
61～65	9	9	—	—	2	—	—	—	—	—	7	9
66～79	4	5	—	—	—	—	—	—	—	—	4	5
71＋	2	4									2	4
	359	335	3	7	16	10	55	19	2	5	293	318
	694		10		26		74		7		611	

可是在这里应当声明的，就是在这表中1939年秋人口的年龄比实际都差1岁，而且我们若都用5岁作一年龄组，在以后的讨论中也有不大适用的地方。所以我将另行根据劳力利用上不同的年龄组及实际年龄重列一表。在上章已说过在禄村12岁的儿童们已时常正式加入农作队伍，可是从12岁到15岁所做的，时常是比较轻的工作，他们可以视作女工，虽则男孩子们在耘田插秧等工作中并不加入。16～50岁是劳动骨干，50岁以上至60岁仍有很多参加工作的；60岁之后参加农作活动的不很多见了。这样我们可以把人口分成五组，各组男女人数如表5。

表5 禄村人口依劳动组分配表

年龄	1938年春		1939年秋	
	男	女	男	女
12岁以下	98	87	88	77
12～15	24	15	22	17
16～50	194	173	142	161
51～60	28	42	24	34
60以上	15	18	17	29
共计	359	335	293	318

若我们把12岁至15岁的童工算作与女工相等，再把51岁到60岁的老年人算作是壮年人工的一半，12岁以下和60岁以上的人除外，则禄村在1938年春有可做女工的233人，可做男工的208人；在1939年秋有可做女工的217人，可做男工的154人。

我们对于禄村农田上劳力的供求，双方都有了一个估计之后，就可以据此来看每节农作活动劳力有余和不足的情形了。

表6　各项农作中劳力的有余和不足

农作活动	所需劳力	有余(+)或不足(-)			
		1938年		1939年	
		男	女	男	女
收　豆	200女	—	+33	—	+17
整理农田	400男	-192	—	-246	—
插　秧	93男 93女	+115	+140	+61	+124
耘　稻	161女	—	+72	—	-56
收　谷	140男 93女	+68	+140	+14	+124
种　豆	35男 68女	+173	+165	+119	+149

据上表6的数字，可见禄村自有劳力不足的现象只发生在整理农田预备稻作的时候。可是事实上并不像我们在表中所见的那样严重。第一是因为在那些不种豆的农田上，不必等豆熟，早就能开始挖田。这样使这节农作参差期在这一部分田上可以拖得很长。至于实际上有多少一熟田在豆熟之前(清明前后)已经挖过，却很难估计。若是我们假定有一半的一熟田(约400工)是已经在豆熟前整理清楚，则在豆熟至插秧间的45天中只需要343个男子经常工作已足。在这节工作中，禄村自有劳力的不足程度也降低到1938年135人，1939年189人。第二，若是上肥这一项工作全部由女子担任，则在这段时间中所需男子的数目又

减少 24 个。这样 1938 年只缺 111 个男子，1939 年缺 165 个男子。

我们以上的分析，并不是事实的叙述，而是根据几个假定来说出禄村可能发生的情形。我们的假定是禄村每个在工作年龄的人，都能依普遍效率，充分利用农作参差期，尽量工作。事实上，禄村有不少人可以劳动而不劳动的，也有不少人因疾病等原因不能劳动的。即使他们参加工作，也不一定都能尽量在农期中天天做工。所以在劳动的供给方面，并不能像我们以上分析结果那样多。以上的分析，虽非事实的叙述，但是可以帮助我们了解实际情形。好像在某些工作中，禄村应当是可以靠自有劳力来经营的，而事实上他们却雇用了不少外来劳工，这就可以使我们追问这现象怎么会发生的了。这样，我们对于禄村劳力利用上可以作深一层的认识了。现在让我们先看看实际情形是怎样的。

四、有田者脱离劳作

我们第一天到禄村是 1938 年 11 月 16 日，正值农闲时节。我们从县城走去，田里长着一片蚕豆，不见有人在那里工作。到了禄村，沿街蹲着好些农民，在暖洋洋的太阳下，衔着烟管，谈长说短。我们就在街心里和他们攀谈起来。远客到来，更添上了一番热闹。相识不到几分钟的小学校长，坚邀我们去便饭，我们虽委婉谢绝了，可是心里却留着“丰年留客足鸡豚”的余味。

同时，在这小村的街上，不断地过着一群群的苦力：衣衫百结，面有饥色，垂着头，背负着 100 多斤像石块般的盐巴。一步步踏上那高低不平的石板大道。“这些背老盐的，从猴井到禄丰去，一天挣不了两块老滇票。”——我们面前呈示着农村中的两种人物：一种是农闲时不用劳作，一种是农闲时依旧要劳作的。

后来，我们住久了，知道那些在农闲时可以蹲在街旁抽烟谈笑的，农忙也忙不着他们，至多在掼稻时，换个地方蹲蹲，不在街旁而在田岸上罢了。那靠农闲时背老盐的，农忙时忙得更凶。农民有闲忙之别，在禄村这条界线也许特别清楚。

我们若根据这社会上的闲忙之别去推求这界线的基础，即可见到当地利用农田上的社会形态。决定农村里劳力利用的不仅是农业的性质，而更直接的是农村的社会结构。实际上享有闲暇的人，不是因为没有工作的机会，而是因为握有土地所有权，即使不劳作，也能靠着不劳而获的部分来维持生活。他们既有这种权利，于是有力无心地闲了起来。那些没有田的除了卖工之外，别无求生之道，才不得不尽量地出卖劳力，以求一饱，这是没奈何。闲忙之别，刚划在有田和没有田的界线上。

以我们第一次在禄村调查时所寄宿的那家房东来说罢。他家里不过有 36 工田，折合起来不到 14 亩。他年纪刚满 40，正是农作年龄中的人物。可是他穿得整整齐齐，而且时常披着长袍。晚上 9 时上床，明晨 9 时起床。逢街子，上街子；逢礼拜，做礼拜。一个多月，我没有见过他到田里去照料过多少次。这并不是因为他田里没有事，所以不必下田。他下沟的闲田(在秋季不种豆的田)，正该犁了，可是他自己不去，雇了个邻村庄科的川人替他代劳。可巧那位雇工发生了事故，不能继续工作，他连找人也懒得去，没有犁的田，泡了水，过年再说，到明年挖田时就得多费一倍以上的劳力。说他是例外罢，也许不错，因为他和其他稍有农田的人一比，已经可算是有数的勤俭人物了。烟已戒绝，不常赌博，而且还是基督教勉励会的会员，常去做礼拜。不如他的人多着。我们熟悉的两位退任的乡长，都是老烟枪，一天有半天躺在烟榻上。当然我们不应苛责他们，像他们这样会做“官”，家里又有 60 工以上的田产，年纪已过了 40 的人，要他们亲自辛苦耕耘，似乎太不近人情。以禄村的青年来说，有一位年纪只有 25，家里有田 50 工，人很勤俭，据说很能管理家务。当我们在乡的一个多月，他没有五六天空闲，可是他并不是忙着耕田，而是忙着在庙里替人家尽义务，“吹洞经”和“讲圣谕”。这种工作已经继续了好几个月，因为那次祈免炸劫的大醮，在9月里已经开始。他在农闲时如此，在农忙时也如此。还有一位常喜到我们房里来谈时事的青年，年纪30岁，家里有40工田，本来在邻县里替他叔叔管理屠宰税。这两年赋闲在家。有一次他带我去看水坝，一路向我发表意见，说是农民太没有知识，不知道改良，我们青年一定得下田工作，农村才有希望。可是我从没有在田里见过他，每次进城茶馆里却常有他的份。1939年掼谷子时，他父亲因为雇工不易，要他下田，他拒绝了，依旧每天在城里混。

保长的哥哥很坦白地和我们说：“我们这里有面子的人，不下田的。吓，看我这个样子，在田里打什么杂。怪吸，从小就没有挑重，这时候，硬去做，弄得筋骨酸疼，莫丢人了。什么人，做什么事。我们，下田？不成，不成。人家看了，吓，不害羞死了？”又有一位同善社的信徒，写得一手好字的老先生，有一次招待我们去吃饭，和我们讲他的身世：“我们兄弟五个，小时节家境还好，有200工田，又没分家，兄弟们在一起，谁也不做什么事，雇人下田。那时烟土又便宜，天天打打牌，日子真容易过。反正有饭吃，谁也不想努力。什么行业也没有学，现在就吃苦了。”

显然的，在禄村里有一部分人是不在农田上劳作的。耕田是件苦事情，谁都这样和我们说：太阳这样凶，雨淋时更难受。劳动本身可以使劳动者得到乐趣和安慰的说法，在禄村是例外。我们知道的只有两个：一个是我们的邻舍，曾做过小学教员，心地也好，到晚上拿着月琴，自弹自赏；白天可说一刻不停地劳作。天雨时还是不肯闲，在家里编竹筐。我们常说他是标准农民。还有一个是周家老五爷，爱喝酒。大家叫他“憨包”，一朝拿了锄头向田里跑。家境很好还是不享福，在村里一般人的眼里，真是个呆子。除了这两个例外，凡是能脱离劳动的，很少愿意受这罪。可是谁有脱离劳动的资格呢？有田！

有田者可以脱离劳动的现象，是发生在我们遵守着一条法律原则上：依现行法律，劳动并不是享受土地利益的必要条件；享受土地利益的是土地所有者。不论他自己劳作不劳作，他所有的权利是不受影响的。土地使用根据于土地所有，不是土地所有根据于土地使用——这是个现行的原则。这是很重要的，因为只有承认了所有权是使用权的基础，生产工具的所有者才可以自己不劳动而仍有权利来分享别人劳动的结果。

我想从使用事实和所有权的对立上来指明土地所有权可以脱离土地使用的由来。若是经营和劳动是所有权所必具的条件，好像我们所谓耕者有其田的理想，即是在私有财产制度之下，土地所有权的分配必直接受耕种技术的限制。一个人靠了他的体力及简单工具来耕种农田，他必然不能占用广大的面积。同时他若没有权利自由支配他耕种能力所不能及的地方，则这社区中劳力分配亦无从发生像禄村一般不平均的现象了。只有一个承认个人可以私有生产资料的农村，同时又允许他可以不事劳动而继续占有这些资料的法律制度下，土地分配和劳力分配才会向不平均的方向发展。

现有的法律虽则允许有田者可以不劳动而获取农田上的出产，但是要实现这有田者脱离劳动的情形，还要有社会的，经济的和心理的条件。第一，我们得先知道禄村职业分化和农家创业的情形，一个人脱离了农田劳动，是否可以利用他的时间和劳力在别的生产事业中？一家的收入，是否全靠农田的产物？然后我们可以从农田孳息上来判断禄村有多少人有脱离劳动的资格。脱离劳动的人，如何利用别人的劳力来经营他的农田？这是下面几章中要讨论的问题。

第三章

农田的负担

一、职业分化

中国农村问题尽管错综复杂，像 Tawney 教授所说的，“底子里却十分简直，一言以蔽之，是现有资源不足以维持这样多的人口”。[1]本书里将要一步步分析的其实不过是这句话的一个例证。我将根据禄村的事实来说明一个内地农村在严重的人口压力之下，如何发生一种特有的土地制度。像禄村这种连简单的手工业都不发达的农村，差不多全部人口压力都由土地来担负。土地上的孳息是维持这样许多人，不论有地没有地的主要资源。我已将人地比率的大概情形，在上一章叙明了，接着我将讨论土地上有限的孳息如何分配？各人用什么权利来分享这一宗财富？可是在这些问题之前，我先得叙明禄村人民除了经营农田之外，还有什么生产事业可以使他们得到相当的收入？有哪些职业来和农田分负这人口的重担？农田在禄村经济中究竟占什么地位？让我在本章的开始先把禄村人民在农田经营之外所有职业开一清单，然后再逐一说明这些职业的性质。

---

[1] R.H.Tawney, Land and Labour in China，第 103 页。

调查这些职业的时候，有一个困难，因为除了马店，杂货店，豆腐店，药店之外，在外表上是不易看出来的。有些是隔几天才做的生意，平时在家一样做着杂务，农忙时一样下田。有些是没有定期的，好像我们有一次在路上走过，看见一家生了炉子在打铁。我们进去一看，是惯熟的王家哥儿两个。上午我们还见他们在田里做工，下午都在做铁匠了。他们和摆凉粉摊的姑娘不同，因为他们的工作是没有定期的。有人请教他们，要他们把锄头出出新，或是钉耙修修尖，他们把风炉一生，费上半天做个铁匠。没有人请教他们，炉子可以搁上好久不生一天火。

表7 禄村职业分化表

职业	户数	职业	户数
马店	9	泥匠	1
杂货店	3	女巫	1
豆腐店	3	道士	1
木匠	3	算命	1
凉粉摊	2	屠户	1
铁匠	2	酒户	1
药店兼医生	1	教员	1
医生	1	弹花	1
共计			32
占全村户数百分比			27%

以我们第二次在村时那位姓赵的房东来说罢：他是个兼做医生的药店主人。他的住宅沿街，布置了个店面。可是这店面的窗子却不常开，即使开时也不容易看得出是个药铺，因为药柜前常是挡着一个挂着赞美诗的立轴。与其说是个店铺，不如说是个礼拜堂。反正我从没有见过一个人在窗外递钱进来买药的。药是由他瞧了病配好了送去的。他是这个村子有名的教徒。行医能否说是他的职业还成问题。他出去

做客，串门，和做医生根本就不容易分。瞧了病，送了药去，是否是一种服务，还是一种有报酬的工作，连他自己也不确定。还有一位医生，据说一年也开不上两三张方子，没有人请他看病，并不影响他医生的身分。不论哪一位医生，瞧病不瞧病，给钱不给钱，并不会引起严重问题，因为他们家里多少有一些田。饭米是可以自给的。

至于那些木匠泥匠则更不易说了。村子里的人高低都有一些手艺，简单的工具也是家家都有一些。亲戚邻舍要修理那些木器，或是砌些矮墙，谁也愿意帮一手忙。他们也不要工资。住在我们隔壁的那位刘大哥，就常常在那里干这些事。他有一次很得意的同我们说：他的灶房和马槽是他自己砌的。竹凳竹筐也大都是他自己编的。他的手不很愿意闲，他是最肯帮人的。我的床坏了，他拿了斧头来修理，给他钱，反而使他很不乐意。像他这样的人，我没有列入表中。在表中的只限于以技能作职业的人，换一句话说，是要工钱的匠人。

上面这张表，有一部分是只根据当地的人给我们的报告，好像屠户，酒户和弹花匠，我始终没有见过他们做过这些工作。

在这 32 家中只有四家是专靠这些职业谋生的，其他不是有田的，就是在农田上卖工，而且从他们收入上讲，还是以农业为主。不靠农业的四家是：一、兼卖鸦片的杂货店；二、豆腐店；三、和人占卦归魂的女巫；四、到各处去算命的瞎子。

杂货店都是很小的，主要的货物是烟草，香烟，油，纸等。最大的那家，据说全店货物的价值不到 300 元国币。那摆地摊的老冯，资本不过 10 元国币，他在街子上买了一筐梨，在平时等人来买，一天做不到 1 元的生意。所以若要专靠开杂货店养家不大容易，这点在下节叙述街子时还要提到。那一家不兼营农田的杂货店是靠贩卖鸦片来挣钱的。我们晚上去看看花烟间里总是有人躺着。据我们确切知道的，有 38 个人天天得吹一些烟。在这些人里面，自己有灯的约占一半，其余的就零散买烟吃。1939 年烟土已经卖到 14 元 1 两，一个人至少要吹 8 角钱的烟。这一间烟灯，一天总可以做 20 元的买卖。能有多少利益，我们不知道，因为他们买的尽是私贩的烟土，价钱不易打听。

豆腐店有三家，只有一家是不兼营农田的，可是这并不是说这家是全靠豆腐店的利益来维持生活，他们兼营着其他运输及赶街子等事。

收入最大的是那位女巫。每开一个蛋卦，要1升米，一个蛋和两角钱；归一个魂，1939年价钱涨到六七角。我们不能说出个定数来是因为她并没有一定的价格，而且常借了死了的魂说报酬不够，请教她的人，又得暗暗的把一两张角票放在她后面的凳上。一天她能开几个蛋卦，归三四个魂，她的收入自然是很可观了。请教她的人真是推不开。我们去参加了好几次。要开卦的，都争着把米，蛋，香，钱给她，惟恐落后。归魂的还得预约。我们所住的房子离她归魂的地方，只隔了一座屋，时常连着几个下半夜咿咿喔喔听得怕人。非但有事的人要去请教她，她还可以自己同村里人说，路上见了谁的阴人，要她传言，有话要和活人说，于是活人不能不请她归魂了。还有新死的人，每年都要归一两次，不去归了，死人会发脾气。因之，她不像木匠泥匠那样对于自己的工作不能有预计和把握，她是不会失业的。她的营业范围并不限于禄村。请教女巫的人，有些是远在别县；据说省城里有一位大官，曾经派了汽车来接过她，她没有去。她是住定的职业者，要人家去请教她的。

那位瞎子，虽则做着和那禄村收入最多的女巫相近的职业，可是他的生意却差得很。女巫不种田，连她的丈夫都靠她可以不做事而有烟抽。那位瞎子却是个没有家室的苦人。他一早出门，替人算命和对八字，请教他的大半是救济这残废的意思，所以收入很有限。在禄村不常见他。有一次我在路上碰了个瞎子，攀谈起来，才知道他是住在禄村的。

在上表中，我们可以看出在禄村最重要的职业是开马店。这项职业自从抗战军兴之后，更是发达。原因是禄村在区位上所处的地位很合于这种职业。禄村正是处于从产盐中心的猴井到禄丰运盐的大道上。从猴井赶一批马，驮了盐块，走到天快黑时，刚到禄村；若是要赶一阵可以当晚到禄丰城里，可是天太晚了，也交不得货，所以在禄村歇一晚，明天一早进城是一样的。

驮马到了店里，店主供给草和寄宿的地方。赶马的人也就宿在店里，每匹马依1939年市价，每晚两角，赶马的不用另付宿费。豆料由马主自备。店主在收取寄宿费以外，还得到马粪，可以下田做肥料，或是把肥料去换草。40背粪(一槽)换一大堆草，一大堆草有8小堆，每小堆有40把，每把有10多棵稻。依当时市价4角一背；1938年只值4分，一年中涨了10倍。每天1匹马要吃三把草，所以一大堆草可以供给100匹马的食料，相当于100匹马的粪，马店主人不必贴钱买草。

每家马店，据几个马店主人和我们说，在普通情形下，一个月里总有10天有马歇，每天平均20匹，一个月有200匹马住店，店主可以收得40元国币。赶马的时常向店主买豆料。1938年豆料便宜时只值1角8分1升，到1939年涨到了1元1升。所以店主们凡是囤积着豆料的，这一年真是发财的机会。一个月卖出两担豆料(每匹马每天吃1升蚕豆，玉米或黄豆)，可以赚160多元。这当然是特殊的机会，只有几家有资本的店主享受这种利益。今年盐价也涨，赶马的人多，所以每店每月可以超过200匹马。我们在村时，除了那一个多星期下雨之外，差不多天天每家马店都住满。有好几次，赶马的在禄村找不到空店，天黑了还要向城里去赶路。

除了马店之外，禄村并没有其他重要的商店或作坊。职业分化可说是很简单，这些简单的工商业怎样能应付这122户的日常需要呢?这一层考虑，使我们注意到他们在商店以外的贸易机构，这就是我们在下节将叙述的街子。

二、街　　子

在解释当地的土地制度时，有几方面都需要我们先明了当地的贸易机构。本章想说明的主题是农田在禄村人民的收入及工作机会中占什么地位，因之，我列举农田经营之外的各种职业。在禄村的职业分化中，我们已见到，除了极少数职业能维持一家专门从事该项职业者的生计外，大体说来，禄村人民的生活差不多全得靠农田来维持。不在农田上找工作，就不易在别的生产事业中得到工作机会。上节中所列的那些职业，只是农田经营之外的副业而已。最后我曾提出为什么禄村的职业分化这样简单，于是我们得一看他们的贸易机构了。

在当地的贸易机构中，禄村人民常可以做一些小买卖。在经商上得到的收入也能减轻农田在禄村经济中的担负。哪一种人可以得到经商的机会，就得看当地贸易机构是怎样的了。

禄村贸易机构的主要部分，和其他云南农村相同的，是街子。街子是买者和卖者定期集合发生贸易行为的场所。每个街子每隔一定的日子开市一次。有东西要出卖的可以在街子上等候买客，有东西要买的也可以在街子上去挑选货物。卖者不必是专门以做买卖为职业的商人，任何人可以在街子上去卖东西。因之街子的特色是在给生产者和消费者直接交易的机会。农村里的生产者，不能天天从事于贸易活动，他们不能天天有货物出卖，所以不能和商店一般有固定的地址，不论任何时候，老是等候着消费者的光顾。他们只有在街子上可以直接和消费者发生接触。

街子虽则以生产者和消费者直接贸易为主，但是并不排斥贩卖式的贸易，因为街子上贩卖者亦可以在这种时期这地方把在远处运来的或囤积的货物抛售给消费者。街子上的贩者和商店不同，商店是永久性的，而街子上的摊子是间断性的。它和沿门叫卖的贩卖者又不同，因为它没有后者那样具有流动性。这种贩卖的方式，特别适宜交通不便、人口较少的乡村社区。

在一个乡村社区中，不容易维持固定的零售商店。要一个人专门做贸易的中间人一定得有很多的消费者来供养他。他是以较低的批发价额贩得货物，然后以较高的零售价额出售，以获得利益。维持他的消费者愈多，零售价额可以和批发价额相差得愈少。一个固定的商店所能控制的贸易区域是以交通的方便来决定的，他不能希望一个要走上半天才能到商店里来的买客。在人口少的乡村社区中，以买客来迁就卖主，为一些小东西走上半天路，不如以卖主来迁就买客为便利。一个流动在各街子间的贩卖者，所能控制的消费者的数目，比一个固定的商店所能控制者为多。于是他在营业上也较固定的商店占优势。在这种情形下，市镇不易发展，贸易机构以街子为中心了。

研究云南农村社会经济的学者，街子式的贸易方式是一个重要的题材，我在本书中不能完全发挥，希望将来能有专门研究这题目的机会。

禄村本是一个小街子，每隔 6 天一次，可是因为它太靠近了县城的大街子(只有 20 分钟的路程)，所以发展的机会很少。县街比禄村街早两天，赶过县街的人，在那天已把要卖要买的买卖定当；两天之后，没有贸易的需要了。连住在禄村的人，也不太重视本村的街子。我们曾清查过一次在禄村街上的卖主。在清查时，正午，正是街子最热闹当口。街上一共有 51 个卖主：12 个是本村的，11 个是城里来的，13 个是鸡拉的夷人，其余是从附近如 40 亩山、大凹、菜园子等距离禄村只有 30 分钟距离以内的村落中来的。所卖的货物以夷人背的柴为最多，其次是城里来专门贩卖布匹及洋货的摊子。本村有的卖盐，烟草和摆凉粉摊，酒摊等供给赶街子者当场消费之用。禄村的小街若比起了县城的大街，那真是小巫见大巫了。县街子上至少有 1 000 多卖主，我曾请县立中学里的学生帮我清查了两次，材料还没有加以分析。货物的种类也较禄村多得多。在县街上分着很多区，好像米市，杂粮市，蔬菜市，香市，盐市，陶器市，布市及牲口市，各有各的位置，有极明白的分布。在禄村就不能比拟了。

禄村人民的贸易活动，主要是在县街。县街那一天，可说是每家都有人进城。他们不但把自己出产的农产在街上出售，而且很多人做贩卖事业。在禄村北方，约有半天路程，有一个中村。中村的街子据说可以和县街相比。在中村的街上有些货物比县街更为便宜。猪价低1/4，炭和柴低一半，所以稍有一些资本的人，就可以从中村街子上买了货物回来，隔一天在县街上卖出去。也有到比中村更远的地方去贩货的，好像我们有一位朋友就到易门的川街贩了一批草纸，趁七月半家家要烧纸的时候，在县街上销出去。

关于在街子上做贩卖的例子，我们记得很多：好像我们第一次调查时的房东老太太常常买谷子碾了米，等米价高时卖出去。房东太太会在同一街子上买进4只鸡，又卖出去，赚了钱回来。张之毅君记得卖工的康文家“今年阳历9月间向50里外的姐夫家，赊得60斤粟子，每斤1角5分，分期在县街上依市价每斤2角3分至2角5分卖出去，剩下10斤自己吃”。民国二十八年我们离禄村的前一晚，曾在康家买了她刚从中村贩来的一筐梨。9月16日赵保长的太太在街上卖出她孩子们在河边玉米田里拾回来的4斤玉米，得到了1元6角钱。

他们从县街上买肉，买蔬菜，买酒，买布，买油……他们一切的消费品可说大部分是从县街买的。县街上的物价也比禄村的杂货店为低。比如在县街上价1角钱一匣的宝剑牌香烟(1938年11月)，到禄村杂货店里要花1角2分才肯卖。老冯摊上的梨，比了县城里有时贵一倍。这是表明了农村中的小商店是没有法子和街子上流动的摊子相竞争的。结果，在禄村商店没有发展的机会。

贩运货物，利用街子间或时间上价额的差异，做小本生意是禄村农民的普通副业。街子的贸易机构一方面使生产者可以直接和消费者做交易，另一方面使贩运商业普遍化副业化。开一个商店至少要一些较大的资本，而街子间贩货的只要很少的资本就够了。一筐梨，贩卖完了，再去买一筐粟子，或牵一头小猪。这种小本经营的贸易方式，是街子的特有色彩。其实我们与其说康嫂贩粟子，贩梨子是经商，不如说她是在做运输事业。她从中村背了货物到县街上来出售，所得到的利益大部分是她劳力的报酬。

三、运输事业

纯粹替人运输货物获得工资的事业，在禄村也是很发达。我在上章中曾讲到在禄村街道上时常能见到背盐的苦力。他们就是专门在运输上出卖劳力的人。大多是从盐兴县的猴井产盐的地方背运到禄丰，也有从更远的黑井背来的，背得更远些可以到腰站，或一直到昆明。近来公路上汽车运盐的数量增加，背运到昆明的人较少了。1938年11月的时候，从猴井背100斤盐到禄丰，可以得到8角国币工钱。普通一来一往要费3天，每天平均可得2角7分，除了自己的饮食，一天可以有2角净收入，比了当时农作工资高了一倍。但是背盐是很辛苦的，我曾想试试这件工作的味道，可是尽我的力量也背不起来。100多斤重的盐压在身上走一天半路程，不是件轻而易举的事，比田里劳动苦得多。一个人不能连着天天背盐，一个月能背四次已经算是最多的了。康大哥去年一年只背了六次，今年因为有其他工作，一次也没有去。1939年背盐的价钱涨到了3元5角100斤，合1元1角7分一天。扣去伙食2角5分，一天可以得到工钱9角。这数目比当年劳动工资高了3倍。可是因为太苦，禄村去背盐的人并没有增加。据说1938年一共有三四十人经常在农闲期间去背盐的，1939年却减少了一半。减少的原因是在禄村劳力供给的减少，和劳动者可以选择的劳动种类增多，太费力的背盐吸引劳动力的力量，不免相形见绌了。

除了体力背运之外，还有畜养牲口来驮运。一头牲口可以驮运150斤盐。1939年运费是5元2角，两天可以打转，每天一头牲口可以有2元6角的工资。每头牲口一天吃1升料，蚕豆，玉米或黄豆，当时的市价是约1元国币，住店和吃草2角，工资里减去费用，马主一天可在一头牲口身上得到1元4角的利益。一个人可以赶5头牲口，一天就可得到7元的利益。可是牲口也不能天天赶路。20头牲口中平均一天有4头休息，一年中因天雨或其他原因，不过做9个月工。依这种估计折算，一个赶5头牲口的主人，平均每天不过有4元国币的收入，能背150斤盐的牲口，每头价值在100元之上，所以这马主人须有500元的资本。牲口死亡率很高，这个损失却不易计算。

禄村在1939年10月，有32家养牲口，一共有马34匹，骡7匹，驴3匹。过去一年中一共死去马26匹，骡15匹。最多的一家一共死去了15匹。这是运输事业中的严重问题。禄丰盆地里只有一个旧式的兽医，兼治牛马一切症候，结果连农民都不信任他。我在禄村就亲眼看见，两匹马死去，病马就放在路上等死。死了向山坳里一丢，也不埋，让野狗争食，臭气四散。劳苦一生，得此结局，时常使我们忘记了调查者的身份，对它们同情起来。后来我们看到死人也有暴尸郊外的，才觉得死马给狗吃，并不算件太悲惨的故事。

禄村44匹牲口并不是都用来作运输的。只有6家养着3匹以上的牲口，时常赶马背运的不过三四家。

四、家畜的豢养

贩卖和运输虽说是禄村普通的农家副业，但是并不是每家都参加的。最普通的副业是养猪。除了很少例外，可说每家都养两三头猪。养猪的性质是在利用农田上的副产，好像米糠，豆糠等屑物。米糠是糙米上碾下来的一层糠，人不能吃的废东西。豆糠是蚕豆的梗和叶，晒干之后打成的细屑。豆糠和米糠混了煮饭时多下来的米汤，就可以喂猪。我们曾因为吃不惯蒸饭，要求房东不要把米汤倒去，可是房东和我们说，猪吃什么呢？米上营养最丰富的部分是留给猪吃的。换一句话说，是储蓄起来的，因为养猪好比“上赉”，零存整取的储蓄办法。我们曾和他们详细计算，一头猪从小养起，养一年出卖。所得的钱刚等于这一年猪所吃的食料的价钱，米汤还不算在里面。以上的计算，全依1938年11月的市价。

一头小猪买2元5角，一年中要吃4担米糠，每担10元，共40元；4担豆糠，每担6元，共24元；5斗碎米，每担30元，共15元；加起来一共花了81元5角。一头有一岁的猪可以有80斤到100斤肉，卖得好可以得80元。实际上是连花去的本钱都不一定收得回。可是每家养猪的原因是在猪的食料用不着买，都是农产中的屑物。若是大家不养猪，这些屑物的价额决不会这样高。屑物现有价额，其实是以家家养猪为前提，所以我们因屑物的现价而说不值得养猪是不合的。可是，若是一家没有农产，要向市上去买屑物来养猪，那就不值得了。没有田的人家，要养猪一定得兼做贩谷卖米的生意。买了一担谷子，去年是8元，碾出4斗米，每斗1元7角，相差1元2角可以得到2斗5升的糠和1升碎米。糠的实价不过2角8分1斗，这样就有便宜占了。这里我们可以注意，糠的市价和贩谷卖米中的糠价相差很大，这种相差是在于进入市场的糠的数量太少，我们在街上就看不着有卖糠的。而贩谷卖米也不是普通自由市场中的交易。街子上只有米市没有谷市。谷子只在特殊情形中成为商品，在街子之外成交的。因之，不经营农田的人家不易养猪，在禄村，不经营农田的只有18家，占门户总数14%。

禄村有两家养羊，一共有70只，因为禄村离大山很远，出路不好，所以十几年来，羊群的数目并没有多少增加。养鸭的1938年有三家，一共有900多只。养鸭是短期的工作。谷子取起之后，有些不种豆的闲田上可以利用来放鸭。100只刚孵化出来的小鸭值8元6角(1938年冬的市价)，100只小鸭可以有90只长大，40天之后，每只可卖5角到6

角，一共约 50 元。放鸭要一个人专门看守，除了鸭子自由在田里觅食之外，还要喂 4 斗谷子，值 4 元 2 角。每天一个人赶 100 只鸭子，可以有 9 角钱的利益。

五、农田在禄村经济中的地位

以上叙明了禄村人民在农田经营之外的种种生产事业。在这里我们找不到一项重要的家庭手工业，所有的专门职业和普通农家的副业，虽则多少增加了他们农田经营以外的收入，但是为数却都很有限，而且除了运输和贸易之外，很少能吸收农田上多余的劳力，所以农田在禄村不但是维持农民生计的主要力量，也是给农民利用劳力的主要对象。在我们进入分析农田经营方式之前，我们得先把农田在禄村中的经济地位，更明白地加以说明。

我们可以先从农田的生产来加以估计，看全村农田上所出的农产能否供给禄村人的粮食，更有多少剩余来维持粮食以外的其他生活需要。关于农田的出产和禄村人的生活程度，以后还要详细分析，本节可以略一述及。

以谷产论，上等田每工每年可以出 1 石，中等田每年每工可以出 8 斗。最坏的田每工每年可以出 5 斗，在禄村，上中下三等田的数目，并不是相等的。依耕地册所定田则，上上则约有 1 140 丘，上中则约有 530 丘，下下则约有 80 丘。禄村各户所有田总数约 1 800 工，团体所有田约 237 亩，合 600 工，一共是 2 400 工。禄村人一共经营 2 800 工，所以内有 400 工是租来的。2 400 工农田，依上述农产比例，一年可产约 2 200 石谷子。400 工的租田，缴纳 60%的谷租后，禄村人民可以得到约 370 石谷子。禄村人每年一共可收约 2 570 石谷子。每石谷子可以碾 4 斗米；一共可碾米约 1 000 石，每市石等于 3.5 公石，禄村每年可收米约 3 500 公石。

表 8　每人需米数目

每顿饭每个成人	最多 2.8 公两	最少 2.5 公两
每日普通吃两顿	5.6 公两	5.0 公两
每年 365 日计算	204.4 公斤	182.5 公斤
	或 340 市斤	304 市斤
	或 6.8 禄丰斗	6.1 禄丰斗
	或 2.38 公石	2.14 公石
每年每成人需米	平均 2.6 公石	

为了要估计禄村人所需的米粮，我们更根据当地农民认为每天每人所需要的数量，加以平衡，得到上列的结果。

在农忙期间，劳动者常吃三顿；普通的家境较好的人家也有吃一顿宵夜，好像糯米粑之类的东西。 我们若假定成年人在农忙期中有一半日子做工的，则在上述数目上，还要加 100 顿，约 26.5 公斤，则每年每个成人需米约 2.5 公石。 这个数目和浙江吴兴调查中袁家汇人民平均一个壮丁每年需米 2.57 公石的数目相近[1]。

在估计禄村人需米总量中，还得顾到年龄和性别上的差异。 关于这问题，有很多专门的著作，来规定未成年儿童各年龄组所需食粮与壮年人的比率。 我们在这里不妨参考 Atwater 的标准[2]加以修正，并加上老人较低的消费量，用以计算禄村需米总数。

依我们的估计，以全村为单位来说，每年禄村只需要 1/3 的米产已够全村人民的消费。 其余的 2/3 可以用来换取其他的消费品。 若是全村的米产平均分配，更以中国平均情形而言，60%左右的农家生活费都用在食物上，而且十分之八九的食物费用是粮食费，则禄村农家的米产一项，应该足以维持他们的生活程度于全国一般水准之上了。 但

[1] D.K.Lieu, A Study of Rural Economy of Wuhing, Chekiang, 1939，第 55 页。
[2] D.K.Lieu, A Study of Rural Economy of Wuhing, Chekiang, 1939，第 103 页。

表 9　禄村各年龄组需米数

年龄组	与壮丁比例	禄村人数(1938 年)	合壮丁数
0～5	男女 0.35	男女 89	31
6～10	男女 0.50	男女 82	41
11～15	男 0.70　女 0.60	男 30　女 23	35
16～20	男 0.95　女 0.80	男 35　女 27	55
21～60	男 1.00　女 0.80	男 187　女 188	337
60 以上	男 0.80　女 0.70	男 15　女 18	25
总计合			524 个壮丁
禄村每年	米 2 153 公石		需米 1 347 公石

是因为土地所有权分配不平均，每家所得农产物分配也不平均，问题却并不这样简单。

禄村经济是以农田为主，劳力的利用，生活程度的差别，都是以农田的有无，和所有的多少来决定，所以我们接下去可以分析农田所有的分配了。

第四章

农 田 分 配

一、耕地册的材料

1933年禄村清丈之后，把每丘农田和农地的所有者都登记在耕地册上，每年由他们向县政府财政局缴纳耕地税。我最初以为禄村农田所有权的分配，只要查一查耕地册就够了。可是，把耕地册详细一看之后，发生了不少困难。

耕地册是以村界作单位的，每村一本簿子。若是一家在甲村有田，在乙村也有田，他的名字就分见在甲乙两村的两本簿子上。同时，在一本簿子上，并不完全是一村人的名字，因为有住在别处的人也有田在这村里。我们所要知道的是禄村各户有多少田，因之，我们不能不遍查禄村附近各村的册子，凡是禄村住民花名下的田都抄录下来。这种工作又不免有遗漏，因为我们并不能记得禄村全村人民的名字，而且耕地册上的花名并不都是和户口册的名字相同的。在抄录禄村耕地册时，我就发现很多户口册上没有的名字。一问之后，才知道有很多是已经死了的人的名字，在土地所有权转移时，尤其是父子间的承继，虽则依法应当登记，可是没有登记的很多。于是死了好久的人名，依旧在册子上保留着。在财政局方面，只要每年有人在这些人名下来缴纳耕地税，就没有追究的必要。可是在我们却不能不追究，我找了当地的人，一名一名的推考，非但有字有号要一一配合起来，祖宗的姓名也要推溯，而且还有分了家的兄弟在同一姓名之下缴纳耕地税的，又要加以分名别田，在耕地册上的花名中，还有团体的名字，好像土主庙，王姓公等。在这些名下的田是属于团体公有的。可是也有用私人姓名登记的田产，实际上是团体所公有的。好像张家的兄弟们分家之后，留出一部分田没有分，耕地册上记在他们已经死的祖宗的花名下。兄弟们每年轮流收这田上的租米。也有人家兄弟们每年平分租米，而不把农田正式分开的，在这种情形中，我们还得依其个别情形，分别公私。

我和李有义先生费了一星期的时间，绘耕地图，抄耕地册，一个一个名字推敲，虽则对于禄村各家所有田的数目有了一笔账，可是依我们看来，遗漏和错误的地方一定很多，好像我们在谈话中知道禄村人民有田在中村，于是又得到财政局去查中村的耕地册。非但来回跋涉，而且认为这样，倒不如直接向各家询问的方法为佳。所以，我们最后就想按家清查。

二、各家所有田

按家清查也有它特殊的困难，因为问一家的财产是最受嫌疑的。在当地人民眼中1933年的清丈至今还是和匪患并提的大劫，因为清丈的结果，加重了他们的负担。没有清丈之前，纳税是根据报告的面积，报告的面积总是比实际面积小一些。清丈一下，耕地面积为之大增。据《云南省农村调查》所载，以当时已清丈完竣10县计算，“增溢耕地290.9%，将近三倍于前”。实际耕地面积，并不会因清丈而增加，增加的是人民纳税的担负。因之农民们衔恨至今，视作大劫。我们再来按户清查，不但会引起他们的积怨，而且事实上更不易正确。

我们挑了几家较熟的人家，试试他们的反应，除了极少数之外，差不多都是吞吞吐吐的不肯直说。有一次，我们和王老爷谈话，问他种几工田，他14岁的孙子在旁，要表示他的灵敏，一口气和我们都讲了，把王老爷吓得一跳，一连给他孙子几个白眼。要直接从他们嘴上听到他们所耕地的面积，也不是不可能的。后来我住熟了，几家较接近的人家有多少田，我们全知道，可是要全村人民都和我们十分接近，却不是短时期中所能做到的。

在我们试验直接清查时，却发现了一个比较容易，也比较正确的方法，就是间接打听。甲不好意思说他自己有多少田，可是说起了乙，他却不常吞吞吐吐了。而且，我们发现村里各家有多少田，租多少田，典多少田，在他们里面并不是一件秘密的事，而且村里的人都关得上一些亲戚，亲戚家的事情有时比自己家里的事更熟，因为他们时常讨论和批评别家的事。于是我们就根据耕地册上已给我们各家所有田的约数，用间接打听的方法进行校核。

在这里我们又要提到农田单位的问题，耕地册上是根据测量所得实际的面积，而农民给我们的是他们应用的功能面积，在我们分析劳力和产量时，功能面积比较更有用，所以我们以后的分析将根据我们间接反复打听来的各家所有田的工数。至于团体所有地，则将根据耕地册的材料。这里所谓家是私家所有的主权者，凡是分了家的兄弟，将算作两家。

禄村各家所有田的总数约有1 800工，或约690市亩，每家平均约5.7亩。在分配上说：全村家数中没有田的占31%。有田在16工之下的占35%，共有田446工，约占农田总数25%。有田在15工之上，31工之下的，占19%，共有田614工，约占农田总数40%。简单地说，禄村大部分的田在少数人手中，而大部分的人不是没有田，就是有很少的田，不能单靠自有农田上的收入来维持日常生活。同时我们也应当注意一点，就是最大的地主也只有65工田，合市亩是25亩，所以禄村的私家所有的田都是很小的。

表 10　私家所有田的分配表

农田面积(单位工)	家　　数	百分比
0	38	31%
1～6	14	35%
6～10	21	
11～15	8	
16～20	5	19%
21～25	3	
26～30	15	
31～35	1	15%
36～40	7	
41～45	—	
46～50	6	
51～55	—	
56～60	3	
60～65	1	

三、团体所有田

根据耕地册的记载：我们可以计算禄村团体所有田和别处的团体在禄村所有田的数目。我在这里用耕地册的材料，因为比较方便，禄村有田的团体的名目比了人名数目少，容易记得，而且不很有变动。直接访问的方法，在此却较困难，因为普通人不知道公田的数目，每个团体的管事，不容易找，也不容易说实话。据我们查得的数目，可以列表如下：

我们记得在禄村界内一共约 600 亩农田，而禄村各家所有田已超过此数，有 690 亩，再加上禄村团体所有田 240 亩，可见禄村人所有农田有 1/3 是在村界之外。同时值得我们注意的就是团体所有田的面积，占总数 27%，算是一个很大的数目，在禄村农田分配中占重要地位。而且最大的团体地主拥有 50 多亩或 135 工农田，超过任何私家所有田的面积。在这里我可以预先指出，团体所有田都是分散租给私家经营，只是所有权的集合，不是经营上的集合，这是禄村租营方式发达的基础。以后我们还要讨论(七章一节)。

四、团体地主的性质

在进入农田经营方式之前，我们可以在这里插入一节解释表 11 中所录那些团体的性质。

上述各团体中，拥有农田最多的是土主庙。在禄村一带，每一个村子都有一个土主庙。土主庙的名目和外观是一个宗教团体，但是在它的功能上却并不限于宗教活动。土主庙是全村人的地方组织。它的庙产即称作“阖村大公”，是属于全村人所公有的田产。可是这并不是说这些农田全村人都能自由使用和处理，只是说这些田上所得到孳息是用在和全村有关的公共事业，或是用来支付全村人共有的义务。

表 11　团体所有田的分配表

1. 禄村团体所有田：	
土主庙	52.671 亩
宦姓祭祖	23.407 亩
王文毅公祠	27.268 亩
松园公	26.748 亩
王姓公	23.683 亩
天生坝	15.608 亩

(续表)

洞经会	14.109亩	
信义会	12.756亩	
圣谕会	9.853亩	
小门口公(老人会)	7.004亩	
至圣会	6.749亩	
宏教宫	5.034亩	
张姓公	3.085亩	
周姓公	2.201亩	
新沟坝	2.685亩	237.310亩
2. 别处团体在禄村所有田:		
文昌宫	7.067亩	
白衣庵	6.950亩	
城内头甲公	4.285亩	
关圣宫斗会	3.118亩	
教育局	2.784亩	23.204亩
共　计		260.514亩

阖村大公由一个称阖村管事的人管理。这位阖村管事，并不在现行行政组织系统之中，他不是保长，也不以管事的身分来干预日常的行政事务。他只是全村人的司库，经营土主庙的公田，代表居民和行政人员如区长保长等讲价，决定一年大公出多少钱在什么公事上。管事是由“群众公举”，实际上是由禄村有地位的人互推。在互推时，声望越大，声音越响的人的主意最为有力。至于那些穷苦的，没有田的，外来的新户等，根本不参加，也不过问。他们和我说，没有钱的人不能经营管账目的，有些差池，也赔不起。另一方面因为这笔账是始终不公开的，也没人来清查，只要一年对付得过，管事的有多少好处，没有准儿。既有利益，没有势力的人就没有份。

大公的开支，依我知道的项目是：土主庙里的香火钱，本村的教育经费，临时发生的修理水坝费，军队过境的供养费，本村人民婚丧送礼费，以及津贴本村及本乡行政费，每一项的详数无法查考。一年大公收入的总数以每工租谷 4 斗计算，130 工田共有 52 石谷子，1938 年 10 月市价每石 8 元，有 400 元；1939 年 9 月市价每石 20 元，有 1 040 元。

大公之外有所谓小公，如至圣会，洞经会，老人会，信义会，圣谕会等团体的田产。至圣会是供奉至圣先师孔子的会，现在已没有什么实际的活动，田上收来的租，充本村的教育经费。洞经会是“吹洞经”的，每逢初一月半，以及其他佛爷诞辰，在会的人到庙里吹打音乐，念经，同时有人办斋请这辈人做功课。凡是人家有丧事，洞经会的人也出席吹打念经，荐拔亡魂。这会虽则为全村服务，可是只有一部分男子是会员。圣谕会和洞经会相似，初一月半在庙里或街头讲“圣谕”，是一套劝人为善的故事。小公收来的租除吃斋外，也送礼给丧事人家，也可以说是有慈善机关的性质。

信义会是一种结拜兄弟的组织，兄弟们一同凑出一注小公田，有急难时互相扶助，平时每年聚一次餐。会员并不限于本村。这是友谊的团体。老人会(亦称小门口公)，是上一代结拜的兄弟们留下的小公，现在只有聚餐活动。

上表中还有很多称什么姓公，什么祠，什么祭祖的，都是氏族的公田。族公和其他公田的性质相同，并不是指集合经营，只是指集合所有。公有的田产上得到的孳息，理论上说是用在团体的公用事业上。族公上收来的租是用在祭祖，聚餐，收族，养老，恤幼和补助族中子弟的教育费。族公的管理由族中推举管事，并不一定是辈分及年龄最高的族长，而是以才能，势力来推举。他并没有一定的任期，只要人家不攻击他，他可以连着做下去。因为这也是一个肥缺，所以有资格的人眼睛都张得很大。每年祭祖及聚餐时依王姓自己人说，没有一次是安静的。做不着管事的，想法使当管事的没法中饱，想出种种要费用的事。去年松园公的族人，祭完了祖，无端要管事的请一次宴会，说是要查账。后来，大家吃了一顿，闹了一场，账还是没有查，因为管事的说，要是上一任管事把账交出来，他也交出来；不交他也不交。换一句话，不查账是已成了习惯法。

此外团体地主中还有各种机关及寺庙。天生坝，新沟坝是当地的水利组织，教育局是县行政机关。它们的田产租出去得来的租金充这机关的经费。寺庙如白衣庵，文昌宫，关圣宫等和土主庙不同，后者没有庙主，是全村人所公有的地方组织。庵中，宫中有主持田产的尼僧，他们是这些田的主人。

这些团体所有田是怎么发生的呢？以族田来说，我们上文已提到兄弟间有时留着一部分父亲的遗产不加分析，由他们轮流或替换经营。若是有兄弟间共同的事务，免得各人凑钱，就在这份公产中动用，这是族田的简单形态。氏族愈大，公共的事业愈多，族中有地位的人提出了一注田来归全族公有。好像禄村最大的氏族文昌公是王文毅公的后裔。他做了大官，建造祠堂，划定族田，一直传到现在。

村里的公田已经好久没有增减，不能在现在的情形中看到它形成的方式。据说是杜文秀叛乱(1855～1873)时，在大理建国屡次蹂躏禄丰一带，杀戮甚惨，因之人口大减，有全家全族遇难及逃亡的。这些人的田产，没有收管经营，后来就归公有。

庙产的起源，据说以前曾有一个时期，庙产可以免缴粮税，而同时私家所纳的粮税太重，所以很多人觉得不如把田送给庙里，每年不纳粮而纳租较为合算。于是庙产就慢慢增加起来了——这些都不过是传说，究竟是否可靠，我们在此不能加以考究了。

第五章

劳力的出卖

一、没有田的新户

我在第二章里说明禄村的农田并不能全部利用禄村可能供给的劳力。不但季节上有农忙和农闲，而且社会上有忙人和闲人。农业里漏出来的闲暇，并不是平均分配给全村的人，而是给一部分所独占，这些人是村里的小土地所有者。我在第三章里说明了禄村职业分化很简单，那些必须以劳力来换取生活的人，虽则没有田，也只有设法在农业里卖工。他们没有田，或所有田太少，不能享受农业里漏出来的闲暇。我在第四章中把禄村土地分配的情形说明了，在土地分配中，我们可以看到有多少人是非在农业里卖工不能生活，有多少人可以利用别人的劳力来经营他们的农田，自己成为村里的有闲阶级。在本章中，我将先分析那些在农田上卖工的劳工。

在上章我们见到禄村有 38 家是没有田的。这些没有田的人家中只有 4 家可以靠专门职业维持生计，其他还是多多少少要在农田上设法得到生活上的需要。他们既没有田，分享农田出产的手段，只有在农作中出卖劳力了。在我们讨论出卖劳力的方式之前，可以先注意这些没有田的人家的性质。

我在访问打听各处所有田的数量时，常常听见他们说："这是新户，没有田的。"因之，引起了我对于新户的注意。所谓新户，是指那些新近从别地搬来的人家。依那些有年纪的老人说："我们年纪轻的时候，这村里不过几十家，这十几年来人口才多起来。"我们又在禄村附近四川人的村子里听说："我们小时节，沿河一带都是荒地，这村里不过两三家人，我看着它多起来，现在有十几家了。"禄村一带人口增加的历史，现在虽已无法知道，可是有一点我们可以相信的就是在人口增加过程中，别地人口的移入是一个很重要的部分。除了最近两年，禄村开始发生徙出多于移入的现象，可是过去的几十年中，禄村一带肥沃的盆地确是具有吸收移民的力量。在这辈移民中，有许多现在还是被称为新户的。所谓新户，究竟新到什么程度，并没有一定。譬如上文提到的康大哥，他的父亲是四川来的，可是他还是归入新户的一类里。这些新户在户口册上不写"本籍"而写"寄籍"或注明原籍地名。在禄村一共有新户 19 家，占全村户数 19%。注明原籍的 11 家如下：

表 12　新户原籍的分配表

原　　籍	户　数	原　籍	户　数
禄丰(本县别村)	4	江　川	1
马　街(罗次)	1	玉　溪	1
罗　次	1	曲　靖	1
盐　兴	1	黑　月	1

在没有注明原籍的几家中，我们知道有些是从四川辗转迁来的。

外来新户得不到土地所有权，在所住社区中只能当佣工和佃户。禄村 19 家新户中还没有一家获得土地所有权，只有一家典得了 10 工农田。其中有 11 家连租田都租不着，只有 8 家是佃户。我在江村也见到外乡人是村里没有田的人。[1]这也许是一种普遍的现象；就是在一种以

[1] Peasant Life in China(《江村经济》)。

家庭或个人为单位的移民，进入一个人口已稠密的地方，土地已被该地人民占有了的时候，他们没有力量来夺取土地，只能接受佃户或佣工的地位。

我在广西象县的瑶山中，曾见到这种现象最清楚的表示。在大藤瑶山中的诸族团，入山的时间有先后的不同，先入山的占据了这区域，成了这瑶山的山庄；后入山的，因为该地已经被人占据，又没有力量来分割，于是成了租地生活的佃户。我们不知道瑶山的详细历史，尤其关于诸族团移植时的情形，但是依据现在汉人个别入山租田的情形中，使我们猜想这辈现在瑶山中做佃户的诸族团，当他们移入时，是出于很小的单位，所以他们不能和已有组织的山主族团争瑶山的地权。[1]

在大藤瑶山中，后入的族团不能获得土地权，是牢不可破的习惯法。就是在没有法律规定的地方，外来移民要得到住在地的土地权也时常有种种事实上的困难。比如以后讲到农田买卖时，我们可以见到，同族有收买的优先权，而且买卖契约上一定要同族近亲的签押，这样使土地不能自由流出族外(十二章一节)。而且我们以后也要讲到一个没有带着资本入村的人，想从自己的劳动中积蓄到能买地，须经很长久的时间(十二章三节)。在普通情形下，外来的移民很少带着资本来的。因之，“新户是没有地”的一句话成了禄村公认的原则。反过来说，一个外来的移民，住久了，买得了农田，他也逐渐地摆脱新户的头衔。现在禄村的人民谁都说祖先是从别地方搬来的，甚至有和我认作同乡的。他们还和我讲过他们祖宗如何把本地的夷人赶跑的传说：“汉人跟了明初的沐国公到这地方的时候，这一带都是些夷人；一天汉人把沸水灌入田里，把稻泡死了，夷人以为土质变坏，搬到山顶上去，才归汉人占据。”新户和旧户全是外来的，不过是迟早，先后的分别，重要的是在前者没有田，后者大都有田罢了。在这种以农业为基础的

[1] 见《费孝通文集》第1卷，《花篮瑶社会组织》。

乡村中，得到农田是进入社区的重要资格。

二、流浪的劳工

以上所称的，是那些已在禄村成家而没有立业的人，他们虽则没有恒产，可不能说他们没有恒心。他们租着一两间房子，生了一大群孩子，颇有终老是乡的意思。好像康家在这村里已住上了两代。除了这些定居的新户外，禄村还有一种没有成家的单身男女。他们都是从别地方来的，既没有田，又没有专门的职业，寄居在人家，卖工度日。他们可说是流浪的劳工，时常有来有去。1938年在禄村有30多个，1939年减少了一半。

常给我们背行李的老佟就是其中的一个。他是个很能引人发噱的老人，牙齿已脱了一半。我们和他谈话，有一阵，无一阵，前后不合，自言自语，很有意思。后来我在张大舅那里听到了他一生的历史——真能代表一个十足的流浪者。他是生在禄村的，他父亲就是一个外来的佣工。到10多岁的时候，跟着他父亲去了大理。禄村少了这些平常的人，也不再记得他们了。隔了20多年，他又在禄村出现了。他自己说是拉夫拉了出来，本来家里也没有什么，回去也没有意思，所以就停在禄村。禄村人中还有记得他父亲的，所以把他留住了。他没有田地，东帮帮，西做做，一直到现在发脱齿落，还是一个光棍。他曾经想抛脱这种一世没有希望的路途。有一次，他不知哪里弄得了枝龙头拐杖，一身和尚衣，飘飘然不受戒而出家了。他冒充名僧，到处化缘。可是他命运不佳，碰着了一个内行，问他术语，他一窍不通，当场露了马脚，给那人打了一顿，赶回来，龙头拐杖也丢了，和尚衣也撕了，无精打采的回到禄村，再过他卖工生涯。幸亏有个基督教堂，每星期还可以去做做礼拜，吃一杯茶，不要花钱。唱唱赞美诗，略略点缀他寂寞的日子。村里人说起了老佟都发笑。说他愈老愈没出息，赶着为新娘抬轿子。老佟不但年老了不愿做重工作，年轻时也如此，背盐太重，背柴太麻烦，专挑不费力的事做，见我就问什么时候上车站，别忘了叫他背行李。

张大舅家里住的那个老黄，不声不响，喝了老酒，微微地笑着，不很方正的脸上，常给我很深的印象。他刚30多岁，在村里住了已有10多年。本是邻村人，父母相继去世，他叔父把田产占了，轰他走。他是个沉默的人，性子拗一些，负了气就不再回去了。他寄居在张家，在禄村卖工。田忙时帮人下田，农闲时上山背柴，一天也能挣好几文钱。到了晚上在店里打了一斤老酒，城里去买半斤肉，自煮自酌。那天八月半中秋节，张大舅邀我们去过节，老黄买了几个月饼，一定要我们吃。我举杯向他说笑，明年团圆节，老黄也团圆了。他向我一看，好像有一段说不出的衷曲，过了一会儿，惨淡地一笑，干了一杯。我是逗着他开玩笑的，可是他年年拜着月亮，年年依旧是单身。张大妈和我说，“老黄是个老实人，现在积了六七百块钱(六七十元国币)，我劝他不要胡弄个女人。钱完了，人也去了。”我是这样觉得一个流浪的劳工，成家也不是件易事。

有一次，我在房里，突然来了个十七八岁的少年，跛着一双脚，向我要药。我为他敷了药，问他是哪家的。他说住在对门，来了不久，是贵州人。征兵出来，走失了！和几个人辗转流浪到这里，既有工作，也就住下了。

单身的女子也有在人家帮工的。我们的房东去年就有一个特别矮小的女帮工。她是盆地南部一个小村里来的。家里太穷，没有饭吃，所以到禄村来找工。住在我们房东家里，有饭吃没有工钱。今年我们去禄村时，她已不在，不知又流浪到了什么地方去了。

这种单身寄居在人家的劳工，在1938年编的户口册上，一共有32个：有9个是注明原籍的，东川2，会理2，本县别村2，元兴1，武定1，四川(县名不详)1。

以上是禄村人民中没有农田，一定要出卖劳力来维持生计的人，他们是禄村劳力供给中重要的一部分。此外还有35%的人家只有不到16工农田的(表10)。这辈人并不能靠自有的农田过活。他们在农田之外一定要谋其他收入以资补贴。我们在1939年在村里所寄居的房东，就得做医生，挣些零钱，不然饭米之外的零用就要发生问题。可是有专门职业的人并不多，所以其中有一部分，也得出卖他们剩余的劳力，于是在禄村劳力市场上又多了这一辈部分出售劳力的人。

三、外来劳工季候性的接济

在禄村卖工的，并不限于住在禄村的人民。我在第二章中分析禄村劳力的自足程度时，已见到以禄村全体人口来说，即使全体动员，充分利用他们可能在农田上工作的时间，有些农作活动中也会发生劳力不足，有些农作活动中，也会发生劳力有余的情形(表6)。后来我们又说到，禄村有不少有田的人，不下田工作(二章四节)，于是禄村在劳力上不能不倚靠外来的劳力了。而且因为劳力不足的情形，是有季候性的，他们只在短时期中需要劳力接济，可是并不能长期的利用这辈外来的劳工，因之我们在禄村的劳力供给上见到了季候性的接济。

据当地人和我们说："三月里收豆时，外边来卖工的人数量最多。耘田，掼谷子都有请外边工人的。民国十七八年时，卖工的多系鸡拉和中村一带夷人(离禄村有半天路程)。近年来，马街(属罗次县)的汉人最多。早年在田里做工的三个里有两个是外边请来的，现在少了，还有一半的样子。"

我们见到外来劳力在禄村农作上的重要，所以在1939年收谷时，特为这问题在田里实地调查，看有多少工人是从外村来的。当时因为我们已和当地人混熟了，所以单用自己的观察，也可以分出一部分外来的生面孔。这样调查了三天，结果如下：

表 13　掼谷时外来劳工数目

	掼谷子家数	男工	女工	其中外来工人		占全数百分比
				男	女	
第一日	5	35	30	9	—	13.8
第二日	10	65	42	16	4	18.7
第三日	7	72	52	24	9	26.6

依我们上文中的分析，收谷及种豆一节农作中，禄村劳力是可以自足的。但是事实上，即在1939年因为公路铁路及其他村外的工作需要劳工，禄村已大大的感觉到“雇不到工”的情形下，在收谷时尚有20%左右的外来劳力加入禄村的农田劳作。可见外来劳力的接济是禄村的经营农田中极重要的因素。

我们可以说，禄村之所以能经营现有面积的农田是因为每年有大批外来的劳工参加的原因。外来劳工的来源很广，1939年我们就看见从盐兴，武定，罗次，广通来的工人，其中甚至有一人远自大理到来。我们和他们谈话后，知道他们中间大部分是自己种有农田的。可是他们自己的地方比禄村冷，稻熟得迟，当禄村收谷时，自己田上没有工做，所以每年来这一带觅工。这样说来，禄村能得到外来的劳力的接济，还是靠了区域间的农期参差性。

有一点值得我们注意的，就是禄村人民没有在农事结束后，利用区域间的农期参差性，到别处去卖工的，所以禄村的季候性的劳力供给是一种来而不往的流动。这种劳力流动的方式发生于区域间生活程度的差异。我们固然没有到鸡拉，或马街去调查这些劳工来源地方的生活情形，可是即从这辈人的衣着上就可以见到他们生活程度不及禄村人民的事实。他们也曾和我说，他们地方不好，田也狭，地又瘦，比不上禄村。他们自己的农田农地不够维持他们的生活，在农闲里不能不在各处设法出卖劳力贴补家用。他们和本村没有田的人，或有田太少的人，所处的地位相同。可是他们生活程度低落的原因，并不和本村中的卖工者一般是出于社会的分化，而是在地域间土地肥沃性的差异。

劳力从生活程度较低的地方流到生活程度较高的地方。这种流动使生活程度较高的地方的劳力供给增大。农村中利用劳力的机会既有限，结果降低了劳力的价格，直接影响到吸收劳力地方的卖工者的生活程度。他们要和这辈外来的劳工竞争得到劳动的机会，不能不接受较低的工资。于是地域上生活程度的差异一变而成同一地域中不同社会阶层间生活程度的差异了。再进一步说，在农村社区中，因为工资低落，使一辈有地的人可以用较低的工资来雇工经营他们的农田，自己脱离劳作。这辈在农田劳动中解脱出来的人们，在农村中并不能寻到利用他们剩余劳力的有效机会，他们成了农村中的有闲分子。换一句话说，他们有便宜的劳力可以利用，放弃了他们利用自有劳力的机会。他们在劳力的竞争上，被外来的劳力所撵出于农田劳动的范围，同样的降低了他们可能的生活程度。从第三者看来，地域间生活程度的差异，因劳力的流动发生了平衡的趋向。这是内地农村经济中的一个重要原则。

禄村吸收外来劳工的趋势，到最近已开始逆转。一年来劳力供给非但不增加，而且日渐减低。劳力供给上发生的变迁，又开始表现着内地农村经济发展的新动向，可以先把这方面的情形讨论一下。

四、劳力供给的减少

我们若比较 1938 年春和 1939 年秋的人口数目(表 4)，就可以见到很大的差异。在 20 个月内，禄村死亡了 26 个人，而出生的只有 10 个，在生和死的代谢作用中，一共损失了 16 个人。再一看死者的年龄，更有可以令我们注意的地方：出生的 10 个幼儿正和死去的 10 个幼儿相抵，其余 16 个死者，只有两个在 60 岁以上的，有 14 个都是正在农作年龄中的人。这种代谢作用，非但在当年的劳作供给上有所损失，而且不是短期内可以恢复的，因为要靠生育来填补这缺额，非有10多年不成。当地人民也觉得近来孩子生得少。可是说不出原因来，在我们看来，至少有一部分是因为这两年来壮年男子的大批出村，生育机会不免减少。果真是这样的话，生育率在最近几年内也许只有下降，不易上升，以生育来增加人口的希望很少。

因生死差额而发生禄村劳力供给的下降，比了因迁徙差额而发生的下降，还是少得多。在过去20个月中，禄村一共迁出了74个人，合原有人口总数9.3%。在同一时间徙入的人数只有7个，禄村一共损失了67个人。在这74个迁出的人中，67个是在农作年龄中的。徙入的都系农作年龄中人，所以一共损失了60个农作骨干。

迁出的那一批人中，最多的是在16岁到30岁的壮丁男子。直接的原因是征兵，自抗战以来，禄村一共被征9次，征出去了19人(其中退役1人，逃役2人)，其他因避役而出外的没有正确的数目。依我们熟悉的人家中，家境比较好的，家里竟见不到有在20岁到30岁的男子。因为在外有正常职业的壮丁可以免役，所以能在外找得到事做的全向外跑。

比征兵更能吸收禄村人民外出的是滇缅铁路的招工。据我们所知道的，在1939年秋天，长期在外做整工的，禄村有27人之上。至于朝出晚归的人更多，从9月10日起到10月初止，每天禄村有三四十人出去做工。此外还有临时征集民工在滇缅公路上修路的，好像大水后，禄村至平浪的公路冲断，每甲派2人去抢修，禄村就出了20多人，做一星期的工。

征兵和招工所吸收出去的人口，不但大都是农作年龄中的壮丁，而且大多数本来是在禄村卖工的。比如我已说起，去年30多个单身卖工的流浪劳工，现在只剩了一半。他们既没有家眷，又没有田产，哪处工钱高，就向哪处去，所以最容易吸收出去。还有一种容易吸收出去的，是季候性的外来劳工。他们到禄村来做短工，目的只在赚一些工钱。别地方有工作机会，比禄村好的话，他们就不来禄村了。上节中我已几次提到1939年度外来劳力接济的减少。我们曾问过很多的人，异口同声地说，往年外来劳工数目比近年多。好像我的房东说1938年他请了5个川人来掼谷，掼了5天。1939年他一个也没有请到。他张罗了好几天，还是没有头绪。有一次我和他一同去请工，他找到村尽头那家没有田的穷教友家里，硬着给他定钱，可是那位教友定不肯收，因为他早已答应了别人。又好像张大舅一连好几年把田包给人耕，1939年到别村去请工，全讲不成价。第一天掼谷子时，一个别村的人也没有，到第二天才给他邀住了两个猴井来背盐的。

外来劳力的接济，虽则是减少了，可是就是在征兵招工紧张的1939年度，禄村收谷所用劳力中，还有20%左右依靠外来的接济。在禄村农田经营中，利用便宜劳力的雇工办法已成了多年积下的传统。我记得第一次见着禄村县长时他和我说："禄村人工本来不够，征兵之后，更成了问题。"同时，我们又在禄村见到很多闲散的人，这里显然有一个矛盾。这矛盾中心就在禄村并没有动员它可供给的劳力。到这里我便可以讨论那使禄村自有劳力不在农作中动员的雇工经营的方式了。

第六章

自营和雇工

一、换　工

上章我说明了哪些人需要在农田上出卖劳力，现在我们要看一看是谁去雇用他们的。这样，我们要分析土地的所有者如何经营他们的农田了。大体说来，农田经营在禄村有两种主要方式：一是土地所有者自己经营他的农田，一是把农田租给佃户去经营，前者简称自营，后者简称租营。本章将专论自营，留着租营在下章讨论。

自营的土地所有者最重要的问题，是在如何得到所需要的劳力。最简捷的办法是自工自营，经营农田的土地所有者一家人自己下田劳作。每家自有劳力可能动员的有多少呢？禄村每家平均人口(计算时将佣工数目除外)：1938 年春是 5.7，1939 年秋是 5.0(二章三节)。若单以农作年龄人口来计算，1938 年春每家平均男 1.8，女 1.8；1939 年秋，男 1.3，女 1.6。假定他们各家只耕自有的农田，不用家外劳力的接济，则每家可耕面积必限于他们在农作最忙期间所能耕的面积，1938 年春是 18 工田，1939 年秋是 13 工田(二章二节)，凡是要经营较大面积的农田时，就得利用家外的劳力了。利用家外劳力的最普遍的方法是换工。

换工可以不必费钱，在农忙时得到家外劳力的帮助，同时也就是等于扩大利用家内自有劳力的机会(二章二节)。

换工不但可以扩大利用家内自有劳力的机会，而且农作活动中有许多工作是集合性的，比如掼谷子最经济的办法是4个人在谷床的四壁同时掼。若要维持4个人同时在一个谷床上掼，则须有两个人抱谷子，和4个人割稻——这是一个掼谷子最经济的单位，一共10个人。4个人同时掼，不但可以利用一只木床，而且精神足，工作效率大。插秧时也要六七个人一同插。一丘农田上的稻不宜零零散散地插。零散插的稻，长起来不整齐。以后的农作活动就不便安排。在这种农作技术的需要上，即使自己家里劳力足以耕种自己的农田，也需要和别家换工。

一家决定了工作的日期，隔夜可以去约定熟人互相换工。可是以往据说到早上去约还赶得及。预备卖工的男女在闸子口等着。要工的可以临时去说。若是还不够，到熟人家里去邀，大都不成问题的，赵保长1939年还是依老法办理。隔夜我们问他明天掼谷子请定了工没有，他说明天看谁有空就得了。可是到了明天，一个工人也找不着，他停了一天。第二天还是这样，他和妻女不能不亲自下田了。以往是工多于事，所以不须事先约定，这年劳力供给减少了，像以前那样临时配置的换工就不成。我们邻居那位“标准农民”刘大哥，好几天前就决定了哪天帮哪家的日程。卖工的整月都预先讲定了。若是劳力减少的趋势继续下去，他们要利用农期的参差性，不能不进一步作有计划的换工了。

换工并不限于本村的人，在外村住的亲戚也有来换工的。换工的性质是信用，所以一定要利用亲戚朋友邻里等感情关系。好像赵保长掼谷子的第二天，他已经嫁出去的女儿就来帮他。王大哥整个工作队伍是一个亲戚团体：两个从科甲村来的外甥，他自己的儿子、媳妇和侄女。这种例子很多，亲戚互相帮忙换工是他们认为最合理的事。可是除非是自己家里人，亲戚朋友来帮了工，一定要去换回来的。赵保长的已嫁了的女儿来帮工，隔天她家里掼谷子了，赵大嫂就去换工。若是自己不能去也得出工钱请人代去，不然一方占了便宜，他方不愿意，结果连亲戚朋友原有的感情，都会受到影响。在保公所档案中有这样一段纠纷：

“民家贫苦，人人共知，系是佣工度命，因张××同民系是郎舅亲谊，伊家屡次请工，不给工资，家中妻孩即受俄俘(饿殍)，民又不好追索讨取，隐忍受俄(饿)，由此屡叫不去，该伊记恨心间……”

二、女　工

换工在经济上讲，是家有劳力的利用，因为要得到一个外工就得出一个家工到别人农田上去工作。于是我们还得一看家内自有劳力利用的程度。我在上文中已屡次说过，有田的人时常有脱离劳动的倾向。那末这辈想脱离劳动的人有什么劳力来和别人换工呢？这里我们可以一提禄村农田劳动中坚的女工了。有田者脱离劳动这句话，并不包括女子在内。有田人家的女子，一样要下田劳动的。以我们亲见的例子说罢，那位在烟榻上和我高谈阔论的乡长，自己虽则从不下田，可是他的女儿不但在自己田里掼谷子时参加工作，而且天天出去换工。我们在田间查看了5天，天天遇见她在人家田上工作。当掼谷子的那节农忙时，除了一定要留在家里预备伙食者外，禄村的妇女可说全部动员了。这时候较长的女孩子们背着弟妹，代理母亲的职务，俨然像做主妇。

女子是农田劳动的中坚，这并不是偶然的，而且和我们上述有田可以不耕，无田不得不耕的原则相符，因为女子不是农田的所有者。普通很多人以为农田是属于整个家庭团体的，这只是从享受农产物的一点上说而已。若是进一步观察，这种说法并不和事实相切合。在不准用田产来陪嫁的习惯下，女子没有直接握有土地所有权的机会。在家田产是父兄的，出嫁田产是夫家的。她在任何一家都是个没有田的人。甚至在她丈夫死后，儿子没有长大的过渡时期，她也不过是一个暂时的保管者，不能自由支配所保管的田产。有出卖的必要时，必须得到夫家族里人的同意。儿子长大成人，她保管的资格就取消了。田产得交回丈夫的承继者。农田是依着父系世袭，是男人所有的东西。女人没有份的(十章一节)。

下文中我还要详述家庭间财产分配的情形，这里我只想指出妇女之成为农田劳动中坚的基本原因，是她们在家里是个无田者，她又没有其他可以得到收入的重要副业，所以她只有以劳力来换取享受农产物的权利。娶个媳妇等于雇一个不要工钱的佣工。这不但是我们第三者的看法，也是当地人民对于婚姻功能的一种见解。因之只有十二三岁的男子，为他娶个十七八岁的媳妇是件很合理的事。

三、雇工的方式

在换工方式中，男的换男的，女的换女的，男女对换是例外。因之，要脱离劳动的人，并不能在他的妻女身上完全解决劳力问题。而且女子在农忙时还得留一个在家里管工人的伙食，不易全部动员。于是在换工方式之外，还要求助于雇工方式了。

雇工的方式有三种：长工、散工和包工。把劳力长期包给人家的是长工。他除了在农闲期偶然有些假期外，终年在主人家里。他代他主人经营农田；下田劳作，而且还要做农作以外的事，好像背运等等。他是主人的代劳者，做着一切主人本来自己要做的工作。男工比较偏在农作上。女的则工作更多。农田上要她时，她得去。平时，挑水，生火，赶牛，拔菜，洗锅，喂猪，一直到晚上端洗脚水都得动手。我们第一次调查时，房东家里就有这样一个女佣。

长工的待遇是由主人供给膳宿，和每年一定的工钱。1938 年男的是40元国币，女的较少，少到可以不需工钱。工钱是一年一讲。1939年别的工资都涨时，长工就吃亏了。可是事实上，主人也得在正式工资之外加钱给他。不然，在现在很容易找工作的时候，他可以辞职他去。我们第二次去调查时，不但旧房东的女佣已走了，而且据说长工们走跑了一半。

若是依1938年的工资来说，散工每天是1角国币，供给饭食，长工一年拿40元国币，比散工的待遇较高。且不说农期只有200天，即是在农闲期中也是天天做工，散工们所得的工资不过是36元。长工不但可以拿较好工资，而且不用发愁没有工作机会。但是从主人方面看，则不免不经济了。只有那些农田较多的，主人自己招呼不过来的，才请个长工，由他代替劳动。或是家里没有成年男子，长期雇一个人管管农田上的杂务。1939年禄村长工一共只有六七个。假定1938年度多一倍，也不过15个左右。女的佣工，依户口册上记出的1938年有6个。

不请长工的土地所有者愿意自己经营农作的，可以在农忙时请散工。散工的工资可以做一天算一天。或是包一两个月，农事过后，就把佣工辞退。这种方式的雇工最多。1938年的工资男工是1角一天，女工是5分一天。1939年春天男工涨到2角和2角5分，女工1角。到1939年掼谷子时，工价又涨到男工3角，女工一角半，童工等于女工。这是名义上的工资，实际工资并没有固定。因为有很多散工并不是做一天工，算一天工资，他们时常预先向雇主借钱借米，或得到了其他的好处，然后以工来回债。好像施校长家1939年有14个男工和6个女工是外村来帮他掼谷子的。他和我说这辈马街的人都是六七月间来借米，到掼谷子的时候，以工折回。又好像康大哥，七月半向张家借了两斗米，按当时的米价合1元4角，夫妇二人到张家掼谷子，依这时的工资回债。这种债贷方式有个好处，就是不必付利。葛大哥向人家牵了一头猪，回一个月工。此外还有以交情加在工资上的，好像张大舅1939年雇不着工，到掼谷的第二天，来了两个背盐的。这两个背盐的平时过禄村就住在张家，不用给房钱，到了农忙时就来帮工。张大舅很得意的和我们说，这辈人很有良心。

1939年单拿工钱出来雇工是太困难了。我们的房东寻了两个街子(12天)，还是寻不着工人。拿了钱给人，还是没人要。赵保长请了两天工，一个工人也不来，结果只有他的妻和一个女儿三人下田收谷了。所以在掼谷子时实际工资已超过了名义上的工资了。

散工是以时间论工资。卖工的人对于工作没有急于完成的意向，休息一下，就去了半个钟点。我们在田里常利用这悠长的休息时间和他们谈话说笑。可是在工作效率上却很有影响。若是地主人自己不参加工作，为提高工作效率起见，可以把工作包给卖工的，由计时性质的散工变成计件性质的包工。

我们曾跟了张大妈到邻村去包工。张家本来年年把田包出去的。张大妈说这样比较清爽得多，不要受麻烦，她到了邻村一家四川人的家里，出来了几个常卖工的男子，靠着墙讲价。里面有一个是代表，可是在场的那几个卖工的全发言。张大妈心狠，说往年多少价钱，本年也是这样。卖工的就说要是米价不涨，一定可以包得下来。结果没有讲成回家了。李大哥自己病了，他妻新近死了，所以他决定把20工田的谷子，包给马街来的5个卖工的掼。一共14元国币，合每工7角，外加酒4斤，烟叶1斤，不供饭。依当时散工工钱，男工3角和女工1角5分算，1工田连割，连掼，连背要一个半男工，一个女工，合6角，但是要加上工人的伙食。所以包掼的价额，实较散工为低。可是从卖工的来说，包工时是一清早做起，到天黑才停，一男一女卖些力可以掼一工半谷子。一天可以有1元以上的工钱。从劳力利用上说，包工可以增加工作效率，增加每个人可耕面积，和减少需要劳工人数。经济上主人和佣工都有便宜。可是因为包工的要做得快，掼谷时潦草从事，留着不少谷子在稻穗上没有掼下来，收获量因之减少。所以人们宁愿多费些工钱；非是不得已，不愿包工。因之，包工方式并不能完全代替其他的方式。

四、雇工自营的利益

利用雇工的劳力来经营农田，是禄村农田经营方式的主要部分。这种经营农田的方式，也是禄村所代表的那类内地农村的特色。在江村住的农民，大多数是佃户，少数是在地地主，大多是自工自营的。所以在江村雇工的数目很低，雇工自营的方式不易见到。为什么雇工自营在江村不发达而在禄村成为农田经营的基本方式呢？一提这问题，我们就得注意到发生雇工经营的经济条件了。雇工自营和出租经营，都是土地所有者本人脱离农田劳动的结果。为什么地主们要脱离劳动，那是另外一个问题，在下文中再详述。在这里我们不妨先假定一个土地所有者已决定自己不下田，他出租呢？还是雇工自营？在选择时他要顾虑到两个条件：第一他能不能自己经营；第二是雇工经营比了出租经营利益是否较大。对于这两个条件的答案，各地不一定相同，因之选择的结果也不同。我们正可以江村和禄村的对照来说明雇工自营的基础。

经营农田包括决定农作日历，筹划农作资本，添置农作经营工具及监督农作活动等事务。这些事务要有效地处理，经营不能离田过远。换一句话说，只有在地地主才能直接经营农田，离地地主事实上无法顾问农事。在江村，一半以上的土地权是握在离地的大地主手上，他们连自己的田在哪里都不一定知道，要他们去经营农田是不可能的。禄村大多是在地的小土地所有者，他们不能像江村的大地主一般专靠租息生活，并在大城市中居住。既然住在村子里，他们想要经营农田却很方便。而且在工商业不发达的内地，由农田上解放出来的劳力和时间，并没有很多机会可以利用在其他得利较大的事业上，不管农事，就无事可管。

可是内地农村中的小土地所有者经营农田虽有方便，却并不一定使他们自己经营。因为若是出租的获利大，他们为什么要自讨麻烦呢？所以内地农村中雇工自营方式的发达，还要有一个重要的条件，就是它一定得比把田出租为值得。雇工经营和租营对于土地所有者的利益孰高孰低是由工资和租额的高低来决定的。如果雇工经营的人支付了工资之后，所得农田的收益为数不及租额，他们就不值得雇工自营了。现在让我们来看一看雇工自营的利益怎样。下表中是假定农田上一切的工作全部雇工劳动，事实上当然很少是如此，因为如上节所说，至少女工是有一部分可以由自家供给的。

表 14　雇工经营—工农田收入支出对照表　　（收　入）

类别	上　等　田	中　等　田	下　等　田
谷子	1 石　8.00 元	8 斗　6.40 元	5 斗　4.00 元
稻草	80 把　0.30 元	50 把　0.17 元	40 把　0.15 元
豆子	2.5 斗　1.00 元	1.5 斗　0.60 元	0.5 斗　0.20 元
豆糠	5 斗　0.30 元	3 斗　0.18 元	1.5 斤　0.09 元
毛豆	1 升　0.50 元	0.8 斤　0.40 元	0.5 斤　0.25 元
总计	10.10 元	7.75 元	4.69 元

（支　出）

工资(全部劳作雇工经营 { 男工 8.5 每工 0.10 共 0.85；男或女工 1.5 每工 0.075 共 0.11；女工 10.3 每工 0.05 共 0.52 } …1.48	
工人伙食(男女平均每工每日约 8 分)	1.62
雇牛犁田	0.15
牛及工人伙食	0.05
种子 { 谷子一升 0.08；豆子一升半 0.27 }	0.35
肥料	0.24
工具折旧	0.10
耕地税及附加(每亩约 0.45)	0.18
总计	4.17

若是要严格的为农业生产作成本会计，有很多技术上的困难。表内所载的，不过是我根据当地人民给我的估计，使我们能够得到一个笼统而大概的认识罢了。其中有很多地方还须详加注释。

从收入方面说，农产品并不常是从田上收下来就出卖的，有大部分是用来自己消费和用来再生产的，好像谷子碾成米和糠，米煮成饭自己吃，或给雇来的工人吃，糠用来喂猪，稻草用来喂牲口，牲口用来运输。这是农村经济的自给部分，不成或不直接成为商品。严格来说，这自给部分是没有价格的。我们把它们以钱额来计算，完全是为方便起见罢了。可是根据什么时候的市价呢？过去两年里物价变动很大，依理我们不能依一个时候的物价来估计，因为各种农产物的收获并不同时的，谷子和豆子的收获期就相差半年。可是我们并不能这样详细的计算，所以依旧都是根据1938年11月的市价。关于物价变动，对于农村经济的影响，下文专门讨论(九章四节)。

很多农产物是用来再生产的，或是改变了式样再用的。谷子碾成米，碎米和糠。以市价来说，谷子的价格不等于所分成三者市价的总和。我们在上表中的项目是指农产物离开农田可以成为商品的第一阶段的形态。

各丘田的收成，并不是一律的，我们虽分成三等，但是实际上差等没有这样的简单。同一丘田每年的收成可以不同。若是前一年肥料没有下足，下一年生产就降低。当年插秧时没有挖足，稻就长得可以又矮又瘦。我们曾比较收成不同的田里，每穗谷粒的数目，最肥的超过300粒，普通在200粒和160粒左右。老五爷的田土质是算好的，可是挖得不足，又没有下肥，竟降到110粒，上表的估计是就大概的情形而说的。

为便于比较起见，我们不妨把禄村农田的产量合成英亩(acre)及蒲式耳(bushel)计算(1英亩合6.59市亩或17.13禄村当地工，1蒲式耳合36.36公升，每当地石合3.5公石)，禄村上等田1工收谷子1石，合1英亩可收谷子165蒲式耳。1石谷子碾成米4斗，1英亩可收米66蒲式耳。次等田1工收谷子8斗，合1英亩收谷子132蒲式耳，或收米53蒲式耳。依这数目说则禄村农田的产量比太湖流域普通农田的产量为高。我在江村调查所得，每英亩约出米40蒲式耳。[1]据Buck调查中国各地农田产米量相差很大，最低的有1英亩只出22蒲式耳，最高的出169蒲式耳。西南产米区域，就是云南，贵州一带，平均每英亩产米97蒲式耳。[2]这个数目曾引起我们的疑虑，据著者自注，亦觉这些数字或有错误，错误之起，认为或系折合地亩不正确所致。我的猜想也许是在调查者把rice一字译作谷子所致，换言之，调查者没有注意到谷子和米的分别。禄村是云南有名出米的地方，1英亩依我们的计算，共出谷子165蒲式耳，和Buck所用产米额169蒲式耳很相近。而且我们在调查时知道云南的农民不常用米来计算农田产额的，我们每次询问时，总是以谷子回报。Buck的调查即是间接派人去实地询问，也容易发生这种错误，在该书农作谚语的翻译中，谷字全译作millet，[3]可见作者没有注意谷子在云南既不是rice，又不是millet，而是grain。

谷子收得多的田，豆子不一定多；谷子收得少的田，豆子不一定少。谷子最好的下沟田，根本不宜于种豆。豆子的收成变化更多，而且并不是全系于土质，大部靠天时及其他农民都不很明了的原因。当我们和禄村朋友们讨论农田收成时，对于谷子一项，大家都很快很坚决地说："好的1石，也有出头的，差一些8斗。"可是问到豆子时，总是说："那可说不准。"我们上表中把谷收豆收都是最多的列为上等田，是依收入最大而言，并不一定指土质肥的田而言。

禄村量米的单位是石，斗，升。因为各地的单位名称相同而容量很有差异，所以我们曾合成立公分(cc)。一当地斗等于3 500立公分，一当地斗等于3.5公斗，一当地石等于3.5公石。我们更把1公升米用秤校过，得8.8公两。一当地石米得308公斤，或是513市斤。当地称

[1] Peasent Life in China(《江村经济》)。
[2][3] Land Utilization in China，第223～242页。

他们的升是5斤升，和我们实际称衡的结合是相合。杂量的容积，虽是用同样的升和斗，但是要堆满成一个金字塔的形式，和量米时不同，因为量米时是沿升口削平的。这两种量法相差约1/10。杂量每升应合3 850立公分。有了这标准，将来和别地方的收成比较时较为方便。

从支出方面说，也有几点应当加以说明：

支出方面不同等的则田也略有差异，好像肥料，上等田可以不用，而下等田需要得多；豆种，上等田可以不到一升半，而下等田有时需2升；但这些差异很小。为简单明白起见，我在支出方面统一计算。工资部分是根据我在第二章里的估计(表1)，其中有1工是男女都可以担任的，我们假定男女各做一半，所以，每工工资以男女工资平均数计算。

在支出部分所根据的价格，也是1938年11月的情形。这时的工人伙食，据他们的估计，每人不论男女，是8分。这种估计也是就普遍情形说的。因为各种工作中所预备的伙食又不同。耘稻，收谷不招待荤菜。在插秧，挖田等工作时，要预备酒和肉。这可是也有例外。好像1939年李大哥把他的田包给马街的人掼，就添上4斤酒1斤烟叶。外边请来工人，尤其是夷人，酒时常是必需的，他们做工的时间也较长。

禄村的农田每年要犁两回，1头牛一天可以犁8工田，1工田要1/4天。1头牛一年可以犁40天。做工的时候喂蚕豆，糠和草。禄村养牛的有19家，一共有26头可以工作的牛，没有牛的人家借牛来犁，每工1角5分，并供给这天工人和牛较好的伙食和烟酒，一天约要2角，每工合5分。上表中即根据借牛犁田的价格来估计。

1工田所需的种子虽有一定，但是像1939年一般就因为气候转温得迟，糟蹋了一份种子。这是特殊情形，所以没有算入。豆种则田愈好，所要的种愈少，好的田1工只要1升豆子。上表中以普通情形做标准。

肥料一项，最难估计。主要的肥料是各家自有的粪秽(包括人，猪，牛和其他牲口，家畜的粪)，肥料大多是自足的，用不着去买。要是自产不足，可以叫小孩们一早去在路上拾马粪。再不够，可以用稻草向马店里换马粪。稻草在往年可以便宜到不值钱，田里的稻草太多了，背回家也够麻烦，很多就在田里烧了当肥料。只是马店里缺草时向人家田里去背，才要费些工钱。1939年马店生意太好，村子里稻草没有好好保存，因之，在秋天，新稻没有上市时，稻草价钱涨到5分钱一把。稻草价钱高，肥料的价钱也高，因为肥料是用稻草去换来的。一大堆草(320小把，合4工上等田的出产)，换一槽马粪(有40背)。在1938年1背粪不到4分钱。1工田下2次粪，每次3背，所以每工田若是完全以马粪来做肥料，约2角4分。下肥的数量因田而异，好像近村东南一带的田，不下肥的，下了肥谷子太多太重，没有熟就倒了，要不得。只有那些中下等田才需要肥料。每年下2背粪可以维持平常的产额，若下10背粪可以使年出8斗谷子的田提高到1石谷子。10背粪在1938年也不过4角钱，2斗谷子值1元6角钱。从经济上说，大家应当多下肥了。可是肥料的供给以自给为主，用草去换，为数有限。马店主人和我们说他们的马粪是自己要用的，除非草不够时才去换草。肥料市场的狭小，使需要肥料的人家得不到肥料。养猪主要原因之一，就是在求肥料的自给。禄村农田产量受着自给肥料量的限制。所以，依我看来，肥料的供给若是能提高，可以使一部分中等的田增加20%的出产。这显明了禄村农田有一部分还有力量吸收资本。在这上边若是农村金融机构能加以改良，在农村经济上可以很有助益。

在表1中我曾把各种农作活动所用工具加以注明，藉此可以见到禄村农作工具的简单。普通不养牛的人家，犁和耙都不必买，只要有两三把铁锄，两三把镰刀，每把5角计算，大约3元左右。这些东西用上10年也不容易坏。若是用旧了可以到铁匠那里去打一打，出出新。其他工具好像木耙，链杆，点豆椿，背架，木床等都是些木器。全部在内不到20元国币，也是可以用七八年。据当地人民估计，一家一年不过添上1元5角的工具，以每户15工田计算，1工田不过1角的工具折旧。养牛的人家工具资本较大，一头牛1938年要值80元，一个犁，一个耙，要值16元，喂牛一年要900把稻草，犁田时加每天1升豆，1斗糠，还要一个小孩白天去放牛。晚上要一间牛房。可是这头牛，可以租出去工作，它可以在40天内犁160工田(每工犁两遍)，收入租钱，1938年是24元，1939年涨到5角1工，共约80元，而且犁田日子的食料是由租用人家供给的。此外，一头牛，一月可以有50背粪，每背30斤，一头牛可以供给近80多工田的肥料。

1938年耕地税，依耕地册所载，上上田每亩3角新币，即一角半国币，上中田2角4分新币，即1角2分国币，上下田1角8分新币，即9分国币，附加税是耕地税的一倍。

支出部分普通1工田共付4.17元。若以此和收入部分相比较，一个完全雇工经营的主人1工田，上等的可得5.93元，中等的可得3.58元，下等的可得0.52元的利益。

一个土地所有者全部靠雇工来经营农田，要有多少工田才够维持他一家的生活费用呢？普通一家，一年需要有200元左右的开支(农田经营费用除外，因已算在雇工经营的部分中)。若是上等田则需有34工，中等田则需55工，上中等各半则需44工。这样说来，禄村有资格雇工自营的不过10家，合全村户数的9%。可是我已说过在禄村即是最富有的人家，也不浪费家有的女工。若是女工自给，则每工田可以多得1元4角左右的利益。上等田可以得7.3元，中等田得5元。有27工上等田的，或42工中等田，或30多工中上等各半的田，就有资格雇工经营了。以全村户数说，约有20%是可以雇工经营的。若从有田者说，约有30%左右是除女工外，可以全部雇工经营。而且我们接着还要讲到，租额较雇工自营利益为低，所以有不少租人家的田的，也雇工经营。实际全部脱离农田劳动的男子，可以在30%之上，部分脱离劳动的为数更多。

第七章

租　　营

一、租额和经营面积

没有农田的人可以佣工的性质出卖劳力，除了长工他们只负劳动的责任，而不顾问经营农田的事。他们按工作的时间或成就得到工资，农作收成多少和他们是没有直接关系的。他们不受农业风险的影响。没有田或有田不足的人，租人家的田来经营则不同，他们每年向地主缴纳一定的租额。地主把农田使用权交给佃户之后，可以完全不管。佃户预备种子，肥料，工具；亲自或雇工劳动，得到的收获，除去应付租额外，都是属于他的。他不但要管理农场上一切事物，而且担负农业中的风险。

租额以谷子计算：年出 1 石谷子的田纳租 6 斗，年出 8 斗谷子的田纳租 5 斗。可是事实上很有出入。比如陈大哥有 10 工田是"分栽"的，就是地主和佃户各得所收谷子的一半。又租文昌公 5 工田每年可以收 3 石谷子，租额是 1 石，合 1/3 的谷收，又租庄科的大公 25 工，每年可以收 18 石谷子，租额是 10 石，合谷收 55%。康大家向本村周家租田 4 工，去年收 2 石 5 斗谷子，出 1 石 5 斗谷租，合谷收 60%。前 9 年只收租谷 1 石 2 斗，后因为收成较好，所以加收 3 斗。这份田已经租了有10年。王大哥租他堂兄弟的田，每工可以收1石谷子，只还4斗租，约40%。这样看来谷收60%的租额，只是普通情形下最高的限度罢了。即以谷收60%来算。上等田租谷6斗，在1938年是4元8角，和雇工自营比较，地主少得近1元的利益。若是“分栽”的，地主只能得到5斗谷子，比雇工自营少收1元5角以上的利益。把田租给人耕，不如自己雇工经营是禄村人民公认的。这样讲来，谁愿意把田租出去呢？若是没有人出租田，也就没有人租得着田了。

以私家所有田来说，出租的确很少，据我们知道的禄村各家所有田1 800多工中只有140工是租出给人耕的。在这140工中，还有大部分是因为田地离村太远，住在禄村的地主无法自己去经营，小部分是因为家里没有人去经营，暂时出租的，还有些是亲戚间帮忙性质出租的。好像赵保长的二婶家里只有妇人，所以把田租给侄儿们种；王大哥的堂兄分着的田太少，不能过活，所以王大哥让他租4工田。

若是从禄村人所经营的农田面积来说，总数有2 800工以上，约合1 080市亩，他们各家所有田只有1 800多工，相差有1 000工，这些大都是租来的，出租的是团体地主。禄村团体所有田约240亩或约624工，别村团体在禄村所有田约23亩，合60工。这些差不多全是由禄村人所承租，除此之外，还有住在别村的人在禄村所有田，而把田租给禄村人种的。我们在耕地册上查得有四家大地主，在禄村一共有近100工的田。此外尚有200多工是禄村人租别村地主在别村界内的田，好像上述陈大哥在庄科租他们的大公。我们若单从各家所经营(不论自营或租营)的农田面积而论，分配的情形如下：

表15　各家经营农田面积分配表

<table>
<tr><th>农田面积</th><th>户　数</th><th>百 分 比</th></tr>
<tr><td>0</td><td>18</td><td>15%</td></tr>
<tr><td>1～5</td><td>6</td><td rowspan="3">16%</td></tr>
<tr><td>6～10</td><td>8</td></tr>
<tr><td>11～15</td><td>6</td></tr>
</table>

(续表)

农田面积	户　数	百 分 比
16~20	14	48%
21~25	19	
26~30	25	
31~35	7	21%
36~40	9	
41~45	2	
46~50	5	
51~55	0	
56~60	1	
61~65	2	

把这各家所经营农田面积分配表和各家所有农田面积分配表(表 10)比较一下，我们就能见到前者比后者较为平均。不经营农田的只有 18 家，而没有田的却有 38 家。全村户数中 35%所有田不到 16 工，但只有 16%所经营田不到 16 工。近一半的人家都经营从 16 工到 30 工面积的农场。这表明很多没有田和有很少田的人，靠租田的方式得到经营较大面积的机会。

表 16　佃户所有自田分配表

所 有 田	户　　数
0	19
1~5	13
6~10	17
11~15	7
16~20	1
21~25	1
26~30	2
31~35	1
共　　计	61

租营的方式下也可以雇工劳作的，而且因为雇工来经营租田还有相当的利益，所以有些人家自己有相当的田而依旧设法去租入一些田。下表中就可以见到这种情形。

二、租佃关系

禄村佃户的地主大部分是团体，这是值得我们注意的，因为藉此可以解释禄村租佃关系的特色。团体所有田只是所有权的集合，不是经营的集合，所以所有的田都是租出去的。管理农田经租的人是团体里的管事。这辈管事，上文中已经说过，很多是为着私人利益打算，把这位置视作肥缺。从中取利是一件公开的秘密。承租的人有大部分是团体中的分子。以族田说，本族中生活较苦的可以要求族里租田给他。他们虽名义上有交租的义务，但是他们若拖欠，管事也没他们奈何。我和文昌公的旧管事谈起他们族田的情形。他就说："以前不是大家分了么？族里没有一文钱到手。我收住田契不放，尽他们闹，卖总不能卖。他们告到县里，说我霸占族产。我说，田契都在，一张不少。可是我不能放手，一放手就散了。后来我和县长说妥，租族里田的，也得交租，族里的公事才办得成。这样，总算好些。可是收租总是不容易的。"我们问他现在还有不交租的么？"自己族里人，没有钱还得给他，不纳租有什么办法呢？"

管事的若是清白些，还能说话。不清白的，佃户和管事大家相让些，让不开口的公家吃些亏。我们旧房东是松园公的管事。一天早上，有几个族公的佃户来交租，一个是房东的长辈。他们背了一袋谷子，一直向楼上谷仓里走。房东就拦住他们："扚一扚(量一量)再进去。"这可难为了那位长辈了。一个年纪轻的接口说，"还有扚么？"房东的脸不很好看："这又不是我自己的。公家的东西，我赔不了账。"佃户们都有些生气，坐了下来。结果扚了，才放进仓里去。

后来我们的房东就和我们说："就是这些不容易办。租给族外人，爽快得多。"不揩人仓是普通的办法，族里管事不硬一些，没有法子阻挡的。结果自然是名义上的租额和实收的租额，相差多少都没法知道。

禄村的地主虽说是有撤换佃户的自由，可是以团体地主来说，这种自由有很多事实上的限制。租田在佃户方面既然有好处，若是管事的把他撤退，打击他生活的基础，自不肯轻易甘休。他若是团体中的一分子，可以从别方面来破坏管事的地位，因为管事是团体各分子所公推的。管事们清白的话，还可以站得住，不清不白的绝不敢结怨人。于是佃户撤换不易发生。事实上，佃户常有相当永佃权的性质。

在亲戚私人间的租佃关系，并没有上述互相占公家便宜的情形。租额常比普通为低，可是，在佃户能力所及之时，不容易有故意不交租之类的事发生。租佃关系摩擦大都是在没有亲戚关系的地主和佃户之间。在保公所的档案有两件关于租佃纠纷的案子：

一、民有田一分坐落×××，有同村住人×××声称，帮伊兄租此田耕种，未有结果，不知几时，伊兄就混迁往住。伊兄来时民以令伊写租据，赖伊总不写来，累屡催伊，反言租约×的也。多直拖处至今。以是四年都未写来。每年之租或1石或2石，伊自主。民已隐忍数次。去年民往收租，要伊3石，伊只给2石。谷子虽多，奈伊估抗不给。民无法，只得向伊好言，明白告伊：今年的，吾岂能忍，明年汝要栽种，非4石不可，并要写租据来，方可。若你不种时，你还我田，我另招佃。此时伊亦不应，亦不言种与不种之话。民就回家，故伊租据也不写来，作往栽种。至今年亦估抗，只给二石。民向伊要，伊反恶言估抗。伊言随报何机关，他是不惧的，将复有行凶之势，民见伊凶恶，只得速避，不然险被伊殴打，民无奈，只得具实呈报。

二、民松园有田一分，坐落×××栽工12个。于民国十二年租给村内住民孙××耕种。当中证陈××言定每工纳租谷6石，有保人一力负责，不欠升合，候到二十六年秋季，应纳租时，伊只背租谷3石2斗搭给民，尚欠2石8斗。不言不发，至今越期半年之久。屡次收取，不维不抟，反出抗意，以恶言对民，现今无法，据实呈报。

在以上两个案子中，我们可以见到地主们并没有收到足额的租米。第一案中所谓“每年之租或1石或2石，伊自主”。第二案中，也不是佃户在1937年突然少纳租米，亦是积欠很久，成了习惯，所以要他足额纳租时，反而恶言相对。地主们对于这种情形，显然是“无奈”“无法”而不能引用他撤佃的权利，把田收回来。更使我感到兴趣的就是这类案子调解的结果，并不完全站在地主一面，和我们在江村一带惯见的情形不同。

第一案的调解判词如下：“二十七年度所收2石外，再加1石，合洋50元，限半月交清，又二十八年度之租，系由××(佃户)之亲张××主张公道，定为每年4石，就本乡内，定立租约，以3年为限，如不愿栽，及早退佃。”第二案的调解判词如下：“令伊抟出1石5斗偿负债，抟交管事，余欠8斗作让。”

第一案中二十五、二十六两年的欠租没有追究，二十七年度只断3石租，地主方面认了一些亏；第二案中，地主让了8斗租。这样看来，禄村的租佃关系中的佃户有相当的保障。这是因为私家的地主数目少，团体地主并不太热心于自己利益的争取。因之，在禄村租佃关系比较上不太紧张。也是因为地主不易对付佃户，所以有田的人多采取雇工经营的方式。在禄村土地关系中，有一特色，就是它的重心不在租佃之间，而在雇佣之间。

以上两章中，我已把禄村的雇佣和租佃的两种关系叙过。在进入解释这些农田经营方式的心理基础之前，我愿意把别人在禄村调查过的一些旧账，翻出来比较一下。

三、评云南省农村调查

关于云南农村状况的参考书，最普通的是1935年商务印书馆出版的行政院农村复兴委员会丛书《云南省农村调查》。这是1933年12月至1934年2月止3个月内，复兴委员会派员在云南5县，26村调查的报告。这是一篇5年前的旧账。当我开始在云南内地进行农村社会经济调查时，就想根据这篇旧账和5年后的情形对照一下，看这一段时间中，内地农村中有什么重要的变化，所以我们挑定禄村，因为这是在旧账中有记录的。

复兴委员会那次调查的中心，可说是在土地权的分配问题，他们根据租佃关系来把村户分类，从而说明农村的结构，分类的范畴就载明在该书开卷的第一页的凡例上：

“自己之田完全出租而不耕种者为地主；一部分土地出租一部分自种者，为地主兼自耕农；自种自田而不租种人家土地亦不出租者为自耕农；自种自田又租种人家土地者为半自耕农；完全租种人家土地者为佃农；自己不种田赖做工为生活者为雇农；既不耕种又不做雇工者为其他村户。”

这详细的分类，用在禄村一类的农村中，却发生了很大的漏洞，因为禄村的土地制度的基础是在雇佣关系，而不在租佃关系上。他们所列为自耕农一类中的村户，就包括了两种不同性质的对象，一种是雇工自营的，一种是自工自营的土地所有者。自耕农定义中的“种”字，究竟是指经营，还是指劳作？若是不分的话，则禄村的自耕农就不能和江村的“自耕农”相比，在解释禄村的经济结构时，不易避免混淆之弊。

让我们且看看他们调查的结果如何：禄丰县6个村子的结构是这样：地主兼自耕农7.83%；自耕农12.93%，半自耕农44.58%；佃农12.05%；雇农3.61%。[1]

这些数字告诉了我们几个重要的事实：一、这6个村子里没有一家是把田完全租出的，即使部分租出的也只有少数。二、最大多数是

---

[1] Land Utilization in China，第131页。

半自耕农，即那些有一部分田是租来耕种的农家。三、没有田的佃户和专门卖工的人占小部分。四、村子里没有既不耕种又不做雇工的其他村户。这几个事实合起来看：租人家田的为数很多，出租田的人家为数很少。我们可以推想到两种可能的情形：或是地主兼自耕农所有农田面积极广，可以分租给大批的半自耕农和佃户；或是半自耕农和佃户们各家所租的农田面积极小，他们有自家的田或其他职业来维持生活。该书所载各类村户所有田亩百分比如下：地主兼自耕农37.02%；自耕农31.15%；半自耕农 31.83%。[1]这样看来，前一个推想似乎较为可能。可是该书却又说："既然没有大地主存在，分配的程度尚称平衡。"[2]这使我们在调查以前发生了很大的怀疑，究竟谁把田出租的呢？

上文中我已回答了这问题，出租田的地主是团体。云南省农村调查的调查者，大概是因为他们的表格上只限于村户，所以禄村的重要地主无法在这张表中列入。他们并不是不知道禄村是有团体地主的。在另一个地方曾说禄村全县，除族产外，公产占全县熟地面积 3.98%。[3]也许他们觉得这数目太小，所以在讨论租佃关系没有把这些地主提起。不幸的是他们得到的数目和事实相差太远，而且更不知道为什么要把族田除外。

我在上文中曾说私家不愿意把所有农田出租，因为租额太低，不如雇工自营。这是我解释禄村土地制度的主要理论之一。可是复兴委员会的调查结果，却和我的理论刚刚相反。

据该书所载：租额对于正产量的百分比有高至 100 的。即以禄村来说，据他们的调查，租额占正产量 83.3%[4]。这个数目若是正确的话，我们似乎很难找到有田人不愿出租的理由了。除非这地方的出产量特别高，副产多，工资低，使一辈农田不够的人，愿意承担这样高的

[1][2][3] Land Utilization in China，第 129～131 页。
[4] Land Utilization in China，第 154～161 页。

租额做佃户或半自耕农。关于农田上的出产，除了谷子之外，旧账上并无记载。禄村谷产上等田每亩540斤。[1]依我们的折合是每工田出产6个当地斗，或2.1公石，这数目比我们调查所得的还低。若以谷租83.3%计算，租1工田的人家，只能得到4公斗的谷子，或1.6公斗的米。一个成年人，依我们的估计，每年单是米粮至少要消费2.5公石，所以一个租不满16个工田的人，连个人的饭米都吃不饱。农田上除了谷子之外的收入，以种豆的两熟田论，依我的估计，只合谷收的1/4，为数也很微。不租田而卖工如何呢？旧账上说："忙时男工每日3角，闲时1角5分；女工忙时1角5，闲时1角。"[2]伙食如何不知道。货币单位据说是当时的国币。我们不知道当时的物价，固然无法确说这种工资是高是低，可是男工每日3角和女工一角半的工资，正和1939年10月里的工资相等；而1934年的物价决不会超过抗战时期的物价。所以这数目在当时一定是很高的了。在这一种数目中，我们绝不易求得一个充足的理由来说明出租田的私家地主为什么很少。

数字不太正确罢？我们不能不这样怀疑了。我们自然无法确然知道5年前的情形，但是以现在所能见的情形来做推论的基础，也许可以凭常识来断定，上述的数字是不可能正确的。我在上文中已列举禄村实际付租的个案和保公所调解录上的记录，租额没有超过60%的。而且从没有听见人说过，在他们记忆里有把全部谷收交给地主的事。我们真不明白为什么复兴委员会的调查委员会得到这样的数目，岂是为了政府有减租计划而特地编出来作宣传的？我很希望著者能把他调查的方法公布，免得后来的人得到错误的知识。

我在上文中又说禄村雇工自营比出租田的利益高，因为工资低的原因，工资提高了，这种方式就会逐渐减少。可是这种说法和旧账上的记录又发生了一个矛盾。旧账上不是明明说雇农只占全村户数3.6%

[1] Land Utilization in China，第154～161页。
[2] Land Utilization in China，第154页。

么？哪里来许多佣工？佣工少，工资如何会低呢？再查旧账这个矛盾在他本书中已经存在。书上说："地主兼自耕农完全是雇有雇工的，自耕农和半自耕农约有一半有雇工的，佃农亦有少数雇用雇工的。"[1]依他们的数字，真是会推想出这一批农民是不会作经济打算的了。以谷收80%以上的租额租了田来，还要用3角钱一天的工资请工来劳动，他们除了赔本贴钱之外，有什么可以得到呢？

即使说他们的调查只以村户为限，佣工的数目也不应如此低，何况要说明云南农村经济时，决不应把重要的单身卖工者和季候性劳工的移动，闭目不视。若是只为填表格而去调查的，也该看看各个数字间有没有矛盾存在，何况这种调查的目的是在"复兴农村"呢？

四、关于调查方法

这里我们不妨根据云南省农村调查的缺点来说明实地考察方法上应当特别注意的地方。以前有很多国内举行的社会调查，依我们所知道的，是在调查之前，预先制定了调查表格，表格中每项每字的意义，事先预为规定，然后把表格发给调查员，由调查员依表格上的项目，去找人来回答。这些填好了的表格汇集起来，再找人统计一下，有了结果，由"专家"根据这些数字来推论所调查的社区的形态。这种方法我们认为极不宜采取的。一个和所要调查的现实没有直接接触的人，他不能发现这社区中所该用数量来表现的是什么项目。他不能凭空或根据其他社区的情形来制定调查的表格。他这样做，实已假定他对于没有调查的社区已经明白了。不然他怎么知道这社区的自耕农和雇农等是成为类型的呢？这种自以为已明白的假定，在科学工作中是最危险的。一个预定的概念，不常能应用在一个新的现象中。若是调查者

[1] Land Utilization in China，第154页。

在事先预备了一套概念，亲自到要调查的地方去观察，他可以现实来修改观念，使它更能适合新的现象，那是一切科学工作普遍应用的方法。过去社会调查的缺点，就发生在“分工”上。规定概念和解释现象的是一些“专家”，而实地观察的却多是一些没有很深科学训练，甚至对于调查工作本身没有多大兴趣的“雇员”和“学生”。和现实接触的人，没有修改概念的能力和权力，他们的工作是依照表格填写。结果是用了死的表格来说明活的事实。无论统计得如何精细，正确，想藉此材料来说明一个地方社会制度真实的活动情形，至少是很不容易的了。

我们决不是反对数字，凡是能有相同单位的现象，用数字来表明是最精确的办法。我们也不怀疑调查时应当利用表格，因为表格可以帮助一个调查员有系统的记录他所见所闻的事实。我们不能苟同的就是上述那种制定表格及规定表格中各项意义的手续，和应用表格时的态度。至少在学生中，有很多把“社会调查和研究”看做“填表格—统计—写报告”的机械工作。这是我们认为极应纠正的错误。

我说这种见解是错误，因为一个社会学者去实地观察一社区的活动，他的任务在寻求人类社会生活中的基本原则。他不但是一种社会活动的记录者，而且是一个解释者。他想藉一些事实的共相来说明个别事实的意义，换句话来说，就是在说明各种活动对于人类生活上所有的功能。因之他不能以记录事实为已足，而要在事实中构成他的理论。

很多社会调查者，认为他们的责任是在供给素白的社会事实，让其他的人去利用这些事实来制定政策或构成理论。这种分工也许可能的。可是即使假定社会事实是可以素白的加以记录，我们也不能相信一个和实际事实没有亲密接触的人是最配解释这些事实的人。假如这分工是彻底的话，记录事实的人很难决定记录哪些事实可以满足政策或理论的设计者的需要。社会事实复杂众多，决不能一一加以记录，而且也不是一一与某项政策或某种理论都有相同程度的关系。任何观察都决不能对于全部事实周全顾到，更谈不到全部加以记录。 另一方面，政策或理论的设计者若全要靠别人的报告，自不易得到所需要的事实。 所以事实上，所谓以记录员自处的调查者时常是直接或间接受政策及理论设计者的雇用，在预定的范围内，加以观察和记录。 结果使调查者以为可以只以技术人员自视，置调查的目的于不问。

在行政上，也许这种分工的办法是行得通的；可是在学术理论上我们认为这种分工有相当的危险。 这一层意思在本节里所举的几个例子中已经可以窥见。 既有这种危险，我们认为学者自己是应当直接在可能的亲密的观察中去采访一切和他的理论有关的事实。 他在实地里检讨他原有的概念，他在实地里发现新的问题，以求他自己认为最充分的了解。 这样，社会科学也许更容易得到较健全的基础。

第八章

生　计

一、传统经济态度

不论雇工自营，或是把田租给别人经营，土地所有者脱离劳动的倾向是相同的。我们已见到这辈不劳动的地主，可以得到农田产量的一半以上。可是不劳动可以获得农产，并不能单独成为地主们脱离劳作的理由。雇工的工资无论如何低，租额无论如何高，人们不亲自劳作，总要分一部分农产给佣工和佃户，若是他能利用自己的劳力在农田上，除非在农田上释放出来的劳力可以利用在其他更有出息的事业上，他全部的收入，一定比雇工，或出租经营为大。单以禄村自身说，因为职业分化的简单，农家副业的不发达，在村里除了农田之外，能吸收劳力的事业不多，即便有的话，好像背运等，也大多是那辈没有田的人在农闲时所干的营生。那辈脱离了农田劳动的人，在我们看来，在农作中省下来的劳力，并没有在别的生产事业中加以利用，很可说大部分是浪费在烟榻上，赌桌边，街头巷尾的闲谈中，城里的茶馆里。这样说来，他们既不做别的事，农忙时一样闲，何以一定要去雇工劳作，一面付工资，一面自己闲着呢？要是他们自己去劳动，这笔工资不是可以省下了么?

若是说他们不会打算，或是不作经济打算，在我们看来，也不尽然。可是他们打算时所采取的方法，也许和一辈受过西洋现代经济影响的人不同罢了。我们在这里不妨分析一下这种宁愿少得，不愿劳动的基本精神。

本来，经济一词是极难加以定义的，因为这是相同于当时当地的人生态度。19世纪以来，西洋论经济者大多以“最少痛苦来换取最大快感”，作为个人经济打算的基本原则。依这种快乐主义者的假定来说，人生来有种种欲望，欲望的满足是快感，可是要得到快感，人们得获取用来满足欲望的东西。这套东西不是全能毫不费力的直接取之自然。它是有限稀少，需要人们费一番手脚，加以搜集和改造才能发生效用。在这创造效用的过程中，我们得忍受一些痛苦。这样说来，人生的快感是要以痛苦来换取的。在这矛盾上发生了经济。经济就是如何以最少痛苦来换取最大快感的打算。每个人都这样打算，这样考虑，相互间合作来达到这目的而发生经济行为。行为所循之方式固定化而成经济制度，造成一个社会秩序。

依这种说法，人类行为可以很明白的分为两类：一类行为的目的是在忍受现在的痛苦创造将来可以享受的效用；一类行为是享受的本身。前者是生产行为，后者是消费行为。不但在普通经济学课本中可以分章分编来讲，而且在现代都市中生活的人，也可以此来把周日和周末，工厂办公房和海边娱乐场，分成两部分：一是痛苦的生活，一是享乐的生活。甚至于我可以相信，他们周日工厂里劳作的目的是在得到享受周末海边上迷人的一刹——他们为了要追求人生的快乐，所以愿意在尘嚣中受罪。

一个人若把欲望看做快感的导线，若把人生的意义放在追求最大的快感中，他势必让欲望加速地推进。他依赖于外来满足欲望的地方，也因之愈来愈扩大。他需要支配外界的能力，也愈来愈增加。他愈想享乐，增加消费，愈须生产，耐苦劳动。

快感的憧憬，痛苦的忍受，在这种经济逻辑上一搭配，很容易在时间上把两者愈拉愈远，远过于一个人的寿命，远过于普通常识所能保证的限度，甚至远过于寻常人世可以出现的机会。结果，很可能一个人耐了一世的苦，没有享着半点尘世之福。因之，独具慧眼的 W. Sombart，Max Weber，以及 R.H.Tawney 等同声地说，西洋现代资本主义的基础是深深的筑在中世纪传下的宗教精神上。那种把利润作为经济机构的枢纽，作为企业的目的，作为人生的意义，本身是充满着宗教色彩的，是忘却了人本的结果。靠了这种宗教的信仰，他们在尘世之外，另设天堂，把痛苦和快乐两端用肉身的死亡来作分界。今生是苦，来世是乐。于是今生只要从事于生产，再生产，消费不成了目的，只是成了刺激生产的作用。有上帝来保证，天国里有永久的最上的无穷乐土，一个只有消费，没有生产的经济。快乐主义和苦修主义在这里携了手。为消费而生产的自足经济，蜕变成了为生产而消费的现代资本主义的经济。可是基本上，经济的逻辑还是筑在“以最少痛苦来换取最大快感”的一种假定上。

从人本主义的立场来看，这种从快乐主义蜕变出来的苦修主义似乎是太迂了。他们把追求的目的，远远地推到了渺茫之境，把原来的手段看成了目的。生产是增加物品满足人们欲望的能力，这种能力一定要和消费者发生关系之后，才能出现，所以生产本身是以消费为不可缺的完成条件，效用并不是物的内在性而是和消费者所具的关系。若是农夫们辛苦一年，田里的谷子给一阵大水冲了去，几十天的劳动是白受罪，没有生产什么。即使谷子收起了，藏在仓房里腐烂了，吃不得，正和给大水冲了去一般，这批谷子并没有发生经济效用。因之，劳动本身不一定是生产活动。谷子本身也并不一定包含着效用。劳动的生产性和谷子的效用，都要等有人来吃谷子时，才能表现和完成。从这种理论上说来，以生产为中心的经济，或是为生产而生产的活动是没有意义的。所以资本主义的基本精神是出发于非人本主义的假定上。它叫人为利润而活动，不是叫人为享受而生产。

资本主义的生产经济在宗教热忱减退的潮流中，已经被人看出了它那种非理性的假定。因之，我们看见了为提高生活程度，以消费为中心的计划经济的兴起。这种趋向可以笼统的说是以消费为中心的经济，依旧是以快乐主义的人生态度为基础。他们还是奉行多生产，多消费，多享受的三多主义。他们依旧认为要得到人生的意味，只有拼命生产，只是生产之后要求得到消费的兑现。我在这里要指出第三种经济，我叫它作消遣经济。

欲望的满足不一定要看做快感的源泉，若说这种行为不是快感的创造，而是痛苦的避免，也一样可以言之成理的。好像吃饭可以说是避免饥饿的痛苦，我们辛苦耕耘，不过是以较少的痛苦来避免较大的痛苦。这种想法引着人向欲望本身着眼，发生了一种新的打算。若是欲望本身是可以伸缩的，则人们可以从减少欲望入手，使人们可以减轻很多为免除欲望不满足而发生的种种辛苦劳动了。

这种从欲望入手来作经济打算的态度，也可以把人领到迂阔的极端。既把人生看成了痛苦的源泉，则愈退愈后，清心寡欲，节衣缩食，还嫌不足；索性涅槃出世，把这臭皮囊一并不要。当然这种彻底的办法，可说是经济中的取消派，从一般常人看来，其难行处更甚于为上帝积财宝在天上。可是这种在节流方面作经济考虑以避免开源时所得忍受的痛苦，却是我们传统经济中常见的态度。

禄村的宦六爷要掼谷子，和他30多岁的儿子说：“明天你不要上街，帮着掼一天谷子吧。”他儿子却这样回答：“掼一天谷子不过3毛钱，我一天不抽香烟，不是就省出来了么？”第二天，他一早又去城里闲混了。他父亲请了个帮工在田里工作。至于他那天是否没有抽香烟，我固然不知道，可是他既雇了人代劳，总得在别地方省3毛钱的花费，那是一定的。在他觉得以减少消费来作为避免劳动的理由很能成立。别人听来也不觉得有问题。普通都说：“多赚钱也不过多花。”意思是多花钱不见得比少花钱好，可是多费力却不如少费力。

这种打算不合理么？那也难说。我们若处在他们的生活情境中，也许也会和他们一般的。不抽烟是一种痛苦，劳动也是一种痛苦。我们若是一考虑哪种痛苦比较容易忍受，我们就走上了这一类的经济打算了。他们若考虑结果，觉得宁可生活程度低一些，免得在烈日暴雨中受罪，他牺牲一些享受来避免劳作为什么不能说是合理的经济打算呢？我们要知道，在一个生产工具简单的农村中，农田上的劳动，身体上要忍受的痛苦是太明显了。禄村的农作活动中除了犁田和耙田两节之外，全凭人力，好像插秧，拔秧，耘田，任何工具都不用，完全靠自体的手脚。割稻掼稻虽用镰刀和木床，但是这些并不能减少多少体力的劳动。在农作中血和汗并不是比喻，而是事实。我们在乡下带了些红药水，请教我们的人真多。我们在田边看他们掼谷子，当时就见到腿上流着鲜血而继续在劳动的人。说他们身体是铁打的，不怕痛，那是文人的笔墨。凡是父母生的，谁不能辨别痛苦和安逸？在这种生产技术之下，要他们尽量生产，尽量消费是常人所不能想像的。在一个机器生产的社会中，生产过程中的痛苦减少到使人做完工，即可以把痛苦遗忘，来娱乐场中寻快活的程度时，上帝才有信徒为他积财富。

当然我们还得注意的就是为生产而生产，不是为享乐而生产，虽是资本主义经济的基本态度，可是这也不是在资本主义下劳动者的信条，而只是控制这制度的企业家的精神。这些脱离了劳动的人才会走上非人本主义的极端上去。在农村中，不劳动的地主们离开劳动的经验没有太远，他们刚爬出这必须以血汗来换米粮的水准。他们不容易了解离开了享乐，生产是有价值的。

即使，假定在农村中，有人想利用人家劳力来增进自己物质上的享乐，且不说，招惹人眼，有碍安全，他能得到的享乐品也很有限。在一个交通不方便，离开自足自给的经济没有太远的农村中，就是基本的日用品还有时会发生问题。我有一次到离公路线不过 80 里的一个小村里去，刚逢大水过后，地上蔬菜给沙盖没了，这几个月里，出了大价钱也不容易买到，除花生之外的菜蔬，必要时，得隔 6 天走上 40 里到一个最近的街子上去买。这自然是特殊情形。可是内地的农村中有钱要买享乐也成问题，却是很普遍的。在这种情形中，至少是很容易使人少劳作，少消费，空着时间，悠悠自得，无所事事的消遣过去。像禄村一类的农村，不但以全村讲自给自足的程度很高，以个人讲，自足自得的味儿也很浓。他们不想在消费上充实人生，而似乎在消遣中了此一生。农民们企望的是“过日子”，不是“enjoy life”。

从减少消费上打算来减少劳动，却有一个限度。人的欲望固然可以伸缩，但是，除非毁灭生命，一个人机体的生存总是有一定的满足的需要。需要和欲望不同，有它客观的存在。所以人尽管厌恶劳动，在机体需要的压迫下，他还是不得不接受这人生中不可避免的痛苦。这里有一个基本的经济打算，就是一个人愿意受多少痛苦，得到哪一种生活程度，才自以为满足。这个知足的界线，把那一些小地主们划出在劳动圈外，他们愿意生活苦一些，不愿意下田劳作。只有那些逃不了生活压迫的人，没奈何来从事劳动。从整个农村来说，一般的生活都迁就在近于最低的程度上。

减少劳动，减少消费的结果，发生了闲暇。在西洋的都市中，一个整天的忙，忙于工作，忙于享受，所谓休息日也不得闲，把娱乐当作正经事做，一样累人。在他们好像不花钱得不到快感似的。可是在我们的农村中却适得其反。他们知道如何不以痛苦为代价来获取快感，这就是所谓的消遣。消遣和消费的不同在这里：消费是以消耗物资来获取快感的过程，消遣则不必消耗物资，所消耗的不过是一些空闲的时间——但经济学的对象限于对付物资的范围，消遣就被一般经济学家所忽视了。忽视固然可以，但是要了解中国农村中的传统经济时，则常会发生隔靴搔痒的毛病了。

二、五家支付估计清单

厌恶劳动是禄村普遍的态度。我在第二章时已经说过，可是只有30%左右的土地所有者有资格脱离劳动。他们脱离劳动是付出相当代价的，雇工经营的结果，使他们生活降低了一部分。生活程度固然因不劳动而降低，可是这些人至少要维持他们认为过得去的生活程度，不然他们得以忍受劳动的痛苦来代替其他生活不足的痛苦了。在这里，我们得进一步追究在禄村人民眼中哪一种生活程度是认为足够，值得把这程度之上的物质享受来换取不劳动的闲暇。另一方面我们也得看一看那辈租人田的，和没有田的劳动者离着这足够的生活程度有多少远。接下去，我们可以了解这辈农民所患土地饥饿的病症，和他们如何设法从没有田爬到有田，从劳动爬到有闲。让我先把生活费用的材料提出来分析一下。

在一个消费品都倚赖市场供给的社区中，人民的生计可以从他们的日用账中看出来，所以普通研究生活程度的人，多以日用账做分析的材料。可是严格地说来，任何社区中，人们消费的物品和服役，不会完全靠市场供给的。日用账中总会遗漏一些人们生计上自给的及不用货币支付的部分。以都市中居住的人来说，这遗漏的部分也许是少到不必加以注意，可是在农村中却不然。农民们不但服役，甚至重要的消费物品好像食料，大部分是自给的。所以把日用账做材料来分析农民生计，不免容易忽略农民生计上重要的部分。即使日用账是研究农民生计的重要材料，这种材料也很不容易得到，因为至少在中国农民中有记日用账习惯的，可说是很少的。除了调查者可以设法使他们自己或请人代替他们把日常的收支记成账目外，在农村中很少有现成的材料。我们这次去禄村时曾带了不少印好项目的账簿。使我们极为失望的，就是我们回来时依旧带着一包沉重的白簿。在禄村找不到可以为我们天天记账的农民，而我们又不能天天一家一家地去记账，更不能长住一年来做这工作。结果我们不能不选了几家比较和我们最熟悉的，经济情形又不同的人家，请他们依过去一年所消费各项的数目加以估计。凡是能以实物重量，容量或件数表示的，我们就根据它在 1938 年 10 月的市价来折算。凡是能用别种材料校核的，好像捐税等，我们对于估计再加以修正。这里的数目，因为是估计性质，自然不能十分正确，可是我们可以藉此见到禄村人民生计一般的情形了。

支付清单中，本不应包括自给部分，但是为了比较时的需要，自给部分亦加列入，并用 * 符号加以表明，严格地说来，我们是不能用市价来折合自给部分的，因为这些物品和劳力并没有进入市场。若假定它们都经一番买卖，当时的市价，就不可得而知了。可是为了易于比较和综合起见，我在括弧中把这些物品和劳力相当于市场上的价格列入。自给部分，并不能完全列入表中，好像家庭间的服役等等，极难估计。我只能把那些自给部分有时是可以雇用或买得的才加入表中。

下表中所列五家，并不是同一时间调查的：甲乙丙三家是李有义先生帮我在 1938 年 10 月调查的。丁戊两家是张之毅先生在 1939 年 8 月单独调查的。为便于比较起见，丁戊两家的账目都合作 1938 年 7 月的物价计算。五家的家境可以简单一说：

甲家：有自营田 36 工(租出 4 工，典出 3 工除外)，家里人口：老母(60 岁)，家主自己(40 岁)，妻(38 岁)，大儿(17 岁，学期间不在家)，女儿(13 岁)，小儿(2 岁)。

乙家：有自营田 14 工，典入 13 工，共 27 工；家里人口：家主自己(51 岁)，妻(49 岁)，次子(25 岁，长期在外)，媳(25 岁)，三子(17 岁，长期在外)，女(15 岁)，孙女(9 岁，系已故长子之女)。

丙家：有自营田 7 工，租入 30 工，共 37 工；家里人口：家主自己(59 岁)，妻(49 岁)，子(21 岁)，女(17 岁)，次女(10 岁)。

丁家：无田地及房屋，家里人口：家主(41 岁)，妻(40 岁)，女(12 岁)。

戊家：无田地及房屋，家里人口：家主(47 岁)，妻(39 岁)。

表 17　五家支付

支付项目		甲		乙	
(一) 消费部分：					
(1) 食	米	2石8斗*	(56.00)	4石*	(80.00)
	蚕豆	1斗*	(3.00)	3斗*	(9.00)
	包谷		(0.50)		0.50
	麦	1斗	2.50	5升	1.25
				40升	6.00
	肉	180斤	27.00	80斤	(12.00)
	蔬菜		(6.00)		(6.00)
	盐	60斤	7.20	60斤	7.20
	酒	24斤	1.70	20斤	1.40
	杂用		1.00		1.00
	现支		39.40		18.15
	自给折合		(65.50)		(107.00)
	合计		104.90		120.15
(2) 衣	衫裤	4件(买料自制)	20.00	5件(买料自制)	20.00
	鞋	1双(买)14双			
		(买料自制)	2.50	(买料自制)	3.00
	袜	6双，及女用足布	3.00	6双及女用足布	4.00
	帽	男帽买，女帽买料自制	2.00	同甲	5.00
	首饰		6.00		2.00
	现支		33.50		34.00
(3) 住	房租		—		—
	修理费		3.00		1.80
	炭		15.00		3.00
	柴		15.00		12.00
	灯油		4.48		4.48
	家具		5.00		5.00
	现支		42.48		26.28
	自给折合		—		—
	合计		42.48		26.28
(4) 娱乐	玩具		1.00		—
	零食		5.00		8.00
	茶		1.50		1.00
	烟		2.00		4.00
	现支		9.50		13.00
(5) 馈赠	丧礼		5.00		
	婚礼		5.00		15.00
	平时酬酢		3.00		
	现支		13.00		15.00

估计清单

丙		丁		戊	
1石6斗*	(32.00)				
2石8斗	56.00	1石8斗	45.00	9斗	22.50
3升*	(9.00)		—		—
	(0.50)		—		—
5升*	(1.25)		—		—
24升	3.60	33升	5.00	17升	2.50
	(6.00)		3.00		6.00
50斤	6.00	15斤	1.80	5斤	0.60
40斤	2.80	6斤	0.42		—
	1.00		—		—
	69.40		55.82		31.60
	(48.75)		—		—
	118.15		55.82		31.60
4件(买料自制)	14.00	2件(旧衣)1件(蓑衣)	1.50	2件(旧衣)	0.70
(买料自制)	1.00	70双(草鞋)	0.70	70双(草鞋)	0.70
	—		—		—
同甲	1.80		—		—
	—		—		—
	16.80		2.20		1.40
	—		2.50		3.00
	—		—		—
	0.80		—		—
	(10.00)		(10.00)		(10.00)
	4.48		1.20		0.25
	2.00		0.45		1.80
	7.28		4.15		5.05
	(10.00)		(10.00)		(10.00)
	17.28		14.15		15.05
	—		—		—
	—		—		—
	1.00		—		—
	—		—		—
	1.00		—		—
	3.00				
	3.00				

支 出 项 目	甲		乙	
(一) 消费部分：				
(6) 宗教 烧香		—		6.00
(6) 宗教 基督教捐		3.00		—
(6) 宗教 现支		3.00		6.00
(7) 医药		5.00		6.00
(8) 学费		120.00		—
(9) 捐税 门户		2.52		2.52
(9) 捐税 特捐		1.00		1.00
(9) 捐税 积谷	2 斗*	(1.60)	2 斗*	(1.60)
(9) 捐税 公路徭役		5.00		5.00
(9) 捐税 现支		8.52		8.52
(9) 捐税 自给折合		(1.60)		(1.60)
(9) 捐税 合计		10.12		10.12
消费部分总计 现支		274.40		126.95
消费部分总计 自给折合		(67.10)		(108.60)
消费部分总计 合计		341.50		335.55
消费部分总计 占全部支出%		60.7		58.9
(二) 农田经营部分：				
(1) 投资 工资		50.00		30.00
		(1.84)		(3.88)
(1) 投资 谷种	3 斗 6 升*	(2.88)	2 斗 7 升*	(2.16)
(1) 投资 豆种	3 斗 5 升*	(9.45)	3 斗*	(7.10)
(1) 投资 肥料	80 挑*	(3.20)	60 挑*	(2.40)
(1) 投资 工具		4.00		3.00
(1) 投资 耕地税及附加		5.00		1.50
(1) 投资 挖水沟		1.50		1.00
(1) 投资 现支		60.50		35.50
(1) 投资 自给折合		(17.37)		(20.54)
(1) 投资 合计		77.87		56.04
(2) 地租	谷 18 石*	(144.00)	谷 13.5 石*	(108.00)
自给折合		(144.00)		(108.00)
农业经营部分总计 现支		60.50		35.50
农业经营部分总计 自给折合		(161.37)		(164.54)
农业经营部分总计 合计		221.87		164.04
农业经营部分总计 占全部支出%		39.3		41.1
全部支出		563.37		399.59

(续表)

丙		丁		戊	
	—		—		—
	0.20		—		0.20
	0.20		—		0.20
	0.80		—		—
	—		—		—
	2.16		1.80		1.80
	1.00		—		—
1斗5升	(1.20)	1斗	0.80	1斗	0.80
	(5.00)		(5.00)		(5.00)
	3.16		2.60		2.60
	(6.20)		(5.00)		(5.00)
	9.36		7.60		7.60
	101.64		64.77		90.00
	(64.95)		(15.00)		(15.00)
	166.59		79.77		55.85
	42.3		98.3		97.5
	13.00		—		—
	(40.28)				
3斗7升*	(2.96)		—		—
3斗5升*	(9.45)		—		—
80挑*	(3.20)		—		—
	4.00		1.40		1.30
	1.00		—		—
	(1.50)		—		—
	18.00		1.40		1.30
	(57.39)		—		—
	75.39		1.40		1.30
谷18.5石*	(148.00)		—		—
	(148.00)		—		—
	18.00		1.40		1.30
	(205.36)		—		—
	223.39		1.40		1.30
	42.3		1.7		2.30
	389.93		81.17		57.15

三、日常生活费用的分析

从生活费用来分析各家的生活程度，最好是根据各项费用所占的百分比，因为Engel曾立下若干原则，说明一家的收入和支出分配的关系。若是我们知道了各家支出分配的比例，就可推想他们收入的情形，因而决定各家生活程度的高低。

Engel的定律是这样：一、收入增加则食一项支出所占全部支出比例，将见降低；二、衣的一项支出所占全部支出的比例，不因收入的增加而变动；三、住及燃料的一项支出所占全部支出的比例，不因收入的增加而变动；四、其他的支出所占全部支出的比例，将因收入的增加而提高。

Engel的结论是根据他多年分析生活费统计的结果，但在这些结论中，我们可以看出隐藏着的经济原则，就是，人生各种需要有缓急的不同；因之，各项费用所具伸缩性也有程度上的差别。一个人在食上边的消费伸缩较小，不论你的收入有多少，每日在食的一项上的支出，并不能有很大的差别；因之，一个人的收入若增加了，他多得的收入，并不会都花在食上边，结果使食的一项支出在全部支出中的比例，因收入增加而降低。收入多的人比较收入少的人，在食项的支出，比例上较低。衣和住比食的伸缩性大，但是比其他支出的伸缩性为小。依Engel的结论，则是和收入作正比例的增加，所以它们在全部支出中的比例是不因收入变动而变动。“其他”一项中包括得很广，好像教育，医药，卫生，娱乐，社交等都在其内。这些项目不像衣食住那样和生活有密切的关系。有之固然生活可以丰富得多，但是失之也并不见会使人立刻活不下去，而且在这些项目中所可以费的钱也是没有个底，有多少可以花多少。没有钱少花些，有钱多花些。因之，它占全部支出的比例将因收入的增加而提高。

现在让我们一看上述五家各项生活费用的百分比，我们的材料是否和 Engel 的定律相合?

甲乙两家是有田的人家，甲家有田 36 工，每年平均收入 35 石谷子，加上租出 4 工，每年可收 1 石 6 斗谷子(每工租 4 斗，因租其堂兄故租额较低)，一共有 36.6 石谷子，可碾成米 14 石 6 斗，在储藏中亏耗 1／10，一年中至少可以有米 13 石。他们一家一年自己吃去 2 石 8 斗，可以余米 10 石，约占全部米产 77%。若把这些米，在 1938 年秋米价较低时出卖，每石 25 元，可以得 250 元。他们在 1938 年约需 340 元，其中学费一项系受族中津贴，除外计算，只需 220 元，我们即使不把他们在副业里得到的收入算进去，也可以见到他们的收支抵消后，还有存余。

乙家有田 14 工，典入 13 工；一共可以收 24 石谷子，碾成米 9 石 6 斗。自己消费 4 石，余米 5 石 6 斗，亏耗除外，有 5 石米可以出卖，可得 125 元，他们 1938 年约支出现金 160 元，相差 35 元。这差额需要副业来维持。乙家的主人常常在街子间贩运货物。他和我们说：做买卖，出息大，只是没有田地靠得住。1939 年，他赶过两次黄牛到昆明，一共得到 100 多元的利息，又到川街去贩了一次草纸，得 50 多元利息。

甲乙两家并不是禄村最富有的人家。可是在生活程度上说，是代表上等阶层的一般情形。他们有自己的房屋住，三间正房，楼上积谷，建筑也是整齐高大，在村中属于最好的一类。我们 1938 年调查时，就住在甲家。以我个人的经验说，比了江村的住家要强些。乙家的房屋，宽敞清洁还在甲家之上，房内的设备也很完备。衣着上，甲乙两家的主人，都时常穿没有补丁的长袍和棉袄。女人们戴着银饰，一点也不褴褛。从食的一方面说，他们平均每天有半斤肉吃，自己有菜园可以供给蔬菜。乙家自己做白酒，常请我们去吃点心，糯米粑，蜂蜜等是常备的小吃。甲乙两家的女主人都很会煮菜。当我们在村时，伙食常成问题。第一次是包给甲家。当时还没有觉得他们是村中有数在食的方面考究的人家。第二次我们包给赵保长家里，才知道中等人家没有油水的菜是什么味儿，真不能和甲乙两家相比了。

表 18　各项生活费用百分比

消费项目	甲	乙	丙	丁	戊
食	30.5	53.0	70.9	70.0	56.6
衣	9.8	14.4	10.1	2.8	2.5
住	12.5	11.1	10.4	17.7	27.0
娱　乐	2.8	5.5	0.6	—	—
馈　赠	3.8	6.7	1.8	—	—
宗　教	0.9	2.5	0.1	—	0.3
医　药	1.5	2.5	0.5	—	—
学　费	35.2	—	—	—	—
捐　税	3.0	4.2	5.6	9.5	13.6

在衣食住各方面，甲乙两家即代表村内最高的生活程度。

我们不妨据此看一看他们支出各项的比例：甲乙两家在食料上购买部分所需现金只占全部现金支出的 14%。若是我们把自给部分依市价折合，以求他们各家在食料上所费的总数，则占全部消费量的 30%(甲家)到 53%(乙家)。甲乙两家在百分比上虽有很大的差别，但在实数上则大略相等。百分比相差的原因重要的是在甲家有一大宗支出的学费，乙家无之。甲家这笔钱是由氏族津贴的，所以严格说来，甲乙两家相比较时，可以把学费一项除外。依这样修正，则甲家的食项应占全部支出的 47%。甲家在食项上百分比较少，并不能说是比乙家在基本生活上享受得大。因为我们若检视，衣和娱乐两项，乙家较甲家花费为大。甲家比乙家花费较大的，在住(重要的是在修理房屋和炭两项)和捐税几项上。乙家的房屋较新，花费得少，并不指生活简陋。若是我们从生活实际享受上说，甲乙两家可以说是相等的。

丙家代表那种普通自己有一些田，更租得一部分田的自营兼租营的农家。他家的农场面积和甲家相若，人口亦相若，但是因为他所经营的田有大部分是租来的，一年要给地主15石谷子。他的农场上每年至多不过出33石谷子，交去租，尚余18石谷子。碾成米7石2斗，折去亏耗，约剩6石5斗。他一年中需要4石2斗米做食粮，于是只剩2石3斗左右，可以出卖，在民国二十七年米价低的时候，只能卖得55元左右。他经常需要现金，所以不能不把应当作自给的粮食，先行卖出。到夏至之后，自己的米吃完了，卖完了，只能买谷子来碾米吃。我们在上表中的估计，没有把市价变动算进去，依1939年以前一般情形论，新谷上市时米价较贱，然后逐渐上升，一直到下一期新谷快上市的时候再跌下去。这种物价变动中，像丙家那种人家，在米贱时卖米，米贵时买米，是最易吃亏的。

在丙家食项支出的百分比上可以见到他的生活程度较低的情形。这项费用已超过全部费用的70%。单以肉食论，丙家较少于甲乙两家，甲家肉食占全部食项的25%，乙家占10%，丙家只占3%。

丙家在衣和住两项和甲乙两家比更是相形见绌。他们不穿袜子，赤脚，除了家主外，儿女们的衣服可说没有一件不补缀的。他们的房子，早年拆了，当材料卖。自己把土砖在原宅基上盖了两间两层的房屋。楼上窗都没有，可以住人的只有一间。全家都睡在里面。家具也破陋得很。住处拥挤的结果，全家患病，都传染着了回归热。当我们第二次去禄村时，家主自己黄瘦得不堪，撑了杖在门前晒太阳。他的妻刚死了半个月。女儿，儿子和新娶的媳妇轮流着患病。他们虽则患病较甲乙两家为多，可是医药费却较少，因为他们是没有能力在这上边花费。又加上他们是基督徒，相信祷告可以代替医药。据说他媳妇已经死了，可巧来了个教友，恳求上帝把她救活了。信基督教较信佛便宜，因为他们的上帝不要他花钱还愿谢恩的。

可是若是从百分比上来看，丙家在衣上和甲家相若，在住上则和乙家相若，并看不出重大的差别。只是在其他项目中和甲乙两家相比，除了捐税之外，才较为低落。

丁戊两家可以代表禄村一辈没有田的穷户。他们没有自己的房屋，得租人家的地方住。一天近晚，我们在丁家闲谈，因为连下了几天大雨，土墙松了。我们刚说到一半，豁然一声，后墙坍了一个大窟窿，屋里突然亮了起来，把我们一吓，仿佛自己是在电影里。他们却很坦然。这是老经验。家主和他的女人说，这天晚上又不能安安逸逸的睡了。屋面逢着天雨，滴滴答答的漏着水。矮矮的楼上潮腻腻的，叫我们看到的人也难受。戊家的屋后是人家的菜园，地面较高，天雨时水隔着墙浸进来，满地都是湿的。一位邻居向他们建议沿墙开一条沟，好让水经他们的屋内流到门外街上去。他们两家都只有一楼一底两间，一切全在里面了。天气冷，衣服少，又买不起炭，背些树枝来烧，满屋全是烟。我们去找他们时，一定要在晚上，因为白天他们都出去做工的，我就怕这刺人眼睛的烟。时常和张之毅君说笑话：实地研究的人，不熏惯烟是做不成的。他们的住所，既潮又有烟，对于卫生上自然很难讲究了。他们两家都生过六七个孩子，丁家死剩了一个，戊家全死了。最近死的一个还是去年的事，活着的人眼睛都有毛病。

丁戊两家都是做工度日的。有工做的时候不用自己开伙食，请工的人家给他们饭吃，每天平均只须自备一顿，所以他们自家所需米粮较少，因之，他们在食的一项的费用只合以上三家的一半。虽则如此，可是食项在总支出中的百分比，却比以上三家为高，占 60% ~ 70%。若以现金支出来看，竟高至 80%以上。

我已说过这一类卖工度日的人家，是靠工资生活的。张之毅君和他们混得很熟，曾替戊家的收入作过一个估计：男的以每年做 350 工计算，去年工价男工每天可以得工资 1 角，共得 35 元，女的工作机会少，每年正月十二月，每月做 10 工，八月九月做 30 工，其余各月约可做 15 工。共计一年可做 200 工。工资每天 5 分，共得 10 元。男的 1938 年背过 6 次盐，从猴井到禄丰，每次可以得 1 元。一共 6 元。他们总收入 51 元。此外，他们也做一些贩卖，够他们这一年的开支。换一句话说，他们的收入只允许他们现有那种很低的生活程度。

从我们直接的观察，丙家的生活程度较高于丁戊；丁戊两家之间，丁家又比戊家为优。可是在生活费用的百分比中，在食项中丙为最高，丁次之，戊和甲乙可以相若。这是什么原因呢？这不是和Engel的定律有不相合之处了么？

Engel定律所要说明的，其实并不是收入变动对于生活各项费用所引起的影响，而是根据收入不同人家的日用账来说明收入不同的各家支配其收入于各项生活需要的差别方式罢了。换一句话来说，他是从静态来分析，并不是从动态来分析的。因之，他的定律在一个经济变动得较小的社区中是正确的，可是在一个财富方在重行分配的社区中，他的定律也就不能呆板的应用了。

假定有一家极穷苦的人家，每天只能在半饥饿的状态中过日子(这种人家在中国农村中并不少)，他要是得到了新的工作，收入增加了一些，他第一要改善的是他的食的一项。Engel所研究的对象是饥饿线上的德意志都市居民，自然会觉得食项伸缩性是很少的。可是在饥饿线之下的农民，这种见解是不正确的。上述丁戊两家都是卖工的穷户，以收入讲丁家略多，而在食上的百分比却较高；丙家的收入比丁戊两家都高，可是在食上所费的也较多，这正告诉我们这些人家还是在饥饿线上挣扎着。

假定这种穷苦人家，家运日臻好境，收入又增加了一些。他们在饱食之后，可以想到暖衣之道。下雨漏水的房屋，可以想法修理修理。百结多孔的衣服可以换一件比较出客的了。在这个时间衣和住的两项会跟着和收入增加成比例地提高。比如1923年印度孟买(Bombay)劳工局所调查工人家庭支出的结果，发现衣的一项支出，在全部支出中的比例是跟着收入的增加而提高的。这现象又见于杨西孟在1928年上海纱厂工人调查及刘大钧在1938年浙江吴兴的农村调查。[1]在禄村我们

[1] D.K.Lieu, A Stuay of Rural Economy of Wuhing, Chekiang，第47页所引。

看见丙家在这些项目上的百分比，并不比甲乙两家低多少。这是表明这辈人家刚爬出饥饿线，但是基本的生活还没有补充就绪，没有余力在“其他”项目上花钱。

在这里，还可以提到的就是我们要了解一家的支出如何分配。不但要顾到他们经济的一般地位，而且还要看他们所处社会所维持的风尚。Engel包括在“其他”项下的社交，娱乐等，在我们中国很可能寓之于衣食的。也许Engel所生长的德国没有在食衣上特别考究的风尚，所以使他不发生这个问题。烹饪技术发达的中国，一餐可费千金，大观园里吃一只茄子，要配上十几只鸡，非但吓坏了刘老老，也许Engel听见了不敢无条件的认为食在生活费中是最没有伸缩的一项了。另一方面说，在农村中教育，娱乐等能花钱的机会太少，收入多的人家也不便在这些项目中尽量挥霍，因之“其他”项目百分比的增加也不易和收入亦步亦趋了。

四、各家自给程度

在支付清单中，曾按项把各家自给部分用括弧注明。这里我们可以总结一下各家的自给程度的高度了。

总观五家的情形，他们自给程度并不相同。甲家和丁家自给部分只占全部支出的20%左右；最高的丙家，占67%。这是值得我们详细分析的。甲家和丁戊两家自给程度虽则相近，但是所自给的项目却不同。甲家自足的是粮食，在劳力上虽有自给的可能，但是没有全部利用。他们不自己去背柴，而买柴来烧。他们自己不到公路上服役，而请工代役。他们自己不去挖公共的水沟，而请工代劳。他们自己不尽力在田上劳动，而雇工经营，在这些可以自给的劳力项目中，因为要避免劳动，却花去50多元，占全部现支的17%，或全部消费量的10%。而且我们在雇工一项中，只包括工资，没有把伙食加进去(归入食项

表 19　各家自给部分和现支部分百分比

	甲	乙	丙	丁	戊
自给部分	20.1	44.3	67.0	18.7	25.8
现支部分	79.9	55.7	33.0	81.3	74.2

表 20　各家各项生活费用自给及现支部分百分比

	甲		乙		丙		丁		戊	
	自	现	自	现	自	现	自	现	自	现
食	97.6	14.3	98.5	14.3	75.2	68.3	—	86.2	—	77.4
衣	—	12.2	—	26.8	—	16.5	—	3.4	—	3.4
住	15.5	—	20.7	15.4	7.2	66.7	6.4	66.7	12.4	—
娱乐	—	3.5	—	10.3	—	1.0	—	—	—	—
馈赠	—	4.7	—	11.8	—	3.0	—	—	—	—
宗教	—	1.1	—	4.7	—	0.2	—	—	—	0.5
医药	—	1.8	—	4.7	—	0.8	—	—	—	—
学费	—	43.8	—	—	—	—	—	—	—	—
捐税	2.4	3.1	1.5	6.7	9.4	3.0	33.3	4.0	33.3	6.3

中)，伙食每人依当时市价约需费 8 分，所以还得加上这笔费用，竟占全部消费量的 20%。在上节中我们所讨论的那种传统经济态度，宁可牺牲生活程度来避免劳动，在这里更可见这种态度的事实影响了。

丁戊两家在粮食上是全部须买的，他们所自给的是劳力。自己背柴，自己去公路服役。可是在他们生活中，像背柴一样可以直接以劳力来得到消费品的机会很少，因为他们是个无产者，没有生产工具的所有权。他们没有土地，也没有房屋，不能在土地上直接用自己劳作来获取农产，也不能用自己的房屋来开马店赚钱，他们的劳动一定得在劳力市场上出售，有人雇用时才能得到利用的机会，所以自给的机会少。

甲家自给部分比例的少是因为他把农产物出售后，在各项生活费上增加支出的结果。丁家自给部分比例的少，是利用他自给劳力的机会稀少的结果。两家在农村经济中所处的地位是不同的。

丙家则处于甲家和丁家两种形态之间。他们一方面有自给的农产，一方面又利用自给的劳力。只是他们自给的农产，因为要纳租，所以粮食上不能全靠自给部分的维持，农田经营中，他们自给的劳力尚不够全部的需要，所以在粮食和劳力双方，依旧要有一部分依靠市场的供给。

五、农田经营的费用

单位农田投资数目，我已在讨论雇工经营的利益时讲过，这里将根据上列五家支付清单来分析农田经营费用，和农家生计的关系。

表 21　生活费用和农田经营费用的百分比

	甲	乙	丙	丁	戊
生活费用	60.6	68.9	42.9	98.3	97.5
农业投资	13.8	14.0	19.3	1.7	2.5
地　　租	35.6	17.1	37.8	—	—

我们所分析的五家和农田的关系有三种不同的方式。甲乙两家是地主，而且大部的劳作是雇工经营的。丙家是佃户，他也雇一小部分的劳工，但是大体上是自工租营。丁戊两家是卖工的劳动者。农田经营所需资本是经营农田者所担负的，自营的地主和租营的佃户得在他们收入中划出一部分的资金作为农田资本。卖工的本来不负经营的责任，可是劳动时有一部分工具却常是由卖工的自备，好像锄头和镰刀是卖工者惟一的生产工具。至于犁和耙，掼谷的木床等较大工具，则由经营者供给。所以在丁戊两家一年的开支中，只有1%～2%不是花在生活费用上的。

若是我们比较甲乙丙三家投资在农业里的数目，则可以见到这项在全部支出中的百分比是和收入成反比例的。这表示着这项费用的伸缩性较生活费用为小。在现有的农业技术之下，经营农田的费用中大部分是劳力的支出，而单位农田上所需劳力的数量可说是有一定的。当然，一个偷懒的农夫，可以让农田荒芜，少投一些资本。好像周家的老五爷的田，因为犁得不够，耘得少，肥下得不足，出产也因之比不上人家。可是这是例外的情形。

从农家整个支出来看，生产费用比生活费用固执得多。Engel认为食的项目在一家费用中是最固执了，这是只就生活费用来说的。若是和生产费用来比较则不然了。在中国农村中住过的人，一定会见到农民在食的方面也充分的发挥了它可能的伸缩性。以禄村来说，普通人家一天吃两餐，只在有工做的日子，在雇主家吃三餐。卖工的穷户到了冬天没有工做的日子，连米都吃不起，只吃玉蜀黍做的粑粑，而我们的房东晚上天天有消夜吃。在玉溪的一个村子里，就分着吃三餐和吃两餐的人家。生产部分却不能这样缩紧了。因为投资时一缩紧，收获时就吃亏，谁也不愿做这种不合算的事。生产费用既然是缺乏伸缩性，在一个同时是消费单位又是生产单位的农家，生活费用整个部分受着生产费用的限制。因之，我们在讨论农民的生计时，不能不顾到他们的生产费用。

从农业经营费用中的现金支出部分来说，甲乙丙三家的差别更为显著。现支部分所占农业经营费用(地租除外)的百分比是：甲 77.7；乙 68.2；丙 23.8。这些数字表示了禄村经济的特色，就是雇工经营的方式。收入愈多，在农业经营中劳力部分愈不自给，所以在雇工中支出的现金的数目也愈大。

在上表中，我把地租另立一项，因为地租能否算作农业成本，颇成问题。我在这里不能深入讨论。甲乙两家是地主，他们所经营的田是自家所有的，所以他们的地租可说是自得的。丙家有 7 工田是自家所有的，有 30 工田是租来的，实际上他只付了 15 石谷子给地主，其余 18 石是自得的，地租的数目是和经营农场的大小成正比例的。丙家既把地租付给了别家，他的收入减少了一部分，这使他在生活费用方面不能不缩紧了。

第九章

生　　计(续)

一、公款的担负

在消费清单中，还有一项应当特别提出来讨论的，是禄村人对于公款的担负。可是在讨论到公款的分派之前，我们还得一察禄村的地方组织。禄村全村一共分成九甲，在名义上一共有95户，因为我已说过，户是纳门户捐的单位，所以有些已经分家的兄弟，在户口册上不另立门户，以减轻他们的负担。实际的经济家庭一共有122户，和行政组织中的门户相差27户。

禄村的九甲是隶属于禄村的第五保。这一保一共有13甲，142户，所以除了禄村之外，尚有47户。这47户分成两村。其中有一村只有18户，是四川移民的村子，合成一甲。其他一村较大，有三甲，约30多户。这两村和禄村距离不过5分钟步行的路程，互相可以望得见。这一保中因为禄村人口多，所以在行政机构中占重要地位，即在没有改乡为保时，历任的乡长总是由禄村人充任的，现任的保长也是禄村人。

保甲的组织，是地方承受及执行上级行政机关命令的机构。它在本地方上的公事，并不是集权的，因为除了这保甲机构外，还有其他为当地公务而组织的机构。我们在上文中已提到，禄村的公田是由阖村管事经理，这和保甲组织是平行的。村的公田是以村为单位，好像同隶于第九保的那三个村子中有两个是各有各的土主庙，各有各的公田，各有各的管事，各自独立。禄村的水利组织则是超村落的，凡是利用同沟的人都参加一个组织。这组织称作“沟”，有公田，有管事，和别沟分开。

凡是政府中所需的款项，都由乡公所下令给保公所征收，所征收的可以分成三大类：一是门户捐，一是特别捐，一是积谷。门户捐系维持乡公所和保公所的经费，由保长向各户收取了交给乡公所，并不解到县政府里去的。保公所的经费有一部分，好像保长薪水，由乡公所发给。至于其他开支，则由调解纠纷的罚款充数。1938 年县政府规定门户捐分三等，甲等户每月 2 角 1 分，乙等户 1 角 8 分，丙等户 1 角 5 分。1939 年增为每年甲等户 3 元 6 角，乙等户 3 元，丙等户 2 元 3 角。至于各户分等是由保长支配，我们到四川移民的村子中去访问时，他们的甲长曾和我们说，他们因为势力小，所以分派门户捐时，保长对他们不公平。禄村有钱的人家，有派二等户的，而他们村子里却多派一等户。我们没有校核这句话的正确性，可是由此可见一个在别村支配下的小村，更加上原籍不同的因素，很容易发生行政上的不平等，因之发生摩擦。

1938 年该乡门户捐总收入约 300 元。但是该年乡公所经常费需 600 元；门户捐的总额并不足以维持乡公所的经费。不足之数，原则上规定由公田担负。其中 150 元由各村大公拨付，其余则由族分派。1938 年我们在禄村就目击因族公间分配不均而引起纠纷。禄村有田的氏族，依耕地册上所载明的，一共有六姓(见表 11)，实际此外还有若干有公田的氏族，在耕地册上没有载明的。可是各族和行政人员的关系有疏密，结果乡公所只派定两族负担所有的款项，因之引起了被派两族的不平，拒绝缴款。一直到我们第二次去调查时，虽经历了 10 个月，可是尚没有解决。

凡是政府里有特别需款需役时，就由各保筹纳。我们不妨把保公所里保存着收款的记录抄出来看一看。各项款额是由三村人民按户分派，禄村约占 60%～70%。

表 22　22 个月保公所收款清单

1937 年 9 月 1 日起		1937 年 9 月 1 日起	
乡公费	10.00	保安队开办费	7.80
门户费	13.25	保安队经常费	3.20
守夜费	26.00	常备队退役津贴	27.20
征兵伙食	14.00	公路水道	82.00
救国公债	93.00	区立高小学校经费	35.00
常备队伙食	30.00	初级小学经费	100.00
防空照测学生伙食车费	4.00	初级小学经常费	140.00
义勇壮丁受训旅费被盖	2.80		
1938 年 5 月 1 日起		**1939 年 1 月起至 7 月止**	
桐籽草麻种	3.00	图记	1.40
调集常备队退伍	40.00	甲长公路管理津贴	2.50
二次调集常备队	12.00	绥靖国军四名津贴	
		补充常备兵三名津贴	16.50
1938 年 10 月 28 日起		送兵车费	
		六十军义勇壮丁四名	6.00
乡镇筹备费	5.00	本县代印户籍册抄录费	13.00
赶公马及调查户口	33.00	常备队津贴	10.00
		义勇军津贴	3.00
1938 年 11 月 1 日起		乡公所造壮丁册	1.00
		奖赏绥靖国军	10.00
乡公所经费不敷津贴	151.60	义勇壮士四名津贴	
军士队学员一名	10.00	军士队一名津贴	10.00
		伙食	
1939 年 1 月起至 7 月止		征调兵二名	10.00
航空款及黄河水灾	16.00		
总　计			942.25

这是 22 个月保公所所收公款总数，其中除门户捐之外，全是特别捐。教育经费和一部分乡公所经费，不敷津贴是由各村大公所捐助。

由各家分担的大约 250 元。 禄村有时认 60% ~ 70%，有时认捐一半，约 150 元，每家约出 1 元 2 角。

积谷是农民合作调剂粮食的办法，在收获时大家捐出一些谷子，到青黄不接之际，农民中有需要粮食的可以向公米借贷。 这种办法已有多年历史。 在 1937 年前，积谷的分配是依所有田面积决定的，1935 年每工田抽 3 升，约合总产量的 3% ~ 5%；1936 年减为每工抽半升。1937 年分配原则改变，按户缴纳，共分四等：一等 3 斗，二等 2 斗，三等 1 斗，四等 5 升。 1938 年又减为：一等 2 斗，二等 1 斗 5 升，三等 1 斗，四等 5 升。 1939 年稍为增加：一等 2 斗 5 升，二等 2 斗，三等 1 斗，四等 5 升。 1937 年禄村实收积谷 16 石 5 斗，1938 年实收 19 石 7 斗。 这些谷子是存在县政府里。 1938 年全县存谷 1 147.6 石。 积谷是一种捐，因为这批谷子并不发回的。 凡是借谷子的每年要回清，而且在外要加息两成。 因之，县政府积谷每年增加。 凡是县政府经费不足时，可以出卖积谷来挹注。

禄村在 1938 年借得积谷的一共 80 家，计 42 石，普通每人借 5 斗，有 3 人是例外，各借得 1 石。 1939 年度共有 30 人借谷，最初只有 22 人借谷，放出 20 石。 其后又有 8 人借谷，保长因呈请将当年应交县之积谷 19.7 石借出一部分。 1939 年度比了往年竟少一半，因为公仓积谷内送去省城 600 多石，充作公米，放给农民的数目不得不减少了。

借谷的手续是由农民向保长报名，保长向县政府领取这年准放的谷子，按名平均分配。 据保长说，借谷的人家，并不全是缺乏粮食的。10 家中有两三家常把所借的谷出卖，因为借谷时价格高；以 1938 年说，借谷时每石 17 元，还谷时每石 10 元 7 角。 即加上利息二成，也不过 12 元 8 角，所以借谷出售的可以得到 4 元利润。 若是一年内不回清的，即算作下年借谷。1938 年 80 家中只有 8 家延至下年偿回。 加纳 1 斗谷息。

村民对于公家的担负，除了纳税，积谷之外，还有公役。 公役中最重要的征兵不计外，每户都要担负的是公路的修筑。 滇缅公路伟大的工程是沿路几十万人民血汗的贡献。禄村也是其中的一分子。据当地人民给我的估计，自从造路以来，每家至少已出了800人工，这是一个很大的数目。从1929年起到1938年，已有10年。兴筑时除外，每年平均要征5次工，每次5天，共25个人工。那些不愿劳动的，请工代役，每工2角(内包伙食)，共5元。在滇缅公路由交通部接收之前，所需人工，一概不付工资。所以这条公路是直接由沿路人民修筑和供养的。这辈担负这义务的人，并不是直接享用这路的人，因之人民对于这公路怀恨在心。有一次我在一个庙里和晒谷子的妇女闲谈。因为她晒的谷子很不好，所以我问她这是为什么原因。她指着那条公路说，“都是那条路，有恶风，开通了，谷子从没有好过”。我又时常听见人说，修路的人有用石块，打击过路的汽车，这是农民的反感，只见到义务而见不到权利的反感。

以上我们所列的是禄村直接给公家的担负。至于其他间接税并没有计算在内。以上列诸项为限，禄村人对公家的担负，并没有超过全部消费量的10%。因为缺乏相同性质的比较材料，我不能确切说明这种担负比别地为轻抑为重。可是若是禄村人比别地担负较轻，则其原因当在禄村有较大的公田代替各个别家庭付出了近一半的公家支出，而且我们相信若是公田管理严密，减少中饱部分，禄村行政费用和公共事业，甚至可以不必由各个别家庭担负。禄村一共有公田237亩，每年可收租(以50%计算)300石谷子。依1938年市价，可得2 400元。1938年乡保公所经费和特别款共约1 200元，只合公田收入的一半。所以为地方财政着想。公田的整理在禄村一类农村中是极重要的。

二、养生送死关节上的费用

上述的家庭费用，可说是经常费，是维持农民们日常生活的费用。还有一种是特别事故的费用，好像生孩子，结婚和丧葬等，这些是人们养生送死过程中的关节。关节上有种种仪式请社会上很多人来参加，因之需要相当数目的费用。关于这些仪式的意义，本书不能深论。本节中，我将举出婚事，丧事，祝米，做斋，做寿五个节目，举例说明这类费用的大概情形。

我在村时，正逢当地小学教员为父亲出丧，一连请了6天客。第一天每顿21桌(每天两顿)，第二天每顿38桌，第三天每顿45桌，第四天每顿70桌，第五天早上98桌，下午105桌，第六天每顿60桌，一共请了671桌。不说全村老少都在他家吃了几天，城内客人来参加的也有几十人。而且据说还是时间不巧，城内刚逢县长请客，为他父亲开吊，所以客人不能到齐。我自己刚逢吃坏了肚子，所以只去了两天。

那位孝子和我们说："我们不敢举动，所以帖子也没有发，只有看得起我们的才来。"我们说，这样连请6天客，靡费真太大。可是他并不十分同意，"这样才对得起死者"。

我们又逢那家熟识的佃户(就是上表中的丙家)，为他儿子筹备婚事。我们因为要回昆明，问他要带什么东西。他回家商量了一回，开了一笔账来：桂花呢一丈二，阴丹士林一丈二，阴丹亚布一丈二，此外还要一床有花的红毡。我们的房东老太太就劝他说，这种时势，不必如此考究，送几匹土布就算了。这三件布匹就得国币10元以上，加上红毡要十五六元，未免太多，可是磋商了半天，只把红毡取消了。第二次我们又回昆明，他喝了我们请他喝的茶，他说一定也要买这茶请客。我们说可是价钱很大，他说没有关系。又要我们代买红帖子。他要这个，要那个的神气，真使我们惊异了。读者可以在表17中间接的体会到他平时节省的情形。50多岁的人，天天劳动，既无嗜好，又不求穿着。以我们看来，他可以说是全村最勤俭的人。袜也不穿。短褐上补上几层。可是在他儿子的婚事上，他完全没有半点踌躇，一切要尽他的能力追求最体面的举动。有一次他请我们吃饭，在桌面上，他和我们房东谈话里，才知道他为这次儿子的婚事，拖欠了好几十元国币，而且又卖去了不少谷子。就是这样他一样的笑嘻嘻，觉得这是平生最愉快的一件事了。“自己的婚事是由父母管的，并不觉得怎样快活，最快活的是替儿子娶媳妇了。”这是我们房东向我们解释的话。

婚事的费用比较上不及丧事那样各家可以差得多，因为婚事是可以预算的，而且没有钱可以延迟一年，丧事却不成。人死了总得料理，所以丧事有简单到只花一具棺木的。我们第二次在禄村调查时，对门就有一家死了人。这家穷得很，向对家买棺木都没有钱，出了40元一张借据，才成交。入殓那天只请了一桌客人，下一天就由亲戚们抬了，放到山上去了。这样也结束了一个人，和小学教员家里的场面相差太远了。

表23　养生送死关节上的费用(单位国币元)

(一)婚事(1938年)		(二)丧事(1938年)		(三)祝米(小孩满月)(1939年任督学实例)	
订婚(一般估计)		殓尸(一般估计)			
聘金	50.00～60.00	棺木	40.00～100.00	猪肉70斤	35.00
布1匹	6.00	招待吊客	5.00～100.00	米1斗	6.00
五金首饰	6.00		45.00～200.00	挂面11斤	3.08
戒指	1.00	开吊(小学教员实例)		鸡3只	8.10
酒肉	12.00	共请671桌		蔬菜及油盐	10.00
	75.00～85.00	米及猪及菜	75.00	纸烟及瓜子	1.20
过礼(一般估计)		孝布	80.00	鸡蛋150个	9.00
布	18.00～24.00	纸扎	40.00	米线18斤	1.80
衣二套	20.00～30.00	碑	60.00	木炭及木柴	7.50
酒肉	20.00	柴	15.00	烧酒6斤	1.80
	58.00～74.00	炭	16.00	白酒7斤	2.80
婚日(前任督学实例)		酒	15.00	香油2斤	2.00
			301.00	赏工人	1.10
米	25.00	埋葬(一般估计)	0～100.00	赏小孩及零食	3.00
猪四头	100.00			面清面酱	2.00
小菜	30.00			麦面2斤	0.60
酒	7.00			杂费	5.00
轿	15.00				99.98
杂费	50.00				
	227.00				

(续表)

(四) 做斋(1939 年)(周家实例)		(五) 做寿(1939 年)(刘老奶 70 寿辰实例)			
道士 8 人	43.20	炭四背	10.70	清酱	4.40
香烛纸张	5.00	黄豆 5 斤	10.00	盐	4.00
斋食 84 桌	168.00	小米粉 4 斤	3.40	枣	1.50
猪 1 头	64.00	白枣仁 1.5 斤	3.00	面酱	1.00
乩生	10.00	葵花子 5 升	5.00	山菜	5.00
米	50.00	笋子 3 斤	3.20	租碗	5.00
酒 100 斤	20.00	砂糖 35 盒	7.00	赔碗	1.40
荤菜 4 桌	20.00	鸡蛋 70 个	5.60	租被	3.45
香油	63.00	麦面 5 斤	1.50	纸烟	2.00
柴	29.00	花生 12 斤	8.00	洋烛	0.70
木炭	14.00	蛋篮 13 只	4.00	鸡	12.00
	486.20	贝粉 1 斤	0.45	柴	15.00
		花椒胡椒	0.60	香曲	3.00
		钵头 5 个	1.00	面	7.50
		纸，黄烟	4.00	麻油	0.50
		姜 5 斤	1.25	酒	24.00
		白曲 30 斤	4.50	醋	2.80
		草纸	0.30	米	120.00
		猪 2 头	174.21	糯米	15.00
		干菌 4.5 斤	1.40	藕	7.00
		厨师	3.40		
		487.76			

祝米是孩子满月时的仪式。 普通人家头生孩子请客热闹一下。后来生的孩子，就简单到由母舅家招几个客人来吃一顿。 做寿是要场面的人有余钱才干的事。 张之毅君在禄村时刚逢隔壁刘老奶 70 岁做寿。 刘家本是算禄村的富户，而且刘老奶又是出名有霸道的老人家。她自己要儿子替她做寿，热闹了一下。 上表中所载详账是由张君直接在他们特为做寿所记的账上抄下来的。 做斋的目的，是在求家宅安宁，几年来因为农业不景气，禄村没有人做过斋。 1939 年周家牲口死了一半以上，家里人事也不宁，六爷决定为消灾免祸起见，做了一次斋。

上表中，婚事和丧事是根据1938年物价，其余三项是根据1939年的物价。读者比较时应加以留意，1939年物价比了1938年物价，普通增加了三倍以上，下文中我即将讨论及此。

这类费用是大宗的支出。任何一项都可以超过一家一年日常生活费的总额。我在下文中将说及农民储蓄很不容易，既有这种继续的大宗支出，很快可以把农民所有小小的储蓄，一次吸尽，甚至使他们负债，而影响到农田经营中必需的资本。这自是一个严重的问题。

三、鸦片的消耗

我们在上节中分析的五家，都是不抽鸦片烟的，可是我们不能不在这里提到这项消费，因为它对于禄村经济有很重要的影响。1938年我们在禄村调查时，据当地人民给我们的估计，每月禄村要销200两烟土，一年要销2 400两，这时节价每两国币4元，一年要有近1万元的消耗。这数目大得使我们不敢相信。1939年我们再去调查时，把天天抽烟的人名，一一记下，结果有38个。据说这一年内抽烟的已经少了些，因为烟价高涨，9月里1两烟卖到14元国币。每天抽烟的至少要5角，5角钱只能抽3分多烟，真是过不了瘾，所以据说连烟灰都吞了。即以每人5角来估计，一天全村要在鸦片一项上消耗19元，一年要花7 000元的国币。

自从鸦片禁种之后，除了有些大户人家尚有存土之外，大部分是靠市场供给的。政府有公卖的办法：凡是登记的烟民，每月可以领一些烟膏。可是禄村登记的烟民，只有8个，其余全靠私贩的供给。一年中禄村因鸦片而流出的现金总在5 000元以上。当地人和我们说，若是烟土这样贵下去，禄村一年的谷子，除了做米粮外，只够买烟来抽了。这种说法，有相当的正确性。禄村的鸦片若要全部靠外面的供给，则每年要输出 875 石谷子来换取。禄村每年全部谷产，依我们的估计，只有2 500 石，而全村需 1 000 石谷子做食粮，余下来的不过 1 500 多石。若要 900 石谷子去换鸦片，所余的确不多了。因为禄村有这一项巨额的支出，他们的农田决不足以维持他们的生计，因而不得不在副业上求挹注了。不然的话，依我们上文所说，禄村单靠农田也可以有国内农村的一般生活程度了。

禄村吸鸦片的人数，近年来已经减少了。我们可以随意挑一个中年的男子来问他平生抽过烟没有，没有一个是例外，若是诚实的话，全会承认抽过的。抽到成瘾的人和断断续续与烟没有完全脱离关系的，至少有一半。他们和我解释说：禄村本是个产烟区，出产的烟非常好。自产自用，不消花钱，就是买来抽，当时一年也抽不去 10 块花洋，比现在的香烟还便宜。什么病痛，抽一口烟就减少了一半。女人抽烟的也很多，连小孩子都有会抽烟的。

禁止种烟的法令是容易推行的，现在禄村一朵罂粟花都看不到。可是禁吸却没有这样容易，因为在禄村根本就没有给人戒烟的设备，而且在生活上也没有代替烟土来消磨这辈脱离了劳动者的光阴的方法。虽则这样说，烟土价格的提高，对于吸烟者经济压力加增，吸烟人数自然会降低一些。可是这是个很辣狠的办法，因为经济压力在没有使吸烟人放弃吸烟习惯之前，在其他方面的生活上已经引起了很多不易补救的打击。合理的禁烟，应当先有戒烟的设备；不然这种法令一方面增加农村的痛苦，加快农村经济的衰落；另一方面很容易引起行政机构的腐化。

今年烟价涨了，销量减少。这在禄村整个经济上看，虽并没有多少影响，但是有一部分人，减少了或戒绝了烟瘾，对于个别家庭经济的影响，却很重要。据我们知道，一年要抽 200 元以上的人总有十几个，这辈是村中拥有较大农田的地主。他们一方面避免农田上的劳动，可是并没有其他的事务可以加入他们有闲的生活中。在烟价便宜的时候，一灯横倚，是最好的消遣办法。我们去访问那些较有地位的乡绅时，有一种经验，就是要不是他们横躺着，一面弄烟泡，一面是不很说话的。不但烟能增加他的谈话精神，而且给他最合适的谈话情境。

上章，我已说过禄村传统的经济态度。凡是能得到他们认为过得去的生活程度，他们很知足的脱离了劳动。脱离劳动固然可以使他们免受种种劳动的痛苦，可是在农村中，脱离了劳动就发生了时间太长如何消遣的问题。闲着无事的人才会觉得日子长，日子太长也不是件容易安排的事。比如我们的房东(甲家的主人)不抽烟，又不下田，整整的白天蹲在哪里去呢？他解决的方法，第一是用睡眠来缩短一些时间，早上9时起床，晚上9时上床，足足可以睡12小时。第二是上街子，做礼拜。第三是串门，蹲在街旁闲谈，画画图，练练字，或打打牌。我们在禄村时常能替他们解决一些消遣问题，因为我们供给香烟和茶，从不拒绝谈话说笑的。像我们房东那样零零散散的消遣，自然不像几位退任的乡长校长们抽烟的办法来得简便。在烟价便宜时，甚至可以说是个最经济的消遣方法。

有闲而抽烟，抽烟而更不想劳动，不劳动而更有闲——这是一个起讫相衔的循环。这循环给那辈雇工自营的地主以一个典型的生活方式。

四、物价变迁和农民生计

在1939年这一年，云南农村经济中最引人注意的是物价飞涨的现象。我们在1938年年底，离开禄村回昆明，在村两个月之中，物价的变动很小，我们没有注意到这方面的材料。这时，男子工资每天1角，谷子每石8元，从当地人民口中听来，好像是好久没有变动的老价钱。米价的变化总是在2角5分到3角1升之间。可是过了7个月再到禄村时，情形却不同了，米已经涨到6角1升。9月底我们回昆明正逢米价直跳向上猛涨的时候。不到半个月，滇缅铁路局搬到禄丰，我们从那里来的信上，知道禄丰的物价也跟着跳了。物价的飞跳，对于农村经济有什么影响，当我们第二次在禄村调查时，已成了一个最有趣味的问题了。张之毅君按街期把重要物品的价格记录了下来，后来我们又找着了一位前任督学赵君，请他按街子把10月、12月两个月的物价也记录了下来。我把上一年的记录下的物价加上去合成表24，更以1939年10月10日的物价作基数，编成指数。为了便利分析起见，把货品大致分成三类：第一类是农家产物——普通农民供给市场的货品，第二类亦是农家产物——有些人家出卖，有些人家买入的货品，第三类是普通农家向市场购买的货品。

表24　物价变迁表

(一) 普通农家供给市场的货品(物价以国币元为单位)

货　品	1938年11月	1939年								
		9月底	10月10日	10月16日	10月22日	10月28日	11月3日	11月9日	11月15日	11月21日
米(每斗)	2.5 40.3	6.0 96.8	6.2 100	8.8 141.9	9.8 158	12.0 193.5	13.8 200.7	17.5 263.5	18.3 282.1	18.5 285.5
蚕豆(每斗)	1.8 36.6	8.0 97.5	8.2 100	12.0 146.3	11.0 134.1	10.2 124.4	10.0 121.9	10.0 121.9	11.0 134.1	12.0 146.3
米糠(每斗)	—	—	0.8 100	1.0 125	1.0 125	1.0 125	1.35 168.7	1.30 162.5	1.40 175	1.35 168.7
豆糠(每斗)	0.06 17.1	—	0.35 100	0.38 108.5	0.38 108.5	0.40 114.2	0.80 228.5	0.80 228.5	0.90 257.1	0.82 234.2
小麦(每斗)	—	5.0 83.3	6.0 100	5.5 91.6	6.0 100	6.2 103.3	7.0 116.6	7.0 116.6	7.2 120	8.5 141.6
平均指数	31.3	92	100	126.6	125.1	132.1	169.1	178.6	193.6	195.2

表 24　物价变迁表(续一)

(二) 普通农家有时出卖有时买入的货品(物价以国币元为单位)

货　品	1938年11月	1939年								
		9月底	10月10日	10月16日	10月22日	10月28日	11月3日	11月9日	11月15日	11月21日
工资，男(每天)	0.10 33.3	0.30 100	0.30 100	—	—	—	—	—	—	0.50 166.6
工资，女(每天)	0.05 33.3	0.15 100	0.15 100	—	—	—	—	—	—	0.25 166.6
田，上等(每工)	80.0 80	—	100.0 100	—	—	—	—	—	—	—
田，中等(每工)	50.0 83	—	60.0 100	—	—	—	—	—	—	—
田，下等(每工)	35.0 100	—	35.0 100	—	—	—	—	—	—	—
猪肉(每斤)	0.18 26.6	0.70 100	0.70 100	0.80 114.2	0.80 114.2	0.90 128.5	0.98 140	1.10 157.1	1.20 171.4	1.20 171.4
鸡(每斤)	0.2 20	0.9 90	1.0 100	1.2 120	1.3 130	1.3 130	1.1 110	1.10 110	1.15 115	1.00 100
鸡蛋(每个)	0.2 40	0.5 100	0.5 100	0.7 140	0.75 150	0.75 150	0.75 150	0.75 150	0.75 150	0.80 160

表 24　物价变迁表(续二)

(二) 普通农家有时出卖有时买入的货品(物价以国币元为单位)

货　品	1938年11月	1939年								
		9月底	10月10日	10月16日	10月22日	10月28日	11月3日	11月9日	11月15日	11月21日
青菜(十棵)	0.10 12.3	0.80 100	0.80 100	0.90 113.3	1.00 133.3	0.85 106.3	0.95 118.7	1.0 133.3	1.2 150	1.4 175
白菜(十棵)	0.10 13.3	0.50 66.6	0.75 100	0.95 126.6	1.10 146.6	0.85 113.3	1.00 133.3	1.1 146.6	1.2 160	1.3 173.3

(续表)

货　品	1938年11月	1939年								
		9月底	10月10日	10月16日	10月22日	10月28日	11月3日	11月9日	11月15日	11月21日
水牛(每头)	50.0 62.5	—	80.0 100	83.0 103.7	140.0 175	120.0 150	120.0 150	100 125	90 115.5	83 103.7
黄牛(每头)	30.0 37.5	—	80.0 100	80.0 100	85.0 106.2	90 112.5	100.0 125	100 125	90 112	85 105.2
骡(每头)	—	—	180 100	180 100	200 111.1	190 105.5	210 116.6	200 111.1	130 72.2	175 97.2
驮马(每头)	—	—	80 100	80 100	90 112.5	85 108.2	120 150	110 137.5	100 125	90 112.5
平均指数	45.2	93.8	100	113.1	130.9	123.8	132.6	132.8	130.7	139.2

表 24　物价变迁表(续三)

(三) 普通农家向市场购买的货物(物价以国币元为单位)

货　品	1938年11月	1939年								
		9月底	10月10日	10月16日	10月22日	10月28日	11月3日	11月9日	11月15日	11月21日
豆腐(十碗)	0.1 20	0.5 100	0.5 100	0.7 140	0.8 160	0.8 160	0.75 150	0.8 160	1.0 200	1.0 200
盐(每斤)	0.1 55.5	0.14 77.7	0.18 100	0.28 155.5	0.35 194.4	0.35 194.4	0.38 211.1	0.42 233.3	0.44 244.4	0.45 250
酒(每斤)	0.08 40	0.2 100	0.2 100	0.28 140	0.28 140	0.3 150	0.3 150	0.4 200	0.45 225	0.45 225
砂糖(每盒)	0.05 27.7	0.2 111.1	0.18 100	0.2 111.1	0.2 111.1	0.2 111.1	0.19 105.5	0.2 111.1	0.21 116.6	0.2 111.1
小猪(最小一头)	—	—	5.0 100	5.5 110	6.0 120	6.0 120	5.5 110	5.5 110	6.0 120	7.0 140
柴(每背约40斤)	0.5 50	1.0 100	1 100	1.4 140	1.5 150	1.5 150	1.5 150	1.5 150	1.6 160	1.7 170
炭(每背约40斤)	0.45 15	3.0 100	3.0 100	4.0 133.3	5.0 166.6	5.0 166.6	5.0 166.6	5.5 183.3	6.0 200	6.5 216.6

表 24　物价变迁表(续四)

(三) 普通农家向市场购买的货物(物价以国币元为单位)

货品	1938年11月	1939年								
		9月底	10月10日	10月16日	10月22日	10月28日	11月3日	11月9日	11月15日	11月21日
香油(每斤)	0.25 27.7	0.9 100	0.9 100	1.0 111.1	1.0 111.1	1.0 111.1	1.0 111.1	1.1 122.2	1.15 127.7	1.2 133.3
土烟(每斤)	0.18 30	0.60 100	0.60 100	0.80 133.3	0.90 150	0.80 133.3	0.80 133.3	0.76 129.9	0.80 133.3	0.85 141.6
川烟(每斤)	0.7 38.8	—	1.8 100	2.4 133.3	2.5 138.8	2.8 155.5	2.8 155.5	2.9 161.1	2.9 161.1	2.9 161.1
鸦片(每两)	4.0 28.6	14.0 100	14.0 100	14.0 100	14.0 100	13.5 96.4	13.5 96.4	13.5 96.4	13.5 96.4	13.0 92.8
市布(每尺)	0.2 33.3		0.60 100	0.70 116.6	0.73 121.6	0.73 121.6	0.75 125	0.70 116.6	0.65 108.3	0.65 108.3
土布(每尺)	0.12 34.3		0.35 100	0.35 100	0.35 100	0.35 100	0.35 100	0.35 100	0.35 100	0.35 100
平均指数	33.4	98.7	100	124.9	136.4	128.4	135.7	144.1	153.3	157.6

在分析物价变动对于农村经济的影响之前，应先明了农产及农家消费品和市场的关系。一方面我们不应忘记农村经济是部分自给的。一个产米的农家，除非不得已，他不向市场上购买米粮的。至于他多余的谷米什么时候销售在市场上呢？把农村中的米粮挤到市场上去的，说是市价的引诱，不如说是需要货币的压力。农民们对于米价的预测是根据他们历年的经验，就是收谷之后米价最低，逐渐高涨，涨到来年新米上市。在这传统的米价变迁之下，凡是能积得久一些的，就占一些便宜。可是农家所需其他日用品，凡是要向市场购买的，一定得用农产物去交换。农产物中以米为正宗，所以他们在需要货币时，才肯出售粮食。有时连在这种情形下，还是愿意借钱，不愿卖米的。有一次丙家的主人请我们去吃饭，我们的房东老太太也一同去。她到了仓

楼一看，直嚷着，“怎么你的谷子只剩了这一些了，要钱还是去借，这时候就出卖，来年吃什么？”丙家为了要娶媳妇，不能不把谷子早些碾了米，换了钱来使用。他本来每年自己的谷子，回清了租，不能久存在仓楼上。米贱出卖，米贵买入，是他的老经验。新米上市，米价之所以跌落，就因为有不少中等人家在这时要货币。当时最紧迫的是豆种。豆种能自给的人家，固然不必出卖米来换豆，可是中等人家，收豆时存谷已经吃得差不多了。豆收起来出卖了换米。等到要种豆时不能不重向市场上用米来换豆了。这个公式对于农家经济很不利，可是能逃脱这公式的，据当地人和我们说，禄村只有30家，不过全村户数的1/4。另有3/4是终年买米的。大约有一半是受着这不利的公式的煎熬。

过去的一年中，米价一斗(50斤)，从2元5角涨到了18元5角，在七倍之上。而这飞涨的时间，却以10月到11月之间为最激烈。新米在10月中上市，这样说来，若是米价程度不再上涨，则对于那些急于出售米谷的中等人家，是有利的。若是继续上涨，则他们依旧在老公式中吃亏。

农家出售农产的目的是在换取他们须从市场购买的日用品，有一些日用品是农村人民中自己互相交换的，好像猪肉。农家自己养了猪，售给猪商，杀了之后，再零散卖给农民。猪的价钱跟着肉价一同涨。一头猪总得养一年，在物价逐渐上涨中，养猪的人是否可以占便宜，是要看肉价和米糠及豆糠的价额，哪个涨得快。上表中可以看见肉价涨得较慢，那是说养猪的吃了亏。不过喂猪的食料大部分是农家自给自足的，他们不需要向市场上买，所以并不致受损失。而且我已说过米糠及豆糠并不能大批出卖，农民们也不能因猪肉价钱上涨得慢，而出售米糠和豆糠。

农民们因物价上升而减少消费是很明显的。他们减少消费的结果，使他们本来要花钱购买的项目减少，本来用来自给的部分则可以出售于市场。农民生活程度固然因之下降，可是农民收入的货币却因之增加。我们第二次在禄村调查时，就见到这种情形。我们的老房东，手边钱很多，要我们代他买一只手表。后来听见我们说明了手表的价钱，才吐了吐舌头缩了回去。他们本来惯于在消费上节省的，物价一涨，更不敢买东西。同时却鼓励他们出卖农产，结果增加了他们货币的存积。我们曾间接打听他们每家存储货币的数目。像上章所引甲乙两家，一下子可拿出二三百元国币出来。像丙家一类的人家，不用筹划，也可以拿出四五十元国币。货币的存积，并不增加他们的消费，而鼓励了他们做买卖。乙家的主人把典来的田也退了，拿了回来做生意。他在 1938 年年底和 1939 年年初往返昆明两次。他又去川街贩纸，家里开了马店。比他更有钱的人家，做盐生意。一个退任的乡长和其他四个朋友，合向猴井买了 1 万斤盐。就是戊家，在农忙中还是偷出时间来贩了一次梨。丙家赶猪。我们在村时常感觉到禄村在物价刺激之下，加速的商业化了。

当然，物价的上涨，并不是普遍的对农民有好影响。他们有一部分日用品是不能不靠市场供给的。一斤盐，已经从 1 角涨到了 4 角 5 分。一背炭从 4 角 5 分涨到了 6 元 5 角。一两鸦片也从 4 元涨到了 14 元。1 市尺布从 2 角涨到了 6 角 5 分。这些货物的涨价，一方面使他们减少或甚至取消这类的消费，一方面使他们要设法开添收入。有农产物的自然还能对付，而且农产物的价额涨得比这些消费品为快。以 1939 年 11 月底的情形论，农产物价平均指数是 195.2，而外来消费品的平均指数只有 157.6。依这字面上说，农村是应当繁荣了，但是我们不应忘记，农村中并不是全体农民都有多余农产出售的。实际上，有农产品可以出售的不过占全部农民的一半，以禄村说只有 1/4。那些靠卖工为生的人，他们没有农产品，只有劳力。劳力的价额如何呢？在 1939 年收谷时还只有男工 3 角，女工 1 角 5 分，比上年这时涨了一倍。在 1939 年 11 月底，不在农田上工作的工资涨到了 5 角。可是与其他物价相比，尤其是米价实在相差太远了。当然，这工资中并没有把伙食算入，普通工人们被雇期间是由主人供给伙食的。这一部分是和米价相同的上涨，但是在没有工作做时，他们要自己买米，那时候他们可就吃亏了。所以在过去一年中，有一半单身在禄村卖工的人，离开禄村到别处去了。

工资比物价涨得慢，雇工自营的地主应当占便宜，使禄村农田经营方式更向利用别人劳力的方面发展。可是事实适得其反。我在论劳力供给的减少时，已经提到有不少历年不劳动的人开始下田的情形。一方面固然是因为劳工不容易雇，而劳工的所以外流还是在禄村地主们不肯出较高的工资。张大妈本来是打算包工的，可是在禄村附近去找工讲价，都没有讲成。她讲价时的话，我觉得很有意思。张大妈最初给的是往年的价额，她不承认工资已经涨了。而包工的却说往年包1工田掼谷子有1升米的工资，米价涨了。往年以货币计算的价额自然包不下来了。他们是坚持工资和米价的比例，而张大妈不但不承认这原则，而且觉得工资上涨了，要付的钱增加，心里舍不得，所以到底没有讲成。货币价值的跌落和物价上涨，在张大妈的脑中，并不是一件事。在她似乎觉得1块钱是1块钱，价值是固定的。不过有些东西以前不值钱的，现在值钱了，可是这并不是说一切东西都变得值钱了。劳力就是不该和其他一起论列的。她只看到名义工资的上涨，而没有看到实际工资的跌落。因之，劳力价格便宜时反而不愿雇工了。这种心理并不是张大妈所独具的，因之，农村中的工资赶不上物价，使卖工脱离农村，那辈小土地所有者开始亲自劳动了。换一句话说，禄村本来有一批没有动员的劳力。这批劳力在以前的工资下是吸收不出来的。但工资稍提高了一些，没有利用自有劳力的人，觉得值得动用他们劳力在农田上了。这样增加了劳力的实际供给，使工资不能提高到和米价成比例。从劳力外流及实际工资降落的相互关系上，更使我们相信禄村原有劳力若是能动员的话，是足以应付他们农田上大部分的需要。若是真的劳力不足的话，工资决不能反而在需要增大时期降落的。

农村物价高涨，只影响到他们以货币来交换的范围而已，在一个像禄村一般的农村中，这个范围之外还留着不少物价影响不到的部分。我们已提到禄村的租额，一律以谷子计算的，若是佃户的租谷是自产的，谷价的高低并不会影响到他们实际的担负。可是像丙家一样，因为纳了租，自产谷米不够供给粮食的佃户，则要直接受到米价上涨的压力了。

在货币贬值的过程中，这不受货币影响的部分，在扩大抑在缩小？这是个有趣的问题。可是这问题并没有一个简单的答复。我们得注意经济关系中有势的一方在哪种情形中可以得利。譬如，租额若改为货币，货币继续贬值，佃户就占了便宜，有势的地主是不愿意的。若从工资方面说，地主觉得供给伙食不如一概以货币工资包清，在物价高涨中他可以占便宜，于是我们就见到这种情形发生了，因为在雇佣关系中，雇主有势力。比较更复杂的情形是在借钱回谷利的办法中，以后我们还要详述，暂时不提。

物价的变迁，货币的贬值，在农村经济中发生了重要的变化，农民所受的得失极不相同，结果使农村中原有的经济秩序要重行安排，我在本节中只能择要提到，希望有人能作专题加以更详尽的研究。

第十章

农田的继袭

一、单系继袭和妇女地位

农田是禄村经济的主要基础。从上面两章看来，禄村人生活程度的差异是根据有没有田，有田多少而决定的。我们也看见禄村人厌恶劳动之心，而依旧得和牛马一般终日劳动。没有田的在希望有田，所有田太小的在希望扩大他的农场。有闲的地主们在希望保持他已得的权利。这里有一幕活的戏剧在开演了，以下两章我就要讨论农田所有权转移的动态。农田所有权转移的一种方式是农田的继袭。

农田是可以继续不断地长期被人利用，而农田所有者的个人，却受寿命的限制，不能继续不断地长期利用土地。在这个矛盾上，农田的所有权不能不一代一代地在不同的人手中转移。这种转移的方式，我们叫它作农田的继袭。农田继袭所取的形式各地可以不同，继袭者和被继者的关系，各地也可以不同。以禄村而论，农田继袭是以亲族世系为根据，这是禄村经济藉亲属结构而活动的主要部分。关于禄村亲属和经济，在本书中，不能细论，这里只将提出两点：一是农田继袭的单系性及继袭行为的时间问题。

亲属是以生育及婚姻而发生人和人的联系，所以亲属联系是男女结合的结果，本身是双系的。简明地说，普通情形下，一个人是有父有母的。但是农田的继袭，除了极少数的例外，却常只用这双系亲属联系中的一系。禄村是以父系为主。一个人只能得到父系方面传下的农田，农田既在父系的亲属联系中传袭，女子就得不到农田的所有权。女子出嫁不能带着她父家的田产到夫家去，于是她自己没有农田可以传给她的后代。从子女方面说，在普通情形中，女的并不能和她兄弟一般从上代继袭田产，所以结果我们可以说农田是男性的财产。

农田既是男性的财产，在家庭的经济上，夫妇双方所供给的部分亦因之相差。在结婚时女家送到男家的嫁奁，包括下列各项：铺盖，火盆，脸盆，衣箱，柜桌，椅，女用衣服妆台杂物。男家近亲长辈鞋子每人一双，小辈帽子每人一顶。

可是女家在送嫁奁之前，收到男家送来的聘金(30～60元国币)，布匹(6～8匹)，五金首饰，戒指，衣服等，所以女家只要赔上了30～40元，而男家却花去了100～150元，来筹备这新家庭的物质基础。

结婚之后，新妇住在丈夫的家里，若是丈夫还有父母，又没有和他兄弟分家，则不如说是住在丈夫的父亲家里。新家庭的住所是由男家供给的。结婚之后，维持新家庭经济基础的农田，新妇一点都带不过来，所以也是全靠男家在新家庭的全部财产中，只有一部分房内的用具是由女家用男家送来的聘金所购置的。

夫妇对于新家庭经济贡献的相差，至少是决定妇女地位的一个要素。那些不是由新妇带来的生活资源，最重要的是土地。她是没有直接支配的权利，好像土地如何利用，土地权转移等，一个有夫之妇，绝不能单独决定。虽则事实上妇人家可以用各种方法来左右她丈夫的行为，可是丈夫不听她们，她们并不能取消丈夫行为的结果。

没有田的女子在经济权利方面，不能和丈夫相比。在劳动义务方面，则时常多于丈夫。做妻子的义务，一方面是生育孩子，一方面是担任烹饪针线等家里的杂务。此外，还要下田，晒谷子，喂猪等较轻的农作。这里有一件应当特别注意的事实，就是即在男子不劳动的自营农家里，女子很少是不下田的。小小的脚，紧紧的裹着腿，一样的拖泥带水的在田里插秧，割稻。我们在第二章中所列的农作表内，已注明有很多的工作，是一定要女人做的。这些工作，就是望田生畏的校长太太，也免不了部分的参加。因之，在户口册上载明1938年度32个佣工中，只有6个是女的。本村的妇女既大部分不如男子一般容易脱离农作，外来的女工的数目因之减少，工资也更低，低到不要工钱。我们房东就雇了一个女佣，只给她饭吃，地方睡，没有工钱。此外还有卖绝的丫头，工资是不必需的。雇男工而不给工钱是例外，雇女工不给工钱是常事。

娶了妻，让她闲着是浪费劳力。利用家有女工的劳力是有田的人家愿意自己经营而不愿出租的一个原因。当然，他们并不是这样明白的表示，他们是说自己经营有时候就不用雇工，自己做做出息大，可是所谓自己做做，男子比女子“做做”的机会少得多。我们曾问人家，像这种整日在庙里吹洞经的王家少爷，如何能经营他的农田？“他的女人能干”，是他们的回答。

从这些事实上看来，在家庭中，好像在村中一般，似乎也有着有田者不须耕田，无田者不得不耕田的情形。

若说妇女根本没有经济独立权，所以她在和农田关系上成了她丈夫的佣工，这话并不正确，不靠她丈夫的经济基础所得来的收入，是妻子自己的。我们的房东太太就时常在赶街子的时候做些小生意。她在甲街子买了些谷子，鸡，在乙街子上卖出去，挣了钱丈夫管不着她。有一次，她在街子上买了一件红绸棉袄回来，她丈夫说她不该向不认识的人家买“烂东西”。她花她自己的钱，不理他，虽则后来她又出卖了，还赚了些钱。妇女们自己有挣钱的机会，好像出去替人家缝衣服，可以到手一些工钱。又可以做了绣花的帽子卖给人家。这样她有了一些本钱，在街子上买进卖出。这些钱和家里的公账是不相混的。丈夫不能去干涉她，向她要钱。她甚至可以借钱出去，而她丈夫得借了钱来养家。

她在家里劳作，同时享有由她丈夫供养的权利，至少，她可以得到丈夫给她的住和吃。这是等于她出卖劳力而获得的工资。从这方面说，娶个老婆和雇个工人，在性质上是相同的。为了要人劳动是娶媳妇的重要的理由。这种理由是禄村人民大家所公认的。

农田传袭的单系性，对于两性社会地位，固然会发生不平等的影响，可是双系性的承继亦有不易实行的客观条件。从农村的区位结构上说，农田和住处不能相距太远。若是太远了往返时间及所费劳力会影响到农田利用的效率。我们若假定农田继袭是双系的，就是女子平等传受父母双方的田产，则婚姻关系在地域上，就会受农田和住处的区位关系而限制于一较小的范围中。若是夫妇原来的住处相隔很远，他们都有田产需要经营，田产不能因婚姻而搬在一起，夫妇又不能因田产分散而各自独居。在这种情形中，只有在邻近的地域中发生婚姻关系了。若是婚姻关系有其他的原因，不能限于狭小的地域，则农田双系继袭在事实上办不通了，除非所有权和使用事实完全脱离关系，这样就影响了农田经营的方式。禄村现在的社会结构中，只能由单系继袭他们的农田。

我在《江村经济》中，曾提到我们中国的新民法中因采用男女平等主义，确定了双系继承的原则，这是没有顾到最大多数农民的实际生活情形的立法。在可以分析的动产方面，双系继承的办法有实施的可能，可是在不动产方面，好像农村中的土地，在现代的生产技术之下，很少有实施的可能性。现行的土地政策，鼓励耕者有其田，而继承法中却间接地在鼓励不动产的所有者脱离使用，我们看来，两者是互相冲突的。我在《江村经济》中曾说，彻底的双系继承是一种空前的试验，若是果真能实施的话，中国社会的结构会因之改造，给社会学者以一个最值得注意的题材。至于中国是否值得推行这种立法，那是另外一个问题了。[1]

---

[1] Peasant Life in China.

二、上门的姑爷

农田是男子的财产，女子得不到田是禄村农田继袭的一个原则，这个原则有个例外，就是招婿。

招婿是我国农村中常见的现象。在民法中也加以合法的承认。很多地方招婿只发生在没有儿子的人家，可是在禄村却有儿子的人家也可以为女儿招婿。比如我们熟悉的张大舅，他的父亲是大理姓宋的，到禄村张家上门。张家有兄弟三人和一个姐姐，现在都已死了。可是子侄辈都是村中有数的人物，村中最有势力的退任乡长就是这家的。以这家为例，可见在一家之中，儿女不分性别，都平等的继袭了他们的父亲的姓和财产。张大舅的父亲上门时没有农田，他带了些钱来。他一上门，就分得了张家的农田，又用他自己的钱买了十几工田，可是双系继袭是暂时的，等张大舅的父母死了，由张家得到的田就给他的伯叔要了回去。张大舅性子好，并没有因之改姓宋，而且在感情上和他堂弟兄都还好。

招婿的女儿自己固然是得到了农田，这是说男女都有了继袭的权利。但是上门的姑爷若要得到女家的农田，同时要改姓女家的姓(有很多并不把自己的姓取消，好像一个王姓的到张姓上门，他的名字可以改作张×王)。上门姑爷的妻死后，他能否继续继袭女家的农田，即成问题。逢着妻家有男性继承者时，他很可能被迫把农田交回。他自己可以回宗改姓。姑爷们的儿子中分从父母两姓。所以在禄村的户口册上，常发现父子异姓的事。凡是姓父亲原来姓的儿子，就不能承袭母系的农田；姓母姓的，能不能得到继袭的权利，也要看母家族人有没有良心。

上门姑爷也有自己带着田来的。这种农田的继袭方式，好像是双系的了。禄村有一个王姓的上另一王姓的门，就带着农田的。可是等他儿子长大了，若是一个得父系的田，一个得母系的田，则现在的双系性不过是两系的暂时合并罢了。若是上门的姑爷得不到田，他就不肯改姓。有一家是姓李的上施家的门，因为农田给施家要了回去，他就不再姓施而回姓李了。另有一家是姓葛的上李家的门，两家都是没有田的，那位姑爷就不愿人家叫他李大哥，在户口册上，也写着姓葛。这里我们可以注意的，就是得到农田是改姓的交换条件。

从上门姑爷来说，上门是一个外来的无田者进入社区中心团体的一个门径。我在第五章第一节里已经说起外来的移民不易得到本村的农田。因之，他们只能做本村经济组织的附庸。即在他们所住的房屋分布情形中，也可以见到他们总是在村的边线上而不易进入这社区的中心。独身的卖工者虽则分散地寄居本村内各家，可是他们总是流浪的行脚者，不但在社区生活中不占重要地位，而且他们不能在村中生根。他们若是要进入社区的中心团体，只有一条路，就是利用婚姻和本地的中心团体发生结合。姻亲关系时常是沟通不同地域人民的一种联系，好像本村所娶的媳妇大半是从别村来的，本村的女儿大半嫁到外村去。在这方面说，女子在地域中是较男子为流动(这是使他们不易得到农田的一个原因)；同时也是比较容易加入别的社区。男子们要利用婚姻来加入别的社区，就成了上门的姑爷。我们所知道上门的姑爷全是由外村来的，除了一个例外，全是没有田的。他们愿意改姓伏雌，时常是很明白的想藉此得到一份可以终身依赖的田产。当这个目的不能达到时，就有恢复本姓和否认上门等事了。上门的婚姻方式和农田继袭因之发生密切的关系。它可说是出于一辈无田的男子想获得农田继袭权的原因，同时它却改变了禄村常态的父系继袭方式。

三、分　家

农田所有权的继袭是一种法律手续，就是说一个对于农田没有所有权的下代，得到农田所有权的手续。这种手续在民法上是规定在财产所有者死亡时发生，若是在生前发生亲属间财产的转移，只能属于赠与或其他无偿取得的财产部分，并没有特条规定。可是在民间习惯上，财产的继袭常有发生在亲方在世的时候，就是普通所谓分家。分家是我们中国家庭财产继袭的重要事件，民法上没有专条规定，不能不说是一种缺憾。

从社会学的立场上来看，财产所有权在亲子关系中转移不过是社会性新陈代谢作用中的一步。亲子关系的内容，因新陈代谢作用的演进，而逐渐改变。子方出世，非但不带任何财产，而且他生命的维持，完全依赖亲方。孩子逐渐长大，由完全受亲方的供养，慢慢地参加家庭中的生产工作，由工作而获取经济上的权利。到他能独立生活进而自己组织家庭，由从亲方得到自主的经济权，最后和亲方的家庭分裂而独立。亲方则反之，由保育儿童而利用子方劳力，合作经营家庭经济，直到把家有的财产分给独立的子方，最后受子方的供养，成为子方家庭的附庸。

在新陈代谢的过程中，子方的数目可以是多个的，于是亲方的财产要分割以传给多个独立的子方单位。这样发生了子方的兄弟间如何分别继袭亲方财产的问题。

分家是把本在一个亲属团体里生活的分子，分成几个经济上独立的小团体。从亲属团体团结上讲，是一种破裂的作用，在需要团结的方面讲是不利的。而且这破裂的结果，使在原有团体握有经济权者看来是一种损失。因之社会对于分家的态度常是贬责的。

我们在禄村时，庙里正有大会，生者可以荐拔亡魂要死者回来在乩台上写字，有一家把亡父请来了，在沙台上写着下列的训词：

“你们兄弟当和顺，不可小事起忿争。长子有妻妻有子，三儿有妻当小心。在外在家抱根本，不可小事慢乡邻，二儿再由书前进，盈亏代他探淑婚。兄如父母当助弟，父母在冥也甘心。欠账不上 4 000 整，父佑两年概赔清。兄弟妯娌当和顺，10 年不准把家分。”

我们不必把这乩词信做死人魂灵的教训，可是很可藉此见到社会一般的态度。

事实上分家是免不了的，在父母死后才分家的已经很少，死后10年不分的，我们从没有在禄村听见过有这种人家。在父母死后才分家，有几种困难：第一是父母年老时，家庭经济权不易维持，因为子方的兄弟间，尤其是大家都娶了妻生了子的不容易受一人的支配。第二是父母死后，若是兄弟间的年龄差得多些，幼子的权利不易保障。所以在禄村，我们所知道的人家，多数是在父母在日分家的。

分家的直接原因，常是兄弟间的不和睦。举例说：我们的邻居老父母都在，大儿子不成才，媳妇又懒做工，他的弟弟却很勤俭。他们若是不分家，等于弟弟做工来养他哥哥的一家子。哥哥的抽烟会抽到弟弟的头上来，弟弟得负这大家庭的全部经济责任。这样，在一般的观念中，认为是不公平的。于是他们分了家。老父母和我们提起了分家的事，总是摇头说儿子不争气。

老父母本来有24工田，他分给两个儿子，每人9工。自己留着6工做养老的费用。24工田在禄村本来是算小康之家了。这样一分可就少了。老父母去年已经是满70岁的人了，不能劳动，他的田交给小儿子种，他们也住在小儿子家里，由小儿子供养，所以小儿子实有15工田。他又租了16工田，有4工是我们的房东的，他们是同祖的堂兄弟，所以他经营的农场有31工，虽则有一半是租来的，但是已可以过得去了。那大儿子只在9工田上做活，又懒又抽烟，不时向他父亲要些钱，又在外举债度日，依我们房东说，他的田产是保不住了。

我们的房东的父亲和刚才提起的老父是兄弟，可是他早死了，只有一个儿子，他死后遗下的妻子很勤俭，一面雇工耕田，自己做针线挣工钱，非但把祖上传下的30多工田保存了，还添了几工，现在一共有36工田。到我们房东一代，堂兄弟中，很明白地显出了贫富之别了。

我们知道在禄村过去的一代中，比我们房东高一辈，有三家拥有200多工田。可是到这一代最多的只有60多工了。最直接的原因是在兄弟的分家，把较大的农场割碎了。

父母生前给儿子分家，他可以提出养老田，这一份田的数目并没有一定，有时很大。在这田上的收入，他可以自由支配，当然，很多仍用在儿孙身上。他死后这份田就充作办理丧葬之用，普通的人家，在丧事里花去300元国币是算很省的了。300元国币就得用4工上上田去换。若是有多余的农田，也有就不再分析，由兄弟间轮流使用。用这份田的，就有去上祭扫墓的义务。有时这份田较大，它的性质和族公差不多了。

兄弟间所继袭的田产，在禄村原则上是相等的。可是事实上略有变异，我们的邻居刘家有弟兄三人，他们父亲在时一共有100工田，长子成家时，父亲就立下了分单，每人30工，留10工亩养老田。长子拿了30工田，就自立门户了。次子成家时，父亲已经死了。他的母亲偏爱他的小儿子，所以只给次子15工田。去自谋生活。小儿子和他母亲一同住，经营了55工田。次子很不满意，可是那位老母亲却霸道得利害，所以没有法想。他只希望等老母死后可以问他弟弟要回15工田。他那位弟弟抽大烟，心又狠，能不能把15工田要回来，还是问题。

又好像赵保长家：父亲手上有18工田，他死了，兄弟分家，房屋不够，所以卖了10工田，余下的8工，长子得5工，次子得3工。为了要适合平分的原则，长子给次子1工田的价钱。

继袭上弟兄间讲平等，听来是最好也没有了，可是就因为这原则，人口压力一直压上农场来，把农场压得粉碎，使中国遍地都是小农。禄村每家平均农田面积只有5.7亩。人一代比一代多，大家争着这块有限的土地，农场怎能不一代一代的小。小到成了中国农业改良的一个大障碍。不要说这样小的农场机器用不进，连最简单的技术改良，都无法着手。要避免农场在继袭过程中分碎，儿子间总得有几个吃些亏不继袭土地。可是，这种完全由长子或幼子继袭的办法，在一个以农田为经济基础的社区中又不易行得通。因为得不到农田的人不易在农业之外谋得生活，而且本地之外，又没有新世界在望，可以把他们吸收出去。在这种情形中，兄弟平等继袭也许是最合人情的办法。农场虽则因之缩小，大家挤一挤，日子过得去也就算了。

我们若进一步推考，为什么继袭平等的原则，会成为小农经济的基础，就可以发现另一个条件，就是农田经营的单位，常以所有权作界限。农田所有和农田经营合为一回事时，所有权的分割也就成了农场经营上的分割了。可是我们要知道农田所有和农田经营是可以成为两回事的，在租营中我们已见过这两者分离。

禄村私家固然没有大地主，可是团体地主的农田，却并不小，而且团体地主的所有农田，并不受继袭作用而分碎。可是禄村并没有因此而有较大的农场，因为团体地主只集合了所有权没有发生集合经营。他们把田分碎了租给佃户去经营。所有和经营是分离了，可是这种分离，却把较大的所有范围分割成多数经营单位。

所有和经营分离，也可以使分碎的所有单位成为较大的经营范围。分碎所有和集合经营，同样是可能的。我们所谓农场太小是农业发展的阻碍，并不是指土地所有权太分碎，而是指经营的单位太小。要扩大经营单位，要使经营上集合，并不是一定要提倡大地主，或是所有权的集合。我们应加注意的是在如何可以使小地主们能在经营上集合起来，这一点也许可以使我们对于普通所谓“耕者有其田”的理想发生怀疑。若是我们要贯彻耕者有其田的理想，结果势必加速使农场分碎。小农经济是否值得提倡，就很成问题了。

第十一章

农 村 金 融

一、互助和礼仪

农田所有权转移的另一种方式，就是农田买卖。在上章中我们已经说过，农田是农家生计所寄的基础，失去农田就会在生计上发生不良的影响，这一点是农村中大家公认的，于是，农田怎么会从所有者手上流出来呢？从出卖者方面说，非到万不得已时不会把农田出卖的，所谓万不得已，就是需要现金交付而筹不到款的时候。因之我们不能不先说明当地农村金融调剂的机构，农田买卖是发生在他们金融调剂机构失效之时。

金融的调剂是发生于收入和支付的差额，有盈则发生积蓄，不足则发生借贷。日常生活费用是富于伸缩性的，若是收入得少，可以在支出上缩紧一些。即使临时有周转不灵时，数目很小，可以在朋友处挪借。我们在村里时，常看见亲戚邻居间互相借米，借豆糠，借劳力及借钱的事。这一类的挪借，全靠面子，既没有利息，又不说定还期，互相于人方便，即是在方便自己的原则下，保证这种小项的信用活动。

这一类信用只限于日常生活中临时的济急，而且数目很小，充其量也不过做几天工，借一二升米，欠一两元国币，多了，就会发生问题。凡是大宗款项的需要，不是这小规模的互助所能维持了。

在日常消费品中，不易缩紧的是鸦片的嗜好。鸦片的消耗，我在第九章第三节中已经讲过。一个烟瘾比较上很小的人，一年也要150元的国币，这数目在农家经济中是极可观的了。因抽鸦片而使家用入不敷出的很多。

养生送死过程中的关节上，农民们时常会有大宗款项的支出，这笔款子从哪里来呢？第一是亲戚朋友的送礼，我抄得表17中所述丙家受礼的账簿，加以分析，得下列一表。

表25　婚丧受礼表

送礼份数			合收礼金	平均每份礼金
婚事	亲戚	40	31.9	0.79元
	朋友	69	38.4(喜对1喜帐1)	0.55元
	乡党	19	10.1	0.53元
	总数	128	80.4	0.62元
	占全部费用	35%		
丧事	亲戚	39	23.2(祭帐3)	0.59元
	朋友	92	36.6(祭帐2祭对1)	0.39元
	乡党	65	18.4(祭帐1)	0.28元
	公共团体	7	5.2(花圈2火2封)	0.74元
	总数	203	83.4	0.41元
	占全部费用	21%		

办理婚丧的人，不能专靠收礼来支付费用是很显然的。日常家用或婚丧大事等需要超过自家收入及储蓄的数目时，他们不能不求之于信用了。以信用来筹大宗款项，有三种方式：一、合赍，二、举债，三、典质。

二、合　赍

赍是当地的钱会，由需要整宗款子的约集10人，每年收会两次，每次依着顺序，有一人收集其他10人所付的款。原则上等于零存整取及整取零偿。禄村所实行的办法是这样：每个会员先认定会次，规定每会应交一定数目的款项，按次收取各会员所交的款如下表。

每年召集两次会，在3月及9月间，按着下表的数目交款每次合成100元，会员按次收赍。赍首第一个收赍，而他在五年半中一共付出的数目，并不多过于他所收的，所以我们也可以说他得到了一注没有利息的债。他虽占了这便宜，可是他却负着集会的责任，每次开会，他都得预备了酒席，而且若是有会员不按时交款，他有催促之责。若有不交款的，他得代付。除了赍首之外，其他会员的借款或储蓄都是有利息的。

赍的能否圆满收场，是靠与会的人的信用有没有人半途拒绝付款。有什么可以保证各人的信用呢？第一是这11人中原有的感情关系，第二是赍首所负赔偿的责任。

关于在会各人的关系，我们虽详细问过几个人，有一位一共加入过10个赍，赍首和他的关系是：乡党5，亲家3，外婿1，别村的朋友1。有一位加入过两个赍，赍首和他的关系是：朋友1，舅舅1。有一位加入过7个赍，除了有一赍是他聚合的之外，赍首和他的关系是：朋友4，姨表2。据此几个例可见加入赍会的，却以朋友及乡党为最多，姻戚次之，宗亲则很少。我们问他们有没有特别原因，入赍的不常和赍首是自己族里的人，他们说并没有这限制的，可是承认事实上这种情形不很多。关于这一点。我们还得深入他们的亲属组织才能解释。据我们的猜想，凡是很近的兄弟，有急难需要钱时，可以通融，甚至据说不要利息的。较远的族人，除了族内公事外，往来很少，为了要保持感情关系，容易发生纠葛的经济往来，更是有避免的倾向。

若是有会员半途不付，或付而不全，以及延期等情，依规矩，赍首要代他付款的。至少他要负责去催。这时若是赍首和赖赍的人关系太深，就不易板面说官话。若不去催，他自己得拿钱出来赔，经济上不免将受损失。

表 26　合贵各会员付款及收款次序及数目

会次	1	2	3	4	5	6	7	8	9	10	11	每会员付款总数
资首	(收 100)	14.5	13.5	12.5	11.5	10.5	9.5	8.5	7.5	6.5	5.5	100
1	14.5	(收 100)	14.5	14.5	14.5	14.5	14.5	14.5	14.5	14.5	14.5	145
2	13.5	13.5	(收 100)	13.5	13.5	13.5	13.5	13.5	13.5	13.5	13.5	135
3	12.5	12.5	12.5	(收 100)	12.5	12.5	12.5	12.5	12.5	12.5	12.5	125
4	11.5	11.5	11.5	11.5	(收 100)	11.5	11.5	11.5	11.5	11.5	11.5	115
5	10.5	10.5	10.5	10.5	10.5	(收 100)	10.5	10.5	10.5	10.5	10.5	105
6	9.5	9.5	9.5	9.5	9.5	9.5	(收 100)	9.5	9.5	9.5	9.5	95
7	8.5	8.5	8.5	8.5	8.5	8.5	8.5	(收 100)	8.5	8.5	8.5	85
8	7.5	7.5	7.5	7.5	7.5	7.5	7.5	7.5	(收 100)	7.5	7.5	75
9	6.5	6.5	6.5	6.5	6.5	6.5	6.5	6.5	6.5	(收 100)	6.5	65
10	5.5	5.5	5.5	5.5	5.5	5.5	5.5	5.5	5.5	5.5	(收 100)	55

我们认识的那位赍首，就很固执，因为催会款及代垫会款的结果，得罪了不少人。连他的外甥都在背后说他坏话。另一方面还有人控诉他要他追收拖欠的赍款，保公所调解案中有：

“民于民国二十四年同伊上赍一个。民于民国二十五年接着伊赍洋，当时赍友同民结算上，有李××名下之赍洋未有接算在内；至今赍毕已有年余之久，未有结算给民。屡次收取未有获，据实情呈请钧所为民追究。”

经济关系和感情关系有相成亦有相克的时候。靠了感情关系，信用比较靠得住，可是在真的拿不出钱来时，不是伤情，就伤财，关于这一点，我们在借款中还要提到。

三、借　　贷

需要款子，自己财力不济时，最简捷的办法是借贷。据说全村不负债的只有30多家。当然借贷并不一定是出于穷困，因为借来的钱不一定是用在消费上的。比如我们的房东欠着人家100元的债，可是他同时却有比这数目更大的借出的款子。在这个例子中，可说是他借钱来放债，在利息的差额上得到利益。可是普通来说，大部分的借款是用在消费上的，好像抽鸦片是借款最大的原因，次之是为儿女婚嫁，或是家属送葬。

我们并不能把各家借款的数目都调查出来，这里我只能举一个例子说明债主，借款，利率等性质和数目。这是一家卖工的人家，他在东河得到一项田产，可是发生纠纷，费了一笔款子才了结，于是他不得不高筑债台了。

借款的利息大都是以谷子计算的。借10元国币交谷利4斗。在1938年每石谷子价值8元时，合年利3分2厘。可是在谷价高涨之下，年率也因之提高。1939年10月间谷价每石28元，利率竟高至11分2

表 27　某家借款清账

债　主	借款(国币元)	利　息	年利利率	
			1938 年(谷价每石 8 元计)	1939 年(谷价每石 28 元计)
姐　夫	50.5	年付 2 石谷	32%	112%
李××	70.0	年付 2 石 8 斗	32%	112%
铙××	35.0	每月付 1 石 8 斗	36%	123%
合作社	130.0	年付 4 元 2 角 2 分	—	14.3%
朋　友	10.0	不要息		
积　谷	1 石	每年 2 斗	20%	20%

厘，可是情形却并不如此简单。除非在 1939 年，货币贬值后所借的钱，依旧要按率交谷利，不然，我们若说利率高到 11 分 2 厘是没有意义的。原因是在货币的价值变动之后，1938 年所借之 10 元并不等于 1939 年所借之 10 元。实际说来，1938 年度借的款到 1939 年度，依谷利回息，究竟以货币计算的利率改变了多少，是没有法子算得准的，这是全靠借债的人，把这款子如何用法。他若藏起来，1938 年的 10 元到 1939 年依旧是 10 元，他 1938 年付息的利率才是 11 分 2 厘。这种情形决不会发生，于是看他买了什么东西。若是买谷子的，则到 1939 年付息的利率，依旧是 3 分 2 厘。买其他货物的，则需视这货物价额变动和谷子的比例而定(九章三节)。

我们知道有些债户，觉得谷子价钱高了，依旧回谷利未免吃亏，所以另外借了钱来把旧债回清。新债的利息即使不是以 3 分 2 厘的通行利率合作钱利计算，即减低谷利利率。以新债换旧债的结果，债户却占了货币贬值的光。1939 年回债时，依旧以 10 元票面价额清算，但是实际上 1939 年的 10 元，已够不上 1938 年的 10 元的价值了。

3 分 2 的息是禄村公认为公平的利率，但是即在 1938 年度也有超过年利 3 分 2 的借款。比如上表中有把计算利息的时期缩短，成为 10 月一算的，实际上年利就提高了 4 厘。我们那位信基督教的房东放款时有高至5分的。我在村时，正逢他的族人招姑爷要借钱，请我们的房东代他去筹款。隔了几天，他的族人带了三张耕地执照，合1亩田(约3工)，值200元国币，交给我们的房东，借去了20元国币。我们房东说这钱是从张家商量来的，可是借据上却不写明债权人，只有债务人和中人的名字。中人是我们房东的儿子，在邻县里读书，根本不知道这回事。利息是月利1元，合5分息。这是比普通的利率几乎高了一倍。我在旁看他们，我们房东交出的20元中一张10元中央银行的钱票，我认得是上一天付他的房租。依我猜想这钱虽托名张家，可是和张家没有关系，因为我知道这几天，正为一注赍款，我们的房东和张家感情不十分好，他又没有欠张家的钱，不会把我给他的房租划在张家账上，再替他重利放出去的。而且借据上又不提张家，张家没有参与其事。那时我和张家还不很熟，所以没有直接去问这件事。可是从各方面情形看来，这钱是我们房东自己的。在同族中放高利，不是一般观念所能允许，所以必得绕一个弯，弄一点玄虚。这是经济关系躲避亲属关系的一个例子。同时也可以见到5分息是公认为太高的利息。上表中，有一注10元的债款不需利息的，因为债主和债户感情好，这才是讲交情，有义气，无怪那位基督教勉励会的会员，不能不托名人家了。也无怪他可以一面欠人债，一面放债了。

放债的人很多，有一些储蓄的人可以说全是放债的。我们起初想去寻几个专门放债的人，有人介绍我们去访问一个有交情的老太太。据她说，在城里，有钱的谁都放债。后来我们知道在村里，有钱的大户也全放债。零零散散地把款和米放出去。当掼谷子的时候，我们就知道有很多外来的劳工是来以工回债的，只是这种债是用来保证农忙时有可以雇用的劳力，不是为求利息的。这一点我在第六章中已经说过。

借款时要有“当头”，就是普通所谓抵押品。普通农民可以拿出来抵押的是耕地执照。好像上述那位向我们房东借钱的拿出3工田的执照来。可是没有田的没有执照可以拿出来作抵押，于是只能以将来的劳力作为抵押了。当然，在劳力供给充分的时候，这辈人要借得到钱是不很容易的。

在上表中利息比较低的是合作社和积谷二项。合作社是1939年秋季新办的。依他们章程“每一社员种田一亩可借至新币4元，多种则多借，但至多以新币60元为最高额”。因之凡是经营农田的，都有借款的资格。利率规定不得过年利1分3厘，比了当地通行的利率低了一半多。但是放款的数目有限，并不能完全替代当地高利的借贷。关于积谷在第十章一节中已讲述，这里不重述。

押田借款的只是保证他有清理债务的能力，债务人把耕地执照，交给债权人保管，意思是在防止他在债务没有清理以前，把押出的农田变卖，以致他没有清理债务的能力。因之，借债和农田的使用和所有上，并没有发生直接的转变。

四、典　质

和土地制度发生直接关系的信用方式是典田。典田的办法是这样：需要钱的人，把他所有的田，交给借钱给他的人去耕种。他不必每年付利息，而典田的人得享有所典农田上一切出产。耕地税及附加由所有者自负。我们的房东曾典出上上田3工，典得70元国币。每工每年可以净得7元左右的利益。3工田得年利21元，合3分息。

普通借款没有一定的期限，而且以月利计算的，任何一月都可以清偿。以年利计算的，每年可以作结。典田则有一最短期限的约定，好像我们房东典出的田在三年之内不得赎回。三年之后，任何一年谷子收起后，即可还款收田，依我们访问所得，禄村人典得的田有86工。

典出的田，出典人仍保留其所有权，可是他对于这土地的使用权，则暂时放弃。这是和租出去的不同，因为租出的田可以收租金，而且可以撤换使用者。

第十二章

农 田 买 卖

一、农 田 出 卖

因为在禄村有合赍，借贷，典田等办法可以筹得款项，所以直接把农田出卖的并不多。 大概说来，只在两种情形之下，才出卖农田：第一是欠债无力上利，债权人要求出卖抵押的田来清偿；第二是父亲死了，剩有养老田，儿子们把田卖了来送葬。 出卖养老田的原因是在已经分家的兄弟，不易平均分配债务，不如清清爽爽把父亲留下的一部分田卖了，兄弟间可以减少纠纷。 只有一个儿子的，若是能借得着钱来送葬，还是不愿意卖田的。

农田之成为商品和农产物之成为商品，一般是倚于农家需要现金的程度。 进入市场的农田数量，并不完全决定于市场上的价格，而是决定于农家经济支绌的窘状。 在农田买卖的手续上也可以见到这种情形。 农田买卖一定要出于卖主方面的主动。 由卖主去找中间人，询问当地有钱的人要不要买田。 我曾借房东老太太劝我在禄村买田的机会，问她向谁去买呢？ 能不能托她收买？ 她说这可不太容易，因为直接去问人家要不要卖田，那是一种侮辱。 因为没有人好好地把田出卖的。可是她可以替我打听，看哪些人家生活过不去，等着他有意思要卖田时，再向他说。村中的情形，大家很明白的，哪家要发丧，有养老田要出卖，早就把消息传出来了。要卖田的就可以托中间人去说价。还有那几家抽鸦片，保不住产业的，也是谁都说得上来的。房东老太太曾向我保证，若是我果真要买田的，到年底她一定可以介绍我20多工田。她当时已知道有一注田是可以收买的了。所谓买者不能去找卖者的说法，其实是一种面子问题，买主可以挽人去怂恿卖者把田卖出来。

农田买卖的市场，并不是自由交易，因为农田所有者对于他的农田并没有绝对支配的权利。农田所有权的转让，是影响到继袭人的生计。而且农田的所有大多数得自亲属关系，所以亲属对于农田的保守有着监视的责任。农田在可能范围中，是不准流出宗亲团体的。凡是有人需要钱不能不出卖农田时，依当地的习惯，应该先和同族的人商量，有没有人愿意收买。若是全族人都无力收买时，他们可以卖给族外的人了。我们知道隔壁刘家那个抽鸦片的小弟弟要卖田，而且已经说好一个买主，后来给他的哥哥们知道了，就提出异议，说若是一定出卖，他们可以出钱给他弟弟，因为这一项交易至今搁置没有实现。

同族的近亲，既有这买田的优先权，所以在农田出卖时的手续中，买主一定要请卖主的儿子，兄弟，侄子，全体在契约上画押。画押时买主还得出画押钱，有时画押钱在田价中扣除。

在议价及举行交易手续时，中人是重要的人物。他不但传递双方的意见，而且是交易的证人。中人的谢仪，由临时议定。卖主交契时，买主即把田价交清。交契时若在插秧之后，农田仍由卖主经营，谷子收起后，须把一半交给买主，成为临时租佃的性质。若在冬天成交，田里已点了豆的，豆仍由卖主收，买主没有份。买卖那年的田赋归哪方负责，则须在成交前议定。成交之后，在六个月之内，向县政府财政局登记。

我在第九章四节的物价表上已经把田价列入：1938 年最好的田值价 80 元国币，次等的 50 元，最坏的 35 元；1939 年上等田涨到了 100 元，次等涨到 60 元，最坏的没有涨价，涨价的速率不同，因为下等的田是不容易找到买主。在这里我们不妨检讨一下投资在农田中的利息。

以雇工经营的方式来说，在 1938 年时上等田每工可以得到约 5.93 元利益，中等田约 3.58 元利益，下等田可得 0.52 元利益。以当时的田价来计算利率，上等田约 13%，次等田约 10%，下等田约 1%。下等田不但没有人愿意收买，也没有人愿意承租，因为在下等田上经营，所得的不过是工钱罢了。

表 28　卖田数量分配

出卖农田工数	户　数	共　计
3	2	6
6	3	18
9	1	9
12	1	12
	7	45

有资本的人把资本投入农田所得的利息，比把钱放债为小。放债是年利 3 分 2，而经营农田不过年利 1 分 3，相差在一倍之上，因之不但一般卖主不愿在可以避免的情形之下出卖农田，而且因农田利息的轻薄，有资本者并不踊跃买田，所以农田买卖的市场受了限制。在以农田为基础的禄村经济中，我们可见买卖的农田为数不很多。过去一年中，经张之毅君的调查，出卖农田的一共有 7 家。

全村私家所有田共 1 800 工，一年中买卖的农田只占 2.5%，这可以充分表明农田买卖市场的狭小了。

有卖田的一定有买田的，我们可以转向买田者方面来观察这辈人的情形了。这是下节要讨论的对象。

二、买田的原因

投资到农田上去，最上等的田，依1938年的市价计算，利息大约是1分3厘，可是农村里借款的利息，至少可以得3分利息，这是农民们都明白的事实。依利息讲，买田不如放债，因之在禄村债务往来比农田买卖的数目为多。同时因为借债来经营农田，是要赔本的，农村资金不容易利用在农业经营里，大部分是用来维持消费的。这里我们可以发生一个问题，就是依这样说来，为什么还有人买田呢？

利息的高低，固然可以决定一部分资本流动的方向，可是还有一层我们应当注意到的是投资安全的问题。农田在这种考虑上却占了便宜。禄村一带从1920年起到1930年间，土匪骚乱得厉害。当时烧了房子，很多现在还没有造起来的，我们曾在禄村附近的那些村子去观察，看见有一个村子，瓦房少得很。说是当时全烧了，成千担积着的谷子衣服银钱，抢完的抢完，烧完的烧完。在这种浩劫中，只有一种财产为人家抢不去的，那就是农田。农田是搬不走的，它可以荒上一两年，人一回来，一加耕种，青青的稻，黄黄的谷子，全不记得往年的伤痕。房屋烧了住不得，谷子抢了，人掳了回不得，可是那块搬不走的地，还是在那里。生活愈不安定，生命财产愈是不得保障，土地的价值愈是显明。

究竟还是有田的靠得住——这是农民们由痛苦的经验中体悉出来的结论。若是一个人有钱要投资，在禄村最可靠的地方是农田。房东老太太好几次劝我在禄村买些田，创些家产。“这才是根基，子子孙孙的根基。”我说，“可是我不能老是住在这地方，要田来做什么用呢？我又不懂得耕田，不是白买了么？”这位老太太心很善，为我解释说，“你家不用在这里住，人家同你种，你收了谷子，卖了再买田。我同你管，你老了就不愁了。”可是我又说，“要这些田来干吗？”她很正经的说，“这才是根基呀！”农业的利息虽则低，可是为了它的安全性，还能吸收一部分的资本。

还有一点可以提到的，就是买田常是放债的结果。上章中我已说过，借债的要把耕地执照押给债主。一旦债户不能交利，债主可以把农田所有权折价抵偿。债户们借钱的原因，既不是为生产而是为消费的，利息得从生计上挤出来交付。而且，我在下节里就要提起一个普通的农家，要从农业上得到大宗的储蓄是不容易的。所以债户一旦举债，就很难脱去债务的拖累。从债主方面说，不但利息不易收取，连本钱也难收回来。所以大宗的债款，一定要有田契担保，而这田契一押出去，回到债户手里的机会，却很少了。我们在保公所的档案中，就见到变押田还债的案子。

我们可以这样说：3 分息的高利是超过了农业经营可以担负的程度，所以债务常有风险。结果，债主虽没有收买农田的本意，为了免除损失起见，不能不接收农田来抵债了。这样看来，放债和买田不但不互相排斥，而是互相连接的。

三、“升官发财”

不论放债或买田一定要有多余的钱。在农业中，一个农民能储蓄到有余钱来买农田吗？可以雇工方式的经营来立论：1 工上等田每年能得 6 元国币的利益。地主若是全部储蓄起来，要积 13 年才可以用这工田上的利益再买 1 工田。这是一种理想的情形，因为地主的生计就靠他的农田，农田上的收入，决不能全都积蓄起来的。若是有一个愿意接受最低生计的农民(好像第八章中所举丁戊两家的程度)，他要在 13 年中单靠农田储蓄到能买入 1 工田，一定要有 11 工雇工自营的田产。可是在这 13 年中，若是婚丧大故，不但所积蓄的前功尽弃，甚至有卖田的危险。在这年头，要国泰民安长期没有天灾人祸，更是件不易实现的梦想。这样说来，单靠农业要想为子孙立根基，至少在当地人看来，是件绝不可能的事。

当我 1938 年在村时，有三家买了田，里面有一家除了自己经营农田之外，别无发财之路的，于是人家就觉得其中必定别有蹊跷。我就听到一种传说，说是这家在田里掘着了赃。他是不是发了横财，我不知道，可是这种传说，足以说明一般人们不能相信单靠种田能种出产业来的。

种田既种不出产业来，像禄村一类的农村中，没有田的人不易在村里得到一个爬到有田地的梯子。农田是一家的根基，大家希望能充实扩大，于是要想得田的不能厮守在农村里了。换一句话说，农民上升的梯子弯出了农业之外。一个人要到外边去赚了钱才能回来买田。得地之先，须要离地。

农村里有能力和抱负的青年，脱离农村虽则也许对于农村人口品质上着想不大有利，但是要一个社会向前推进，一定得向专业分工上发展。农村中有一部分青年能脱离农田到外边来参加其他专门职业，是社会发展过程中不能免的事。问题是在这些脱离了农村的子弟，在外边做些什么事。

1938 年我们知道禄村在外边谋生的青年，有 20 多个：一个是大学毕业生，在政府里服务，一个在帮他老人家收屠宰税，一个在公路局当司机，一个在城里打剪刀，一个在省里学鞋匠，一个在中学里念书，一个在学看护，一个在当团长，其余十几个在军队里服务。这辈人在户口册上，大都是有名字的。在禄村从 16 岁到 30 岁的男子一共 107 人(二章三节)，离村的有 20%多。在这辈人中，以在军队里服务的为最大多数。1939 年我们调查时，禄村青年男子从 16 岁到 30 岁的，长久住在外面的有 29 个，短期在外的不止此数。可是他们大都是被征出去当兵的，和被雇出去当路工的，有专门职业的只有两个：一个当合作员，一个打剪刀的，改了当听差了。

在上述的职业中，大都是公务员，和劳工的性质。这里我们可以回头看一看村里的经济背景，用以解释在外青年所操职业分配的情形。

希望子弟在外得发，果然是一般的理想，但是培植子弟，俾能达到这理想是要费本钱的。禄村只有一个初级小学，这一期的教育所费虽然不多，但是一个卖工人家的子弟到能进学校时，也可以做一些劳动了。他的劳力已经要被利用来从事生产，所以入学校的机会很少。我们邻居的那个14岁的孩子，已经当真在田里做工了。女孩子受教育的机会更少，连我们的房主人的女儿12岁了，还是一字不识；因为据她的母亲说，家里没有人做工，不能送她上学校去。

高级小学最近的是在县城里，非但往返跋涉，须寄膳在城里，而且书籍费用也多些。全村我们只看见两个孩子，每天早上挟了书包上城去。在城里有一个初级中学，没有禄村的学生，禄村惟一的中学生，是在楚雄读书。从1938年说，他一年至少要花100多块钱(八章二节)。100多块钱要用10多石谷子去换，易言之，要十几工田来维持。这显然不是普通人家可以担负得起的了。这位中学生是我们房主人的儿子。他的学费，一部分是靠他父亲经营的“族公”来津贴他的。那位大学毕业生，也是曾靠着族里津贴路费和教会的帮忙，才能到外省去“留学”。依现在村内各家的经济能力论，很少能够供给子弟超过高级小学毕业的程度。以小学毕业程度而想得到有可以独立谋生的专门职业，在正常的轨道上走，似乎已经不是一件太有希望的事了，何况要他们发财呢?

农村经济能力薄弱，不能给他们子弟专门的技术，是一方面，另一方面是内地工商业的简陋，不能给离地的农村子弟们发展的机会。可以容纳他们的最重要的是军队和公务职役。这些职业依现代的看法是不应当成为发展的路径的。但是凡是我们中国人，总不会完全忘记大众的观念“升官发财”。这不但是中国传统的普遍观念，而且是一件不必太费心思到处都有实际材料来证明的事实。

在农村里，好像墙壁上都有耳朵一般，做官发财，发财买田的事，怎瞒得过人！ 1938年禄村就有一家往年还欠着2 000元旧滇币的账，可是他家儿子出去当了军官，那年不但欠账偿清了，而且买了10多工田。 还有一家每年在买田，这家本来是住在禄村的，自从匪乱搬进城之后，就住定在城里。 他本人是在中学里当过教员，儿子也做了督学，现在成了有数的地主。 教员也是官，一样能发财，虽则当地教员的薪水是低得可怜。

若是我们再问问那些农田较多人家的情形，可说他们多少都做过一官半职的。 在禄村的首富，有个儿子在当团长，自己在附近某县里包屠宰税，在省城里当过官。 官不论大小，发财是一定的——这是一般的信仰。 若是一个在外做官，而不回来买田挣产业的，好像我们知道的一位大学毕业的朋友，就该受乡党批评了。 像我们这辈“官”，不想在禄村买田，是房东老太太永远不明白的事。

虽说升官可以发财，可是用这个机构来吸收农村财富，究竟是小规模的。 一个农民能脱离劳作和得到做官的机会，还是不大容易。 做了官，能否一定发财，事实上还成问题。 即使发了财，这笔钱除了挥霍于消费外，若要成为再生产的资本，在工商业不发达的地方，还得送回到农村里来。 他离地得发之后，还得回到地上。 在禄村我们所知道的那些离地地主，不自经营农田，专靠租谷坐食的为数极少，而且这辈离地地主在禄村所有田的面积也极有限。 普通是做了一任小官，就回村来做自营农。 或是做官的家里仍在村里，寄钱回来买地。

人回到村里，钱回到地里，土地权还是只在村里流动，不必发生大量的逃脱现象。 即使有人能买得了大批的田，成了一个大地主，可是在这种方式之下集中来的大农场，经不起人口的繁殖，一两代子孙满堂，早就又分成了一辈小地主了。 一个工商业不发达，交通不便利，土地权的集中，比较上不易发生。 农田所有权不完全脱离农田经营者就不易长久保持大地主的身份。 禄村就很清楚的表示这种形态。

四、 土地权的外流

禄村这种以自营的小土地所有者为基本的农村结构，和我们在江村所见大部分都是佃户的农村结构，给了我们一个很有力的对比。 我在导言中曾说起这个对比是这次《禄村农田》研究的重心。 我是想在这些研究中能得到一个对于这两种农村形式分化的解释。

在这里我们不妨先看一看 Tawney 教授的意见，他说“至少有些地方正发生着一种现象，就是离地地主阶级的崛起。 他们和农业的关系纯粹是金融性质的。”[1]这种现象常见于都市附近的农村中，他又说，“住在地主在大都会附近的地方最不发达。 那些地方都市资本常流入于农业中——广州三角洲上有 85%，上海邻近地带有 95%的农民据说全是佃户——住在地主最普遍的是没有深刻受到现代经济影响的地方。在陕西，山西，河北，山东及河南，据说有 2/3 的农民是土地所有者。这些地方是中国农业的发祥地，工商业的影响很小，土地的生产力太低，不足以吸引资本家的投资，而且农民也没有余力来租地。”[2]

江村是个离大都会很近的村子，当天可以到苏州，一天一晚可以到上海。 太湖流域又是有名的肥沃地带，所谓“上有天堂，下有苏杭”。因之，我觉得江村的材料，和 Tawney 的说法颇是吻合。 于是当我写《江村经济》时，就把他的意见引用了，[3]在那本书里我说过：农村吸收都市资本的能力，是倚于土地的生产力和农民一般的生活程度。 生产力越高，农民生计越好，吸收资本的能力也越大；住在地主越少，离地地主越多——这也就是 Tawney 的意见，用以解释都市附近农村土地权外流的现象。

[1] Land and Labour in China，第 37～38 页。
[2][3] 同上书，第 67～68、 187～188 页。

禄村调查的结果，却和这种说法不合了。以内地“土地的生产力太低，不足吸收资本家的投资”及“农民也没有余力来租地”这两点来解释内地都市资本不向农村流动，似乎很有讨论的余地。我在上文(六章四节)已比较过禄村和江村每单位农田的产米量。大体说来，是三与二之比，禄村出产较多。这不是明明说土地生产力较低的地方，吸收都市资本的力量反而较大么？不然为什么禄村土地权不向外流，江村反而大部外流呢？

我们若把 Tawney 的意见提出来再加以考虑一下，就可以见到：他似乎是以为农民的举债，引起都市资本的流入农村，是为了农田上有利用资本来增加生产的机会，因之，吸收都市资本的力量是依土地生产力而定。可是事实上，我们在本书中也曾提到，农民们为生产需要而举债，至少是不易见到的，因为农村里借款的利息很少比农田利益为低。江村的高利贷且不提，即以我们在禄村所见的事实来说，普通借款的利率是 3 分 2，而雇工经营农田的利益，只有 1 分 3。我在路南某村调查，该地农田利益也是在 1 分至 1 分 5 之间。普通农民的意见，也认为农业决不会有 3 分息的。无怪禄村人常说“借钱盘田，越盘越穷”；利用都市资本来经营农田，真是个“憨包”了。

农民借钱是用来嫁女儿，娶媳妇，办丧事，抽鸦片……总之是用来消费的。生计的穷困，入不敷出，才不能不“饮鸩止渴”地借起债来。生计贫困和近不近都市有什么关系呢？这问题也许是要解答近都市地方离地地主少的关键所在。我将根据江村和禄村两地的比较，在这里提出一种对于农村土地权外流的解释，作为以后农村调查时的假设。

农村土地权的外流，和都市资本的流入农村，是出于农村金融的竭蹶。为什么靠近都市的农村金融容易竭蹶呢？引起农村金融竭蹶的原因，不外两个：一是农村资金输出的增加，一是农村资金收入的减少。靠近都市的农村是不是容易发生上述两种现象呢？我们这里所谓都市究竟是什么意思？都市普通的定义，是指人口密集的社区。人口密集的原因固然很多，若是以现代都市来说，是工商业的发达，因之我们的问题等于是说：工商业发达和农村土地权外流有什么关系了。

工商业发达使农村市场上增加了工业品，靠近工商业中心的地带，因为交通便利，运费低，工业品更易充斥。农民购买工业品的数量增加，农村资金外流的数目也随之增加。可是用工业品去吸收农村资金，却有个限度。因为农民对于工业品的需求，富有伸缩性的。在他们生计穷困时，可以拒绝或减少他们工业品的消费。日常生活的消费品，是不易把农民剥削到颠沛流离，除非是像鸦片一般的嗜好品，才有这能力。所以我们不能相信都市附近的农民因为便于购买都市工业品，会把农村资金大量输出，直到不能不卖田来维持生计的。

可是从另一方面来说，农民的消费品依赖都市供给的种类及数量的增加，还有一种意义，就是农村自给性的降落。自给性降低，就是说，以前自己可以供给的消费品，现在不再由自己供给了。都市发达，工商业的现代化，使农村原有的手工业不能维持，这样减少了农家的收入，使农村除了农产物之外，没有其他力量来吸收都市资金。

我时常这样想：我国传统的市镇和现代都市是不同的。它不是工业中心，而是一辈官僚、地主的集合居处和农村货物的交易场所。在传统经济中，基本工业，好像纺织，是保留在农村中的。因之在传统经济中富于自给性的农村，是个自足单位。它在租税的项目下输出相当资金，而藉家庭手工业重复吸收回来一部分。乡镇之间，似乎有一个交流的平衡。平衡保持得住，土地权不会大量外流。现代工业发达却把这平衡打破了。手工业敌不过机器工业，手工业崩溃，农村金融的竭蹶跟着就到。

这样看来，农村土地权的外流，和都市确有关系。可是这关系并不像 Tawney 所说的，是因为靠近都市的农田生产力高自然有吸收都市资本的倾向，而是在靠近都市的农村，凡是有传统手工业的不易抵挡现代工业的竞争，容易发生金融竭蹶。换一句话来说：土地权外流不一定是靠近都市的农村必遭的命运，若是一个原来就不靠手工业来维持的农村，它遭遇到都市的威胁，决不会那样严重。关于这一点，我自己还没有材料来证明，因之很想得到两个都市附近没有传统手工业的农村，加以调查，用来校核我这个假设。

我这种说法，很可以用来解释为什么丝业为基础的江村在都市工商业发达过程中，沦为佃户的集团，以及为什么内地以经营农田为主要业务的禄村，至今能维持以自营小地主为基础的结构。

五、 禄村经济的展望

若我们以江村作背景，看到禄村可能的前途，它会不会从现有的形式蜕变成江村的形式？现代工业在云南发达起来，会不会打破禄村现有的形态而使它走向江村已走过的路子？在回答这个问题之先，我愿意在理论上说几句话。国内论社会变迁的人，因为受西洋 19 世纪传下来的进化论派的影响太深，常有认为社会形态的变化是有一定不变的程度；从甲阶段到丙阶段，一定要经过乙阶段。这个程序是放之四海，证之今古而皆准的。依着这个“铁律”，若我们要知道一个社区的前途，只要能在这不变的程序中，找到它现有的进化阶段，过去未来，便一目了然了。因之在 30 年代社会史论战曾闹得锣鼓喧天。不幸的就是他们所奉行的“铁律”并没有事实的根据。社会变迁并不若他们所想像那样简单。连马克思自己对于他深信的进化程序能否通用于东亚，尚且存疑不论。何况代公式的本领还没有深通的人，自然更难有精彩表现。所以“论战”未有结果就偃旗息鼓了。虽则我不能同意他们的方法，但是至少得承认有一点值得我们注意的，就是他们不把社会变迁看成偶然事件的累积，而认为确有轨迹可寻。他们的弱点只是在把历史的轨迹看得太单调一些罢了。

像本书一类现代社区的研究，若从它个别性上看出，实是社会史的叙述。非但我们记录下来的已是属于过去的现象，而且日长之后，总会成为一本历史的记载。但是我们的工作并没有以记载见闻为限，而想根据这个别性的现象来发现它所代表一种农村形式的共相。这是我所谓比较社会学的工作。比较社会学所根据的材料并不是一定要属于“现时”的，过去的社区同样可以归入不同的形式中，而形式的本身，是超越时空，在相同的条件下，可以在不同地方，不同时代，重复再演。好像我曾说欧洲工业革命前期的乡村形式，可以重演于今日的中欧和东亚。这种方法和观点已经Sombart和Max Weber等充分发挥，我们不过是应用于现代中国社区的研究罢了。

从追求社区形式上说，和以社会阶段的概念研究社会变迁在基本观点上，有一点相同：就是以社会的共相来了解个别社会事实的意义。社会阶段虽属时间性的，但是超越时空的；因为同一阶段，可以发现于不同地方，不同时代。我们的看法和进化论派不同的是在社会阶段的概念包含阶段间必然的关系。而社区形式一概念却并不包含各形式间必然的关系。举例说：我们虽发现了江村和禄村两形式的基本分化点是在现代工商业对于农村经济不同程度的影响，但是我们并不能立刻下一个结论说禄村一定是代表江村已过的阶段，及江村是代表禄村未来的阶段。禄村会不会变成为江村的形式，还是一个需要研究的问题。若是禄村在最近的将来，会发生形成江村形式的一切条件，我们可以相信它有变为江村形式的最大可能性。

本书已说明了禄村经济结构的重心是在农田，它并没有手工业，因之现代工商业发达过程中对于它的影响是和江村不同的。都市兴起，人口集中，并不会减少禄村的收入，因为禄村向外输出的是农产物，农产物的价格会因都市人口的增加而提高的。禄村的金融不致像江村一般，受现代工商业的威胁，所以禄村土地权不致外流。

在现代工商业的发展过程中，禄村所发生的问题，以我的推测，不在金融而是在劳力。都市固然不易来吸收禄村的资金和土地权，可是无疑的，要来吸收禄村的劳工。本书中已屡次提到劳力问题是禄村经济的关键。而且是造成现有形态的主要因素。若是劳力吸收到了都市中去，禄村现有形态决不能维持于不变。我们在本书中也提到最近一年来禄村劳工的外流。劳力供给的减少所引起的影响，这些事实正给我们推论的根据。

劳工外流的最初影响使在原有形式中那一部分，由社会原因而豁免于劳动的人不能再充分的享受他们的闲暇，这是在现在的情形下已发生的趋势。可是因实际工资尚没有提高，所以雇工经营的利益依旧保持，凡是雇得起工的，依旧值得雇工。果真到了工商业发达时，实际工资决不会不提高的。工资一提高，农业的其他条件不变，雇工自营的地主，就不容易有现有的利益。这时，他们就会被迫亲自劳动了。从这一方面说，工商业在禄村一类农村附近发达起来可以动员现在呆滞的劳力。换一句话，可以增加劳力供给的总量。

都市的工业和乡村的农业竞争劳工时，农业才有改良的希望。我在第三章的开端已提到 Tawney 的名言：中国的问题，其实十分简单，就是资源不足，人口太多。工业发达增加了资源，减低了农田所负担的人口压力。在这过程中，人的劳力价值提高，农田的经营中才值得利用节省人力的机器。

可是在农业技术没有改良之前，新工业若突然吸收了大批劳工出村，像禄村一类劳力需求富于季候性的农村中，确会发生短期的劳力恐慌，因而影响农田产额的。所以我们还得特别注意农村中劳力调剂的机构。我在本书中曾特别注重利用农期参差性来调剂劳力的盈缺。若是交通发达，云南因各地气候差异程度较大，苟能配置得宜，或许可以解决农村中季候性的劳力缺乏。不但在一村中，应当有计划地增加农作日历的参差期，并充分利用换工的办法，而且在地域之间的换工，尤应特别加以鼓励和加以有计划的调度。

每一个农村经济的形式，有它一套特殊的结构，也有它一套特具的问题。我国以前常讲的农村问题以及想推行的土地政策，大都是以沿海诸省的农村为根据的。抗战把我们送到了内地的后方，把我们的眼界扩大了。就是以本书中所描写，所分析的禄村来说，已不是沿海诸省所能见到的例子。观察范围的扩大，自可给我对于旧有的认识加以修改的机会。我深愿在这本书上所花两年的时光，能有助于国内讨论农村问题的人。更希望负着发展内地农村经济责任的当局，能注意到内地农村的特性，善于制定适合的政策。

附录一

《云南三村》序

日子似乎越过越快，应当做的事总是不能及时完成，堆积成山，压得使人难受。这可能是人到老年难免的苦处。以这本《云南三村》来说，我早就该编定交去出版，不料一拖已有两年。昨晚才算全部看完一遍，了却了这桩心事。

能有几天不受干扰地集中时间校阅这部稿子，可以说也是得之偶然的机遇。今年国庆节前夕，突然接到澳门东亚大学的邀请，匆匆就道，十月四日到达。东亚大学要我做的事并不多，参加一次仪式和讲一次话。但两个节目，由于中秋放假加上周末休息，拉开了好几天。由此我无意中得到了一段可以自由支配的时间。我带上这部稿子，利用这段空隙，从头阅读了一遍。

和天津人民出版社约定出版这本书已是两年多前的事了。这本书包括我和同事张之毅同志于抗战初期(1938～1942年)，在云南内地农村调查的三本报告：《禄村农田》、《易村手工业》和《玉村农业和商业》。其中前两份报告分别在1943年由重庆商务印书馆出版，用的还是抗战后方的土纸。第三份报告一直没有出版过。1943～1944年我访问美国时，曾以英文把这三份报告写成 Earthbound China 一书，1945年由芝加哥大学出版社出版，后来收入英国 Kegan Paul 书局的国际社会学丛书里。

从云南内地农村调查开始时 1938 年 11 月 15 日算起到今天已接近五十年，只差一个月又三天，快整整半个世纪了。这半个世纪里，从世界到个人都发生了史无前例的变化。自从 1979 年社会学在中国重新取得合法地位后，我一直有意把我国早期社会学调查成果整理出来重予出版，使后人能了解这门学科是怎样发展过来的。但这几年我总觉得应当做的事实在太多，大概是由于有了点年纪，精力已日见衰退，望着案头待理的一叠叠稿纸，已感到力不从心，无可奈何。此项打算未能如愿实现。

我的《江村经济》还是靠了朋友们的帮助翻译，今年方与读者见面。当时我就想到已经约定出版的《云南三村》应当接着付印。我把这意思告诉了张之毅同志时，知道他那时正在埋头校阅《玉村农业和商业》这本旧稿。他是个认真做学问的人，对自己的要求十分严格。文如其人，读者在本书里就体会得到这位作者的性格。说是校阅，实是重写。这几天我阅读这本稿本，发现他从旧稿中剪下来贴在稿子上的占不到全稿的三分之一。我耐心地等他把定稿送来，谁知道送来的却是他老病复发的信息。我去医院看他时，他已昏迷，话也没有能接上口。今年 6 月 8 日他逝世了。丧事过后，他的家属在案头找出了这一本他亲自剪贴改写的稿本，送到了我的手上。我心上一直挂着这件事，但腾不出手校阅，十分难受。

真是想不到，将近五十年前，为了油印他那本《易村手工业》，我曾一字一句地亲手刻写蜡版；过了这么半个世纪，最后还是轮到我，为了出版这本《玉村农业和商业》，又一字一句地亲自校阅他的修正稿。这段学术因缘，岂是天定？但是今昔还是有别。当年我凡是有着不清楚或不太同意的地方，总是能拉住他反复讨论、查究；而现在凡是遇到模糊的字迹，不太明白的句子时，只能独自猜度了。此情此景，在异乡明月下，令人惨然。

关于云南三村的调查经过，本书中都有交代，在这里不必多说。这一段时间的生活，在我这一生里是值得留恋的。时隔愈久，愈觉得可贵的是当时和几位年轻的朋友一起工作时不计困苦，追求理想的那一片真情。以客观形势来说，那正是强敌压境，家乡沦陷之时，战时内地知识分子的生活条件是够严酷的了。但是谁也没有叫过苦，叫过穷，总觉得自己在做着有意义的事。吃得了苦，耐得了穷，才值得骄傲和自负。我们对自己的国家有信心，对自己的事业有抱负。那种一往情深，何等可爱。这段生活在我心中一直是鲜红的，不会忘记的。

现在很可能有人会不太明白，为什么一个所谓“学成归乡的留学生”会一头就钻入农村里去做当时社会上没有人会叫好的社会调查。《禄村农田》却的确就是这样开始的。我初次去禄村的日子离我从伦敦到达昆明时只相隔两个星期。为什么这样迫不及待？《江村经济》最后一段话答复了这个问题。我当时觉得中国在抗战胜利之后还有一个更严重的问题要解决，那就是我们将建设成怎样一个国家。在抗日的战场上，我能出的力不多。但是为了解决那个更严重的问题，我有责任，用我所学到的知识，多做一些准备工作。那就是科学地去认识中国社会。我一向认为要解决具体问题必须从认清具体事实出发。对中国社会的正确认识应是解决怎样建设中国这个问题的必要前提。科学的知识来自实际的观察和系统的分析，也就是现在所说的“实事求是”。因此，实地调查具体社区里的人们生活是认识社会的入门之道。我从自己的实践中坚定了这种看法。1935～1936年的广西大瑶山调查和江苏太湖边上的江村调查是我的初步尝试。经过了在伦敦的两年学习，我一回到国土上，立刻就投入了云南内地农村的调查。这里有一股劲，一股追求知识的劲。这股劲是极可宝贵的。

广西大瑶山的调查只有我和前妻王同惠两人，江村调查只有我单枪匹马。但是到了云南却能聚合一些志同道合的青年一起来进行这项工作了。出于老师吴文藻先生的擘划，不但1938年在云南大学成立了一个社会学系，而且1939年和燕京大学合作成立了一个社会学研究室。我接受了管理中英庚款董事会科学工作人员的微薄津贴(1939～1941年)，以云大教授的名义，主持研究室的工作，开展社会学调查。1940年昆明遭到日机大轰炸，社会学研究室不得不疏散到昆明附近呈贡县的农村里去。我们租得一个三层楼的魁星阁，成为我们的工作基地。因此这个研究室也就从此被称为“魁阁”。到1945年日本投降才回到昆明。前后有六年。

1939年春季我在西南联大兼课，张之毅同志在我班上听课。他从清华大学社会学系毕业后，首先报名自愿参加我主持的社会学研究室。由他牵头陆续有史国衡、田汝康、谷苞、张宗颖、胡庆均等同志参加，加上云大的教授许烺光先生和燕京大学硕士研究生李有义同志，形成了一个研究队伍。魁阁的学风是从伦敦政治经济学院人类学系传来的。采取理论和实际密切结合的原则。每个研究人员都有自己的专题，到选定的社区里去进行实地调查，然后在“席明纳”里进行集体讨论，个人负责编写论文。这种做研究工作的办法确能发挥个人的创造性和得到集体讨论的启发。效果是显然的。像《易村手工业》这样的论文是出于大学毕业后只有一年的青年人之手，我相信是经得起后来人的考核的。

张之毅同志参加研究室的第一课是跟我一起下乡，去禄村协同我进行调查。学术是细致的脑力劳动，有如高级的手艺，只是观摩艺术成品是不容易把手艺学会的。所以我采取“亲自带着走，亲自带着看”的方法来培养新手。从1939年8月到10月中，张之毅同志和我一起在禄村生活和工作。随时随地提问题，进行讨论。所以他摸出了我从江村到禄村比较研究的线索，和共同构思出今后研究的方向。我们又在该年10月18日一同去寻找一个内地手工业发达的农村来为以农田为主的禄村作比较研究。走了六天才找到易村。拟定调查计划后，11月17日，他便单独去易村进行工作。这时他已经有了调查的初步经验，而且对要了解的问题已心中有数。从这基础上，他克服种种困难，在二十七天里取得了丰富的数据，而且提高了认识，提出了新的问题。为下一回玉村调查打下了基础。

玉村调查是在1940年和1941年中进行的[1]。由于玉村离呈贡的魁阁较近，而且交通方便，所以他能和我的禄村调查一样，在整理出初步报告后，再去深入复查，步步提高。由于他所遗下的稿本里缺了叙述调查经过的一章，我已记不住他进行工作的具体日期。但是，由于这本稿子曾经反复在魁阁的“席明纳”里讨论过，又在我改写英文时细嚼过，所以我对玉村调查的主题印象相当深刻。实际上，它已为我在八十年代的小城镇研究开辟了道路。玉村是一个靠近玉溪县镇的一个农村。玉溪县镇是云南中部的一个传统商业中心。它在土地制度上是从禄村到江村的过渡形式，在农业经营上具有靠近城镇的菜园经济的特点，在发展上正处在传统经济开始被现代经济侵入的初期阶段。无怪这样一个富具特点的研究对象能吸引住张之毅同志的研究兴趣，直到他生命的最后一刻。

从《江村经济》到《云南三村》，还可以说一直到八十年代城乡关系和边区开发的研究，中间贯串着一条理论的线索。《云南三村》是处在这条线索的重要环节上，而且在应用类型比较的方法上也表现得最为清楚。因之，要理解魁阁所进行的这些的社会学研究，最好看一看这本《云南三村》。

《云南三村》是从《江村经济》基础上发展出来的。《江村经济》是对一个农村社区的社会结构和其运作的素描，勾画出一个由各相关要素有系统地配合起来的整体。在解剖这一只“麻雀”的过程中提出了一系列有概括性的理论问题，看到了在当时农村手工业的崩溃、土地权的外流、农民生活的贫困化等等，因而提出了用传统手工业的崩溃和现代工商业势力的侵入来解释以离地地主为主的土地制度

[1] 这话没有包括张之毅后来的复查时间。张之毅在《玉村农业和商业》第五、第八章说“1943年夏末秋初我去玉村复查时……”，“1943年末我又去了玉村一次……”，因而，将张之毅的玉村调查时限定为1940～1943年较为确切。——编者注

的见解。但是当时我就觉得“这种见解可否成立，单靠江村的材料是不足为凭的”，于是提出了类型比较的研究方法，就是想看一看“一个受现代工商业影响较浅的农村中，它的土地制度是什么样的？在大部分还是自给自足的农村里，它是否也会以土地权来吸收大量的市镇资金？农村土地权会不会集中到市镇而造成离地的大地主？”《禄村农田》就是带了这一系列从《江村经济》中产生的问题而入手去研究的。从江村到禄村，从禄村到易村，再从易村到玉村，都是有的放矢地去找研究对象，进行观察、分析和比较，用来解决一些已提出的问题，又发生一些新的问题。换一句话，这就是理论和实际相结合的研究方法。

当我发表《江村经济》之初确有人认为解剖这么一个小小的农村，怎样戴得上《中国农民生活》这顶大帽子。当时这样批评是可以的，因为显而易见的，中国有千千万万个农村，哪一个够得上能代表中国农村的典型资格呢？可是人对事物的认识，总是从具体、个别、局部开始的。如果我停留在《江村经济》不再前进一步到《云南三村》，那么只能接受上述的批评了。

当然也有人为我辩护说，《江村经济》这一类的研究目的不是在提供一个“中国农村”的典型或缩影；而是在表达人类社会结构内部的系统性和它本身的完整性。这本书为功能分析，或是系统结构分析作出了一个标本。

我本人并不满足于这种辩护，因为我的目的确是要了解中国社会，并不限于这个小小江村。江村只是我认识中国社会的一个起点。但是从这个起点又怎样才能去全面了解中国农村，又怎样从中国农村去全面了解中国社会呢？这就是怎样从点到面，从个别到一般的问题。

我并不想从哲理上去解决这个问题。我只想从实际研究工作中探索出一个从个别逐步进入一般的具体方法。我明白中国有千千万万的农村，而且都在变革之中。我没有千手万眼去全面加以观察，要全面调查我是做不到的。同时我也看到这千千万万个农村，固然不是千篇一律，但也不是千变万化，各具一格。于是我产生了是否可以分门别类地抓出若干种“类型”或“模式”来的想法。我又看到农村的社会结构并不是个万花筒，随机变化出多种模样的，而是在相同的条件下会发生相同的结构，不同的条件下会发生不同的结构。条件是可以比较的，结构因之也是可以比较的。如果我们能对一个具体的社区，解剖清楚它社会结构里各方面的内部联系，再查清楚产生这个结构的条件，可以说有如了解了一只“麻雀”的五脏六腑和生理循环运作，有了一个具体的标本。然后再去观察条件相同的和条件不同的其他社区，和已有的这个标本作比较，把相同和相近的归在一起，把它们和不同的和相远的区别开来。这样就出现了不同的类型或模式了。这也可以称之为类型比较法。

应用类型比较法，我们可以逐步地扩大实地观察的范围，按着已有类型去寻找条件不同的具体社区，进行比较分析，逐步识别出中国农村的各种类型。也就由一点到多点，由多点到更大的面，由局部接近全体。类型本身也可以由粗到细，有纲有目，分出层次。这样积以时日，即使我们不可能一下认识清楚千千万万的中国农村，但是可以逐步增加我们对不同类型的农村的知识，步步综合，接近认识中国农村的基本面貌。这种研究方法看来有点迂阔，但比较实地。做一点，多一点，深一点。我不敢说这是科学研究社会的最好的办法，只能说是我在半个世纪里通过实践找出来的一个可行的办法。

社会科学实际上还是在探索阶段。目的是清楚的，我认为，就是人要把自身的社会生活作为客观存在的事物，加以科学的观察和分析，以取得对它正确如实的认识，然后根据这种认识来推动社会的发展。作为一个中国人，首先要认识中国社会。《云南三村》是抱有这个目的的。一些青年人经过几年的探索所取得的一些成果。我相信这些记录是值得留下来给后人阅读的。

《云南三村》是“魁阁”的成果。我在1946年李闻事件发生后仓促离滇，这个研究阵地就由张之毅同志留守。他在云大坚持了两年，

1948年离滇去闽[1]。其后我和他长期不在一起工作，但是他始终没有离开农村社会经济的研究道路，尽管他的工作岗位曾有多次变动。解放后，他在中国科学院经济研究所工作期间，写出了《无锡、保定两地调查报告》和《冀西山区考察报告》，均未出版。1980年我们在中国社会科学院社会学研究所里重又聚在一起。但是1985年由于我不能不离开社科院而又分手了。坎坷多事的人生道路，聚散匆匆，人情难测，但是张之毅同志始终如一的和我一条心，急风暴雨冲不散，也冲不淡我们五十年的友谊。却不期幼于我者竟先我而逝，他的遗稿还需要我来整理。尚有何言？如果我们共同走过的这一条研究中国社会的道路今后会后继有人，发扬光大，愿他的名字永远留在这块奠基的碑石上。

费孝通

1987年10月13日于澳门凯悦饭店

[1] 费孝通等离开“魁阁”后，张之毅留守这个研究阵地期间任云南大学社会学系副教授、代理系主任，并选择云南大理县的“榆村”(学名)进行调查，撰写了《农民生活的整合——云南大理某村实地研究》书稿。但该书稿已遗失，仅存在《社会科学》杂志发表的《从农村社会经济的背景申论妇女问题》和《农村“失业”问题的分析》两篇文章。1948年张之毅前往福建省研究院任研究员。——编者注

附录二

《云南三村》英文版的“导言”与“结论”*

导　言

关于中国农村社区的早期研究

这是一本研究中国农村社区经济方面的书。自从中国第一次同西方接触的时候起，中国农民的经济生活就已经日渐恶化，因此，农村社区的这一层面长期以来吸引了中外学者的注意。在我们看来，这一研究领域中最好的一本书，是托尼教授(R.H.Tawney)的《中国的土地和劳动》(Land and Labour in China)。这是在当时所能得到数据的基础上，对1931年以前中国的经济形势所作的一个总结。所有的数据都来自其他调查者的工作。托尼的结论的价值并不仅仅在于它所提供的事实材料，而且还因为它是在中国所发生的总体经济变迁——一个可以和发生

* 作者在1945年出版的英文著作Earthbound China(芝加哥大学出版社)的“导言”与“结论”对于中国农村社区研究的思路与方法有比较概括的介绍与讨论，对于从事实地调查研究和关心中国农村发展的研究者，具有启发和参考意义。因此我们将刘能翻译的这两部分作为附录，编在文后。——编者注

在工业革命时代欧洲的变迁相媲美的变动——的背景中来解释数据资料的。支持托尼教授的理论推理的资料是通过社会调查方法(social-survey-method)收集到的，而巴克博士(J.L.Buck)的著作则是使用这一方法的例子。

巴克的《中国农村经济》(1930)和《中国的土地利用》(1937)两书目前仍然是中国农村经济领域最出名的著作。在第一本书里，他研究了7个省17个地方(localities)的2 866个农场；而在第二本书中，则包括了22个省168个地方的16 786个农场。这些里程碑式的作品所做出的贡献是伟大的。它们不仅为农村经济和土地利用领域的各种各样的论题提供了大量的信息，而且奠定了使用调查方法研究中国经济和社会问题的基础。

作为一个其主要兴趣在于提高土地的经济产出的农业专家，巴克是从技术层面出发来研究中国农村问题的。他是如此界定这一情境的：

> 除了在农业科学发展方面的差异之外，谷物种植和动物饲养的技术在这两个文明(中国的和欧洲的)中实际上是一样。正是土地利用的不同类型，以及土地使用的不同结果(success)才造成了东西方文明中农业的区别。[1]

巴克注意到了他的方法(approach)中存在的某种程度的片面性(one-sidedness)。他接着写道：

> 当然，与使用类型相联系的各种各样的土地关系将可能促进或阻碍任何一种特定的土地利用类型。在这一研究中，我并不打算详细评论所谓的土地占有状况(agrarian situation)，尽管也许可以按照农民和其他社会阶级之间的政治、经济和社会关系来考察这一状况。[2]

---

[1][2] 《中国的土地利用》，上海商务印书馆，1937，第1、145页。

因此，他自己明显不感兴趣的土地所有权和租佃关系，被看做是一个次要问题。在第一项研究中，他评论说："这些研究所采用的进度表并不包括对租佃关系的特殊关注。"[1]因此，以巴克的研究并没有表现一幅中国村庄的经济生活和土地制度的完整图景为理由来批评他是不公正的。因为这并不是他的研究目的，尽管有时候他的确针对"所谓的土地占有状况"中存在的政治、经济和社会问题发表过看法。

然而，我们应该问一问，不考虑农村问题的制度化背景，我们的研究可以走得多远？我想纯粹从方法论的角度出发来谈谈这个问题。

在巴克的研究中，他清楚地表明，土地所有者和非土地所有者的土地使用类型是不同的。因此，对土地使用类型的精确分析就需要按照已有的各种社会地位类别对土地耕种者作一个完备的分类。预计这些类别在各个社区中都是不同的。于是，某地佃农的社会地位可能在某种程度上不同于另一个地区的佃农的地位。因此，关于土地利用的研究需要对所调查的特定地区的整个土地占有体系的考察。尽管巴克没有注意到这些变化，却在他的整个研究里采用了传统的美国分类法：即所有者、半所有者和佃农。中国和美国土地系统的共同之处被认为是理所当然的。在把他的数字同在美国找到的数字做了对比之后，巴克得出结论说："中国的农业租佃关系并不比其他许多国家严重，因而，这并不是中国特有的问题。"[2]在此后的一个出版物中，巴克坚持同样的立场，认为"(尽管)四川的租佃关系是普遍的，有47%的农民是佃农，但这与别的国家相比并没有太大的不同。在美国，42%的农民是佃农"。[3]很明显，当他得出这些结论的时候，他不仅假定了在中国和美国租佃关系具有同样的意义，而且把租佃关系这一问题同其他拥有丰富资料的根本性事实，比如农田规模、租率、生活标准、营养状况等等，分离开来。这例证了社会调查所带有的忽视单个事项之间的相互

[1] 《中国的土地利用》，上海商务印书馆，1937，第145页。
[2] 《中国的土地利用》，上海商务印书馆，1937，第196页。
[3] 《中国四川省农业调查》(重庆，1943)，第2页。

关系，也即制度性背景的危险。

如果巴克一直坚持限于收集“关于中国的土地利用、食物和人口的特定的根本性资料”[1]，他可能不至于得出如此成问题的结论。但是他显然并不满足于停留在技术层面，完全忽略与土地占有状况相关的关键问题。可是，当调查方法不经细致准备就应用于关于社会制度的研究时，这一方法的缺陷就变得更为明显了。行政院农村复兴委员会1935年的报告可以作为一个实例。这一报告分好几卷，其中有一卷是关于云南的农村经济的，同时，这也是在该省进行的头一次大规模调查。此份报告的英文摘要刊载于《乡村中国》[2](Agrarian China)杂志上。

为了进行社会调查，调查者经常在进入实地工作之前准备好一份问卷表。所需观察的事项预先就确定好了。问卷提供了土地体系内部的不同身分的分类，并按照某些先入为主的观念对每一个类别都给出了界定。在这一调查中，按照美国的惯例，村民们被分成地主、半地主、佃农和无地雇农，以及不从事农业耕作的(non-farming)村民这几类。在各个不同省份的研究中都使用了这同一种分类方法，并且假定所获数据具有可比性。然而，遗憾的是，在云南，正如我们将要看到的，集体所有者，比如家族(clan)佃农的社会和经济地位，同那些私人所有者的佃农的社会经济地位具有本质的差别。但是，由于显然是由那些不了解云南情况的人准备的问卷表中并没有列出单独的类别，这两种不同类型的佃农被归入了同一种类别。当云南的佃农的数据同江苏佃农的数据作比较时，出现了一些更不可靠的结论，因为云南的集体所有者的佃农的处境与江苏的向不在地地主租种土地的佃农的处境是完全不能比较的。

同样的缺陷也可以在关于雇农的数字里找到。根据同一个报告，

---

[1] 《中国的土地利用》，第8页。

[2] 《云南省农村调查》，行政院农村复兴委员会编(上海商务印书馆，1935)；《云南省的土地所有权和土地垦殖》，《乡村中国》(太平洋关系研究，1938)，第50～56页。

云南的农村里只有很少的雇工，于某些村庄来说，这也许是事实。然而，认为云南村民在农业劳作中很少依靠雇佣劳动力的结论是不正确的。雇佣劳动是大多数云南村庄的种植经济的主要特征之一。但是，由于临时卖工劳动力的存在，一些村庄可能只有很少数定居的无地雇农，尽管就我们目前所掌握的知识来说，甚至就连这种情况也很少见。因此，调查结果并没有给出一幅反映实际情况的图景。类似的许多例子将足以表明，对于严肃的科学调查来说，一份在缺乏对所要观察的社区的结构的完整认识的情况下制订的问卷，即使没有误导之嫌，也是无用的。

况且，在对一个广阔区域的研究中，有必要雇佣一组助手以收集供统计处理的基本数据。资料收集者的工作是机械的，没有给创造性留下任何空间。这对于受过很好训练的科学家来说自然没有吸引力。因此，这一工作中最重要的部分经常是托付给了不能胜任的人。由于不诚实、疏忽，或者对问卷的误解而造成的误差十分普遍。我们研究的村子中，有一个以前行政院的调查组来调查过。当我们向当地人问及这些调查者事实上是如何工作的时候，他们全都笑了。一个男人告诉我们，“他问我每天能拿到几个鸡蛋。我回答说一个也没有。但当他发现我有两只小鸡时，他认为我在捉弄他。我只好笑着告诉他，‘公鸡哪能下蛋’”。当然，我们不能以我们的村民朋友们对调查者所发的善意的嘲弄来判断报告的可信度。然而，当我们对报告中发表的数据做重新分析时，出现了那么多与现实不相一致的地方，以至于我们无法利用这些数据。这主要归咎于雇来的调查员缺乏科学训练。能胜任调查的人在当时的中国是很少的。看来，巴克的最出名的著作有时候也受到了同一缺陷的影响。正如我们在后面将要表明的，巴克书中关于云南农村大米的产量是如此之高，以至于我们只能怀疑调查员把未脱壳的稻谷当成去壳的大米计算了。只要基础数据是由对调查工作不感兴趣并对研究结果不分担责任的学生们收集的，要想避免这些误差是很困难的。

同时，那些提倡社会调查方法的人普遍拥有这样一个信仰，即，以这种方式收集的资料能够被他人使用。正如巴克在他的第一本书的前言里所写的：“我希望技术专家们能够把这些表格用作为其他解释的原材料，因为在本书中无法阐释这些内容的所有方面。”[1]因此，看看在何种程度上以这种未经训练的人按孤立的方式收集的数据资料能够被其他专家甚或像托尼教授这样的高级学者值得信赖地使用，将是十分有趣的。

托尼教授并没有把自己看做一个农业专家。从他的智慧和经验出发，他完全认识到中国的土地和劳动力问题应该在一个比“土地利用类型”更为广泛的基础上加以限定。他罗列了如果要想研究中国的土地占有状况的话，所需要详细分析的基本问题。

> 各地之间差异极大的自然条件；由这些自然条件造成的谷物种类和种植方式的多样化；一个半神话的古代文明(a half-legendary antiquity)的文化传统和社会习惯；以及公正地说，一个过去受到欧洲崇尚，但却仍然不得不分享曾经在上一个世纪的进程中改变了西方农业的科学革命的成果的技术；还有经济组织和政治制度——所有这些，以及其他的一些因素，都需要研究者考虑到。[2]

许多对于我们提供关于土地占有状况的完整图景来说十分关键的因素的信息在现存材料中极为缺乏。为了从各种社会调查所得到的孤立的材料中建立起一个综合分析，托尼不得不在他关于欧洲经济史的丰富知识的基础上借助于臆测。在他那里，发生在西方的工业革命和将要发生在东方的工业革命之间的平行的对称关系是十分明显的。如果有人在中世纪欧洲的背景中阅读中国的材料，他必定会获得富有启发性的

[1] 《中国农村经济》，第5页。
[2] 《中国土地》，第12页。

洞察。托尼关于中国经济形势的可敬佩的概括，《中国的土地和劳动》一书，仍旧是研究中国的最好的文献。但是，正如托尼自己意识到的，在中世纪欧洲和当代中国之间进行的类比，有时候可能会被引入歧途。要想证实这一点，我们可以从托尼关于租佃问题的论述中引用一大段话来说明。之所以大段引用这段话的原因，是因为它同样也是我们这本书的研究的起点，这一研究试图重新检验托尼的论点。

> 不同形式的租佃权(tenure)的分布情况受到了中国各地不同的历史(past history)、土地条件、耕作类型和总体经济环境的影响。农民很少能够在城市资本大量流入农业的大城市四郊附近拥有土地所有权——据称，在广东三角洲有85%，上海附近有95%的农民是佃农——而只有在很少受到现代经济发展的影响的地区这一情况才较为普遍。山西、陕西、山东和河南等省是中国农业发祥地，那里大约2/3的农民是自耕农。他们至今仍然很少同商业和工业打交道。土地的产出太低，以至于很难吸引投资者，而且农民也没有力量(resource)租种更多的土地。在南方，土地较为肥沃多产，农业产生了剩余；经济关系的商业化进程也在逐渐加快；因此，在土地上投资的诱惑力和投资的能力同时增大了。我们合乎情理地期望，随着现代工业和金融运作方式日益扩展到迄今还未受它们影响的地区，在中国的其他部分也将出现类似情况。如果真是这样，那么原先经常发生在欧洲的，在农民保有的首先为了生存而耕作的习俗性权利与不在地地主主要是投机性的利益之间发生的争斗很可能将在中国再现。在这个国家的部分地区，这一趋势已经出现了。[1]

这一论断基本正确，并被我们在太湖周围的农村地区的观察所证实，那里土壤肥沃，而且深受现代工商业的影响。因此，租佃关系的

[1] 《中国的土地和劳动》(London, Gorge Allen & Unwin, Ltd.)，第37～38页。

不在地主制度十分发达。但是，肥沃的土壤同受到工商业发展影响的土地所有权的集中之间的联系并不是直接的。正如托尼在开头提到的，这是通过历史，通过耕作类型，以及总体经济环境而起作用的。因此，有必要考察土地体制随着制度化背景的差异而变化的方式。

在我们对太湖周围地区的农村经济的研究中，我们看到了土地租佃中的不在地主制的发展是同农村工业的衰弱紧密联系在一起的。由于农民依靠作为家庭手工业的纺织业来谋生，它的衰退也就导致了入不敷出的危机。农民只能出卖土地以免于饥饿。很明显，如果村里的经济条件稍好一点，农民们是不会放弃他们如此热爱的土地的。因而，看起来土地集中于市镇居民手里的主要原因是农村手工业的衰败。如果土地贫瘠，仅能保证耕种者维持餬口的水平，也就不可能产生租约，市镇里不种地的人也不会购买土地。但是在这里，土地的肥度只是导致产生租佃关系的一个可能条件，而不是直接原因。

很明显，造成不在地主制度的土地所有权的集中进程不应该主要由土地的相对肥度来解释。一个正确的研究应该从土地买卖的制度化背景开始。这导致了对土地利用、劳动力状况、土地所有权分布，以及耕作利润、经济态度、继承权和各种各样财富积累渠道的调查——一言以蔽之，要做一个社区分析。这种类型的研究正是托尼对那些对中国土地占有状况感兴趣的学者们所总抱的希望。

云南——社区分析的实验室

本书研究的三个村庄都坐落在云南，由此，我们有必要先对这一省份做一个简要的描述。云南位于中国的西南边陲，它的名字，“白云之南”，表达了一种遥远的感觉。云南远离中国的中心地带，隆起在整个中国大陆的屋脊处，与一条条河流冲积而成的河谷盆地之间隔着一道道的山脉。它同中原省份之间的交通并不方便，而且，由于距离遥远而产生的疑虑，不久以前人们还相信古老的传言，以为云南是一个由未开化的土人统治的蛮荒之地，只有三国时代足智多谋的神奇人物诸葛孔明和后来元朝的无畏的蒙古兵才迫使他们臣服。许多人还认为云南山区瘴气盛行，很容易就可以让陌生人神秘地死亡。

这些传说自然是毫无根据的。但是，由于它的神秘，这一地区很少有旅行者到访。外人很难知悉这一地区的真实情况。关于这一省份的最好描述是戴维斯(Davies)的《云南：连接印度和扬子江》。它更像是一个为了推进一项铁路建设计划的人所作的旅行札记，并非一个科学的记述。只是在目前的抗战时期，云南才成了自由中国(Free China)最重要的根据地之一。与从占领区涌入内地的无数难民一起，许多大学也搬迁到云南，现代化的工厂也建立起来了。公路延伸到至今仍然封闭孤立的地区，铁路也正在修筑。这一地区的社会变迁的快速步伐是世界上其他任何地方所从未有过的。

现代文明对像昆明这样的古老城市的影响每一天每一周都可以见到，但是广大乡村的特殊地形阻碍了这种影响的顺利传播。克雷西(Cressey)把这一他称之为“西南台地”的地区描绘成“高而险峻的地表，被深陷的峡谷和高耸的山脉分割……散布在高原台地上的是被群山包围的一块块面积狭小的高原平坝”。[1]我们还可以在散布的狭小谷地里找到定居点，它们仿佛一个个分立的细胞，除了云南—印支铁路、中缅公路和其他新近开通的公路之外，仅只通过狭窄、简陋和曲折的山间小道相互联系。但是，前者对村与村之间的交通用处并不大。步行是最通常采用的人类出行方式，马帮则用来运输货物。我们自己的经历最有力地证明了交通的困难。当我们从中缅公路最近的车站向易村出发时，一段27英里的路程，我们足足花了10天才到达那里。这包括出于各种原因，比如缺少驮马，或者必须等待一个武装向导，在路上的频繁的停留。即使发现内地村庄的人们从未走出过自己居住的峡谷，也并不值得大惊小怪。

[1] G.B.Cressey，《中国的地理概况》(纽约：McGraw-Hill Book Co., Inc., 1934)，第369页。

这一地形造成了人口中的复杂的民族构成。克雷西(Cressey)写道：“西南高原是全中国人口构成中最多样化的地区。”

> 只有大约一半的人口是真正的汉人(real Chinese)，其余部分由各式各样的原始部民组成。汉人都是来自其他省份的移民，主要分布在坝子上和交通便利的峡谷里，并把那里的原住民挤走。可能世界上很难找到这样的地方，既包含了一个复杂的种族混合(racial mixture)，又能像这个地区和邻近的山区一样，为人类学研究提供肥沃的土壤。[1]

来自中原各地持续的移民浪潮在过去的1 000年里，迫使那些弱小的族群(ethnic groups)向更偏僻的内地和更高的山区转移。具有不同文化的不同人群居住在他们各自封闭孤立的峡谷里，很容易就像居住在大都市的公寓楼的住民们一样，互不关心。他们中间的任何一个民族，或多或少，都可以在给定的文化和地理条件下形成一种几乎独立的发展路径。现代工业文明只是给这个已然十分复杂的图景再加上另一种类型的社区而已。但是，就像其他的社区一样，它局限在特定的地域范围内。

如果能从人文地理的外貌辨认出经济发展的不同进程，云南可以说是最好的研究地点之一。文化发展的整个过程——从原始的猎取人头者到复杂工业社会的都市居民——都可以以具体(concrete)的形式出现。我们可以先从昆明开始。市中心充斥着各式混凝土建筑；当夜幕降临时，霓虹灯照亮了熙攘密集的人群。在市区北部，成千上万胸怀大志的青年学生出入于临时搭建的军营式的教室、图书馆和实验室。在“文化区”的茶馆里的讨论中，到处都可以听到关于爱因斯坦的相对论

---

[1] G.B.Cressey，《中国的地理概况》(纽约：McGraw-Hill Book Co., Inc., 1934)，第371页。

或者柏拉图的乌托邦之类的话题。市区外围几英里，电厂、机械厂和军工厂里的现代机器正在运转。入夜，附近的集镇(village center)里拥满了操着毋庸置疑的上海口音的工厂工人。如果我们走得再远一些，我们将看到停满一排排“飞虎队”、“解放者”和C-34飞机的机场，看到吉普车笔直飞快地穿过遭受轰炸过满目疮痍的村庄。当我们再往前走时，城市的亮光很快就湮灭了。在昆明谷地的外缘(outskirts)，村民们仍然很少受到陌生的、令人困惑的城市活动的打扰。村妇们仍在为他们丈夫的坏脾气而担忧。为了免遭敌机轰炸，或者为了克制时疫的恶灵(evil spirits of epidemics)，到处都在举行庄重的仪式。这里，古老的秩序仍旧统治着一切。在赶集的日子里，我们可以遇见成百上千的妇女，身着色彩绚丽的珍异的服装，从她们安居的高山上的土著社区里下来。如果我们跟着她们回到她们各自的村庄，我们将会在“单身客房”(bachelor house)里受到款待，这马上让我们想起马林诺斯基(Malinowski)在他关于特罗布里恩德群岛(Trobriand Is.)的材料里所记述的相类似的地方。我们也能够发现存放祖先骨灰的禁区(tabooed quarters)。在短短一天内，我们就可以从波利尼西亚一直游历到纽约。如果你是一个社会学家，你一定不会放过这样一个对文化类型做比较研究的机会，也不会放过对文化变迁进程进行分析的机会。这是一个优越的文化实验室。

这个社会调查的诱人的田野工作点还具有稍为忧伤的一面。现代文明——尤其是，对物质力量的强调，划破天空的飞机的轰鸣，以及为了开动机器和照明城市而生产电能的庞大电厂——的无情的冲击并不能掩盖持久存在的根深蒂固的历史传统。但是两者之间的桥梁并没有很好地建立起来。甚至连目光远大的人也无法确知我们应该为我们跨入机器时代付出多少代价。在这个实验室里我们将对发生在整个东方的变迁过程做一个扫描。长期以来一直受到研究者忽视的传统的背景，至今仍然或多或少地在新近大量介绍进来的现代文明的习俗之外不受影响地存在着。正是在这里，我们可以活生生地看到现代化展开的过程。当它发生时，我们身临其境，最激动人心的事件就是我们的日常经历。这解释了为什么我们可以在某种程度上忘掉我们物质生活中的巨大困苦，一直在艰苦的条件下坚持我们的工作。这同时也解释了为什么我们不顾自己的能力限制而拓展了我们的研究领域。我们的工作确实可能由于我们时间的仓促而失于浅薄，否则我们将会由于错过了为这个激动人心的时代留下真实的记录的机会而负疚终身。

田野调查点

书中研究的三个村庄没有使用它们的真实名称，而是使用了我们为它们取定的学名。然而，由于它们都是实实在在的村子，因而我们可以在这里给出一个关于它们的位置和外貌的概述。禄村东距云南首府昆明大约100公里，坐落在禄丰区中部的一个鹅蛋形的坝子上。中缅公路穿过这个坝子的南端。步行从车站到禄村需要一个半小时。易村在禄村以南50公里处绿叶江(Lu Yi River)的一个峡谷里。绿叶江不能通航；在水位下落时，沿着河床不停歇地走，也要花整整一天才能从禄村到达易村。平时人们走的路途更长。由于山高路陡，我们绕了一圈，花了10天才走完全程。玉村坐落在昆明南面100公里处玉溪平原的一个市镇边上。玉溪是云南重要的商业中心。在昆明—印支铁路和中缅公路修建之前，通往印度支那、泰国和缅甸的主要商路都是以这个镇为起点的。

在上面的某一段落里我们曾经展示过云南的总体地形。所有这三个村子都坐落在大山环绕的卵形坝子上。尽管在云南的山区只有稀疏的宅院，而且居民们也经常是土著人，这些坝子上的众多的村庄所展现的图景经常让我们想起江苏太湖周围的农村。坝子里人口密集，根据某些估计数字，昆明附近，包括一部分无人居住的山区在内的平均人口密度，已经达到了每平方英里400人。如果单单估算坝子的人口密度，我们相信，人口的拥挤程度不会比江苏的每平方英里890人低多少。许多世纪以来，来自中国其他部分的移民涌入边疆省份，定居在肥沃的坝原上。他们带来了传统的有关家族兴旺的多子多福信念，这在云南同在中国其他地方一样有效地在短期内使人口规模达到饱和点。每家拥有的平均土地在禄村只有5.7亩，即大约1英亩；而整个中国的平均数则是大约30亩，或者说5英亩。这表明云南的人／地比率与中国其他部分的平均水平相比更为不利。同美国作一个对比，结果更加引人注目。在美国，150英亩的农场极其常见，但在云南，同样数量的土地将可能属于100多户的所有者，还不包括无地的雇农。这在数量上已经等同于一个村庄了。因此，说一个云南村庄拥有的资源或多或少等同于一个美国一般农民的资源，并不是太夸张。但是在人口上，一个100户的村庄将有500～600人，大约是美国小型农村家庭人口的100多倍。当然，这仅仅是一个粗略的比较。然而，这是一个我们在进行下面的细节分析时经常需要放在心上的基本事实。

云南农村的邻里和家庭的社会结构，从总体上说，和《江村经济》所描绘的在江苏农村中所观察到的相类似。家庭是社会的和经济的单元，共同拥有财产，除了临时外出之外，共同居住在同一所房舍里，按照劳动分工的原则劳作，以维持生存。家族组织(clan organization)的力量在云南比在中国其他地方更为强大。在这里，家族拥有共同的财产。村庄的形式也和在江苏所见到的相似。房屋聚集在一个集中的居住区，和其他居住区之间隔着相当一段距离。居住区四周是大片的农田，这些农田有时候可能和耕种者的房子离得相当远。云南农村和江苏农村之间最根本的一个差别在于前者没有水运的便利条件。云南大多数的河溪是不能通航的，运输完全依靠陆路。连接村庄的经常是略加铺设或甚至未经铺设的道路，并不适合机动车行驶，尽管偶尔可以看到一些牛车在泥泞的山路上拖行。货物要靠人背马驮，而且更经常的是靠肩背。由于交通，尤其是县与县之间的交通困难，在大多数内地农村，现代工商业的影响并不很深。村民们可能仍然生活在一个狭小的空间里。本研究的田野工作于1939～1943年期间展开。禄村的研究主要是由我和我的同事张宗颖、张之毅的帮助下完成的。研究开始于

1938年11月。在村子里的第一次停留时间是两个月。1939年8月，我和我的同事们重访了禄村，再次逗留了3个月。易村的研究，紧接着禄村研究的结束而进行，开始时间是1939年10月。张之毅一直在那里呆到年底。由于交通不便，我们没有再访易村。到1940年8月，张之毅开始了对玉村的研究，头一次呆了3个月。1941～1942年以及1943年6月，他又多次重访玉村。

各种各样的引介方法被用来进入社区接近村民。在禄村，我们通过我的姨妈杨季威女士和同学王武科先生的个人关系建立起我们和村民们的联系。杨女士是一位传教士，在我们调查之前刚在那里工作了一年；而王先生则是我在燕京大学的同学，恰好又是本村人。在易村，我们没有禄村那样的私人关系，只有云南大学开具的正式介绍信。我们通过直接与村民接触的办法同他们熟络起来。在玉村，玉溪农业学校的校长充当了我们的介绍人。除了在易村的头一个星期，在是否被村民们接受的问题上我们不存在任何困难。这极大地归功于前面提到过的朋友们的帮助，以及学者所拥有的传统上的社会地位。我们同时也得益于我们熟知如何在自己的人民中正确行事的方式。我们同许多村民结成了朋友。禄村村长赵先生每次来昆明都要拜访我们。他是一个中国旧式绅士阶级的完美典范，凭着他的友善人格和乐助精神，把我们的友谊通过他的儿子传了下去；他的儿子也经常来看我们。我们在玉村的房东，冯先生，甚至在我们从昆明搬到呈贡乡下的工作站时，还经常来看望我们。我们和这些人的关系远远超过了简单上的收与发的交流。我们在很大程度上成了他们的私人顾问，甚至在家庭事务上也是如此。一开始，我们就把研究工作的实质清楚明白地告诉他们，并不隐瞒什么。结果，我们可以在必要时当场就记下数字或协议的内容。他们也经常提醒我们记下他们给我们的信息，以使我们不至于忘记。我们还被邀请参加仲裁村子里的争议，并充当他们和区政府打交道的中间人。区政府对我们也极其礼遇，提供了我们所需的所有材料。

社区分析的方法

对小农社区的分析是人类学研究的一个新发展。起先，人类学的领域局限在所谓的“原始共同体”内。但是，当野蛮和文明之间的界限，即一个为了证明白人的特殊责任而想出来的理由，在一个世界性社区的演化过程中日益变得毫无意义的时候，一些以社会学原则工作的人类学家开始拒绝接受19世纪惯例的束缚，并试图获得研究各种类型的人类社区的权利。在上100年里，他们很幸运地发展出一种社区分析的技术，这一技术在许多方面不同于其他社会科学所使用的方法。从研究较为封闭、整合得较好的所谓的“原始”人的社区开始，社会人类学家逐渐意识到研究社区居民的全部生活的重要性。生活的不同方面——政治的、经济的、宗教的、教育的等等——之间的相互关系，长久以来受到了许多系科化了的(departmentalized)社会科学的忽视，却必须在一个较少专业化或分化的社区中被辨析出来。在这里，我们再一次看到，由于社会人类学家经常研究与他们自己的文化相异的社区这一事实，他们必须展现完整的文化背景以便于其他人能够更充分地理解他们的观察；而其他在自己的文化中研究问题的社会科学家则可能忽略了他们研究领域中的大多数文化背景(cultural settings)。社会人类学家承担了文化阐释者的角色。在这一背景下，他们发展出了深入田野研究(intensive field work)方法和关于文化差异性的意识。对于社会人类学家来说，在一个文化中建立起来的概念并不一定能够自动地应用于另一个文化这一认识对他们是一个常识；但对社会调查工作者来说，他们却经常认识不到这个道理。比如，人类学家会假定美国的租佃关系的意义可能和中国的有所不同。因此，当社会人类学家把他们的研究领域扩展到现代社区时，他们对于处理跨文化比较研究尤其得心应手。

然而，这种社区研究在初始阶段同社会调查研究并没有很大的区别。研究目的在于描述社区生活，而且只要存在着方法上的差别，就会有程度上的差别。社会人类学家试图获得一幅完整的图景，而社会调查工作者则满足于无关联的定量数据。可是，只要两者都关注于描述，他们就会以同样的方式着手研究社区。另一方面，在社会人类学家发展出他们的深入研究方法的同时，他们必须以限制他们的研究范围为代价。要完整地研究社区生活，调查者必须把他的观察领域限制在一个很小的区域，这样他自己才能完全地参与进去。于是问题就出现了：对每一个社区做深入研究的可能性有多大？何况，观察中的深入度是没有极限的。极端地说，也许将要花费整个生命才能对任一个人的行为作一个完整的记录。甚至在描述的层次上，社会人类学家也需要找到一个标准来界定什么才是一个足够的描述。在这一点上，看来人们还没有达成一致。

然而，必须认识到，针对深入研究，人类学家已经大大改善了观察的技术。现在强调的是使用当地语言进行直接访谈，强调直接参与当地人的活动，强调家谱学的(genealogical)、生态学的和定量方法的大规模使用。在最新的出版物中，对于行为的微小特征的详细记录经常占据很大的篇幅，有时候使得文化的大致(broad)界限变得模糊起来。

尽管深入观察方法出现了上述的技术进步，对任何特定社区的描述性研究不仅做不到绝对的完整性，而且除非它与建立在一个广阔基础上的概念相关，否则将没有任何意义。一个社区研究只有当调查者参照某些具有普遍意义的问题来记录报道时，才是完全科学的。我们除了报道每一个社区中的每一件事之外，不可能做任何其他事情。从这一事实，以及希望产生一个普遍的而非特殊的知识体系的愿望出发，产生了“文化分类学”——即，对类型的认知，以及把单个社区确定为这些类型的实例——的问题。一旦类型建立了，单个的深入研究就成了某个社区类别的代表。

当使类型发生分化的基本特征被甄别以后，一个关于社区类型的描述将被认为是完备的。但是类型的特征是什么呢？一些研究者尽力去挖掘文化中的尤为微妙和理解性的一面——秘密文化，最基本的构形(configuration)，或者甚至是“民族的精神”(national genius)，并把所有文化因素综合成一个支配性的印象。但是我们缺乏研究这个“高层次的文化综合”的现有技术。看起来，试图以这种术语来对文化做出分类是不成熟的。从一个较低的层次来开始文化分类学的研究似乎更为可行。与第一种方法不同，界定类型的特征是参照研究所关注的特定问题和兴趣来挑选的。因此，在一个经济学研究中，将以不同的经济制度为基础分离出不同的类型来；正如对家庭关系中存在的问题占上风的关心，将寻找社会组织作为分类的基础一样。在这些准备工作的基础上，更高层次的综合将在未来的某一天出现。

需要更进一步强调的是，在一个依此构建起来的文化类型学里，分类是由对某些关于功能相互关系或关于社会变迁的一般问题的兴趣所引导的。如果生物科学能够作为我们研究人类社区的指导，我们就可能认识到，如果一直局限于纯粹的描述层次，分类将不可能出现。事实上，正是对物种之间的差异的解释——比如，进化论——才导致了解剖分析的发展。只有当差异与一个普遍原则相联系时，它们才是有意义的，尽管这一普遍原则可能纯粹只是假设的。早期的社会人类学受进化论之惠非浅。但是由于这一理论过于简陋，以及那些被称作“进化论者”的人们头脑过于狭隘，逐渐出现了对这一理论的反作用，一些对立的思想派别产生了。然而，这些学派并没有能够提供关于文化的理论，它甚至走得更远，以至于否认了总体研究的可能性。因而它只是人类学发展史中的一股非建设性力量。如果我们不满足于使人类学成为一个个博物馆标本的大杂烩，就必须努力以一种更为系统的方法来组织人类学材料。这就是为什么布朗教授(Radcliffe-Brown)多次提醒他的学生，一个田野工作者首先必须在自己的头脑里装备一个理论。田野工作的作用就是在检验这一理论。雷德斐尔德教授(Robert Redfield)在尤卡坦(Yucatan)的研究工作[1]是这种类型的田野研究的最好例子。他的著

[1] Robert Redfield, The Folk Culture of Yucatan (Chicago, University of Chicago Press, 1941).

作不仅是对他所研究的四个社区的描述，仅仅表明它们是多么地与众不同，而且他还努力使用一个从民间文化到现代文明的文化变迁理论来解释它们的不同之处。他对变迁过程的定义建立在这些社区内的具体观察的基础之上，并以能够在其他田野中加以应用和检验的概括性术语来表达。自然，这里面存在对这一理论的内容的批评余地，因为同其他理论一样，它仅仅是供进一步研究的工作假设而已。但是他所使用的方法对现代社会人类学来说意义是非凡的。

本书从总体上遵循了同样的方法，尽管它所关注的问题更为局限。正如我们在上面已经说过的，我们的研究试图在社会调查和普遍的概括之间建造一座桥梁。

我们将通过展示村民们在土地体系中的相互关系来把他们经济生活的各个层面联结起来。通过比较四种类型的农村社区的土地体制，我们将能够产生一个关于土地所有权的集中和租佃关系的发展，如何受到作为工业革命的一个结果的农民收入的下降之影响的普遍陈述。正如我们上面所提到的，这是通过对托尼理论的检验而得出的结论。纠正了在经典的地租理论的影响下，有些学者强调了土地的生产力，而对总体的经济条件和制度性背景关注不够。

为了研究土地所有权，我们选定了四种类型的社区。它们被用来代表不同程度的土地集中状况。在其中的一个社区，禄村，大多数土地所有者就是耕种者本人，而且他们的农田面积很小。在另一个社区易村，除了几个在别的村子也拥有土地的大地主之外，其余的都是小自耕农。村子里没有佃农。第三个社区，玉村，与第二种类型正好相反。村子里有许多佃农，而大土地所有者则住在附近的市镇里。这三个社区都在云南。第四个社区，本书没有专门涉及，但同样可以用作比较的，是我们在江苏研究过的那个社区，在早先出版的《江村经济》中有过详细的描述。这是一个主要由租种大市镇上的不在地主的土地的佃农组成的社区，拥有比第三种类型社区更为发达的租佃关系。

整个研究过程中，我们是在两个层次上同时进行的。首先，是在分类学的层次上，特别参照了社区的土地体制来界定社区的特征。在考虑了由一般性因素，比如，人口压力、低水平的职业分化、使用雇佣劳动力的手工业的发展、资本主义式企业的出现等等，所表达的所有基本特征之后，我们就可以界定社区类型，并以之作为我们对中国农村社区进行分类的基础。

当我们通过比较澄清了影响不同类型的土地制度的因素之后，我们就达到了第二个层次，即解释的层次。用于说明这些类型的相似之处和不同之处的因素也被用来解释土地所有权集中程度的差异。这样，我们这项研究就作为一篇研究中国土地体制的变迁的重要过程的论文而找到了自己的统一性。我们发现，土地所有权的集中和不在地主制体系的持久发展只在社区里存在特定的持续的财富积累机制时才出现。以这种机制积累的财富，如果它由于总体经济条件的限制不能够有效地再投资于同一机制中——比如工业和商业，将会流入到土地中。当小土地所有者由于个人危机或农业经济状况的普遍恶化而造成自己的一般生活水准的下降之时，土地的集中就更加突出了。

社区研究中，建立在特定假设基础上的比较方法尤其值得推荐给中国，因为它激励了我们对新的研究领域的开拓。对一个社区的调查，往往它所引发的问题比它所解决的还要多。调查的扩展(ramification)，以及对实际状况的持续的提炼和更为仔细的定义，滋养了一门在中国这样的处女地里仍然处于它的婴儿期的学科。我们也无需说明，在本书和其他早先的出版物中所表征的四种农村社区的类型仅仅是一个更为宏大的同类研究计划的开端而已。从这类研究中可以发现理论性指导在选定研究领域时的价值。例如，我们并不主要是为了方便和出于随机才选定了上述的村庄。由托尼的研究和《江村经济》一书同时提出的问题引导我们去寻找一个不存在不在地主制度的村庄。脑子里带着这个想法，我们开始了对禄村的研究。通过这一研究，我们认识到农村工业对土地体制所起的作用的重要性。于是我们走了10天去找另一处农村工业较为发达的村子。易村就是这样一个地方。在易村我们开始对工商业中心对邻近村庄所起的金融影响产生了兴趣。我们之所以去玉村就是因为它坐落在云南的一个工商业中心的附近。每一个研究都是下一步研究的先导，而且所有研究都通过一个共同问题——土地所有权的逐渐集中——联系起来。

本书并不想声称是对中国土地状况的一个完整把握。但是，通过采纳这种建立并分析土地制度的基本类型的方法，我们相信这一任务将逐渐完成。这并不需要对中国的每一个村庄的彻底研究，因为大多数村庄都可以被归入已知的类型之中。

结论：农业和工业

社会学田野工作始于假设，终于假设。上述研究得出的结论将被用来作为将来研究的工作指导(working guide)，并接受新的证据的修正。在调查的每一阶段所获得的概括都是对情境的重新定义。社会行动是由感知到的情境所组织起来的。对情境的定义是对社会行动的方向的一次校正。因此，定义的有效性可由随之而来的行动所验证。对我们来说，把科学研究和实践政策联系起来是正当的，甚至是必要的。在某种程度上，我们是代替中国农民当了原告。在我们陈述了他们的理由(set forth their cause)，提出了证据之后，我们就应该呼吁一些实际的行动来改善他们的生活。在我们的陈情的最后，我们将概括一下最基本的事实，以争取一个合适的政策。然而，作为科学家，我们勇于接受有助于进一步调查的建议，并相应地修正我们的观点。

中国土地状况的基本事实

这项研究提出的基本问题十分简单：即，中国内地农村的村民们是如何以土地为生的？为了解答这一基本问题，我们必须调查清楚下列特定问题：他们拥有多少土地？他们如何使用这些土地？他们从土地

表 1　生存水平的平均数

	禄　村	易　村	玉　村	江　村
每户拥有土地（单位亩，括号内为英亩数，6.59 亩等于 1 英亩）	5.7(0.87)	15.2(2.31)	4.3(0.65)	3.8(0.58)
每户耕种土地（亩和英亩） 稻　田 园　圃 总　计	 8.8(1.33) * 8.8(1.33)	 7.5(1.14) 4.4(0.66) 11.9(1.80)	 5.1(0.77) 0.9(0.14) 6.0(0.91)	 8.5(1.29) 8.5(1.29)
主要作物：稻　田 园　圃	稻米（用于消费和出售），豆类（主要用于出售），玉米，蔬菜（用于消费和出售）	稻米（用于消费），豆类（用于消费和出售），竹子（用于工业制造），蔬菜（消费用）	稻米（用于消费和出售），豆类（主要用于出售），蔬菜（主要用于消费）	稻米（用于消费和出售），小麦，油菜（用于消费和出售），桑树（工业用），蔬菜（消费用）
每英亩稻米平均产量（单位：担 100 市斤）	60	36	52	40
每家所耕种稻田的平均稻米产出（单位：担）	79.8	41.0	40.0	51.6
大田种植的其他产物，折算成稻米（单位：担）	15	5	17	10（？）
来自大田作物的收入，折算成稻米（单位：担）	94.8	46.0	57.0	61.6

（续表）

	禄 村	易 村	玉 村	江 村
人 口 人 数 户 数 每户平均人数	 694 122 5.7	 236 54 4.4	 777 156 5.0	 1 458 360 4.1
折算成成人食品消费单位数目 （一个五口之家 3.5 担）	3.8	3.1	3.5	2.9
每家平均所需消费稻米 （每个成人每年需 7 担）	26.6	21.7	24.5	20.3
租地（自有土地和所耕种土地的差额）数（英亩）	−0.56	+0.51	−0.26	−0.7
租额（每年稻米产出的一半），单位：担	−33.6	+18.3	−13.5	−28.0
消费和完租（收或交）之后所剩稻米（单位：担）	36.6	42.6	20.0	13.3
可用于其他开支的剩余，或不足 （折算成稻米的消费量）	+10.0	+20.9	−4.5	−7.0

* 不重要或未估计。

中得到的收益如何？ 来自土地的收入是否足以维持他们现有的生活水平？ 如果答案是否定的，那么他们又是如何弥补不足的？ 如果他们不能以额外的收入来弥补不足又将会发生什么？ 这种财政状况如何影响到土地分布？ 产权是如何分割和转移的？ 这一过程又造成了什么类型的土地体制？

表1的数字提供了关于这些问题的答案。 我们在比较中加入了长江下游盆地太湖附近的一个叫江村的村庄。[1]为了在一个表格中概括一个复杂的现象，我们不得不使用平均数或一些大略的估计。 当然，在这样做的时候，我们仅仅为了表述的方便而把情况简化了。

从上表可以清楚地看出，在禄村和玉村，一个只依靠稻田产出的普通家庭，在完租收租以及支付日常开支之后，将只有很少量的剩余用于其他花销。 在玉村和江村，普通家庭还可能已经负债。 但是普通家庭只是一个理想，而不是一个现实存在(an actuality)。 上面的论断并不意味着这些村庄中的大多数家庭处于这种境况，因为土地并不是公平分配的。 下表给出了四个村庄里不同阶级占有土地的百分比(关于这些阶级的定义已经在第三部分给出)。 在全部四个村庄里，穷人和无地者的数量，也即那些不能完全依靠自己的土地谋生的人的数量大约占70%，或者超过总人口的2/3。 因此，实际情况比上面提到的还要糟糕。

表2 按照经济等级的人口分布表

	禄 村	易 村	玉 村	江 村
富 农	15	13	4	6.2
中 农	19	15	20	18.0
贫 农	35	65	50	75.8
雇 农	31	7	26	/

我们因此得出结论，认为我们研究过的这些社区中的大多数村民不得不在主要的稻田产出之外寻找来自于其他途径的收入。 开辟新的收

[1] 参见《江村经济》。

入来源的第一个可能的途径，是加入种植更加劳动密集的高价农作物的行列，以代替稻米或豆类(或其他大田农作物)——换句话说，是通过改变对土地的利用方式来增加新的收入。这种获取额外收入的方法已经在玉村使用了，在那里，建起了许多商品化的园圃。要维持这种形式的种植，需要大量的劳动力和每天的照料；但是，通过这种方式，园主获得了与种植稻米相比四倍的收入。但是这一类的园艺产出是作为换取现金的作物(cash crop)来生产的，因此，就需要一个邻近的市场。在大多数农村社区，由于农民经常只生产供自己食用的蔬菜，类似的市场很小，或根本不存在。因而，即使是中心城市附近的村庄，发展密集园艺业的机会也很有限，在目前缺乏交通运输设施的情况下更是如此。

开辟新的收入来源的第二种常见的办法是发展以农产品为原材料的加工业。这种类型的农村工业在中国非常普遍，我们可以在易村和江村看到——在前者那里是编织和造纸；而在后者那里则是蚕丝生产。在江苏，学者们发现，“由于这一地区人口稠密，土地有限，土地的产出不足以维持人们的生活。他们必须在农作之余从事某种手工业。常常可以看到，某个村子里的全部人口都在从事某种手艺，因而，许多村庄都因为它们的特产而出名。”[1]另一个调查者在山西报道了同样的情况：“在申口村，村民们除了农作之外还从事一种或几种手艺活，尤其是那些小自耕农。人们不得不以此补充来自农田的收入。”[2]

一般人都认为中国是一个农业国。如果仅就农业是中国最主要的职业这一事实而言，确实是这样。但这并不意味着中国缺乏制造业，或只有很少的中国人才从事制造业。中国工业的落后是在技术上，而不是在从业的人数上。事实上，中国的大多数农民同时也是工匠。凭着遍及各地的农村工业，中国在她同西方接触之前很久就做到了制成品的自给。确实，乾隆皇帝曾经写信给英王乔治三世说：“天朝物产丰

[1] P.N.Wu 和其他人：《江苏省经济调查》，第 154 页(中文)。
[2] 李有义：《山西上郭村的经济组织》(未出版的硕士学位论文，燕京大学)。

盛，海内无物不备，无需人输外夷制品。”丰富的制成品不是在庞大的工业中心，而是在像易村和江村这样的成千上万的村庄里生产出来的。中国的传统工业是分散了的(diffused)工业——分散在无数的家院之内。这种分散不是为了方便，而是因为必需。从我们的分析来看，这一必需就是因为农村人口不能完全依靠他们土地上的产出谋生。造成这种分散的工业的发展的另一个重要因素可以在农业劳动力利用的特定特征中找到。农业需要季节性的劳动力。以现有的农田耕作技术来看，农忙季节所需求的劳动力是巨大的，而在一年的其余时节，田里并不需要任何劳动力。我们已经表明，农忙时节一对夫妇自己最多只能承担 10 工(kung)地，或半英亩农田上的活计。即使夫妇们可以在其他人的田里干活，他们种植的土地也不会超过 1 英亩。这一随处可见的基本事实使人地比率一直保持在较低的水平。失业的严重性也因为农业技术发展的这种水平而隐而不露。因此，农民们必须从事某种副业来消磨他们的闲暇时光。结果就是差不多所有能够分散的工业都分散了。

现在让我们转向土地状况的动态的一面。土地一直是农村社区内最重要的和最稳定的收入来源。它也是安全感的唯一来源。然而，由于只有很有限的土地供应，任何扩大自己田产的企图都意味着让别人失去土地。农民对拥有土地的执著以及他们割舍土地的不情愿，可以在下面这个事实中很好地表达出来：他们宁愿以苛刻的利率借钱，而不愿出卖他们的土地。所以，土地转让远不是单纯商品交易那么简单，而是代表了一种为生存的斗争。

可是，对保有土地来说，还有一个永久的威胁——即分家。按照习俗，每一个儿子都有平等的继承权；因而，当地产经过几代人的分割时，每一次分家都意味着单个人拥有的农田面积的减少。人们经常问及的一个问题是：为什么这样一个与农场管理的效率原则相抵触的习俗能够如此长久地延续下来？让我们来看一看在一个只有很少几种独立职业向人们开放的情境中，是否还有什么别的选择。如果没有其他的谋生手段，失去土地是人们所能意识到的最坏的命运，因为它有可能导致一个家庭的灭绝，就好像我们在本书第一部分的许多案例中看到的那样。由于存在强烈的亲情，故此眼睁睁地看着自己兄弟一家由于失去土地而消亡而无动于衷是难以理解的。但是，只要后代平等继承遗产的习惯法存在，对保有土地来说时间就是一个强烈的破坏性力量(disintegrative force)。即使拥有可观田产的人也都不放过任何一个可以扩大他们土地的机会，而这仅只是为了保证自己后代的未来而已。

于是问题就来了：农民们怎样才能积累足够的财富来购置土地？从我们上面的分析来看，对一个普通农民来说，很明显连靠土地谋生都已经很困难了。如果还有什么剩余的话，也很容易耗费在定期举行的各种仪式上。况且，还有饥荒、盗匪和其他个人的不幸。所以真实的情况是不可能依靠土地致富来扩大地产。那些想寻找安全感的人都在向农业之外找门路。有志向的人都离开村子去寻找机遇，或者在官府里找到一官半职，或者冒着生命危险从军，或者从事更加危险的非法生意。如果有人在听到关于获取财富的方法的这种令人不快的选择之后感到震惊的话，那他应该记得，在传统经济中，财富的集中通常都发生在工业和农业之外。“升官发财”(through power to wealth)是前资本主义社会的一般企求。根本性的事实在于，在使用传统技术的条件下，通过开发土地致富并不是积累财产的可行的办法。

因此，工业所提供的机会对土地占有状况产生了新的重要影响。这一重要性在于这样一个事实，即通过暴力或权力而达致的财富集中并没有导致进一步的财富积聚，因而很难维持下去。一个官员可以变得很富，但是，除非他能够利用这些财富使自己变得更有权势或更富有，否则当他退休回村当一个地主时，他的地位就开始慢慢下降。但是工业却不同。通过它，财富可以持续地积累。当来自工业的财富被用于购买土地时，购买力将是持久的，因此由于分家而造成的破坏性力量将不再起作用，因而，地主阶级的地位将或多或少变得更为稳固。

农村经济中的工商业

本书第二部分中关于农村工业的分析对这里的讨论具有重要意义。农村工业有两大基石：一个是农民有在农闲时找到活干的必需；另一个是富人们对利润的追求。第二种类型的工业只在需要大笔资金建造工厂时才出现。随着技术的发展，在生产过程中资本开始变得比劳动力更为重要。工厂不可能建在小茅舍里，由除了可出卖的劳动力之外一无所有的农民来维系。况且，在资本主义原则上组织起来的这种工业，在运输不便、市场有限的内地中国颇多掣肘。在到达扩展的边际时，所获的利润将不再投回同一企业内。这些资本于是再次流入土地，开始使土地集中在大所有者手中。

传统中国的大多数农村工业是依靠当地原材料发展起来的，而且仅仅是对农产品的粗加工而已。但在那些交通方便，可以通过商行从外面购进原料的地方，新的工业形式发展起来，正如我们在关于玉村的第三部分中看到的那样。在易村，两种类型的工业——其中之一是为劳动阶级提供就业，而另一种则提供可投资的机会——是分离的。但在玉村，这两种功能在棉花工业中联结了起来。在这里，资本家向劳动阶级分发原料，并从他们手里包买成品；而劳动阶级则承担了生产的过程。这是一个手工业的外放生产体系(put-out-system)，其中资本家的功能在更大程度上是商业的和金融的，而非工业的。因此商业的发展加速了财富集中的进程。而且由于交通的改善和市场的扩展，部分消除了对资本再投资的限制。但在玉村，甚至在江村也是如此，财政状况不佳的农民为了获取资金竞相提供越来越高的利率，以便在债主的两头讨债声中获得短暂的喘息机会。于是，土地集中的进程以一种更不利于农民的方式持续着。

由于贫苦农民一直无缘分享在资本主义原则上组织起来的工商业的利润这样一个事实，工商业的发展带来了灾难性的后果。有趣的是我们注意到了这一点，即，在中国，哪里商业发展了，哪里的租佃关系也随之出现，而在商业不发达的地方，我们可以发现更多的自耕农。在云南，村民们的商品交换绝大多数发生在定期集市和临时集会，在那里，生产者和消费者相互见面。在这个交换体系中，贸易所产生的利润散布在整个人口中。经纪人的商业活动只有很有限的空间。因此，这里的佃农只占少数。在华北，定期集市十分普遍，我们也发现了类似的土地占有状况。但在沿海地区，比如长江和珠江三角洲那样的佃农占80%～90%的地方，出现了许多大的市镇，有许多中间商人在那里开店售货。

农村地区商业发展进程中的一个更有意义的事实是，这一发展为外国商品的入侵做好了准备，而这些外国商品正在逐渐侵蚀传统工业。当后者消失时，农民失去了收入的一个来源，变得更为贫困，失去他们土地的危险也增加了。与西方工业的接触是影响目前中国土地占有状况的最重要的因素。让我们更细致地考察一下这一进程。

我们可以先从易村的编织业开始。编织者使用自己的原料，自己动手编织，自己销售。他得到的报酬总额包括了原料的价值、工资、运输费用以及销售利润。在玉村，在先前的岁月里，织工的工作和易村纺织者的工作如出一辙：他们种植棉花，制造染料，纺纱，再织成布，然后卖给消费者。但是商业发展的结果是，他们现在从店里拿到棉纱，再把织成的布匹交给店里，拿到的钱只相当于工资。他们失去了他们作为原料生产者、纺纱者以及销售者的角色。于是来自这一产品的利润就得和其他许多人一起分享了。如果生产技术改进了，总利润将会增加；如果这些利润是在这一进程的所有参与者之间平分，织工们有可能比他们运用原始技术独自承担整个生产过程获得更多的回报。但事实并非如此。大部分利润流入了资金提供者的腰包。贫穷的织工没有讨价还价的力量。他们只能无条件接受这一事实，因为他们的土地状况决定了他们必须从事某项副业生产。现在分配给织工的那部分工资并不足以维持简单的生存。但即使如此，织工们也别无选择，不得不接着干下去，不然的话，他们就会因为完全失业而失去更多。

在玉村纺织业的个案中，我们已经能够看到现代工商业的发展已经消除了中国农民的某些职业。 在这个例子中，由于运用土法纺成的纱与在兰开夏和曼彻斯特制成的棉纱相比成本高而质量次，因而村民们完全放弃了纺纱。 随着运输条件的改善，在现代工业中心生产的机织布流入内地时，很快，就连玉村生产的家织布也将失去市场。 同样的情形在江村看得甚至更为清楚，那里当地的缫丝工业在日本优质机制丝和美国的人造丝工业的竞争面前迅速衰败了。

现在让我们再次提醒读者关于中国农村经济的两个基本事实：首先，中国的传统手工业是散布在一个个村庄里的；其次，农民们依靠它来谋生。 西方的工业革命至少威胁到了中国农村的小农们成为工业家的潜在劳动能力。 对于没有组织起来的自营小手工业者(petty owner-workers)的大众来说，这是一场没有希望的战争。 无论他们如何技艺娴熟，他们是在与机器进行一场注定失败的战斗，但他们必须坚持斗争，因为不然的话他们将无法生存。 结果是中国最终将变成一个农业国，纯粹而又简单，而一个农业的中国将不可避免地是一个饥饿的中国。

每一个收入下降的家庭都感受到了这一情势所带来的绝望。 任何一次不幸的打击都可能迫使农民出卖他的土地。 我们早就强调过这一事实，即中国农民不会为了利润而出卖土地，而只有当他们确实处于困境时才会卖掉土地。 在西方工商业影响还不是很大，传统秩序仍旧维持着的内地，互助体系以及在恶劣的物质条件下所表现出来的坚韧不拔的精神帮助他们渡过了金融危机的难关。 只要他们能够找到别的办法来解决他们的经济困难，他们仍会坚持保有他们的土地。 结果，土地集中在少数几个人手里的速度很慢。 甚至在玉村，在最近的 12 年里，只有大约 65 亩土地从村民们手里流走。 按照现在的速度，要过 70 年才能赶上江村的地步，在那里，几乎有一半的土地掌握在不在地主手上。 但是，当农村手工业工人受到西方机器工业的直接冲击时，看来只需很短的时间就可以使大多数小土地所有者沦为佃农。 我们相信，这就是为什么目前在沿海省份会有如此高比例的租佃现象的原因。 当然，我们所持的假设在它的有效性完全建立起来之前，还需要更进一步的研究。但是，现有的研究清楚地支持了这一结论。

在这一背景下，托尼给出的一些结论开始变得深具启发性：

> 看起来将会出现的，至少在某些地区是，与住在自己村子里的同他们的佃农在农事上保持着伙伴关系的小地主相并列，将会出现一个不在地主的阶级，他们和农业的关系纯粹只是金融性的。[1]

对于我们来说，作为与西方机器工业相竞争的农村工业的衰败之结果的农村地区的经济萧条，是土地集中在少数人，尤其是市镇上的人的手里的最关键的条件。托尼特别提到的用于解释租佃关系的发展的土地的肥力，只是这一情境中的一个次要的有影响的因素，尽管它也很重要。土地肥力只是使得租佃关系变得可能，但它本身并不足以产生租佃关系。换句话说，这一解释只是重复了经典地租理论而已，尽管本身可能是真实的，但却并不足以给出一个有关总体情境的完整理解，而这样的完整理解，正是我们在这项研究中所试图达到的。

作为解决土地问题之途径的农村合作化工业的发展

由于对社会情境的定义是导向行动的准备阶段，如果纯粹以技术术语来定义农业情境，接下来的行动将被限制在技术改进的范围内。然而，更为关键的是，我们应该认识到情况显然更为复杂。我们不能否认技术进步的重要性，但我们同样应该认识到它的局限。本项研究——这还远不是结论性的——至少表明了中国把农村经济问题仅仅当作农业问题来处理的做法是片面的。我们愿意在此强调我们的结论，即土地问题由于农村工业的问题而加剧了。如果我们是正确的，那么中国土地问题的最终解决将和中国的工业化问题紧密联系在一起。

---

[1] 《中国的土地和劳动》，第67~68页。(此译本与作者引译文字不尽相同——编者注)

在技术改进方面，这一领域的专家已经付出了足够的心血。由于应用了科学知识，在作物改良、土地改造以及昆虫防治方面已经取得了巨大的成功。我们不必进一步讨论这方面的问题。然而，在有关耕作工具机械化和扩大农田规模这些问题——这些问题一般都涉及到社会状况——上，还没有达成有效的改革。以此为理由指责政府是不公正的。并不是缺少改革措施，但是当它们推行时，困难出现了，并使得所有的努力全部白费。问题的关键在于，除非我们能够通过合理地增加农民的收入来阻止他们的生活水准的下降，否则的话，所采纳的任何一个办法都只是一个临时性的解脱而非根本解决。例如，农业生产率的增加确实有帮助，但是，即使运用现有的所有科学方法，估计也只可能比当前的生产率提高大约20%。这一提高，与农村工业品——比如生丝——价格的急遽下降相比，简直是小巫见大巫。

让我们再来看看平均地权这一办法。就当前不平等的土地分配而言，这确实很重要。但是我们必须记住，即使政府通过一系列办法，把所有的土地全部重新分配给农民，农场的规模仍然在5英亩之内，这一数字还不包括许多不能耕种的土地。在云南，不包括山区，农场的最大规模大约是1英亩。1英亩的农田，甚至在所有可能的作物科学改良的条件下，其产出也只允许维持一个并不比目前平均水平更好的生活标准。这一政策，如果能够实施的话，将只能产生一个更公平的分配，而不可能对普通村民的经济地位有多大改善。

有两种途径可以扩大农场规模：一个是扩张可耕地面积；另一个是减少人口。东北和西北地区的开发可能稍稍缓减一下渴求土地的压力，但是到底有多少人口可以迁移到这些地方仍然是个未知数，而且扩张的前景也是不确定的。整个中国历史上，减少人口是解决土地问题的最常见手段。繁荣时期往往伴随着动荡时期，在后一时期，巨大的人口死于内战和饥馑。这样的大灾难，自然再也不允许发生。随着公共卫生的改进，尽管同时引进了控制人口出生的方法，人口也不可能很快下降。因此，沿着这一思路也无法找到可行的解决办法。

剩下的替代办法就是把农村人口转移到其他职业中去。这听起来确实像是一个很有希望的解决办法。我们得知，1870 年美国农村人口的百分比高达 73.8%；但到了 1930 年就减至 43.8%。美国的经验明确地表明了通过在中心城市地带发展工业来减少乡村人口的可能性。然而，这些数字并不真的能给中国带来希望。现实地说，我们可能发现，即使中国能够获得像美国在最近 30 年里所获得的快速工业发展，我们也只能在农村地区减少 30%的人口，只可能使单个农场面积扩大不超过半英亩。

期待在不远的将来中国农民能够完全依赖农业为生看来也不合情理。这并不是说中国生来就是永远贫穷的命。从她丰富的人力和资源来看，她的经济潜力是巨大的。这仅仅意味着，我们不能再期望单靠农业就能拯救中国，并使人民的生活水准大大提高。如果我们意识到这一事实，摆在我们面前的道路就和许多世纪以来被广泛采用的道路相类似——也就是以分散的工业作为农业的补充。

在这一关联中我们必须清楚地表明我们的立场。在这里我们并不关心工业的理想型，或者最有效的工业组织，而是关心一种适合农民大众的情况、适合逐渐恶化的情况的实际的工业类型。如果有机会，中国将不可遏制地工业化，牢记这一点也许很重要。但问题在于这一新的工业化是否对农民有利。答案取决于这一新工业采取何种形式。如果它按照最近几个世纪欧美的工业模式而发展——即，如果它集中于都市地区，并掌握在少数资本家手里——那么它只会更加剧农村人口的悲惨境地。因为它将冲击到村庄里所有的庭院工业，从而进一步减少农民的收入。这一进程最近几十年里已经发生了。以这种方式进行的中国的更进一步的工业化将只意味着工业所集中的财富将落入中外工业家的手里——这一变化并不能改变中国农民的经济情况。政府确实应该为了农民的利益而向中国工业家征收工业利润税，但是这又只不过是一种缓减而已。我们所寻求的是一开始就能避免这一不幸的道路。

同时，关于这一点，我们也还要指出，如果农民大众不能分享工业的利润而只会身受其害，使他们的生计更加艰难，那么，中国新近发展中的工业的成长也将受到市场萎缩的阻碍。一个关于工业的全面计划将不仅考虑到我们能够生产多少，获利多少，还应该考虑到能够销售多少。赤贫的大众，尽管弱小到无法向工业家的权势和特权提出挑战，但仅仅凭借无力购买工业品这一点就足以阻塞这条道路。因此，为了任何一种形式的工业发展的成功，我们必须按照提高普通人民——农民是其中最大多数的一群——的生活水准的能力为标准来找到一条解决这些问题的办法。从这一观点来看，我们可以设置这样一条原则，即中国今后的工业组织形式必须做到农民可以分享工业利润以便提高他们的生活水准，因为农业本身并不足以做到这一点。为了达到这一点，工业中的一部分必须分散(decentralized)，建立在村庄或村庄附近的集镇；这样，工业利润就能在农民中间广泛地分配了。

回到依靠手工业来补充农民家庭收入的不足这一传统原则上去并不意味着保留古老的工业技术。力争在村庄里保持传统的工业实践是不现实的。我们所应该保留的是作为传统工业形式——即与中国农村情势相配合的分散了的工业——的基础的根本原则。因为在最近的将来，农村地区的情况看起来不大可能发生彻底的变动。传统的原则是来自长期经验的解决这一问题的可行的办法。我们不应忽视历史的教导。然而，现在的问题是，在遵循分散了的工业的传统原则的时候，是否可能获得技术上的进步。

从历史上看，工业革命是通过机器设备和人口的集中而完成的。到目前为止，技术进步与城市中心带的发展在很大程度上是同步的。然而，这主要归功于工业发展第一阶段中蒸汽动力的使用。当电力被引入时，工业集中的趋势改变了。查尔斯·艾布拉姆斯(Charles Abrams)写道：

蒸汽动力的使用是现代体系发展的第一个主要步骤，它造成了制造业的操作程序在一个小区域内的集中，因为只有在一个大型工厂里才能经济地安排不同的操作，也才能够用皮带和轴承传动，因而也只能局限在短距离内。工厂及其相关活动因此被限制在一个相对密集的中心，成品从这里被运到蒸汽运输现在可以到达的较远的市场。

但是随着可以经济地长途运输的电力的发展，一个相反的趋势出现了。工业布局现在扩展了，一个小型工厂的网络散布在一个广阔的空间，在某种程度上，代替了维多利亚时代巨大的工业组织。随着交通设施的完善和运输技术的全面进步，距离上的障碍日益减小了。因此，小城市所曾经拥有的巨大的影响逐渐被包容在巨大的都市带之内，在那里，纯粹地方性的事务变得越来越不重要了。[1]

因此，很清楚，制造业的分散并不是工业发展中的倒退而是现代工业的普遍趋势。作为现代工业世界中的后来者，难道中国应该从旧的模式开始，然后才再去重新组织吗？西方经济史是对这样一种政策的一个警示。类似再组织所付出的代价是巨大的；同时也解释了为什么尽管分散模式被证明是更为经济的，但在西方却被采纳得很慢。在旧式工厂里的巨额投资阻碍了对新的技术进步的快速调适。由此，中国可能拥有从工业前沿而非后方起步的优势。从传统背景和现代技术两方面来看，分散化的工业模式值得推荐。

正如我们一再强调的，中国的现代工业应该以一种能尽可能广泛地分配由改进了的技术方法所带来的利润的方式而组织起来。假定这是我们的目标，我们将推荐分散的工业体系。然而，仅有分散的工业并不够。正如我们在易村的造纸厂里所看到的，只要无缘参与的贫苦村民没有被考虑到，这种工业发展的后果，尽管还很轻微，也是恶劣的。因此，更为根本的是为人民大众拓展工业机会。这一考虑促使我们在经济组织中提倡合作原则。中国的合作化运动已经处在迅速的发展进

[1] 《土地革命》，纽约和伦敦，Harper & Bros，1939，第79页。

程中了。政府和个人都很积极地推进它。在这里无须再来强调这一显然是中国采纳得最好的现代工业形式的制度的优点。然而，小型农村合作工厂的成功极大地依靠它同其他工厂和市场的外部关系以及它的内部组织情况。在《江村经济》一书中所给出的对一个丝厂的分析表明这一机构的脆弱之处。一个把小型制造单元协调在一起的大型组织，对于中国新的农村工业来说是必需的。

有了这样一个协调组织，散布在各个村庄的制造中心可以只承担机器生产的某一部分，或只承担制造过程的特定环节。他们可以把产品汇合在一个大的中心工厂里组装。由此，大规模生产的优越性在人口不用向城市中心带集中的同时保存了下来。至于关键的协调管理职能，我们将求助于政府。

建议中国的新工业采纳分散模式的主要原因是为了改善人民的生计。我们已经表明工业就业在农村的必要性，以及把现代技术引入这样一种组织的可能性。但是，在我们讨论的结尾，我们必须指出这种工业只能限定在消费品生产的范围内。对于重工业来说集中式的工厂是必须的。因此，这又引起了另一个问题，即中国在战后的岁月里应该优先发展轻工业还是重工业？如果我们首先集中精力搞重工业，就像俄国在第一次世界大战之后所做的那样，看来除了追随西方模式之外似乎别无选择。况且，如果运输的发展滞后，制造业将很自然地定位于重工业附近。结果将是上文所描述过的城市中心带的快速集聚和乡村地区的衰败。因此，不同种类的工业发展的顺序将决定它们的区位。

关于这一顺序，我们无法提供另外的选择，因为它有赖于另一个目前尚不具备的因素，即国际秩序。在中国，只是到了今天才出现了一股前所未有的工业化的热情。这要归功于这样一个简单的事实，即我们由于自己工业的落后而在战争中吃了许多苦头。敌机可以不受还击地飞到我们的城市和村庄上空投弹的事实是一种深刻而又痛苦的经历。为了保护我们的妻儿，很自然我们会感到我们也应该有自己的飞机和坦克。如果没有国际安全保证，每一个理智的中国人都将竭尽所能以阻止这类灾难在将来再现。换句话说，如果战后世界仍然单纯由强权所统治，中国除了首先发展重工业和军事工业之外别无选择。无需多言，这种策略对中国和全世界来说都是灾难性的。国防工业劳民伤财，投入的资金并不给投资者带来好处。由于中国人民的生活水准已经处在简单的生存水平上，任何稍微的下降将意味着饥饿和死亡。只要国际秩序依然如此，中国政府，出于国家安全的考虑，必定要为另一场战争做准备，或者至少必须武装起来，以便在即将到来的权力争夺战中能够保持中立。她将被迫采用极其强硬的手段以便从人民身上榨取最后一滴血汗。这反过来又会不可避免地阻碍中国民主制度的发展。请我们的正在为东方政治发展势头担忧的西方朋友们时刻记住这一事实，即中国曾经十分愿意信任国际仲裁，而且她的传统中深植着一个关于天下(T'ien Hsia)，关于四海一家(global community)的理想。需要未来的世界秩序来证明这样一种理想是可以实现的，并为全世界热爱和平的人民提供安全和繁荣的保证。中国自己无力独自实现这一切。

假如存在一个合作的世界秩序，中国将没有理由致力于经济上无利可图的军事工业。如果她可以在一个稳定的世界秩序中恢复国民经济，她就能利用西方工业组织的长处，并以真正的消费者的需求以及以小型乡村合作组织为形式广泛分配利润为基础为她自己的工业制订计划。不用否认，在这场战争结束之后，对中国的工业发展来说外国援助是必不可缺的。鉴于战时美国生产力的急速增长，这一援助也是和美国人民出口工业品的利益相一致的。重要的是让投资者看到他们的资本可以被生产性企业所利用。只有当接受资本的人的生活水准能够通过投资而提高时，这一金融关系才能说是互惠的。

我们无需为我们的科学研究以一个实践性呼吁结尾而抱歉，因为我们坚信科学知识应该有助于促进人民的利益，并作为未来行动的指南。唤醒社会科学家的良知的必要性已经由卡尔·曼海姆(Karl Mannheim)极有说服力的表达过了：

直到每一个普通人(the man in the street)都采纳了理性的社会分析的概念和结论,以取代那些目前仍然决定他思考人类事务的神秘的法则,否则不可能有有效的民主。除非学者们和科学家们不再只是偶然的打破由那些阻止他们把系统的知识用于当前的实际问题的职业内部的忧恐或惯例所强加的自我设置的障碍,否则我们也不会拥有民主。[1]

请大家认识到我们现在正处在一个十字路口。无辜的中国农民的命运正掌握在那些将决定中国未来工业模式的人手里。然而,没有一个国家可以单独决定这一点;选择我们将生活在一个什么样的世界里是同全世界人民的广泛合作分不开的,因为正是这些公民们的观点最终决定了这一问题。如果本项研究,作为对中国农村现存境况的分析,能够为将来的正确选择做出贡献,我们将会觉得自己的努力没有白费。

我们在编辑《禄村农田》和《〈云南三村〉英文版的"导言"与"结论"》时,觉得文中、表格中的数字有不甚相符的情况,经核对发现,数字上出现的混乱是英制、公制与当时国内计量单位,以及民间计量单位在换算上难以对应造成的;而作者编此书和写此文时正在美国访问,手边资料有限,不可能一一核对所引用的数字。加之本文在后来被翻译成中文时,译者也未能注意到这一点,这便造成了后来补救上的困难。对此我们询问了作者,作者以为,文字已成历史,还是存其旧貌为好,若调整改动,未免有"涂泽"之嫌。因之,为了不使读者在阅读中出现障碍或疑问,避免以讹传讹,特作如上说明。**——《费孝通文集》编者**

[1] 《对我们时代的诊断》(伦敦,K.Paul.Trench, Trubner & Co., Ltd., 1943),第5页。

编 后 语

上海世纪出版集团上海人民出版社计划出版“名家名著”丛书，把著名社会学家、人类学家和民族学家费孝通列入其中。2005年10月，我把这个出版计划向费孝通的亲属——费宗惠(女儿)和张荣华(女婿)做了转达，他们表示同意，并委托我进行编选。经我们多次面谈商议，先行将费孝通早期即第一次学术生命时期的《江村经济》(又名《中国农民的生活》)和《禄村农田》、《乡土中国》和《皇权与绅权》、《内地的农村》、《乡土重建》和《生育制度》等7本著作作为代表，合编为两册出版。

1994年12月初，费孝通在《我的第二次学术生命》一文中，明确地将他的学术生命历程划分为两个时期：20世纪30年代中至50年代中反右斗争开始为第一次学术生命时期；从80年代初开始到90年代中为第二次学术生命时期。第一次学术生命是从“走到实地去”，进行农村社区调查研究起步的。在20多年的时间里，他不但自己深入实际，从实求知，而且还主持云南大学社会学系研究室，带领“魁阁”[1]学术团队开展广泛的内地农村和劳工等方面的调查，并取得了丰硕的研究成果，特别培育了社会学，人类学研究人才。同时，他进行了富有创意、成就卓著的理论研究。这个时期，费孝通的研究主要涉及三个领域：一是对少数民族的体质、文化和社会组织的考察，其代表作是和前妻王同惠合著的《桂行通讯》和《花篮瑶社会组织》。二是对农村社会经济及其制度的调查研究，《江村经济》和《禄村农田》是这个领域的果实。三是对中国乡土社会的传统文化、社会结构等的理论研究，代表作有《生育制度》、《乡土中国》、《乡土重建》和《皇权与绅

[1] 1941年为躲避日机轰炸，研究室迁到昆明郊区呈贡老城的魁星阁坚持工作，1945年抗战胜利后回迁学校，因之研究室获得了“魁阁”称号。

权》等。这个时期，由于他的学术成就和高效地为报刊投稿，他成了名人。《费孝通传》的作者(美)戴维·阿古什评价说，“虽然他还很年轻，但已是国际上知名的学者，在中国学术界是一颗正在上升的星”。[1]阿古什还介绍了有关评价，“1946 年初，上海《密勒氏评论报》在连载《中国名人录》中，刊登了他的传记”。“《大公报》把他作为十六位名作家之一载入‘作者及其作品’栏内，并把他的照片同胡适及巴金的照片并列排在头版(美国的《纽约时报》说他是“中国最杰出的政治分析家”，《时代》周刊称他为“社会学教授和中国最深刻的政治评论家之一”)。”[2]1957 年夏反右运动开始，他受到不公正的批判，被剥夺了学术研究的权利，造成了巨大的精神损伤和学术研究的中断。他认为“意外得到的第二次学术生命”，是生逢盛世，当倍加努力，决心用 10 年时间夺回失去的 20 年。这个时期，费孝通首先承担在中国恢复重建社会学的重任，为此他投入了主要精力组织开办社会学讲习班，培养社会学师资和研究人员，主持编写《社会学概论》(试讲本)教材等。同时，从 1981 年三访江村开始，他带头深入实际，走南闯北，东西穿梭，为总结、弘扬群众创造的经验，进行了广泛的调查研究。他关于小城镇大问题，发展乡村工业，边区开发、区域发展、中华民族多元一体格局和文化自觉等思想经受了实践的检验，在我国改革开放的大势中发挥了积极作用。他的第二次学术生命比他预期的加倍还多，在这个黄金时期，他的学术思想已从本土的发展繁荣延伸到对全球一体的大社会的思考。费孝通的整个学术生命历程走的是从观察人们的实际生活去理解他们的创造、需求、愿望和社会变化发展的道路。他一生“志在富民”，是一位杰出的人民社会学家[3]。“我本是个教书先生，没有钱，又没有权，怎么能去富民呢？那就只能靠我这脑瓜子

[1] (美)戴维·阿古什著，董天民译：《费孝通传》，时事出版社，1985，第 109 页。

[2] 同上书，第 109、111 页。

[3] 参见刘豪兴：《人民的社会学家——费孝通的学术价值观及其实践活动》，马戎等主编：《田野工作与文化自觉》，群言出版社，1998，第 96～121 页。

里的智力来为富民事业想办法，出主意，这也就是我所谓的‘学术’。至于我所谓的‘学术’属于通常所标明的哪一门、哪一科，我觉得无关宏旨；称之为社会学也好，称之为人类学也好，反正我只学会这一套。这一套是否够格称学术，我想还得看它是否抵用、能不能富民为断”。[1]他的这一套，就是他的学术品格，也就是具有中国学派特点的学术品格。费孝通的这段话是他学术价值观的直白，值得后人品味和学习。

本册选辑的《江村经济》和《禄村农田》是费孝通田野研究的姊妹篇，以前者为书名。《江村经济》是费孝通成名之作，是当时世界上仅有几个理论与实地调查相结合的社区研究事例之一。《江村经济》是中国人用社区研究方法研究本国农村社区的首本著作，有着重要的学术价值。第一，《江村经济》扩大了社会(文化)人类学研究的对象和领域，开创了人类学研究农村文明社区的先河，打破了人类学只研究部落、“野蛮人”、落后民族、异民族的传统局面。第二，《江村经济》的作者作为一个土生土长的青年学者在本乡人民中间进行工作，开辟了一个民族研究自己民族的新方向。第三，《江村经济》把人类学的田野工作融人社会学调查，在中国实践了把社会学和人类学合家的主张，从理论到实践创立了社会学本土化的范例。第四，《江村经济》是作者“从社会调查到社会学调查或社区研究的过渡作品”，[2]为在中国采用社区研究方法进行了有益的探索。第五，《江村经济》确立了科学为人类服务的价值观，抛弃一切学院式的装腔作势，改变了过去人类学那种好古、猎奇和不切实际的为学术而学术的价值取向。《江村经济》自1939年在英国出版英文版后，一直被西方许多学校列为人类学专业学生必读参考书。1986年《江村经济》中文版面世后，我国高校社会学专业和人类学专业也将它列为必读参考书。他的导师、著名人

[1] 《我的第二次学术生命》，《费孝通文集》第13卷，群言出版社，1999，第189页。

[2] 《禄村农田》，见本书第314页。

类学家马林诺斯基对这本书给予了高度的评价，“我敢于预言费孝通博士的《中国农民的生活》一书将被认为是人类学实地调查和理论工作发展中的一个里程碑。此书有一些杰出的优点，每一点都标志着一个新的发展。本书让我们注意的并不是一个小小的微不足道的部落，而是世界上一个最伟大的国家。……如果说人贵有自知之明的话，那么，一个民族研究自己民族的人类学当然是最艰巨的，同样，这也是一个实地调查工作者的最珍贵的成就”。[1]据阿古什评述，《江村经济》“也为其他西方学者所赞许，人种学名著一览最近的一卷称它为‘人类学家对分析伟大民族社区最早、最出名的尝试之一’。有一章把费孝通的江村与他的老师、世界著名人类学大师——马林诺斯基的特罗勃里德安岛人、拉德克利夫—布朗的安达曼群岛人、雷德菲尔德的于卡坦村、史罗克格洛夫(史录国)的西伯利亚通古斯族并列”。[2]但他的人类学硕士生导师史录国则持批评态度，认为新手不应急于出版作品，像《江村经济》这本书，使人了解中国社会的内容不多，它没有借鉴现有大批的作品。史录国认为，用各种文字包括俄、中文在内编写的中国人种学史编目，将比“漫无目的的描写十几个村庄更有用”。[3]问题是，费孝通的《江村经济》的真正价值不在于对中国农民的生活描写了什么，而在于开创了人类学研究“文明”社区的领域，提出了解决中国人多地少矛盾、使农民得以生存与发展的一条道路。因而史录国对学生的这种严格要求和一己之见，并没有改变《江村经济》一书在社会学和人类学发展史的学术地位。

《江村经济》是费孝通研究中国农村的起点，也是他学术研究的一个起点。书中提出的以村庄社区为研究对象问题，农村的土地权和人口压力问题，发展和恢复乡村工业问题，解决人民的饥饿和增加农民的收

[1] 见本书第 7 页。

[2] 参见(美)戴维·阿古什著，董天民译：《费孝通传》，时事出版社，1985，第 62 页。

[3] 同上书，第 62～63 页。

入问题，农村社会制度的变革问题，农村社会变革动力问题，文化与农村经济发展的关系问题，世界工业的发展和国际贸易对中国乡村工业的影响问题，农村区域中心问题，城镇之间的竞争问题，城乡关系问题，农村的职业分化问题，农村挣工资阶层的产生及其影响问题，农村的炫耀消费问题，中国农村的前景问题，以及社会科学在指导文化变迁的功能问题，等等，为费孝通日后研究奠定了基础，他为之奋斗了一生。

费孝通常说《江村经济》是“无心插柳柳成荫”。怎样理解这句话呢？首先，不能理解为事前毫无计划的盲目行动。《江村通讯》第一篇文章的题目是《这项研究工作的动机和希望》，这篇文章进村前夕写于震泽震丰丝厂[1]。它告诉我们：第一，费孝通伤愈后回到北平准备出国留学事宜，从6月下旬到9月初还有两个多月的时间，这就是他所说的意外地得到的两个月的“余暇”。怎么利用这段时间呢？他决定研究一个中国乡村社区的社会组织[2]，在实地的观察中把它的状况加以描写叙述。第二，因时间和经济的限制，他不敢做大，“只能以一个村作单位”。为便于入手调查，他在姐姐费达生的全力支持下，选择他自己已有所了解的开弦弓村[3]为研究工作的对象。第三，这次研

[1] 震泽震丰丝厂因经营不善，当年租赁给浒墅关女子蚕业学校，改名震泽制丝所，也被称为震泽丝厂，费达生任经理。

[2] 1936年1月21日，费孝通在广州柔济医院写的《关于追悼同惠的通讯》中说，王同惠和他有一个计划，准备从瑶山出来后，进行华北社会组织的研究，出版一部《中国社会组织的各种形式》。王同惠是能说，也能做的女子，但不幸她在瑶山为呼救费孝通、为社会学和人类学的事业献出了生命，不能实现这一宏愿了。费孝通希望担负起这一重任，并在治伤过程中完成了《中国社会组织的各种形式》的第一部著作：《花篮瑶社会组织》。“同惠是不能再为中国，为学术服务了，因为她爱我，所以使我觉得只有我来担负这一兼职了。我愿意用我一人的体力来做二人的工作，我要在20年把同惠所梦想，所计划的《中国社会组织的各种形式》实现在这世界上。更希望凡是爱她的朋友能一同努力”。(《费孝通文集》第1卷，第261～262页。)江村研究是这一计划的一个部分。

[3] 1924年4月春暖花开、准备养春蚕时节，江苏女子蚕业学校推广部费达生一行4人受校长委派来到开弦弓村，向农民普及科学养蚕，并于1929年创办了现代的乡村合作工厂。费达生在江村工作了10多年，在农民中有很高的威望。进村前费孝通不但从姐姐的书信和面谈中了解了开弦弓村的一些生产、生活情况，而且还根据姐姐提供的资料，以其口吻发表了《我们在农村建设事业中的经验》(《独立评论》，第73号，1933年10月22日)和《复兴丝业的先声》(《大公报》，1934-05-10)两篇文章，向世人介绍了费达生们创办的开弦弓生丝精制运销有限合作社的发展及所遇到的世界资本主义冲击等问题，阐述了兴办乡村工业对维持农民生活的意义。可见，他进村前已对开弦弓村有所知，但却是间接性的多。

究的动机有两个，一个是他私人方面的，希望做出实际工作来“赎我的罪”，以慰藉爱妻王同惠的在天之灵。二是为打破民族志的方法只能研究“野蛮”社区的成见，去研究一个本国的“文明”社区。他决心要用事实证明，民族志的方法是同样可以用来研究“文明”社区的。这就需要运用瑶山实地调查的方法，即人类学田野调查方法，在一个“文明”社区中搜集资料。第四，离开北平时，他答应社会研究社的朋友们[1]，在江村研究工作过程中“继续我的《桂行通讯》，来写《江村通讯》”。费孝通进村前的这些动机和希望，说明他是有所准备的，是有计划地去获取知识的，并不是“无心”，进村以后才“触景生情”，为江村的乡村工业所感染进行调查的。这是基本的前提，其动机和希望不但明确，而且高远——世界人类学大师在想而尚无行动的前瞻。其次，我们也可以看到，他这次研究确是得之偶然——由于在广西瑶山调查失事身受重伤，虽然经过近半年的治疗已基本痊愈，但精神的伤痛仍存，因而在出国留学前夕，姐姐费达生劝他到她工作的乡下住一段时间，“一则恢复一下情绪，一则休养一下身体”[2]。他则借此机会，计划对开弦弓村进行实地调查。这项决定不是缘于研究机构或政府的委托，也不是缘于老师的动议，“完全为私人性的”，因而不负编写“报告”的责任[3]，更无写书、出书的意图。这些偶然的因素均可以理解为一种“无心”。但他在实地调查中，获得了丰富的知识，并对“堆积”起来的资料进行了分析及整理。在英国留学期间，他依据这次研究所得资料写出了“报告”——《江村经济》[4]，并一举成名。1980 年和 1981 年，他相继获得了国际应用人类学会该年度马林诺斯基纪念奖和英

[1] 社会研究社的朋友们多系燕京大学社会学系的同班同学，有林耀华、李有义、廖泰初、王兆临和我们现在不了解其姓的叔昭、景珊、安仑、秀贞等。

[2] 《留英记》，见本书第 260 页。

[3] 参见《江村通讯》，见本书第 225～227 页。

[4] 后来，费孝通反思实地调查不需要理论作指导的教训时说，“在实地调查时没有理论作导线，所得到的材料是零星的，没有意义的。我虽则在这一堆材料中，片断地缀成一书，但是全书并没有一贯的理论，不能把所有的事实全部组织在一个主题之下，这是件无可讳言的缺点”。（《〈禄村农田〉导言》，《江村经济》，第 314 页。）这个缺点，在 1938 年的禄村研究中得到了很好的改正。

国皇家人类学会赫胥黎纪念奖，这都是人类学的最高荣誉。“这本书的写成可以说是并非出于著者有意栽培的结果，而是由于一连串的客观的偶然因素促成的”[1]。从江村研究超出预期的结果而言，可以说《江村经济》是“无心插柳柳成荫”。

费孝通去英国留学准备了两份实地研究的资料，一是《花篮瑶社会组织》，一是江村调查的“草稿”，但他的老师弗思(R.Firth)博士看了这两份资料的节略稿后，注意的却是后者，不久也被导师马林诺斯基认可，并指导他用功能主义理论与方法完成了博士论文。为什么西方社会人类学大师会认同这位尚未出茅庐的中国年轻人的江村调查呢？当时人类学正在酝酿一个趋势，要从非洲、大洋洲和北美简单和落后的部落突入所谓“文明社区”，用深入和亲密的观察方法来研究亚洲和拉丁美洲文化较高的农民生活。费孝通提供的江村研究类型恰与人类学的这个新趋势相谋合，受到西方学者的关注和认可，这是偶然中的必然。从这个意义上说，是时代造就了《江村经济》，《江村经济》把费孝通推向了世界学术前沿。

《禄村农田》是《江村经济》的续编。江村接近城市，代表着受现代工商业影响较深的农村社区类型。江村的土地权流入市镇是一个普遍和严重的问题，存在不在地主制度。江村的居民并不是全靠农田上的收入来维持生计的，他们有很发达的手工业。那么，一个受现代工商业影响较浅的农村社区，它的土地制度是什么样的呢？在大部分还是自给自足的农村中，它是否也会以土地权来吸收大量的市场资金？农村土地权会不会集中到市镇而造成离地的大地主？这些在完成《江村经济》写作，搁置在作者心头的疑问，在《禄村农田》中得到了验证和解释。特别是社区研究方法在禄村研究过程中得到了完善和提高。

1938年10月底，费孝通从越南西贡上岸经河口回归祖国。他到达云南昆明稍事休息两个星期，接着就遵循导师马林诺斯基的建议，到

[1]《〈江村经济〉著者前言》，本书第3页。

“禄村”(费孝通为禄丰县大北厂村取的学名)进行调查。1943年出版的《禄村农田》一书，是这项调查研究成果的标志。禄村调查同样是以一个微型农村社区——村庄作为研究对象，采取了社区分析方法，但在许多方面比江村调查有了很大的提高和进步。首先，禄村调查克服了过去瑶山调查和江村调查“不要带任何理论下乡”的主张，明确地认识调查应从理论开始，在调查过程中检验和修改理论，产生新的理论。“在实地调查时没有理论作导线，所得到的材料是零星的，没有意义的”。禄村调查建立了理论假设，计划研究现代工商业发达过程中农村社区的变迁，并把其中的一个方面，即土地制度作为这一主题的重点加以详尽的考察和分析。[1]《禄村农田》主题突出并贯穿全书，《江村经济》全景式的描述了江村人的生产、生活，但缺纲领性的理论一贯到底。第二，禄村研究的层次更为丰富，一是在分类学的层次上，特别参照了社区的土地体制来界定社区的特征。二是解释的层次，《禄村农田》以理论为经，以叙事为纬，解释和叙事并重。作者把不同类型的相似之处和不同之处的因素综合地用来解释土地所有权集中程度的差异，层层推进以达到整个地解释禄村人民由利用农田而发生的种种现象的缘由。《江村经济》以描述为主，偏重叙事，理论解释不足。第三，建立类型，运用类型比较方法。费孝通在《江村经济》写作过程中，已明白认识中国社会仅靠江村社区研究是远远不够的，需要有更多的实地考察。他的导师马林诺斯基希望他“回国之后再去调查，再去写书”，[2]并给他提出了第二本书的书名，即Earthbound China。禄村是他筹划开展更广泛调查的一个类型，在《禄村农田》的分析中，经常把《江村经济》作为类型研究的起点，进行比较分析，加深了对中国社会的认识。通过这两种类型的比较分析，不仅揭示了一个不存在不在地主制度的村庄的特征，而且进一步认识到农村工业对土地制度所起作用

[1] 参见《禄村农田》，本书第314页。
[2] 《留英记》，本书第272页。

的重要性。在《禄村农田》提出问题的引导下，他指导他的学生张之毅进行了易村和玉村不同类型的研究，有《易村手工业》和《玉村农业和商业》两本著作问世，丰富了农村社区研究类型。这些调查研究类型的扩展，以及研究者对实际状况的持续的提炼和更为仔细的定义，滋养了中国的社会学和人类学的成长，为更宏大的同类研究计划奠定了基础。第四，《江村经济》中显现的社会科学为人类服务的学术价值观，在《禄村农田》中得到了更好的体现。费孝通认为，把科学研究和实践政策联系起来是正当的，甚至是必要的。在某种程度上，他代替中国农民当了原告。他从实际出发，实事求是，陈述了中国内地农民拥有土地和困苦生活的情况，呼吁采取一些实际行动，制定一些合适的政策，改善他们的生活。这些建议，在国民党统治的时代是不可能被采纳的，但作为一个学者，他尽到了一份社会责任，人民铭记他。

费孝通在50多年后的《重访云南三村》中说，“禄村给我们提供了一个农业之外，副业很少，根本没有手工业的自给自足的农村模式”。[1]《禄村农田》出版后在英国广泛流传，“该书获教育部的奖赏”。[2]1943～1944年，他在美国访问期间，将《禄村农田》和张之毅的《易村手工业》、《玉村农业和商业》合编为 Earthbound China，A Study of Rural Economy in Yunnan(《被土地束缚的中国》，又译《泥土中国：云南乡村经济研究》，或据书封面标明的这3本书名译为《云南三村》)，1945年由美国芝加哥大学出版社出版。次年1月开始，美国《太阳报》、《纽约时报》等媒体对该书进行了介绍和评论，给予了很高的评价。如Adrienne Koch 在《中国农村经济》一文中说，这是一项关于中国西南部尚未“开化”的云南省的三类不同社区的农业和工业的研究，它浸润着近代中国学者的真正理想主义。它在社会学社区研究文献中具有不容置疑的重要性，并且它是中国新一代社会科学家在长期

[1]《重访云南三村》，《费孝通文集》第12卷，第68页。

[2] 参见(美)戴维·阿古什著，董天民译：《费孝通传》，时事出版社，1985，第69、63～64页。

战乱中获得的坚韧意志的难得的象征。这些学者自觉地脱离了处处以本本为师的中国古代传统。费博士和他的学生张之毅是精干的社会人类学家，运用了各种有效的方法，包括田野调查、实地观察和最先进的应用统计技术。John T Frederick 在《虽然饱经战火蹂躏 教育仍兴盛繁荣》的评论中说，这些中国学者在抗日战争的艰难困苦条件下完成的工作是如此的丰富、重要、清晰和高质量，足以挑战美国的乡村社会学家，成为他们的范本。虽然此书措辞和图表是科学式的，但也会引起一般读者的兴趣，因为它鲜活而真实地描绘了中国乡村生活和人民。它对当前世界所需要的“有关一个民族如何生活的基本知识”是一项真正的贡献。Robert Redfield 在《云南三村》的书评中写道，《云南三村》是当代中国社会科学成就之一。在中国的教育中心迁往西部边陲，战火连天之时，费博士带领着一群年轻的田野工作者进行调查。虽然这些调查成果没有收录在此书中，但它们无疑是此成就的一部分。费博士和他的同事们是独自完成这些研究的，几乎没有来自国外的协助。但他仍谦虚地向西方的老师表示感谢。这些在中国西部进行的研究融合了科学和勇气，如果这些研究的推动力确实来自西方的话，我们这些西方人应该为之自豪。这些 60 年前对费孝通和张之毅著述等的评论，在我国鲜为人知，在此摘其要者述录。社会学先人在国际上赢得的赞誉，不仅是欣慰，更重要的是责任。1990 年，《云南三村》始由天津人民出版社出版中文版。

《江村经济》和《禄村农田》是两种不同类型的研究，却有着内在的必然联系，对认识中国社会可以互为补充，互有启发。因此，阅读《江村经济》，宜同时阅读《禄村农田》，反之亦然。这次将这两本书辑为一册，意图之一是方便阅读、学习。

为了更好地了解这两本书产生的缘起、相互关系，以及各自的地位特征，特将作者的有关文章编入附录。《江村经济》辑入的是《江村通讯》(1936)、《留英记》(1964)和《重读〈江村经济·序言〉》(1996)。《禄村农田》辑入的是《云南三村·序》(1987)和《〈云南三村〉英文版的“导言”与“结论”》(1945)。

本书《江村经济》文本依 1986 年江苏人民出版社出版的中文版编排，包括“致谢”语、布 · 马林斯诺基写的“序”，以及中文版的“著者前言”和“译者说明”；《禄村农田》文本依 1990 年天津人民出版社出版的《云南三村》版本编排。编辑过程中仅对其中的个别错漏进行了订正，加了几个注。《江村经济》原版的老图片，现分别插入有关章节，使之图文并茂，更为生动形象。香港大学刘勇硕士，在本书编选过程中协助做了一些具体工作。

费孝通的亲属——费宗惠和张荣华，委托我编选本书，这是对我的信任，使我为费孝通编一二种书的愿望得以实现，我在此表示衷心的感谢。张之毅的儿子张石林寄来了有关《云南三村》的英文评论资料，复旦大学社会发展与公共政策学院曾群博士进行了翻译，为我们提供了很有参考价值的资料；上海人民出版社丁荣生社长和编辑部主任陆宗寅为本书的策划、编辑付出了辛勤的劳动，我作为编选人在此表示谢意。如有不当之处，请读者直言批评，重印时当予改正。

值费孝通先生逝世两周年之际，上海世纪出版集团经内部协商，并征得费孝通亲属的同意，本书纳入上海世纪出版集团的“世纪人文系列丛书”出版。“世纪人文系列丛书”为已故的人文科学家、社会科学家出版其一生中的代表著作，是一项传承、弘扬中国文化的巨大工程。我为能以此微力参与其中而感到高兴。藉此，我对“编后语”进行了一些修改。

费孝通先生逝世了，我们编选出版他早期实地研究的代表性著作，是追思，是怀念，更是学习和传承。

刘豪兴

2006 年 4 月于复旦大学中心村

2007 年 3 月修改

图书在版编目(CIP)数据

江村经济/费孝通著;刘豪兴编.—修订本.—
上海:上海人民出版社,2013
(世纪人文系列丛书.世纪文库)
ISBN 978-7-208-11602-3

Ⅰ.①江… Ⅱ.①费…②刘… Ⅲ.①农村-社会调查-吴江市②农村-社会调查-禄丰县 Ⅳ.①D668

中国版本图书馆CIP数据核字(2013)第191704号

特约编辑 陆宗寅
责任编辑 孙 瑜
装帧设计 陆智昌

江村经济
(修订本)
费孝通 著

出　版 上海人民出版社
(200001 上海福建中路193号)
发　行 上海人民出版社发行中心
印　刷 上海商务联西印刷有限公司
开　本 635×965 1/16
印　张 34
插　页 8
字　数 464,000
版　次 2013年10月第1版
印　次 2019年4月第4次印刷
ISBN 978-7-208-11602-3/C·443
定　价 78.00元

世纪人文系列丛书(2013 年出版)

一、世纪文库
《内战记》 [古罗马]凯撒 著 顾今远 译
《论海洋自由或荷兰参与东印度贸易的权利》 [荷]雨果·格劳秀斯 著 马忠法 译
《法社会学》 [德]尼克拉斯·卢曼 著 宾凯 赵春燕 译
《国民经济学原理》 [奥]卡尔·门格尔 著 刘絜敖 译
《江村经济》(修订本) 费孝通 著
《乡土中国》(修订本) 费孝通 著

二、世纪前沿
《群体冲突的逻辑》 [美]拉塞尔·哈丁 著 刘春荣 汤艳文 译
《烛幽之光:哲学问题的人类学省思》 [美]克利福德·格尔兹 著 甘会斌 译
《在自然主义与宗教之间》 [德]尤尔根·哈贝马斯 著 郁喆隽 译

三、开放人文·科学人文
《科学史与科学哲学导论》 [澳]约翰·A·舒斯特 著 安维复 主译
《大流感——最致命瘟疫的史诗》 [美]约翰·M·巴里 著 钟扬 赵佳媛 刘念 译 金力 校
《霸王龙和陨星坑——天体撞击如何导致物种灭绝》 [美]沃尔特·阿尔瓦雷斯 著 马星垣 车宝印 译
《整体性与隐缠序——卷展中的宇宙与意识》 [美]戴维·玻姆 著 洪定国 张桂权 查有梁 译